Karl Christ

KLIOS WANDLUNGEN

Karl Christ

KLIOS WANDLUNGEN

Die deutsche Althistorie vom Neuhumanismus bis zur Gegenwart

Verlag C. H. Beck

Satz: Fotosatz Amann, Aichstetten
Druck und Bindung: Pustet, Regensburg
Gedruckt auf säurefreiem, alterungsbeständigem Papier
(hergestellt aus chlorfrei gebleichtem Zellstoff)
Printed in Germany
ISBN-10 3 406 54181 X
ISBN-13 978 3 406 54181 0

www.beck.de

«Die Gegenwart des Historikers ist ein Moment, das aus keiner Geschichtsdarstellung ausgeschieden werden kann, und zwar ebensowohl seine Individualität wie die Gedankenwelt der Zeit, in der er lebt. Zu allen Zeiten ist es nur unsere Erkenntnis der Geschichte, zu der wir gelangen können, niemals eine absolute und unbedingt gültige ..., das Primäre ist überall das erkennende Individuum.»

Eduard Meyer, Zur Theorie und Methodik der Geschichte

INHALT

VORWORT

Ziel der folgenden Ausführungen ist es, eine Skizze der Anfänge und Entwicklung, der Aufgaben, Formen und Problematik der Wissenschaftsgeschichte der deutschen Althistorie vorzulegen. Das sich daraus ergebende Bild stellt das Produkt der langjährigen Beschäftigung ihres Verfassers mit dieser Thematik[1] dar. Die Einschränkung primär auf den deutschsprachigen Bereich der Gesamtentwicklung ergab sich einmal aus den Interessen des Autors, zum andern aus der Tatsache, daß die deutsche Altertumswissenschaft während des 19. Jahrhunderts und noch darüber hinaus, zumindest bis in die Zeit der Weimarer Republik, auch international eine führende Rolle spielte. Als Beleg genüge der Hinweis, daß der bedeutendste Forscher auf dem Gebiet der Wissenschaftsgeschichte des Altertums, Arnaldo Dante Momigliano,[2] unter Hinweis auf die Berufungen von K. J. Beloch[3] und A. Holm[4] auf wichtige italienische Lehrstühle von einem «Kolonisationsprozeß» und einer später darauf folgenden «Entkolonialisierung»[5] zumindest für Italien sprach. Die Konzentration auf die deutschen Phänomene impliziert indessen keine isolierte Sicht. Dies ist schon allein deshalb nicht möglich, weil wesentliche Arbeiten über deutsche Gelehrte ausländischen Forschern verdankt werden und die Wissenschaftsgeschichte selbst in hohem Maße durch ausländische Impulse stimuliert worden ist.[6]

Auch für dieses Buch wurde als Methode die Verbindlichkeit der Deskription gewählt, da durch sie die Positionen der hier besprochenen Gelehrten schärfer erfaßt werden können als durch ein vielfältig dokumentiertes Abstraktionsgeflecht. Es sei in diesem Zusammenhang auch darauf hingewiesen, daß eine Vollständigkeit der Analysen ebensowenig angestrebt war wie eine Vollständigkeit der bibliographischen Angaben.[7]

Nach kurzen Vorbemerkungen zur Eigenart der Wissenschaftsgeschichte der Althistorie (I.) und einem Überblick über deren Epochen und Schwerpunkte (II.) wird im Hauptteil des Buches in chronologischer Folge (III.–IX.) Entwicklung und Stand der Forschung erörtert. Bewußt wurde dabei eine Überschneidung der Perspektiven in Kauf genommen. Steht zunächst bei den Klassikern unserer Disziplin der aktualisierte Forschungsstand im Vordergrund, so in der Zeit nach dem II. Weltkrieg die

Initiativen und Leistungen jener deutschen und ausländischen Spezialisten, die sich eingehender mit wissenschaftsgeschichtlichen Themen befaßt haben. Schlußfolgerungen und eine Betrachtung über die Rolle der Persönlichkeit in der Wissenschaftsgeschichte beschließen im Epilog (X.) den Band.

DANK

Auch dieses Buch war auf vielfältige Hilfe angewiesen: In Marburg bewährte sich erneut Volker Losemann als unentbehrliche Stütze des Projekts, in München wiederum die ideale Zusammenarbeit mit Dr. Stefan von der Lahr und dessen kompetentem Team – Beate Sander, Manuela Schönecker und nicht zuletzt mit Andrea Morgan. Ihnen allen bleibt der Autor in aufrichtiger Dankbarkeit verbunden

Marburg *Karl Christ*

I ZU DEFINITION UND AUFGABE DER WISSENSCHAFTSGESCHICHTE

Die moderne *Wissenschaftsgeschichte* der Althistorie, die in den vergangenen Jahrzehnten endlich auch im deutschsprachigen Bereich stärkere Beachtung gefunden hat, nimmt innerhalb des sich immer mehr differenzierenden Systems der Altertums- und Geschichtswissenschaften in vielfacher Hinsicht eine Sonderstellung ein. Sie ist – wenn man von bewußten Ideologisierungen absieht – nicht das Produkt theoretischer und methodologischer Prämissen und auch nicht jener Dialektik von Philologie und Historie, die die Ausdifferenzierung der Altertumswissenschaften vorangetrieben hatte,[1] sondern in erster Linie ein Resultat praktischer und pragmatischer wissenschaftlicher Aktivitäten, die auf Grund immer neuer Ansatzpunkte und Themenkreise ihre Eigendynamik entfalteten.

Für Lage und Entwicklung der neuen Disziplin sind eine ganze Reihe von Paradoxa charakteristisch. So ging es jenen Gelehrten, die zuerst Schriften und Briefe bedeutender Althistoriker zusammenfassend edierten oder Biographien der Klassiker des 19. und 20. Jahrhunderts erstellten, nicht um eine abstrakt gefaßte «Wissenschaftsgeschichte», sondern lediglich um die Vergegenwärtigung hervorragender Persönlichkeiten, ihrer Werke und ihrer Leistungen. Erst aus dem Rückblick sind sie der «Wissenschaftsgeschichte» zuzuordnen.

Die Vielzahl der Wurzeln, der Aufgaben und Schwerpunkte moderner Wissenschaftsgeschichte schlug sich in ihrer Terminologie nieder. Neben der «Wissenschaftlergeschichte»[2] begegnen die gelegentlich zwar synonym verwendeten, doch je für sich zu definierenden Termini der Rezeptions- und Forschungsgeschichte, der «History of Historiography» und schließlich der Institutionengeschichte. Auch Teile der Bildungsgeschichte und der Geschichte der Didaktik gehören in den weiteren Zusammenhang der Wissenschaftsgeschichte. Wie auch immer man die Begriffe im einzelnen definieren mag, sind Überschneidungen hier unvermeidlich. Einige ergänzende Vorüberlegungen und Erläuterungen seien deshalb der Untersuchung vorangestellt.

Im Hinblick auf die *Rezeptionsgeschichte* traf *Albert Henrichs* eine Feststellung, die gleichzeitig für die Wissenschaftsgeschichte insgesamt gilt:

«Ich gehe davon aus, daß jede Interpretation antiker Texte, die ohne Berücksichtigung von deren moderner Rezeption auskommen zu können meint, nur zu fatalen Selbsttäuschungen führen kann und immer wieder führt und daß überdies jede Beschäftigung mit der Geschichte der Altertumswissenschaft auch eine Beschäftigung mit der eigenen Gegenwart und damit eine grundsätzliche Form des Selbstverständnisses ist oder zumindest sein sollte.»[3]

Die primär im philologischen Bereich entwickelte Rezeptionsgeschichte[4] ging von Überblicken über die Entdeckung, Publikation und Bewertung philologischer und historischer Quellen aus. Objektbezogen suchte sie den Wechsel des Verständnisses und der Wertungen zu klären. In der Regel ist sie in den Einleitungen von Texteditionen oder modernen historischen Monographien zu finden, um die Voraussetzungen für die Beurteilung in der jeweiligen Gegenwart zu erläutern.

Die *Forschungsgeschichte* erhält ihre Impulse dagegen zumeist von aktuellen Problemen, Kontroversen und offenen Fragen in der Forschung der Gegenwart. Sie resümiert kritisch die Positionen und Resultate der Spezialforschung, sucht auch deren Genese zu erklären und ist in dieser Hinsicht von der Rezeptionsgeschichte nicht zu trennen.[5] Verschieden ist dagegen der Ansatz, die Divergenzen zwischen den grundlegenden antiken Quellen und Phänomenen einerseits und der neuzeitlichen wissenschaftlichen Forschung andererseits zu erfassen und zu problematisieren.

Die «History of *Historiography*» schließlich, die vor allem mit dem Namen des italienischen Gelehrten *Arnaldo Dante Momigliano* verbunden ist, ging von der Analyse der antiken und modernen Geschichtsschreibung aus, entfaltete sich indessen in der Praxis in denkbar vielfältiger Form. Der Initiator selbst legte neben historiographischen Analysen eine ganze Reihe dichter Kurzbiographien von Historikern und Altertumsforschern der verschiedensten Zeiträume und Richtungen vor, daneben auch Forschungsberichte sowie problemgeschichtliche Untersuchungen und Auseinandersetzungen mit modernen wissenschaftlichen Methoden.

Voraussetzungen und Eigenart seines wissenschaftsgeschichtlichen Ansatzes umriß Momigliano prägnant in der folgenden Formulierung: «Die unvermeidliche Folge des Historismus ist Geschichte der Historiographie als Ausdrucksweise des Bewußtseins, daß historische Probleme selbst eine Geschichte haben. ... Geschichte der Historiographie hat, wie jede andere historische Forschung, kein anderes Ziel, als zwischen Wahrheit und Irrtum zu unterscheiden. Als ein Zweig der Geistesgeschichte, der es unternimmt, die Leistungen eines Historikers zu überprüfen, hat sie zu unterscheiden zwischen Lösungen historischer Probleme, die nicht überzeugen können, und Lösungen (= Hypothesen, Modelle, Idealtypen), die es wert sind, neu formuliert und entwickelt zu werden. Um eine kritische Geschichte der Historiographie zu schreiben, muß man beides kennen, die Autoren, die man erforscht, wie das historische Material, das jene erforscht haben.»[6]

Noch wesentlich vielfältiger sind Arbeitsbereich, Aufgaben, Praxis, Problematik und Ziele der *Wissenschaftsgeschichte* insgesamt. Sie setzt an bei der Erschließung und Vermittlung der wissenschaftlichen Tradition der Althistorie in ihren ständig erweiterten Fachgrenzen und ihren wechselnden Prioritäten und Schwerpunkten. Sie überprüft die einschlägigen Archive, Quellen und Materialien früherer Jahrhunderte und sichtet Akzente, Wertungen und Methoden der älteren Geschichtsbilder und Werke. Dies geschieht mit der Absicht, eine Tiefendimension zu ermitteln, welche in der Konfrontation mit den Auffassungen der jeweiligen Gegenwart eine wichtige Kontrollfunktion zur Beurteilung aktueller Betrachtungsweisen der Geschichtswissenschaft bildet. Daneben hat die Wissenschaftsgeschichte konkret den Wandel der dominierenden Methoden und Fragestellungen ihres Arbeitsfeldes zu ermitteln und deren Zusammenhänge mit den Veränderungen der gesellschaftlichen, politischen und geistesgeschichtlichen Rahmenbedingungen, Interdependenzen und Abhängigkeiten aufzuzeigen.

Die Basis des Gesamtverständnisses und der Gesamterkenntnis aber bildet nach wie vor die präzise Erfassung der maßgeblichen Gelehrten selbst. Es genügt dabei nicht, deren Namen lediglich als Chiffren zur Fixierung von Thesen und Wertungen zu benutzen; es kommt vielmehr darauf an, die Persönlichkeit eines Autors als Ganzes zu sehen und gleichzeitig seine Thesen oder Wertungen vor dem Hintergrund seiner individuellen Voraussetzungen, seiner Eigenart und seines Geschichtsbildes zu beurteilen.Es ist evident, daß dafür nach wie vor die umfassende Erschließung von Briefwechseln[7] und wissenschaftlichen Gelehrtenbiographien eine unverzichtbare Voraussetzung bilden.

Die «*Wissenschaftlergeschichte*», auf der die Wissenschaftsgeschichte großenteils aufbauen muß, sucht ihren Weg zwischen einseitiger «Ideologiekritik»,[8] wissenschaftlich verbrämtem Enthüllungsjournalismus und Denunzierungen einerseits, Verschweigen und Idealisierung auf Grund persönlicher Beziehungen andererseits. Auf die Rolle dieser persönlichen Bindungen, die es stets zu berücksichtigen gilt, wird am Ende dieser Arbeit noch einmal zurückzukommen sein.

Seit Theodor Mommsens bewußter Organisation der «Großwissenschaft»[9] im Bereich der Altertumswissenschaften bildet die *Geschichte der Institutionen* und der Einheiten der Langzeitforschung ein neues, wesentliches Objekt wissenschaftsgeschichtlicher Untersuchungen. Die frühesten Institutionen in diesem Bereich waren naturgemäß die althistorischen Seminare der Hochschulen, die wesentlich durch die verschiedenen Interessengebiete der Lehrstuhlinhaber geprägt wurden.

Umfassendere Organismen bildeten sich dann relativ spät in den Kommissionen und Arbeitsgruppen der deutschen Akademien der Wissenschaften aus, wobei das Mainzer Akademieprojekt zur Erforschung der antiken Sklaverei nach dem Ende des II. Weltkrieges international die größte Bedeutung erlangte.[10] Eine Sonderstellung nimmt in dieser Kategorie die «Kommission für Alte Geschichte und Epigraphik des Deutschen Archäologischen Instituts» in München ein, die zwar über mehrere kontinuierliche Planstellen verfügt, umfassende Großforschung jedoch nicht betreiben kann. Solche Großforschung wurde überwiegend mit Hilfe der Deutschen Forschungsgemeinschaft, anderer Förderungsinstitutionen, sowie Landes- und Drittmitteln für Langzeitprojekte stimuliert. Wie unten dargelegt werden wird, erfüllten jedoch nicht alle diese Projekte die in sie gesetzten Erwartungen.

Am Ende ist schließlich noch auf eine elementare Vorbedingung fundierter Wissenschaftsgeschichte hinzuweisen: So komplex und vielfältig das Arbeitsfeld der Wissenschaftsgeschichte im Sektor der Althistorie ist und so viele Aufgaben hier noch der Lösung harren, ist doch von einer ausschließlichen Befassung mit diesem Gebiet abzuraten. Es erfordert vielmehr stets zugleich die kontinuierliche Aktivität in den aktuellen Problemen des Faches und die sichere Kenntnis des jeweiligen Forschungsstandes. Erst die Dialektik und Interdependenzen zwischen beiden Bereichen können zu überzeugenden Lösungen führen, so wie dies die Werke der hervorragenden Wissenschaftshistoriker zur Genüge beweisen.

II EPOCHEN UND SCHWERPUNKTE

Die gesellschaftlichen, politischen und geistigen Rahmenbedingungen des 19. und frühen 20. Jahrhunderts waren für die Intensivierung und Ausbreitung der Altertumswissenschaften in Deutschland zunächst denkbar günstig,[1] obwohl schon gegen Ende dieses Zeitraumes, faßbar bereits in den Schulkonferenzen von 1890 und 1900, gegenläufige Tendenzen einsetzten. Die Dominanz großer Forscherpersönlichkeiten von Niebuhr bis zu Eduard Meyer und der Reichtum an klassischen Geschichtswerken prägten die Epoche ebenso wie die Ausweitung der wissenschaftlichen Produktion sowie die neuen Dimensionen und Differenzierungen innerhalb der Disziplinen der Altertums- und der Geschichtswissenschaften.

Diese Extensivierung erzwang notwendig die Vorlage und Fortführung einer wachsenden Zahl von Informations- und Hilfsmitteln, Forschungsübersichten, Zeitschriften, Handbüchern, Enzyklopädien sowie historischen Orientierungswerken. Es ist bezeichnend, daß nun auch mehrere Geschichten der Philologie sowie Übersichten über die sich immer deutlicher konturierende Alte Geschichte erschienen. Die grundlegenden Reihenwerke, die der heute weithin vergessene Klassische Philologe *Conrad Bursian* (1830–1883) initiierte, die «Jahresberichte über die Fortschritte der klassischen Altertumswissenschaft» (1875–1944) und das «Biographische Jahrbuch für Altertumskunde» (1877–1943), sowie dessen «Geschichte der classischen Philologie in Deutschland von den Anfängen bis zur Gegenwart» (1883) sind typisch für jene Übersichtsdarstellungen.

Für unsere Thematik erscheinen ferner zwei weitere Phänomene bedeutsam: Zunächst profitierte auch die Alte Geschichte von einer Art «Gründerzeit» nach 1870. Während das Fach zuvor in der Regel durch Altertums- und Geschichtswissenschaftler mitvertreten worden war, wurden nun kontinuierlich spezielle althistorische Lehrstühle eingerichtet und, obwohl zumeist sehr bescheiden ausgestattete, Seminare für Alte Geschichte gegründet.[2] Auch vom Aufbau neuer Abteilungen des Deutschen Archäologischen Instituts profitierte die Althistorie. Dank der dominierenden Persönlichkeit Mommsens war sie zudem in dem sich nun entfaltenden «Großbetrieb»[3] der Forschung angemessen vertreten.

Um das Jahr 1900 wurde ein neues Epochenbewußtsein geschärft. Schon damals gab eine Jahrhundertwende Anlaß zu Bilanzierungen und Bestandsaufnahmen,[4] welche trotz der inzwischen zu beobachtenden Vielfalt der Methoden Anlaß gaben, die Alte Geschichte als eigenständige und geschlossene Disziplin wahrzunehmen. Der Kult der Jubiläen setzte ein, und fortan erhielt die Wissenschaftsgeschichte bis in die Gegenwart hinein durch Gedenktage ihre stärksten Impulse. So emphatisch und aufwendig sie teilweise begangen wurden, hielt ihre Resonanz doch nicht immer an.

Die Niederlage des Deutschen Reichs im I. Weltkrieg und die Revolution von 1918 führten zu einer tiefen Zäsur. Die Epoche der Weimarer Republik weist zwar, wie die Beiträge des von H. Flashar initiierten Kolloquiums über die «Altertumswissenschaft in den 20er Jahren» (1995) zeigen, eine Vielzahl von Widersprüchen auf. Insgesamt gesehen überwogen jedoch die Distanz zu den Methoden und Wertungen des wilhelminischen Deutschlands, bewußt kritische Retrospektiven und die Bemühung um neue geistige Ansätze sowie um ein tieferes Verständnis der Antike, das für viele Gelehrte gleichzeitig auch zu einer inneren nationalen Regeneration beitragen sollte.

Das Janusgesicht jener Entwicklungen relativierte zwangsläufig die Bereitschaft zu wissenschaftsgeschichtlichen Forschungen. Zwar wurden wichtige Briefeditionen in Angriff genommen[5] sowie Gedenkjahre begangen,[6] doch insgesamt überwogen der Blick in die Zukunft und die Suche nach neuen Wegen. Daß später nationalsozialistische Ideologeme daran anknüpfen konnten, sollte nicht bestritten werden, und obwohl gewiß keiner der darin besonders involvierten Althistoriker die unvorstellbaren Folgen und Exzesse der Rassenideologie ahnen konnte, spricht die politische Entwicklung eines W. Weber, Fr. Taeger, J. Vogt oder H. Berve, um nur diese Namen exemplarisch zu nennen, für sich selbst.[7]

Die große wissenschaftliche Tradition wurde dabei selektiv neu instrumentalisiert und nicht selten mißbraucht. Während Mommsens Bewertung des Judentums im Römischen Reich zu dessen Herabsetzung dienen mußte,[8] H. Berve sich bewußt an Treitschke anlehnte,[9] hielt W. Otto demonstrativ am Vorbild der Universalgeschichte Eduard Meyers fest.[10] Es dürfte einleuchten, daß die nun folgende Partie dieses Buches fortan größere Ausführlichkeit beanspruchen mußte.

Die Bedeutung der mannigfachen wissenschaftsgeschichtlichen Ansätze A. Momiglianos, vor allem dessen Studien über die italienischen Forschungen zur griechischen Geschichte,[11] die Konzeption des Hellenismus[12] und die Ausbildung der modernen Historiographie über das Römische Reich[13] sind zwar gesehen und auch anerkannt worden,[14] doch eine nennenswerte Nachfolge fanden diese Impulse zunächst nicht. Dagegen hatten sowohl das Augustusgedenken des Jahres 1937 als auch die übrigen Jubiläumsfeiern des faschistischen Italien eine nachhaltige Wirkung.[15]

Mit den Folgen des Jahres 1945 erlangte die Wissenschaftsgeschichte der deutschen Althistorie dann neue, existentielle Dimensionen.[16] Aus der lediglich fachwissenschaftlichen und akademischen Ebene wurde sie nun herausgerissen und in zuvor ungeahnter Weise politisiert und ideologisiert. Bewußt oder unbewußt wurde sie in die Deutung der jüngsten deutschen Vergangenheit verstrickt, vor allem aber mußte sie daneben bald auch zum Spiegel der Ost-West-Beziehungen werden. Die geistige Auseinandersetzung nahm, vor allem im Bereich der Deutschen Demokratischen Republik, ungewöhnlich scharfe, aggressive Formen an; Konzeption und Methoden des Klassenkampfes sollten konsequent durchgesetzt werden.

Das auch in der Bundesrepublik verbreitete «Handbuch zur Auseinandersetzung mit der westdeutschen bürgerlichen Geschichtsschreibung», dessen althistorische Partie Rigobert Günther zu verantworten hatte,[17] und die Forschungsüberblicke in den Einleitungen der offiziellen Geschichtswerke der Sowjetunion und der DDR[18] dokumentieren jene Konstellation nicht weniger als M. I. Finleys «Ancient Slavery and Modern Ideology» (1980).[19] Zwischen der Skylla des Verschweigens und der Charybdis der Ideologisierung konnte sich eine primär wissenschaftsgeschichtlich orientierte Forschung nur selten behaupten.

Die Situation komplizierte sich in Deutschland noch weiter, als sich seit der Mitte der sechziger Jahre ideologische mit bildungspolitischen Auseinandersetzungen über die Notwendigkeit einer Hochschulreform zu verflechten begannen, als Ideologiekritik zum Instrument der Gesellschaftskritik wurde und häufig oberflächliche «Enthüllungen» in destruktiver Absicht das allgemeine Klima bestimmten.[20]

Es ist verständlich, daß im Bereich der deutschen Altertumswissenschaften nach 1945 zunächst Nachdrucke klassischer und grundlegender Werke, Handbücher und Arbeitsinstrumente erforderlich waren. Unverständlich ist dagegen die Tatsache, daß das nobile officium der althistorischen Disziplin gegenüber den Opfern der nationalsozialistischen Diktatur erst sehr spät eingelöst wurde. Die Repräsentanten der NS-Althistorie waren auf dem deutschen Büchermarkt jedenfalls sehr viel früher und in weit größerem Umfang wieder präsent[21] als die «Verdrängten».[22]

Es ist das Verdienst von G. Alföldy,[23] K. Brodersen,[24] H. Chantraine,[25] K. Christ,[26] P. R. Franke,[27] M. Gelzer,[28] H.-G. Gundel,[29] A. Heuß,[30] Chr. Hoffmann,[31] A. Kneppe–J. Wiesehöfer–H.-J. Drexhage,[32] V. Losemann,[33] B. Näf,[34] E. Pack,[35] H. Schachenmayer,[36] H. Schaefer,[37] W. Schmitthenner–R. Zoepffel,[38] K. F. Stroheker–A. J. Graham,[39] J. von Ungern-Sternberg,[40] E. Gabba–R. Smith[41] und J.-R. Palanque[42] auf jene Persönlichkeiten hingewiesen und ihre Schriften wenigstens teilweise wieder zugänglich gemacht zu haben. Auf den ersten Blick mag diese rund sechs Jahrzehnte umspannende Reihe durchaus befriedigen, die Erscheinungsjahre der Beiträge sprechen freilich eine andere Sprache.

Wesentlich stärker als durch die vereinzelten deutschen Bemühungen wurde die Wissenschaftsgeschichte der Althistorie in der zweiten Hälfte des 20. Jahrhunderts zunächst durch ausländische Impulse stimuliert. Seit den fünfziger Jahren gewannen dabei insbesondere die Arbeiten von *Arnaldo Dante Momigliano*, seiner Kollegen und Schüler, aber auch seiner wissenschaftlichen Gegner eine immer stärkere Resonanz.[43]

Durch Momiglianos Wirken in Großbritannien, Italien und in den Vereinigten Staaten und dessen ebenso breite wie intensive Rezeption errangen seine Forschungen international bald eine Dominanz, der sich auch jüngere deutsche Althistoriker auf die Dauer nicht entziehen konnten. Dazu traten seit 1972 die schnell Berühmtheit erlangenden wissenschaftsgeschichtlichen Seminare an der Scuola Normale Superiore di Pisa, die überwiegend Vertretern der deutschen Altertumswissenschaften gewidmet waren.[44] An sie knüpften später ähnliche, von L. Polverini organisierte Veranstaltungen an.[45]

In der deutschen klassischen Philologie war das Interesse an der Rezeptions- und Wissenschaftsgeschichte zu dieser Zeit sehr viel stärker.[46] Es wurde zudem durch den amerikanischen Gelehrten *William M. Calder III* (geb. 1932) nachhaltig stimuliert und gefördert.[47] Der Schüler von Werner Jaeger und anderen hochrangigen Spezialisten in Harvard und Chicago wandte sich schon früh der Gestalt von *Ulrich von Wilamowitz-Moellendorff* zu.[48] Um dessen wissenschaftliche Biographie umfassend zu klären, griff er immer weiter aus. Durch die Edition von Briefwechseln,[49] die Bereitstellung von Hilfsmitteln[50] und die Organisation von Symposien[51] gelang es ihm, speziell die deutsche «Wissenschaftlergeschichte» des 19. und 20. Jahrhunderts zu beleben.

Sein Enthusiasmus befeuerte bald auch seine zahlreichen Mitarbeiter und weitete sein Arbeitsfeld aus; auch die Alte Geschichte im engeren Sinne konnte von ihm entscheidend profitieren: Vor allem die Tagungen über K. O. Müller,[52] George Grote,[53] Wilamowitz,[54] Eduard Meyer,[55] Werner Jaeger[56] sowie seine Schliemann-Kritik[57] wirkten hier besonders anregend. Calders Erfolge sind unbestreitbar; sie dokumentieren zugleich, wie lange in den Altertumswissenschaften zentrale deutsche Archivbestände vernachlässigt wurden und wieviel hier noch zu leisten ist.

Im Umfeld von Calders Anregungen ist vor allem auch das Engagement von *Mortimer H. Chambers* hervorzuheben, dessen Busolt-Biographie[58] geradezu ein Modell für solche Arbeiten bildete. Die internationale Diskussion um den zuletzt in den USA wirkenden M. I. Rostovtzeff[59] fand auch im deutschsprachigen Raum eine beträchtliche Resonanz. Zu ihr trugen insbesondere H. Heinens Editionen und Veröffentlichungen bei.[60]

Die thematisch anfangs auf die Rezeption der Antike in den USA konzentrierten Arbeiten von *Meier Reinhold*[61] sind in Deutschland dagegen mit beträchtlicher Verzögerung zur Kenntnis genommen worden. Erst neuerdings fanden seine gemeinsam mit *Wolfgang Haase* entwickelten, organisatorisch breit fundierten Unternehmungen[62] die angemessene Beachtung.

Nicht weniger anregend erwiesen sich die Impulse aus den deutschen Nachbardisziplinen, vor allem aus der Geschichtsschreibung[63] und der Archäologie[64] sowie der Neueren und der Zeitgeschichte.[65] Ein auffallend starkes Echo fand hier speziell die *Max-Weber*-Renaissance, die für den Bereich der Alten Geschichte von A. Heuß angestoßen,[66] dann mit einiger Verzögerung von J. Deininger,[67] W. Nippel[68] und anderen vertieft worden war.[69]

Verlegerische Impulse[70] sowie weitere innerfachliche Initiativen kamen hinzu,[71] so daß an Anregungen vielfältigster Art derzeit kein Mangel herrscht. Bestimmend blieb indessen nach wie vor die althistorische Einzelforschung, die im folgenden innerhalb ihrer systematischen und thematischen Zusammenhänge eingehender skizziert werden soll.

III DIE KLASSIKER DES 19. JAHRHUNDERTS – VON NIEBUHR ZU BURCKHARDT

Wie bereits erwähnt, formulierte W. M. Calder III die These, «daß Wissenschaftsgeschichte im Grunde Wissenschaftlergeschichte ist.»[1] Er berief sich dabei auf eine Feststellung seines Lehrers Werner Jaeger, wonach «die Geschichte der klassischen Philologie nichts weiter sei als lange Schatten weniger großer Männer.»[2] Selbstverständlich sollten dabei auch im Rahmen der Wissenschaftlergeschichte der «Zeitgeist», der «Sitz im Leben» und das «Vorverständnis der Wissenschaften»[3] berücksichtigt werden.

Grundsätzlich war damit die zentrale Bedeutung der Gesamteditionen, auch der «Kleinen Schriften», der autobiographischen Texte und der Briefwechsel, der Nekrologe und Biographien großer Gelehrter unterstrichen, jener Grundformen der Wissenschaftsgeschichte im engeren Sinne, mit denen diese im 19. Jahrhundert faktisch eingesetzt hatte.

Schon allein infolge dieser Voraussetzungen, der Quellenlage, wurde deshalb die Realisierung wissenschaftsgeschichtlicher Projekte zuerst eine Angelegenheit von Verwandten und Schülern. Diese gingen bei ihren Veröffentlichungen naturgemäß besonders pietätvoll und selektiv vor, so daß sich ihre Werke nicht selten der Panegyrik annäherten. Dieselbe Grundtendenz bestimmte selbstverständlich auch die Nekrologe.

Die autobiographischen Texte sind für die Erfassung der Persönlichkeiten aus dem Rückblick sowohl besonders aufschlußreich als auch besonders prekär. Für die nach dem II. Weltkrieg in Deutschland einflußreichen Fachvertreter der Alten Geschichte ist es lohnend, einmal die Akademie-Antrittsreden von Hans Schaefer[4] und Hermann Strasburger[5] mit dem Spiegelbild von Alfred Heuß «de se ipse»[6] oder der Kurzbiographie von Joseph Vogt[7] zu vergleichen und dabei Selbstverständnis wie Stilisierung dieser Persönlichkeiten, ihre Aussagen wie ihr Verschweigen, zu erfassen.

Nicht geringere methodische Schwierigkeiten wirft die kritische Einschätzung der Briefwechsel auf. Auch hier finden sich nicht selten Stilisierung oder bloße Formeln; der offene und ungeschützte Austausch zwischen Freunden stellt die Ausnahme dar. Trotz solcher Vorbehalte kann auf diese Quellenkategorie nicht verzichtet werden; es bleibt bedauerlich, daß hier so vieles verlorenging oder erst noch zu edieren ist.

Der Mommsen-Wilamowitz-Briefwechsel[8] zeigt beispielhaft, mit welchen Problemen dabei gerechnet werden muß. Nicht zu vergessen ist in diesem Zusammenhang auch die Tatsache, daß viele Gelehrtenbriefe einst durchaus privaten und vertraulichen Charakter besaßen, vor allem niemals für eine Veröffentlichung bestimmt waren.

Die Verfügbarkeit der Primärquellen bleibt jedenfalls von vielen Faktoren abhängig und von Fall zu Fall völlig verschieden. Ihre Edition und Kommentierung kann indessen nicht das letzte Ziel wissenschaftsgeschichtlicher Studien sein. Dieses liegt vielmehr in der geistigen Durchdringung der jeweiligen wissenschaftlichen Produktion in Gestalt von Einzeluntersuchungen, im weiteren in Biographien und Monographien, am Ende schließlich in der kritischen Einordnung der Individualleistungen und -positionen in die größeren Zusammenhänge der historischen Epochen und geistigen Strömungen.

Ein kursorischer Überblick über die wissenschaftsgeschichtliche Forschungsentwicklung und die derzeitige Forschungslage bei den für die Alte Geschichte des deutschen Sprachraums besonders wichtigen Persönlichkeiten dürfte am besten geeignet sein, um die Gesamtproblematik auf diesem Felde zu verdeutlichen.

Barthold Georg Niebuhr (1776–1831) ist ein charakteristisches Beispiel für den Kontrast zwischen der ungewöhnlich breiten zeitgenössischen Resonanz eines bedeutenden Historikers und dem Verblassen seiner Werke angesichts neuer Fragestellungen und Forschungsprioritäten, ein Beispiel zugleich auch für die Grenzen moderner wissenschaftsgeschichtlicher Impulse.

Neben seiner «Römischen Geschichte»[9] lagen seit den vierziger und fünfziger Jahren des 19. Jahrhunderts eine ganze Reihe seiner Vorträge und Kleinen Schriften[10] vor, die Niebuhrs Einfluß erweiterten. Schon zuvor hatte Niebuhrs Freundin Dore Hensler die «Lebensnachrichten»[11] über ihn publiziert, die durch die Auswertung von Briefen und Mitteilungen seiner Freunde Authentizität zu beanspruchen schienen. Allein im Banne der überragenden Persönlichkeit und des Wirkens Theodor Mommsens[12] trat dies alles in den Hintergrund: Eine wissenschaftsgeschichtliche Edition von Niebuhrs Briefen setzte erst in den zwanziger Jahren des 20. Jahrhunderts ein, brach dann jedoch schon früh ab[13] und wurde erst in den achtziger Jahren von E. Vischer auf vorbildlichem Niveau fortgesetzt und auch abgeschlossen.[14]

Während Niebuhrs Werke schon seit der zweiten Hälfte des 19. Jahrhunderts keine breite Leserschaft mehr fanden und nicht mehr nachgedruckt wurden, blieb der Autor – «Staatsmann», Gestalt des öffentlichen Lebens und Gelehrter zugleich – doch bis zum heutigen Tag ein Gegenstand der wissenschaftsgeschichtlichen Spezialforschung.[15] Durch Jubiläen forciert,[16] hat sie sein Werk nahezu allseitig durchleuchtet, dabei die Eigenart seiner Methode,[17] seine universalhistorische Sicht[18] und die Reflexe der Zeitgeschichte[19] besonders hervorgehoben.

Neben Seppo Rytkönen[20] ist dabei vor allem Alfred Heuß[21] mit weiterführenden Arbeiten zu nennen, ein Althistoriker, der in seinem langen wissenschaftsgeschichtlichen und historiographischen Wirken sowohl Niebuhr als auch Mommsen gerecht zu werden suchte.[22] Einen breiteren Leserkreis sprach die Biographie von C. Witte an;[23] eine Niebuhrs Persönlichkeit angemessene, wissenschaftsgeschichtliche Gesamtdarstellung steht dagegen noch immer aus.[24]

Der badische Liberale *August Böckh* (1785–1867), der seit seiner Übersiedlung nach Berlin (1811) dort zu einem der aktivsten und effizientesten Angehörigen der Philosophischen Fakultät und der Akademie der Wissenschaften sowie zum Organisator der Lehrerausbildung werden sollte, hatte in seinem weitausgreifenden wissenschaftlichen Werk schon früh zentrale historische Themen berührt. Sowohl seine Edition des Corpus Inscriptionum Graecarum (4 Bde. 1825–1859) als auch «Die Staatshaushaltung der Athener» (1817. 1886³. NDr. 1967) waren bei ihrem Erscheinen aufsehenerregende Pionierleistungen.[25] Während Böckhs oft vorgetragene Vorlesung «Enzyklopädie und Methodologie der philologischen Wissenschaften» erst posthum erschien (1877), hatte der Druck seiner «Gesammelten Kleinen Schriften» (7 Bde. 1858–1872) noch zu seinen Lebzeiten begonnen.

Eine traditionelle, auf Briefen aufbauende Biographie von M. Hoffmann[26] hielt sein Leben fest, doch stärkere Beachtung fand Böckh während der letzten Jahrzehnte lediglich im Rahmen der Methodendiskussion in der klassischen Philologie.[27] Althistoriker haben sich seltener mit ihm beschäftigt; für die Wortführer der sozio-ökonomischen Diskurse war die «Staatshaushaltung» offensichtlich zu voraussetzungsreich.

Der vielseitige *Karl Otfried Müller* (1797–1840), «einer der innovativsten und einflußreichsten deutschen Gelehrten des 19. Jahrhunderts»,[28] könnte in wissenschaftsgeschichtlicher Hinsicht auf den ersten Blick geradezu privilegiert erscheinen. Seine Hauptwerke erlebten mehrere Auflagen und liegen zum Teil auch in Nachdrucken vor,[29] eine zeitgenössische Biographie und zahlreiche Briefeditionen[30] sichern sein Persönlichkeitsbild. Eine sorgfältige neue Bibliographie[31] erleichtert die Orientierung. Doch intensivere wissenschaftsgeschichtliche Untersuchungen setzten erst in den letzten Jahrzehnten dank den Initiativen von A. Momigliano[32] sowie von W. M. Calder III und R. Schlesier[33] ein.

In diesem Rahmen erschien auch die umfassende rezeptionsgeschichtliche Studie von V. Losemann über «Die Dorier im Deutschland der dreißiger und vierziger Jahre»,[34] eine Studie, welche erstmals in systematischer Form die Spätwirkung von Müllers Stammeskonzeption und Dorierideal im nationalsozialistischen Deutschland klärte. Dabei konnten sowohl indirekte als auch direkte Zusammenhänge aufgezeigt und das ganze Ausmaß jener weithin vergröbernden Idealisierung beleuchtet werden, die sich trotz dessen differenzierter Anschauungen in die Tradition von K. O. Müller stellen konnte.

Wie Karl Otfried Müller entstammte auch *Johann Gustav Droysen* (1808–1884) Böckhs Schule. Bei Droysen ist die Kontinuität seiner Präsenz im Bereich der Alten Geschichte bis auf den heutigen Tag deshalb so bemerkenswert, weil dieser den Schwerpunkt seiner wissenschaftlichen Arbeit seit den vierziger Jahren des 19. Jahrhunderts ganz eindeutig auf die preußische und die neuere Geschichte verlegt hatte. Für den erfolgreichen und wirkungsmächtigen Begründer der sogenannten preußisch-kleindeutschen Historiographie stellten die althistorischen und philologischen Schriften aus dem Rückblick Jugendwerke dar, die ihm gleichwohl einen denkbar hohen Bekanntheitsgrad erworben hatten.

Die Gründe für Droysens ungewöhnlich intensive Nachwirkung in der deutschen Althistorie liegen einmal in seiner imponierenden Persönlichkeit, die schon den jungen Jacob Burckhardt fasziniert hatte.[35] Sie liegen ferner in Glanz und Meisterschaft seiner Sprache, die mit durch seine Musikalität geprägt war, eine Musikalität, die ihn auch mit Felix Mendelssohn-Bartholdy verband.[36] Sie liegen indessen primär im darstellerischen Rang seiner Historiographie, nicht zuletzt in deren Konzeption und Thematik. Droysens «Geschichte Alexanders des Großen» (1833), die später in die «Geschichte des Hellenismus» (1836. 1843) integriert wurde (1877/8),[37] gab Forschungsimpulse, deren Resonanz bis heute anhält und die zumindest klassische Folien für jede moderne Arbeit auf diesem Felde bietet. Es kommt hinzu, daß sich einflußreiche Gelehrte immer wieder von neuem mit dem großen Historiker beschäftigten,[38] der zudem als einer der wenigen Spezialisten auch eine «Historik» vorgelegt hatte, deren Rang unumstritten ist.[39]

Die für Droysen vorliegende Briefedition,[40] die bei ihrem Erscheinen stark beachtet worden war,[41] kann hohen Rang beanspruchen. Ein eigenes Schriftenverzeichnis hat speziell seine altertumswissenschaftlichen Titel zusammengestellt.[42] Von der breit angelegten, aber unvollendeten Biographie, die sein Sohn begann, liegt wenigstens ein erster, bis zum Jahr 1848 reichender und damit gerade die althistorische Schaffensphase umfassender Band vor,[43] daneben riß die Kette der kürzeren Würdigungen, der Monographien und der Spezialuntersuchungen bis in die Gegenwart nicht ab.[44]

Ernst Curtius (1814–1896) legte die im deutschen Bürgertum während der zweiten Hälfte des 19. Jahrhunderts am weitesten verbreitete und einflußreichste «Griechische Geschichte» vor.[45] Der Autor, der Griechenland, dessen Bevölkerung und Denkmäler genau kannte, war einer der letzten Vertreter eines idealisierenden und harmonisierenden Klassizismus, dessen hochgestimmter Stil seinen tiefgegründeten Überzeugungen entsprach. Curtius war zudem eine Persönlichkeit, der nicht einmal seine wissenschaftlichen Rivalen und Gegner ihren Respekt versagen konnten.[46]

Sein für die Vorstellungen des deutschen Bildungsbürgers zunächst geradezu repräsentatives Werk wurde freilich gerade deshalb auch zum Paradigma eines rezeptionsgeschichtlichen Bruchs, der durch den Wandel von Mentalität wie Gesellschafts- und Geschichtskonzeptionen bedingt war. Für die Althistoriker der folgenden Generationen wurde es nachgerade zur Manie, die eigene «Modernität» von dem angeblich so antiquierten und apolitischen Vorgänger abzusetzen.

Eduard Meyer, Beloch, von Pöhlmann und Bengtson[47] zogen hier an einem Strang, wobei sie den herausragenden Leistungen des großen Forschers, Geschichtsschreibers, Organisators der Ausgrabungen von Olympia, Redners und Archäologen meist nicht gerecht wurden. Und die «Neueren» hatten *wenigstens darin* Erfolg. Wie Beloch triumphierend verkünden konnte, ist Curtius' bedeutendes Geschichtswerk nach dem Erscheinen seiner eigenen, konkurrierenden Darstellung nicht mehr nachgedruckt worden.[48] Und dabei blieb es. Auch für Curtius liegt lediglich eine frühe, auf Briefen aufbauende «Familienbiographie» vor;[49] mit Persönlichkeit und Werk befaßten sich nur wenige neuere Studien.[50]

In denkbar stärkstem Kontrast zur wissenschaftsgeschichtlichen Situation bei Ernst Curtius liegen die Dinge bei *Theodor Mommsen* (1817–1903). Die verdienstvolle Neubearbeitung und Ergänzung der älteren bibliographischen Publikation von Karl Zangemeister und Emil Jacobs über «Theodor Mommsen als Schriftsteller» (1905) durch *Stefan Rebenich*[51] erschließt neuerdings in erstaunlichem Umfang auch die komplexe Mommsenforschung des 20. Jahrhunderts. Sie dokumentiert die fortlaufende Präsenz von Mommsens Werken, Editionen und speziellen Forschungen durch zahlreiche Neudrucke, aber zugleich auch die nicht abreißende Kette der Mommsen-Studien. Es zeigt sich dabei, daß eine umfassende Untersuchung von Mommsens ‹Nachleben› eine stattliche Monographie füllen würde.

Mommsens persönlichen Wünschen entsprach dies freilich nicht. Denn in einem Brief an seine Frau vom 15.5.1885 schrieb der verbitterte alte Gelehrte und Politiker: «Auf meinem Grabe soll weder ein Bild noch ein Wort, nicht einmal mein Name stehen, denn ich will von dieser Nation ohne Rückgrat persönlich so bald wie möglich vergessen sein und betrachte es nicht als Ehre, in ihrem Gedächtnis zu bleiben.»[52] Er blieb indessen nicht nur in der «Nation ohne Rückgrat», sondern auch in der Oikoumene der Altertumswissenschaften unvergessen, obwohl er mit seinen ersten Biographen nur wenig Glück haben sollte.

Die fünf Jahre nach Mommsens Tod erschienene Skizze seines Schülers, des österreichischen sozialdemokratischen Politikers und späteren Diplomaten Ludo Moritz Hartmann[53] konzentrierte sich ganz auf Mommsens politische Überzeugungen und sein Wirken in jenem Felde. Die nahezu ein halbes Jahrhundert später publizierte Monographie von *Alfred Heuß* «Theodor Mommsen und das 19. Jahrhundert» stand dazu in denkbar stärkstem Gegensatz. Der passionierte Autor wagte es nicht nur, ein sehr persönliches Gesamtbild Mommsens zu entwerfen, das diesen zugleich überzeugend in seine Epoche eingeordnet hat; durch seine Kenntnis des für Mommsen zentralen römischen Rechts wie seinen oft sarkastischen Stil war er für seine Aufgabe überdies in besonderer Weise qualifiziert. Heuß ist sein Leben lang von Mommsen nicht losgekommen.[54] Allerdings hat sich seit dem Erscheinen seiner frühen Studien die Grundlage jeder intensiveren Beschäftigung mit Mommsen durch die Publikation zunächst nicht bekannter Quellen wesentlich verändert.

Deren Bereitstellung und partielle Auswertung war das Verdienst der breit angelegten, vierbändigen Mommsenbiographie des damaligen Kölner Althistorikers *Lothar Wickert* (1959–1980), dem zudem auch weitere, einschlägige Veröffentlichungen verdankt werden.[55] Insgesamt gesehen scheiterte Wickerts Biographie allerdings an Konzeption und Akzentuierung. Der äußerst detailreichen Schilderung von Mommsens Jugend und Anfängen steht eine völlig unbefriedigende Skizze seiner langen Berliner Jahre gegenüber.

Die derzeit eindrucksvollste Mommsenbiographie wird dem Berner Mommsenspezialisten Stefan Rebenich verdankt. Dessen kenntnisreiches, gut geschriebenes und stets exakt fundiertes Werk kann durch sein ausgewogenes Urteil auch einem breiteren Publikum imponieren.[56] Rebenich konnte sich dabei neben dem bereits erwähnten bibliographischen Fundament vor allem auf seine Editionen von Mommsens Briefwechseln mit Harnack und mit Althoff stützen,[57] Briefwechseln, welche neben jenem von W. M. Calder III und R. Kirstein[58] gerade für Mommsens Berliner Jahre unentbehrlich sind. Hinzu kommen Rebenichs Bemühungen um die Entwicklung der Altertumswissenschaften im Rahmen der Preußischen Akademie der Wissenschaften.[59]

Die Etappen der Mommsen-Rezeption kulminierten wiederholt in aufsehenerregenden Fakten: so in der Veröffentlichung von Mommsens Testament,[60] der Auseinandersetzung um L. Wickerts Mommsen-Biographie,[61] den geradezu sensationellen Entdeckungen von unbekannten Nachschriften der Kaiserzeit-Vorlesungen Mommsens sowie seiner Einleitung in den IV. Band der «Römischen Geschichte» durch *A. Demandt*,[62] Texten, welche Mommsens Bild der römischen Kaiserzeit wenigstens in Umrissen zu rekonstruieren erlaubten, und schließlich in der langen Reihe der Spezialuntersuchungen.[63]

Einen Höhepunkt des modernen Mommsen-Gedenkens stellten zuletzt die vielfältigen Veranstaltungen anläßlich seines 100. Todestages im Jahre 2003 dar: Neben einer Ringvorlesung an der Freien Universität Berlin[64] stand ein von der Berlin-Brandenburgischen Akademie der Wissenschaften gemeinsam mit der Humboldt-Universität veranstaltetes wissenschaftliches Colloquium,[65] eine freilich nur schwach besuchte Gedenkveranstaltung des Berliner Abgeordnetenhauses,[66] schließlich auch noch eine von H.-M. Kaenel und anderen organisierte Tagung «Geldgeschichte vs. Numismatik. Theodor Mommsen und die antike Münze».[67] Aus all dem ist offensichtlich, daß Mommsen auch in Zukunft gegenwärtig bleiben wird.

In teilweise ganz anderer, doch nicht weniger beeindruckender Weise verlief die wissenschaftsgeschichtliche Entwicklung bei *Jacob Burckhardt* (1818–1897). Dessen althistorische Werke «Die Zeit Constantins des Großen» (1853) sowie die «Griechische Kulturgeschichte» (4 Bde. 1898–1902) fanden bei ihrem Erscheinen zwar sogleich starke Beachtung, wurden indessen sehr widersprüchlich beurteilt.[68] Ulrich von Wilamowitz-Moellendorff, der gerade die erste Hälfte der «Kulturgeschichte» gelesen hatte, konstatierte sogleich apodiktisch, daß das Werk «für die Wissenschaft nicht existierte»[69] – eines der krassesten Fehlurteile, das er je abgab. Denn nicht nur «die Wissenschaft», sondern eine breite, auch anspruchsvolle Leserschaft setzten sich viele Jahrzehnte hindurch mit Burckhardts originellen und erregenden Monographien auseinander; der Strom der einschlägigen Spezialliteratur riß bis heute nicht ab.[70]

Burckhardt, der so viel für das geistige Leben seiner Vaterstadt getan hatte, konnte auch deren Dank ernten. Zwischen 1929 und 1934 erschien eine 14bändige Gesamtausgabe; am Ende des Jahrhunderts wurde eine neue, von der Jacob-Burckhardt-Stiftung Basel herausgegebene und vorläufig auf 27 Bände angelegte «Kritische Gesamtausgabe» in Angriff genommen.[71] Vor allem jedoch fand Burckhardt in *Werner Kaegi* den kongenialen Biographen, der geradezu das Vorbild einer umfassenden Gelehrtenbiographie schuf,[72] und in *Max Burckhardt* den zuverlässigen Herausgeber seiner Briefe.[73] Burckhardt und sein Werk gehören zu den am kontinuierlichsten und intensivsten bearbeiteten Gegenständen der Wissenschaftsgeschichte der deutschen Althistorie. Die Grundlage dafür bildete die Betreuung des Burckhardt-Nachlasses durch das Jacob-Burckhardt-Archiv im Staatsarchiv des Kantons Basel-Stadt.

Das ganze Ausmaß der Resonanz und Präsenz Burckhardts wird deutlich, wenn man sie mit derjenigen einst weit verbreiteter Autoren der letzten Jahrzehnte des 19. Jahrhunderts vergleicht. Nach den Werken der großen Klassiker erschienen damals in deutscher Sprache eine ganze Reihe wichtiger Darstellungen und Handbücher, die zwar wesentliche Funktionen in der Vermittlung spezieller Epochen und Teilgebiete der Alten Geschichte erfüllten, hinsichtlich ihrer literarischen Qualitäten jedoch nur sekundären Rang beanspruchen können.

Dies gilt bereits für *Adolf Holm* (1830–1900), der nach seiner Gymnasiallehrerzeit in Lübeck auf Grund seiner wissenschaftlichen Arbeiten über das antike Sizilien und Griechenland als Ordinarius in Palermo und Neapel wirkte.[74] Seine dreibändige «Geschichte Siciliens im Altertum» (1870–1898), die in der Tradition von Curtius und Grote stand und die Geschichte der Insel von ihren Anfängen bis zum Jahre 902 n. Chr. schilderte, war eine Pionierleistung, deren Schwerpunkte vor allem in den Feldern der Topographie[75] und der Numismatik lagen.[76]

Holms «Griechische Geschichte von ihrem Ursprunge bis zum Untergange der Selbständigkeit des griechischen Volkes» (4 Bde. 1886–1894), die zwischen 1894 und 1898 auch ins Englische übertragen wurde, bemühte sich zwar um eine zuverlässige Gesamtschau, wies indessen nur wenige persönliche Sehweisen und Akzente auf. Sie war zwar didaktisch geschickt aufgebaut, wirkte indessen allzu nüchtern, streckenweise geradezu monoton.

Auch Holms Darstellung «Die Griechen» in F. von Hellwalds (Hrsg.) «Kulturgeschichte» fehlte jeder schriftstellerische Glanz.[77]

Adolf Holm hatte noch gegen Ende seines Lebens mit der Fixierung seiner «Erinnerungen» begonnen, deren Schilderung jedoch schon mit dem Jahre 1857 abbricht.[78] Den nach wie vor wissenschaftsgeschichtlich wertvollsten Beitrag über ihn legte sein Schüler Friedrich von Duhn vor.[79] Nachdem Holm lange Jahre hindurch nahezu in Vergessenheit geraten war, hat vor kurzem ein Kongreß in Sizilien wieder an ihn erinnert.

Differenzierter sind die Leistungen von *Benedictus Niese* (1849–1910) zu beurteilen, der in Marburg, Breslau und Halle als Klassischer Philologe und Althistoriker wirkte.[80] Seine philologischen Studien zu Apollodor, der homerischen Poesie, vor allem aber seine Josephus-Edition[81] hatten, trotz aller Einzelkritik, durchaus Anerkennung gefunden. Mommsen, der sich mit ihm eingehend auseinandersetzte,[82] zählte ihn zu den «namhaften jungen Gelehrten»;[83] Wilamowitz sprach von dem «trefflichen Benedocto Niese, ... das ist noch der besten einer.»[84]

Sowohl Nieses «Grundriß der römischen Geschichte nebst Quellenkunde» (1889. 1909^4) als auch seine «Geschichte der griechischen und makedonischen Staaten seit der Schlacht bei Chaeronea» (3 Bde. 1893–1903) gehörten geraume Zeit zu den anerkannten Grundlagenwerken. Daß die hellenistische Geschichte von Beloch disqualifiziert, von Rostovtzeff dagegen durchaus anerkannt wurde, kann nicht überraschen.[85] Beide Handbücher, die einst, vor allem für die Auswertung der literarischen Überlieferung, den jeweiligen Forschungsstand repräsentiert hatten, sind heute völlig in Vergessenheit geraten.

Den wissenschaftlichen Höhepunkt in diesem Genos markieren die Werke von *Georg Busolt* (1850–1920), der die althistorische Disziplin zwischen 1879 und 1897 in Kiel, anschließend bis zu seinem Tode in Göttingen vertrat.[86] Nach einer Habilitationsschrift über «Die Lakedaimonier und ihre Bundesgenossen»[87] und fragmentarischen «Forschungen zur griechischen Geschichte»[88] wurde Busolt insbesondere durch mehrbändige Handbücher zur griechischen Geschichte[89] und Staatskunde[90] bekannt. Busolt distanzierte sich dabei bewußt von den hohen literarischen Intentionen eines Ernst Curtius, in der «Staatskunde» auf Grund der Zersplitterung der griechischen Staatenwelt, aber auch vom Einheitsprinzip von Mommsens «Römischem Staatsrecht».

In seinen beiden Hauptwerken standen Sammlung, Ordnung und Erörterung von Quellen und Forschung im Mittelpunkt, bei den Quellen wurden dabei auch die epigraphischen und numismatischen Zeugnisse meist angemessen berücksichtigt. Busolts Ziel war es in erster Linie, Nachschlagewerke und Arbeitsinstrumente zur Verfügung zu stellen. Nur vor dem Hintergrund dieser Programmatik sind seine ausufernden Zitate, Quellenangaben, Anmerkungsberge und sein Detailreichtum bei gleichzeitiger Absenz großer Linien und eindringlicher Porträts zu verstehen.

Selbst Busolts großer Rivale K. J. Beloch, der in einem ebenso ironischen wie arroganten Distichon im Hinblick auf die «Griechische Geschichte» von einem ungeordneten und unverdauten Wust der Zitate sprach, mußte dazu ein «und doch ganz nützlich» einräumen. Er glaubte indessen, auf den Text der Bände verzichten zu können.[91]

Trotz aller Vorbehalte und Einwände belegen die wiederholten Auflagen und die Nachdrucke von Busolts Werken nach dem II. Weltkrieg deren Wertschätzung und Behauptung. Vor allem fand er als einziger der genannten Handbuchautoren in M. H. Chambers[92] einen modernen Biographen, der die Erinnerung an diesen Gelehrten auf Grund einer sorgfältigen Interpretation seines Briefwechsels wiederbelebte.

IV ZWISCHEN KONTINUITÄT UND INNOVATION – DIE DEUTSCHE ALTHISTORIE ZU BEGINN DES 20. JAHRHUNDERTS

Bildungs- und Geistesgeschichte der zweiten Hälfte des 19. Jahrhunderts waren in Deutschland weithin durch die Ausbreitung und Intensivierung der humanistischen Studien gekennzeichnet. Parallel hierzu sind jedoch auch die Impulse von Nationalökonomie, Historismus, den Anfängen der speziellen Sozial- und Wirtschaftsgeschichte und der Soziologie zu berücksichtigen.[1]

In der Alten Geschichte wird die Gesamtentwicklung durch eine Vielzahl von Forschungen und Darstellungen, die Differenzierung von Spezialdisziplinen wie Epigraphik, Numismatik und Papyrologie und die Ausbildung neuer Strukturen der «Großwissenschaft» (Th. Mommsen) mit zum Teil internationaler Kooperation charakterisiert. Zugleich profilierten sich starke Forscherpersönlichkeiten mit durchaus verschiedenen Arbeitsschwerpunkten, die dann seit der Jahrhundertwende das Bild der Disziplin mitprägen sollten, allen voran Robert von Pöhlmann (1852–1914), Karl Julius Beloch (1854–1929) und Eduard Meyer (1855–1930).

Inmitten der Dialektik zwischen Kontinuität und Innovation steht dabei die Gestalt *Robert von Pöhlmanns*.[2] In ihm verbanden sich auf der Grundlage umfassender historischer und nationalökonomischer Bildung in der Tradition W. Roschers eine fundierte Quelleninterpretation mit einer ungewöhnlich tiefen Sensibilisierung für die vielfältigen, existentiellen Probleme seiner Gegenwart.

Erfüllt von unerschütterlicher Passion für seine Sache setzte sich der kritische Kenner sozialistischer wie marxistischer Theorien mit jenen Grundfragen der modernen Gesellschaft und Verfassung auseinander, die noch das ganze 20. Jahrhundert bestimmen sollten: den Problemen des Kapitalismus und Pauperismus, des Großstadtelends,[3] des «Massengeistes der Demokratie», die für Pöhlmann die «Staatsform des Dilettantismus» war, den Forderungen nach «Denk- und Lehrfreiheit»[4] – einem aktuellen Problembündel also, das die entscheidenden Akzente seiner Vermittlung der griechischen Geschichte bildete.

Der furchtlose Gelehrte, der zwischen 1884 und 1901 den althistorischen Lehrstuhl in Erlangen, danach bis 1914 jenen in München innehatte, daneben seit 1907 auch als Sekretär der philosophisch-historischen Klasse der Bayerischen Akademie der Wissenschaften wirkte und 1909 nobilitiert wurde, scheute sich nicht, auch zu politischen Tagesfragen wie der Bildungspolitik Wilhelms II.,[5] den klerikalen Einflüssen auf die Münchner Universität[6] oder den Problemen des Wahlrechts[7] Stellung zu nehmen.

Schon während seiner Erlanger Lehrtätigkeit erschienen Pöhlmanns provozierende Hauptwerke, 1893 und 1901 die beiden Bände seiner persönlichsten Publikation, der «Geschichte des antiken Kommunismus und Sozialismus», deren Titel dann in der zweiten Auflage von 1912 in «Geschichte der sozialen Frage und des Sozialismus in der antiken Welt» umbenannt wurde. Eine dritte, ergänzte Auflage gab 1925 der Bonner Althistoriker Friedrich Oertel heraus, deren Nachdruck mit einer neuen Einleitung 1984 der Verfasser dieser Ausführungen.

Noch weitere Verbreitung fand Pöhlmanns «Grundriß der griechischen Geschichte», der zuerst 1889 im Rahmen des Handbuchs der klassischen Altertumswissenschaft erschien, ein Werk, das in seiner fünften Auflage von 1914 dann wiederum in «Griechische Geschichte und Quellenkunde» umbenannt worden ist.

Im Mittelpunkt der «Sozialen Frage» standen die Erörterungen der bereits genannten Prioritäten im Felde der griechischen Geschichte, sowohl der frühen Gesellschaftsstrukturen und der demokratischen Realität als auch der politischen Theorien und Utopien. Im Handbuch nahm naturgemäß die Schilderung der Ereignisgeschichte breiteren Raum ein; indessen war es bewußt auch als «politisches Lesebuch» (V) konzipiert. Insgesamt gesehen distanzierte sich Pöhlmann entschieden von den Wertungen Grotes und Curtius' ebenso wie von jenen Mommsens,[8] schloß sich indessen aus Überzeugung teilweise den Auffassungen Jacob Burckhardts an.

Die Nachwirkung von Pöhlmanns Hauptwerken war eher zwiespältig; die prinzipielle Kritik Matthias Gelzers[9] ist typisch für die Distanzierung der deutschen Fachhistoriker. Pöhlmanns Methode war zudem viel zu eigenwillig, als daß sie eine unmittelbare Nachfolge finden konnte. Lediglich die für ein breiteres Publikum gedachten kleinen Schriften des nonkonformistischen Marxisten Arthur Rosenberg[10] weisen eine ähnlich unbekümmerte Aktualisierung auf.

In der internationalen Erforschung der antiken Sozial- und Wirtschaftsgeschichte sollten künftig die stärkere Berücksichtigung der archäologischen Quellen und konkrete Sachforschung einerseits sowie ideologisch gebundene Abstraktionen andererseits das Bild bestimmen. Auch die daraus resultierende Sonderstellung Pöhlmanns hätte daher schon lange eine ausführlichere monographische Untersuchung erfordert.

Eine ähnlich ungewöhnliche, starke Persönlichkeit wie Robert von Pöhlmann war auch *Karl Julius Beloch*,[11] der einer Familie schlesischer Rittergutsbesitzer entstammte, sich stets «zur führenden Klasse»[12] gehörig fühlte, die «Masse» ebenso haßte wie die «Junker» und in seinen wissenschaftlichen wie in seinen politischen[13] Aktivitäten von brennendem Ehrgeiz erfüllt war.

Auch in wissenschaftsgeschichtlicher Hinsicht kann Beloch als privilegiert gelten: Der 72jährige konnte noch 1926 eine Selbstdarstellung publizieren;[14] der große Kreis seiner hochqualifizierten römischen Schüler[15] sicherte ihm in Italien eine breite Resonanz: Gaetano De Sanctis sorgte für die Publikation seines letzten Hauptwerkes,[16] dessen Schüler Arnaldo Momigliano veröffentlichte eine gut informierte Kurzbiographie,[17] Leandro Polverini nicht nur eine Gesamtbibliographie, sondern auch einen wertvollen Tagungsband.[18] Die schon seit langem angekündigte Publikation des Briefwechsels zwischen Beloch und Eduard Meyer dürfte weiteres Licht auf seine Persönlichkeit werfen.[19] Deutsche Beiträge[20] nehmen sich demgegenüber eher bescheiden aus.

Belochs Studium und Karriere waren durch einen seltenen Wechsel deutscher und italienischer Einflüsse gekennzeichnet. Seine wissenschaftliche Ausbildung erhielt er an den Universitäten Palermo, Heidelberg und Rom, wo er insbesondere von dem dortigen Althistoriker und späteren Erziehungsminister R. Bonghi[21] gefördert wurde.

Der Promotion in Heidelberg (1875) folgte zwei Jahre später die Habilitation in Rom, dort wiederum bereits nach weiteren zwei Jahren die Ernennung zum außerordentlichen Professor für Alte Geschichte. Nach einem Erfolg im concorso um die althistorische Professur in Catania, die er nicht antrat, wurde Beloch schließlich auf den althistorischen Lehrstuhl Roms berufen, worauf weitere hohe Funktionen im italienischen Bildungsbereich folgten.[22]

Die Auswirkungen der wachsenden nationalistischen Strömungen und des I. Weltkrieges trafen Beloch tief.[23] Schon 1912 hatte E. Pais eine haßerfüllte Campagne gegen Beloch entfacht. Als dieser nach einem kurzen Zwischenakt in Leipzig im Jahre 1913 seine Tätigkeit in Rom wieder aufnahm, spitzten sich die Dinge nach Kriegsausbruch deshalb weiter zu, weil Beloch auf die ihm angebotene italienische Staatsbürgerschaft verzichtete. Zwangsaufenthalte in Siena und Florenz, der Verlust des Lehrstuhls, Beschlagnahmung von Haus und Bibliothek folgten. Es sollten Jahre vergehen, bis er wieder in seine alten Rechte eingesetzt wurde.

Das wissenschaftliche Œuvre Karl Julius Belochs begann neben kleineren Studien mit Arbeiten über Surrentum, Kampanien und den italischen Bund, die ihm in seiner neuen Heimat Anerkennung verschaffen sollten.[24] Doch am wichtigsten sollten danach zum einen seine Gesamtdarstellung der «Griechischen Geschichte», zum andern seine Bemühung um eine «historische Bevölkerungslehre» werden, die nach ersten Spezialuntersuchungen während der siebziger Jahre des 19. Jahrhunderts in der Monographie «Die Bevölkerung der griechisch-römischen Welt» (1886) eine erste Synthese fand.

In seiner «Griechischen Geschichte», die in ihrer zweiten Auflage schließlich über 4300 Seiten umfaßte,[25] nahm Beloch für sich in Anspruch, «das konventionelle Bild der griechischen Geschichte in Stücke»[26] geschlagen, erstmals Wirtschaftsgeschichte und Wissenschaft adäquat behandelt und die Idealisierungen eines Leonidas, Perikles, Sokrates, Platon, Demosthenes und Alexanders des Großen korrigiert zu haben. Ganz generell wurde bei ihm «die Rolle der Persönlichkeit in der Geschichte» reduziert.

Das durch und durch originelle Werk, das viele Neubewertungen unternahm und Kontroversen auslösen sollte, kann hier nicht näher analysiert werden. Es wurde von einem passionierten Historiker geschrieben, dessen höchstes Ideal die Freiheit war und der sich offen als «Republikaner»[27] bezeichnete und der zugleich sein «Arier»-Bewußtsein bekannte,[28] seinen Antisemitismus immer wieder in abstoßenden Formen bekundete[29] und seine wissenschaftlichen Kritiker und Gegner oft taktlos, zynisch und haßerfüllt zu diskreditieren suchte. Doch trotz aller Fehler und Schwächen im einzelnen sind Arbeitsleistung, Impulse und Fanatismus dieses Autors nur selten bestritten worden.[30]

Nicht geringeres Aufsehen erregten einst Belochs Versuche, eine «historische Bevölkerungslehre» zunächst für die griechisch-römische Welt, später für die Geschichte Italiens zu realisieren.[31] Mit Hilfe planimetrischer Messungen wollte er dabei zuverlässige Arealstatistiken ermitteln und unter Auswertung allen verfügbaren bevölkerungsstatistischen Materials die Relationen zwischen Bevölkerungszahl und wirtschaftlich genutztem Flächenraum klären. Den Problemen von Heeresstärken, Getreideproduktion, Bevölkerungsstruktur nach Geschlecht und Altersgruppen kam dabei besondere Bedeutung zu. Optimistisch verkündete Beloch seine Überzeugung: «die Höhe der Bevölkerung eines Landes zu einer gegebenen Zeit ist ja nichts weiter als das Produkt historischer und wirtschaftlicher Faktoren, und wo die Faktoren bekannt sind, läßt das Produkt sich berechnen.»[32]

Belochs Forschungen und Materialsammlungen griffen dabei immer weiter aus; als Endziel schien sich eine Bevölkerungsgeschichte Europas abzuzeichnen. Dank De Sanctis' Einsatz konnten posthum schließlich die drei Bände der «Bevölkerungsgeschichte Italiens»[33] erscheinen. In wissenschaftsgeschichtlicher Hinsicht ist es entscheidend, daß Belochs Ansatz lange Zeit nicht mehr weiterverfolgt wurde, bis P. A. Brunt in seinem ebenfalls klassischen Werk «Italian Manpower 225 B. C.–A. D. 14» (1971) Belochs Fäden wieder aufnahm und sich dabei mit Nachdruck zur Tradition des großen Meisters bekannte (VIII).

In der deutschen Althistorie nahm *Eduard Meyer*[34] als dezidierter Universalhistoriker in der Tradition Heerens und Niebuhrs eine singuläre Stellung ein. In einem humanistisch geprägten Elternhaus aufgewachsen und an dem berühmten Hamburger Gymnasium Johanneum wie in dessen «Wissenschaftlichem Verein von 1817» schon früh auf hohes Niveau geführt,[35] distanzierte er sich bereits in seinem ersten Bonner Semester vom üblichen engeren griechisch-römischen Studium und setzte sich die «Erkenntnis des gesamten Alterthums» als Aufgabe.[36]

Konsequent wie stets wechselte er deshalb sogleich nach Leipzig über, wo ihn speziell die Orientalistik in weitem Umfange, daneben auch Sprachwissenschaft, Ethnologie und Religionsgeschichte faszinierten. Vor allem aber erweiterte er seine Sprachkenntnisse. Nachdem er bereits auf dem Gymnasium Hebräisch und Arabisch erlernt hatte, kamen nun Persisch, Türkisch und Sanskrit hinzu; Semitistik, Ägyptologie und das Studium des Alten Testaments bildeten weitere Schwerpunkte des ungewöhnlich breit angelegten Studiums.[37]

Nach der Promotion über die ägyptische Gottheit Set (1875), einer Tätigkeit als Hauslehrer bei dem englischen Generalkonsul in Konstantinopel Sir Philip Francis, die ihm erste Eindrücke von der Welt des Orients vermittelte, dem Militärdienst in Hamburg kehrte Meyer 1878 nach Leipzig zurück, wo er sich schon ein Jahr später mit seiner «Geschichte des Königreiches Pontos» habilitieren konnte.

Ein ungefähr gleichzeitiges Angebot des Stuttgarter Cotta-Verlages, für die gymnasiale Oberstufe ein neues, wissenschaftlich anspruchsvolles Lehrbuch der Geschichte des Altertums zu verfassen, konnte er dazu benützen, ein «Handbuch der alten Geschichte» vorzuschlagen, in dem er zunächst die orientalische, griechische und hellenistische Geschichte zu übernehmen gedachte. Aus diesem Projekt entstand schließlich Meyers klassische «Geschichte des Altertums», die in ihrer ersten Auflage fünf Bände umfassen sollte (1884–1902).[38]

Die universalgeschichtliche Konzeption, die Meyer hier verwirklichte, imponiert durch ihre weiten Dimensionen ebenso wie durch die Vielfalt ihrer Aspekte. Das Werk setzt mit einer anthropologischen Ouvertüre ein, in welcher die allgemeine Entwicklung des Menschen in Staat, Gesellschaft und Geistesleben skizziert wird. Schon hier begegnet dabei Meyers programmatischer Gedanke von der Priorität des Staates, der als organisierte Macht begriffen wird.

Auf diesen allgemeinen Teil folgt eine Darstellung der Geschichte des gesamten Alten Orients, in welcher vor allem die Geschichte Ägyptens, des Zweistromlandes und des Persischen Weltreiches dominieren. In regionaler Hinsicht wird dabei insbesondere die Rolle Kleinasiens als Bindeglied zwischen Orient und Occident hervorgehoben, thematisch stehen die Beziehungen zwischen Persien und dem Hellenentum im Mittelpunkt der Schilderungen, die um 350 v. Chr. abbrechen.

Meyer setzte in nahezu jeder Epoche sehr persönliche Akzente: So unterstrich er für den Nahen Osten die Rolle des «Semitismus», verstand die frühgriechische Geschichte nach der minoisch-mykenischen Zeit als «griechisches Mittelalter», hob danach auf politischem Gebiet die Bedeutung von Solon und Themistokles, auf geistigem diejenige von Sokrates hervor, pries mit Emphase die athenische Demokratie, während er gegenüber Alexander dem Großen auffallend kritisch blieb.

Meyer war einer der wenigen deutschen Althistoriker seiner Generation, der sich neben dem Bekenntnis zur Universalgeschichte («Grundlage und Ziel aller Geschichtsforschung und aller historischen Arbeiten auch im begrenztesten Detail kann immer nur die Universalgeschichte sein.»)[39] auch in abstrakter Form mit «Theorie und Methodik der Geschichte» (1902) befaßte.[40] Im Gegensatz zu seinem Freunde Beloch betonte er die entscheidende Rolle der Individualität, jene des Zufalls wie der freien Willensentscheidungen, lehnte Rassismus ebenso ab wie Antisemitismus, verurteilte mit Nachdruck modernes Schlagwort- und Formeldenken.

Meyers Darstellungsperspektiven waren dabei breit gefächert. Neben den dominierenden Linien der politischen und der Geistes- und der Religionsgeschichte berücksichtigte er ebenso die Probleme der Wirtschaftsgeschichte, in der er in der berühmten Auseinandersetzung mit Karl Bücher[41] eine modernistische Grundauffassung der antiken Wirtschaftsentwicklungen vertrat.

Theodor Mommsen würdigte in einem Brief an Wilamowitz vom 3.1.1894 am zweiten Band der «Geschichte des Altertums» zwar durchaus Meyers «Wissensweite und die Kombinationskraft», fuhr dann aber fort: «Daß der Pelion auf den Ossa gesetzt, der Horizont von Babylon nach Gades erstreckt wird, ist wohl grandios; aber ich fürchte, im Grund falsch, und die Handbuchform für das Geschichtswerk ist für mich kaum erträglich. Das narrare versagt ganz bei diesem capitulatim geschriebenen Buch.»[42] Doch seine und Anderer Vorbehalte konnten den kontinuierlichen Erfolg des großen Werkes, das immer wieder neue Auflagen erzielte, 1984 die neunte, nicht aufhalten.

Zu den Widersprüchen, die sich in Eduard Meyers Persönlichkeit vereinigten, gehört die Tatsache, daß für ihn zwar die universalhistorischen Perspektiven unbedingten Vorrang besaßen, er jedoch niemals lediglich aus zweiter Hand arbeitete. Seine stupenden Sprachkenntnisse befähigten ihn vielmehr zu intensiver Quelleninterpretation; die Vorarbeiten für die einzelnen Bände seines Hauptwerkes schlugen sich in einer großen Zahl von Spezialuntersuchungen zu zentralen Problemen seines Vorhabens nieder. Er faßte sie zum einen in seinen «Forschungen zur Alten Geschichte» (2 Bde. 1892–1899) sowie in seinen «Kleinen Schriften» (2 Bde. 1.1924^2; 2.1924) zusammen, zum anderen legte er nicht wenige Monographien vor.

Als Schwerpunkte hoben sich dabei insbesondere die Geschichte Kleinasiens,[43] Ägyptens,[44] des Judentums,[45] Christentums,[46] der Religion insgesamt,[47] aber auch Alexanders des Großen[48] und der hellenistischen Geschichte[49] ab. Auch zur römischen Geschichte legte Meyer wichtige größere Beiträge vor, so die «Untersuchungen zur Geschichte der Gracchen» (1894) und vor allem die vieldiskutierte Monographie über «Caesars Monarchie und das Principat des Pompeius» (1918), in der er auf den Zusammenhängen zwischen Pompeius und Augustus insistierte.

Eduard Meyer hatte sich in seinen ersten Lebensjahrzehnten politisch nicht exponiert. Dies änderte sich mit dem Ausbruch des I. Weltkrieges, der zu einer tiefen Zäsur seines Lebens werden sollte.[50] Da er die Hauptgegner Deutschlands in diesem Ringen, England und die Vereinigten Staaten, wo er 1904 in Chicago, 1909/10 als Gastprofessor in Harvard gewirkt hatte, aus eigener Anschauung kannte, sah er es als eine nationale Pflicht an, das deutsche Volk über Geschichte, Struktur, Mentalität und Eigenart jener Mächte zu informieren, wobei er vor Einseitigkeit und Disqualifizierung nicht zurückschreckte.[51]

Seine Kriegsschriften waren Teil eines nationalistischen Einsatzes, in dem er zusammen mit dem Historiker Dietrich Schäfer (1845–1929) die

Sache des Reiches geistig fundieren und stärken wollte. Meyers polemische Attacken grenzten dabei mitunter an Fanatismus. Es ist bezeichnend, daß er früh für den uneingeschränkten U-Boot-Krieg gegen England eintrat, für Deutschland auf der Behauptung der militärischen und wirtschaftlichen Strukturen, nicht zuletzt auf einer starken, über den Parteien stehenden Monarchie[52] beharrte. Er schreckte selbst vor einer Isolierung im akademischen Bereich nicht zurück.

Doch Meyer wirkte nicht nur literarisch. In der tiefen Krise seines Landes übernahm er 1919/20 das Rektorat der Berliner Universität, in dem er sich aktiv auch an der Organisation der «Studentenhilfe Berlin» beteiligte, auf die Bewahrung eines hohen akademischen Standards und die Einforderung von überzeugenden Leistungen drang. Unter Zurückstellung seiner eigenen Forschungen engagierte er sich mit allen seinen Kräften in der Selbstverwaltung der Hochschule, der Preußischen Akademie und der Notgemeinschaft der deutschen Wissenschaft. Die kleine Schrift des Jahres 1925 über «Spenglers Untergang des Abendlandes»,[53] von dessen Konzeption er sehr stark beeindruckt war, fand ein letztes Mal stärkere Beachtung.

Entscheidend für Eduard Meyers Nachwirkung war die Tatsache, daß er zwar in Hans Erich Stier[54] einen konsequenten Betreuer seines Hauptwerkes fand, jedoch keinen gleichrangigen Fortsetzer seiner universalhistorischen Methode. Während diese zunächst in Julius Kaerst[55] und Walter Otto[56] überzeugte Verteidiger hatte, sollte sie ausgerechnet in dem Otto-Schüler Helmut Berve[57] einen leidenschaftlichen Gegner finden, dann jedoch nach dem Ende des II. Weltkrieges noch einmal eine lebhafte, grundsätzliche Kontroverse auslösen.

V VOM WILHELMINISCHEN DEUTSCHLAND ZUR WEIMARER REPUBLIK

Im Unterschied zur politischen Revolution des Jahres 1918 überwog im wissenschaftlichen Bereich der deutschen Althistorie zunächst weithin die Kontinuität. Der Einfluß der zuletzt erwähnten, herausragenden Gelehrten blieb anfangs nach wie vor dominierend; erst allmählich trat er zugunsten ihrer Schüler in den Hintergrund. Inhaltlich zeichnen sich zwei generelle Tendenzen ab: Einerseits bemühten sich die persönlich durch die wilhelminische Tradition und die überragenden Leistungen ihrer Vorgänger geprägten Althistoriker, deren hohes wissenschaftliches Niveau zu halten; andererseits wuchsen während der zwanziger Jahre des 20. Jahrhunderts die Anstrengungen, den Rang der Disziplin durch neue Gesichtspunkte in einer veränderten Gegenwart zu behaupten und sich für eine «geistige Erneuerung» einzusetzen.[1]

Trotz der gravierenden Verschlechterung der allgemeinen existentiellen Lage im Hochschulbereich nahm die Zahl der wissenschaftlich aktiven Althistoriker weiter zu; gleichzeitig hielt die Tendenz zur Spezialisierung an. Aus der großen Zahl der in Betracht kommenden Namen dieser Epoche können hier lediglich die wichtigsten Persönlichkeiten, zunächst im Bereich der römischen, danach in dem der griechisch-hellenistischen Geschichte, besprochen werden; weitere Fachvertreter, die an anderer Stelle erwähnt sind, müssen zurückgestellt werden.

Obwohl gerade im Felde der römischen Geschichte nach wie vor Theodor Mommsens Einfluß in vielfältiger Weise anhielt, ist das Spektrum der Aktivitäten und Zielsetzungen hier besonders breit. Dabei hebt sich *Ernst Fabricius* (1857–1942)[2] durch eine ganz spezielle Lebensleistung ab. Sein Interessengebiet lag anfangs, während seiner Straßburger Studien, vor allem in den Bereichen von Archäologie, besonders Architektur, und Epigraphik. Typisch dafür ist das Thema seiner 1881 abgeschlossenen Dissertation «De architectura Graeca commentationes epigraphicae», in welcher der Verfasser die Inschrift mit den Bauvorschriften für den Zeustempel von Lebadea sicher kommentiert hatte.

Aufenthalte in Griechenland, Kleinasien und vor allem in Pergamon schlossen sich an. Sowohl für die Erforschung des Rechtes von Gortyn auf

Kreta als auch für die Edition der pergamenischen Inschriften leistete Fabricius wesentliche Vorarbeiten; einen ebenso hohen Standard zeigen seine RE-Artikel über den Architekturbereich. Der daraufhin 1886 in Berlin Habilitierte wurde bereits zwei Jahre später als Althistoriker nach Freiburg berufen, wo er den Lehrstuhl bis zum Jahre 1926 innehatte.

In Freiburg geriet Fabricius in den Sog von Mommsens Limes-Plänen, ein Großprojekt der römisch-germanischen Forschung auf deutschem Boden, um das seit Jahrzehnten gerungen worden war.[3] Doch erst nach der Reichsgründung gelang es, die effiziente Kooperation der davon betroffenen deutschen Länder wie der wissenschaftlichen und militärischen Spezialisten zu erreichen. Zwischen 1902 und 1937 leitete Fabricius die Edition dieser großen Bestandsaufnahme, sorgte dabei nicht nur für das einheitliche, akribische Niveau der Beiträge, sondern verfaßte auch persönlich zwei Drittel der erforderlichen Streckenbeschreibungen – damals ein Vorbild in jenem Bereich, das auch höchste internationale Anerkennung fand.[4]

Der von einer idealistischen, nationalen Gesinnung erfüllte Gelehrte, der sich selbstlos mit seiner großen Aufgabe identifiziert hatte, exponierte sich nicht nur in der akademischen Selbstverwaltung, sondern war während des I. Weltkrieges auch in führender Position an der Organisation der Freiwilligen Krankenpflege tätig. Nach Kriegsende trat er dann durch große politische Reden vor der Freiburger Studentenschaft hervor. Dennoch blieb seine Ausstrahlung und Nachwirkung auf den engeren Bereich seines Arbeitsschwerpunktes beschränkt.

Dazu mag beigetragen haben, daß zwei seiner vielversprechendsten Schüler, Barthel und Fimmen, im I. Weltkrieg fielen. Doch Fabricius hat sowohl Matthias Gelzer als auch Fritz Taeger habilitiert; vor allem Gelzer zeichnete in seinem eindrucksvollen Nachruf ein umfassendes Bild seiner gütigen Persönlichkeit, einer Persönlichkeit, die im wissenschaftsgeschichtlichen Rahmen auch deshalb hervorgehoben zu werden verdient, weil mit ihr zugleich ein Höhepunkt in den Beziehungen zwischen Althistorie und römisch-germanischer Forschung erreicht war.

Einer der vitalsten Vertreter der deutschen Althistorie jener Jahrzehnte und zugleich einer ihrer erfolgreichsten Vermittler war *Ernst Kornemann* (1868–1947).[5] Er hatte sein Studium in Gießen begonnen, seit 1889 in Berlin unter dem Mommsennachfolger Otto Hirschfeld fortgesetzt und abgeschlossen. Doch noch ein halbes Jahrhundert später konnte er sich rühmen, Mommsen selbst persönlich begegnet zu sein.[6] Sowohl seine Dissertation («De civibus Romanis in provinciis imperii consistentibus» 1891) als auch seine Gießener Habilitationsschrift «Zur Stadtentstehung in den ehemals keltischen und germanischen Gebieten des Römerreiches» (1898), eine Studie, die als Teil eines großen Werkes über das römische Städtewesen gedacht war, das indessen nie erschien,[7] griffen Hirschfelds Anregungen auf.

Dies dürfte auch für nicht wenige von Kornemanns frühen Einzelstudien gelten,[8] während stärkere eigene Impulse bei dem zusammen mit P. M. Meyer betriebenen Aufbau der Gießener Papyrussammlung[9] und bei der zusammen mit Lehmann-Haupt initiierten Gründung der Zeitschrift «Klio» zu fassen sind. Damit begann zugleich Kornemanns akademische Karriere: 1902 wurde er als außerordentlicher Professor nach Tübingen berufen, 1907 dort zum Ordinarius ernannt. Nachdem er, zuletzt als Landwehrhauptmann, am I. Weltkrieg teilgenommen hatte, nahm er 1918 den Ruf nach Breslau an, wo er bis zu seiner Emeritierung im Jahre 1936 eine außerordentlich erfolgreiche Lehrtätigkeit ausübte.

Denn Kornemann war ein packender Redner, ein Mann, der stets nach neuen Akzenten und originellen Wertungen strebte, eine selbstsichere Persönlichkeit, die das klare, entschiedene und ungeschützte Wort liebte. Dieser individuelle Stil bestimmte seine zahlreichen Vorträge wie später auch seine großen Darstellungen.

Nach dem Ende des I. Weltkriegs begann in Kornemanns wissenschaftlicher Produktion eine neue Phase. Nun rückte Augustus in den Mittelpunkt seiner Interessen, dem er zwei Jahrzehnte hindurch immer neue Studien widmete: Am Anfang stand dabei die seinerzeit viel beachtete und diskutierte Monographie über «Mausoleum und Tatenbericht des Augustus» (1921), in der Kornemann von einem engen Zusammenhang zwischen dem mächtigen Grabmal des Augustus und einer sukzessiven Formulierung und wiederholten Ergänzung der res gestae divi Augusti ausging.

Eine ähnlich persönliche Auffassung trug er rund zwei Jahrzehnte später in der größeren Arbeit «Doppelprinzipat und Reichsteilung im Imperium Romanum» (1939) vor. An die Stelle von Mommsens Konzeption des Principats als einer «Dyarchie» von Princeps und Senat wollte Kornemann dort, ausgehend von Augustus' angeblichem «Vier-Augen-System» zur Herrschaftssicherung das Konstrukt eines «Doppelprinzipats» und dem damit verbundenen Phänomen der «Reichsteilungen» setzen. Doch auch diese Hypothese konnte sich nicht behaupten. Daneben standen eine ganze Reihe spezieller Arbeiten.[10]

Ein weiterer persönlicher Interessenschwerpunkt Kornemanns in den Breslauer Jahren galt der Grenzproblematik, zu der seine Schüler wie er selbst originelle Beiträge vorlegten.[11] Sie stand nach den Entscheidungen des Versailler Vertrags im Mittelpunkt öffentlicher Diskussionen, so daß es nahelag, sie auch im Hinblick auf die antiken Verhältnisse erneut zu überdenken. Daneben suchte er nun durch kleinere Schriften und Sammelbände seiner Vorträge und Essays durchaus erfolgreich, auch eine breitere Leserschaft zu erreichen.[12]

Nach seiner Emeritierung ging Kornemann dann jedoch auch zur Abfassung größerer Darstellungen über. Sein wichtigster Erfolg war dabei die zweibändige «Römische Geschichte» (1938/39), die dank ihrer Betreuung durch Hermann Bengtson schließlich bis zum Jahre 1977 sieben Auflagen erreichte und damals die in deutscher Sprache am weitesten verbreitete Gesamtdarstellung gewesen ist.

Diese ungewöhnlich lebendige Historie wies immer wieder sehr persönliche Akzente auf. So erklärte Kornemann schon einleitend mit Emphase: «Weltgeschichte ist Bauerngeschichte», bekannte sich zum «Vorrang der Außenpolitik» und unterstrich den Antagonismus zwischen «Führer und Masse», gegen die wiederholt polemisiert wurde. «Der größte Staatsmann des Forums» war für ihn Gaius Gracchus. Mit dem Jahre 59 v. Chr. ließ er dann im zweiten Band die Kaiserzeit beginnen, die durch einen provozierenden Schematismus ihrer Einheiten von jeweils 32 und 332 Jahren strukturiert worden ist. Kornemann untergliederte dabei die Geschichte der römischen Kaiserzeit in die beiden jeweils kurzen (ca. 32 Jahre dauernden) Übergangsphasen von 60/59 bis Anfang 27 v. Chr. und 308–337 n. Chr. einerseits und andererseits in die großen Epochen des Principats (27 v. bis 305 n. Chr. = 332 Jahre) und des Dominats (337–640 n. Chr.). Caesar und Augustus wurden hier eng zusammengerückt, Caesar als «der geniale Offizier» (79), Augustus als «der Meister volkspsychologischer Behandlung der Massen» (109) gesehen.

Zugleich stilisierte Kornemann Caesar, Augustus und Tiberius zu «Märtyrern» der Umwälzung; das Leben des Tiberius, dem er eine posthum erschienene Biographie widmete,[13] war für ihn ohnehin eine «Tragödie». Dazu trug ganz wesentlich bei, daß Augustus durch die Ernennung der Livia zur Augusta «in diesem männlichsten aller Männervölker einem Weiberregiment das Tor aufgemacht» (151) hatte. Diese wenigen, charakteristischen exempla mögen die Eigenart des Werks verdeutlichen.

Noch wesentlich origineller präsentiert sich Kornemanns letzte, große Darstellung, seine «Weltgeschichte des Mittelmeer-Raumes von Philipp II. von Makedonien bis Muhammed (2 Bde. 1948/49). Hrsg. von H. Bengtson». Das Werk war demonstrativ Kornemanns Vorgänger auf dem Tübinger althistorischen Lehrstuhl in den Jahren 1877–1887 gewidmet, Alfred von Gutschmid, «dem Verfasser einer Geschichte Irans, dem bahnbrechenden Forscher auf dem Gebiete der Universalgeschichte des Altertums».

In seinem Vorwort erklärte der Autor: «Das Ziel unserer Darstellung ist, neben der überwältigenden Fernwirkung des gottbegnadeten Hellenenvolkes die iranische Komponente und damit die orientalische mehr als bisher zu Wort kommen zu lassen. ... Nur wenn ‹Hellenismus› und ‹Iranismus› nebeneinander betrachtet werden, wird man das ewige Hinstarren auf nur hellenisches Traditionsgut allmählich überwinden.» (IX) Und der letzte Satz des Vorworts vom 24.5.1946 lautet: «Gegenwartsnahe, nicht gegenwartsverfälscht muß eine neue Geschichte des Altertums sein.» (X)

«Gegenwartsnahe» war Kornemanns Konzeption ganz gewiß. Sie ist ein frühes Zeugnis jener allgemeinen historischen Tendenzen, die gegen Kriegsende und inmitten der deutschen Katastrophe den ganz bewußten Paradigmenwechsel dokumentieren. Da es sich von selbst verbot, die Geschichte des geteilten Alexanderreiches fortzuschreiben und Kontinuitäten zu behaupten, lag es nahe, entweder die historische Formation «Europa» oder die Konzeption der Universalgeschichte in den Vordergrund zu rücken, Tendenzen, auf die später noch zurückzukommen sein wird.

Obwohl Kornemanns Spätwerk dank des ungewöhnlichen Engagements von Hermann Bengtson eine für damalige Verhältnisse geradezu vorbildliche Ausstattung erhielt, war die Resonanz nicht sonderlich positiv. Dies lag freilich zum einen Teil an den Arbeitsbedingungen des Verfassers, dem die erforderliche Literatur für sein Unternehmen großenteils nicht zugänglich war, zum anderen an dem nicht immer befriedigenden Text, der sich in seinem römischen Teil zudem sehr eng an seine «Römische Geschichte» angelehnt hatte.[14]

Sowohl in den Persönlichkeitsstrukturen als auch in der Art der wissenschaftlichen Arbeit ist kaum ein größerer Kontrast denkbar als derjenige zwischen Ernst Kornemann und *Anton Ritter von Premerstein* (1869–1935).[15] Suchte der selbstsichere Kornemann durch Reden, Essaysammlungen und Darstellungen ein möglichst breites Publikum zu überzeugen, so lebte der Angehörige des Adels der k. und k. Monarchie zurückgezogen, war primär in den verschiedensten Bereichen der Grundwissenschaften (Archäologie, Epigraphik, Papyrologie, Handschriftenkunde) aktiv und ein eindringlicher Interpret vielfältigster Geschichtsquellen.

Von Premerstein verfügte über eine ungewöhnlich breite Bildung, hatte ein altertumswissenschaftliches und ein juristisches Studium jeweils mit

Promotion und Auszeichnung abgeschlossen, seinen Militärdienst als Kavallerist absolviert. Entscheidend wurden für seine Profilierung die Eindrücke am Wiener Seminar des Mommsen-Schülers Eugen Bormann, den er 1887 und 1888 auch auf wissenschaftlichen Reisen nach Italien begleitete.

Auf Grund seiner unzweifelhaften Leistungen und Kenntnisse erhielt von Premerstein 1895 eine Anstellung an der k. und k. Hofbibliothek, konnte sich vier Jahre später in Wien habilitieren und 1906 die Stelle des 2. Sekretärs am Österreichischen Archäologischen Institut in Athen antreten. Nach Teilnahme an Forschungsreisen mit archäologischer und epigraphischer Feldarbeit unter Führung von J. Keil[16] übernahm er 1909 die Leitung des Athener Instituts. 1912 zum Ordinarius für Alte Geschichte an der deutschen Universität in Prag ernannt, unterbrach der Ausbruch des I. Weltkrieges seine wissenschaftliche Laufbahn. Von Premerstein arbeitete zunächst für das Österreichische Rote Kreuz, 1916 als Referent für die Kriegsgefangenenfürsorge an der Österreichischen Gesandtschaft in Bern. Im gleichen Jahre nahm er den Ruf nach Marburg an, wo er bis zu seinem Tode wirkte.

Parallel zu seinem Lebensweg veränderten sich die Zentren seiner Forschungen: Standen zunächst die Bemühungen um römische Denkmäler Österreichs, vor allem in Krain, Kärnten und der Steiermark im Vordergrund,[17] war während der Zeit an der Hofbibliothek die Edition des Wiener Dioskurides-Kodex Hauptgegenstand seiner Arbeit,[18] in den Athener Jahren dann Publikationen zu griechischen Denkmälern und Inschriften.[19]

Es folgten größere Arbeiten zu Problemen der römischen Kaiserzeit[20] und wichtige papyrologische Studien;[21] zuletzt standen indessen langfristige Untersuchungen zu Sozialstruktur, verfassungsgeschichtlichen und staatsrechtlichen Fragen des frühen Principats im Mittelpunkt seiner Bemühungen, Probleme, für die der Althistoriker, Epigraphiker und Jurist von Premerstein besonders sensibilisiert war.

Von Premersteins erster, aufsehenerregender Beitrag zu diesem Felde ging von der Entdeckung von Fragmenten eines weiteren Exemplars der res gestae divi Augusti im pisidischen Antiochia durch W. M. Ramsay aus. Dem akribischen Epigraphiker gelang es, auf Grund der überzeugenden Lesung eines Fragments den Kernsatz des 34. Kapitels des augusteischen Leistungsberichtes endgültig zu erkennen: An Stelle von Mommsens Textrekonstruktionshypothese «... praestiti omnibus dignitate» setzte von Premerstein die Formel «omnibus auctoritate praestiti» und erschloß damit den auctoritas-Begriff als Kernpunkt der Stilisierung des Principats durch

Augustus.[22] Diese Interpretation, die sich durchsetzte, sollte zu einer engen und vertrauensvollen Zusammenarbeit zwischen von Premerstein und Lord Ramsay führen, deren Resultat die gemeinsame Edition des «Monumentum Antiochenum»[23] geworden ist.

Mindestens ebensogroße Bedeutung kommt von Premersteins posthum erschienenem Hauptwerk «Vom Wesen und Werden des Prinzipats» zu, das von Premersteins Schüler H. Volkmann aus dem Nachlaß herausgab.[24] Das Buch geht auf Forschungen von anderthalb Jahrzehnten zurück und knüpft in seinem auctoritas-Teil direkt an die Antiochenum-Untersuchung an. Daneben griff es Fragestellungen auf, die auf den Arbeiten von Fr. Münzer,[25] M. Gelzer[26] und anderen Studien jener Jahre beruhten, Arbeiten, in denen es vor allem um die prosopographischen Strukturen und die sozialen Grundlagen insbesondere der römischen Nobilität gegangen war.

Schon in einem Vortrag aus dem Jahre 1923 hatte von Premerstein seine Grundkonzeption der «Sozialen Grundlagen des Prinzipats des Augustus»[27] entwickelt und sie darnach weiter fortgeführt und verfestigt. Er ging dabei von den vielfältigen Klientelverhältnissen – den primär aristokratisch zentrierten ebenso wie den Heeresgefolgschaften – der späten römischen Republik aus, die sich schließlich in Klientelparteien verwandelten und im Kampf zwischen Antonius und Oktavian das gesamte Imperium in zwei antagonistische Klientelbereiche aufspalteten. Am Ende stand dann die Monopolisierung der Klientel durch den Princeps, eine Monopolisierung, die zuletzt auch eidlich verrechtlicht war.[28]

Mochten die Konsequenzen dieses Gesamtmodells und dieser Strukturentwicklung auch umstritten bleiben und teilweise abgelehnt werden, es sprach für sich selbst, daß sie von Ronald Syme in dessen klassischem Werk «The Roman Revolution» (1939) aufgegriffen und in ihrer Bedeutung herausgestellt wurden,[29] nachdem dieser von Premerstein in den dreißiger Jahren persönlich aufgesucht und mit ihm diese Probleme ausführlich erörtert hatte.

Matthias Gelzer (1886–1974)[30] war der Sohn eines zuletzt am Basler St. Alban wirkenden evangelischen Geistlichen und gehörte von beiden Elternseiten her der «akademischen Nobilität»[31] der Gelzer und Vischer an, ebenso konservativen wie deutschfreundlichen Basler Familien. Nach dem Beginn seiner Studien in Alter Geschichte und Klassischer Philologie in Basel, wo er vor allem Alfred Körte und Friedrich Münzer hörte, zog es ihn zu Ulrich Wilcken nach Leipzig, dem wissenschaftlichen Lehrer, von dem er wohl am tiefsten geprägt wurde.[32]

Bei Wilcken promovierte Gelzer 1909 mit der Dissertation «Studien zur byzantinischen Verwaltung Ägyptens» (NDr. 1974), einer Arbeit, in der sich minutiöse Quelleninterpretation mit moderner Fragestellung verband. Ihr Hauptproblem war dabei die Zurückdrängung der staatlichen Verwaltung des Landes durch die Ausweitung der Macht und Kompetenzen der Grundherrschaften.

Schon drei Jahre später konnte sich Gelzer bei Fabricius in Freiburg mit der epochemachenden Studie «Die Nobilität der römischen Republik» (Englische Übersetzung: The Roman Nobility. 1969) habilitieren. Angeregt durch die Arbeiten von Fustel de Coulanges und Tocqueville entwarf er dort nach intensiven Quellenstudien, nicht zuletzt Ciceros, ein überzeugendes Bild der römischen Gesellschaftsstruktur.

Methodisch war dabei grundlegend, daß sich Gelzer ausschließlich auf die gleichzeitigen antiken, von ihm scharf erfaßten Begriffe stützte und sich von allen modernen Versuchen distanzierte, moderne Begrifflichkeit und modische Kategorien auf die Antike zu übertragen. Scharf kritisierte er, «daß die moderne Überheblichkeit sich mit ihren zu praktischem Gebrauch zurechtgelegten sozialpolitischen Theorien an die Vergangenheit heranmacht und sie mit ihrer Schablone meistern will. Es gibt kein besseres Mittel, um sich den Zugang zu wahrem historischem Verständnis zu verschütten als dieses.»[33]

Der Ausbruch des I. Weltkrieges unterbrach zunächst Gelzers weitere wissenschaftliche Tätigkeit. Doch bereits 1915 erhielt er einen Ruf des preußischen Kultusministeriums auf die althistorische Professur der Universität Greifswald, 1918 auf jene in Straßburg, wo er die Turbulenzen des Zusammenbruchs und der französischen Besetzung erlebte.

Schon ein Jahr später erreichte Gelzer jedoch ein neuer Ruf aus Berlin, diesmal an die neugegründete Universität Frankfurt am Main, der er bis zu seinem Tode treu blieb, weitere Rufe ablehnte und sich immer wieder auch in der akademischen Selbstverwaltung bewährte: 1924/25 fungierte er als Rektor, dreimal als Prorektor, neunmal als Dekan der Philosophischen Fakultät.[34]

Von der persönlichen Form der «Gesellschaftsgeschichte» führte Gelzers wissenschaftlicher Weg zur Erfassung der großen Persönlichkeiten, vor allem der späten Römischen Republik. Angeregt auch durch Vertragsangebote und die Übernahme von RE-Artikeln legte er eine ganze Kette von fundierten Persönlichkeitsbildern vor. In chronologischer Reihenfolge handelte es sich dabei um Caligula,[35] Germanicus,[36] Tiberius,[37] Brutus,[38] Caesar,[39] Caesar und Augustus,[40] Themistokles,[41] Hannibal,[42] Catilina,[43]

Crassus,[44] Lucullus,[45] Cato Uticensis,[46] Cicero,[47] Pompeius,[48] Cato Censorius,[49] Vercingetorix.[50]

Dazu traten zahlreiche Arbeiten zur antiken Geschichtsschreibung, insbesondere zu Polybios, sowie Dutzende von Spezialstudien und noch weit mehr Rezensionen. Über all dem wurde Gelzer zum bedeutendsten deutschsprachigen Historiker der Römischen Republik in der Nach-Mommsen-Ära. In seinen Wertungen war er zu keinen Kompromissen mit politischen Erwartungen oder modischen Trends bereit. Es erforderte einigen Mut, wenn er in seinem Beitrag zu dem von J. Vogt herausgegebenen Sammelband «Rom und Karthago» (1943), einer Studie über die Eröffnungen der Punischen Kriege, provozierend festhielt: «Die Rasse der beiden Gegner spielte dabei nicht die geringste Rolle.» (201)

Jedes Pathos lag Gelzer fern. Glanz und Dynamik historischer Darstellung im Stile von Mommsens «Römischer Geschichte» vermißt man, doch Nüchternheit und unbedingte Zuverlässigkeit all seiner Bücher und Studien erklären die zahlreichen Auflagen seiner Werke, die grundlegend geblieben sind. Selbstverständlich sind sie stets auch Ausdruck seiner Persönlichkeit, in der sich nicht wenige, dialektisch völlig verschiedene Elemente zu individuellen Synthesen vereinigt hatten: Basel und Deutschland, Gesellschaftsgeschichte und Biographie, vor allem aber das Wahrheitsstreben des Historikers und der christliche Glaube.

Dabei ist der letzte Punkt am wichtigsten, denn, wie H. Strasburger treffend festgehalten hat: «Und was dem Leser fast am tiefsten verborgen wird: die Spannung zwischen der unverbrüchlichen christlichen Frömmigkeit ihres Autors und seinem Verpflichtungsgefühl als Historiker zu unerbittlichem politischem Realismus ist es möglicherweise am stärksten, was seinen Darstellungen ihr eigentümliches Leben gibt.»[51]

Trotz all dieser Spannungen war Gelzer ein innerlich gefestigter, sehr selbstsicherer Mensch, der sich deshalb auch in den Katastrophen nach dem Ende des I. wie des II. Weltkrieges ungebrochen behaupten konnte. Er wirkte bescheiden und zurückhaltend, doch fortiter in re. Der Eindruck, den er bei den vielen Generationen seiner Schüler hinterließ, war tief und anhaltend. Dabei hatte er das Glück, in Hermann Strasburger einen engen Kollegen und Freund zu finden, der sich zusammen mit Christian Meier auch um die Edition seiner «Kleinen Schriften» bemühte, so daß Gelzers Nachwirkung selbst in der Spezialforschung noch immer anhält.

Während die Entwicklung im Felde der römischen Geschichte in jenen Jahrzehnten in Fabricius, Kornemann, von Premerstein und Gelzer durch sehr verschiedenartige Persönlichkeiten gestaltet wurde, erfolgte jene in der griechischen Geschichte weitaus geschlossener. Ausgangspunkt war hier der in seiner Bedeutung nicht immer zutreffend eingeschätzte *Ulrich Wilcken* (1862–1944).[52]

Wilcken wuchs in jenen Jahrzehnten heran, als die deutsche Altertumswissenschaft, nicht zuletzt auf Grund von Impulsen Theodor Mommsens, monumentale Quelleneditionen wie das Corpus Inscriptionum Latinarum und das Corpus nummorum in Angriff nahm. Schon während seines Studiums in Tübingen durch von Gutschmid an die Probleme des Alten Orients, in Leipzig durch Ebers und Delitzsch an jene Ägyptens und Mesopotamiens herangeführt, verwies ihn Theodor Mommsen 1883 auf den Bereich der Papyri, die damals in immer größerer Zahl in die europäischen Museen gelangten.[53]

Die Sammlung des Berliner Museums, in dessen ägyptischer Abteilung Wilcken bis 1889 als Hilfsarbeiter wirkte, war seine erste Studienbasis. Als Autodidakt wurde er zunächst einer der Pioniere, am Ende der princeps papyrologorum; die wissenschaftliche Formierung und Konsolidierung der neuen wissenschaftlichen Disziplin der Papyrologie ist zu einem Gutteil sein Verdienst.

Seine ungewöhnliche Kunst der Entzifferung, die Mommsens epigraphische Methode auf das neue Arbeitsfeld übertrug, die sachliche Interpretation der Texte und deren überzeugende Einordnung in die jeweiligen historischen Zusammenhänge qualifizierten ihn dafür in besonderer Weise. Seine Kooperationsbereitschaft trug wesentlich zu den Fortschritten der internationalen Spezialisten bei, nicht zuletzt aber auch sein stets hilfsbereites persönliches Wesen.

Im letzten Drittel des 19. Jahrhunderts steigerte sich jedoch nicht nur der Zufluß der Papyri, sondern auch jener der «Ostraka», der beschrifteten Gefäßscherben aus dem ptolemäischen und römischen Ägypten. An der Erschließung dieser neuen Quellengattung beteiligte sich Wilcken von Anfang an. Mögen sich dabei für Papyri wie für Ostraka weitgespannte Editionspläne im Stile der Corpora als unrealisierbar erwiesen haben – Wilcken legte für beide Bereiche tatsächlich grundlegende Werke vor.[54]

Konstitutiv für Wilckens Aktivitäten und Ziele war von Anfang an die Tatsache, daß er sich nicht mit perfektionistischem Spezialistentum begnügte, sondern die Ergebnisse der papyrologischen Entdeckungen sofort in die allgemeinen historischen Zusammenhänge einordnen wollte. Ähnliches galt für sein Geschichtsbild, das im Banne der Konzeption Eduard

Meyers, mit dem er engeren Kontakt hatte, einen universalhistorischen Rahmen forderte, so wie er dies später in seiner «Griechischen Geschichte im Rahmen der Altertumsgeschichte»[55] zu verwirklichen suchte. Neben jener originellen, weit verbreiteten Darstellung und einer sehr persönlichen Biographie Alexanders des Großen[56] veröffentlichte Wilcken eine ganze Reihe von Akademieabhandlungen, vor allem zum hellenistischen Bereich im weitesten Sinne.[57]

Wilckens wissenschaftliche Leistungen und persönliche Vorzüge sicherten ihm vom Anfang seiner Laufbahn an Anerkennung und Resonanz. In rascher Folge erhielt er immer wieder neue Rufe auf die angesehensten althistorischen Lehrstühle: 1889 wurde er Extraordinarius, 1891 Ordinarius in Breslau, 1900 in Würzburg, 1903 in Halle, 1906 in Leipzig, 1912 in Bonn, 1915 in München, 1917 in Berlin. Gleichzeitig gelang es ihm, besonders qualifizierte Schüler an sich heranzuziehen, so Matthias Gelzer, Friedrich Oertel, Elias Bickermann, vor allem jedoch Walter Otto, der Wilckens Tradition in besonders nachhaltiger und erfolgreicher Weise fortführte.

Von Otto wurden wiederum Helmut Berve und Hermann Bengtson ausgebildet, die ihrerseits – bei allen Widersprüchen und Kontroversen im einzelnen – größere Schulen begründeten und damit die Grundrichtung der althistorischen Forschung, vor allem im Bereich der griechischen und hellenistischen Geschichte des 20. Jahrhunderts bestimmen sollten. Nicht zu vergessen ist dabei auch die Tatsache, daß Wilcken das Glück hatte, in Günther Klaffenbach einen kompetenten Betreuer seiner «Griechischen Geschichte» zu finden, der dieses Werk auch noch Jahrzehnte nach dem Tode des Verfassers ergänzte.

Walter Otto (1878–1941)[58] hatte in Breslau und Berlin studiert und sich schon frühzeitig umfassende Kenntnisse in Sprachen, Kultur, Religion und Geschichte des Alten Orients angeeignet. Auch seine ersten Arbeitsschwerpunkte lagen in der Papyrologie, der Geschichte Ägyptens und des Hellenismus; er bekannte sich von Anfang an ebenfalls zur Konzeption der Universalgeschichte. Auch er war wie Ulrich Wilcken nicht nur ein hervorragender Gelehrter, sondern gleichzeitig auch ein effizienter Organisator.

Wie Wilcken, so qualifizierte sich auch Otto in Dissertation (1903) und Habilitationsschrift (1907) mit Teilen einer großen, zweibändigen Untersuchung, dem eindrucksvollen Werk über «Priester und Tempel im hellenistischen Ägypten» (1905–1908), einem Werk, das ihm sogleich eine äußerst erfolgreiche wissenschaftliche Laufbahn eröffnete. Über Greifswald (1907), Marburg (1914), Breslau (1916) führte ihn diese 1918 als Nachfolger

Wilckens nach München, wo er bis zu seinem Tode als Ordinarius für Alte Geschichte, Vorstand des Instituts für Papyrusforschung und Antike Rechtsgeschichte sowie als Mitglied der Bayerischen Akademie der Wissenschaften eine herausragende Stellung innehatte.[59]

Parallel zu diesem Werdegang verbreiterte sich Ottos wissenschaftliches Wirkungsfeld: Noch in seiner Greifswalder Zeit rückte, als Folge von RE-Beiträgen, Herodes und dessen Dynastie in den Mittelpunkt seines Interesses,[60] dann schlossen sich Arbeiten zur römischen Geschichte an. Sie setzten in Breslau ein[61] und häuften sich zu Beginn seiner Münchner Zeit.[62] Ihre Thematik war dabei gelegentlich auch durch tagespolitische Streitfragen initiiert.[63]

Doch danach kehrte Otto wieder zum Kernbereich seiner Studien, zur Epoche des Hellenismus, zurück. In einer ganzen Reihe von Münchner Akademieabhandlungen legte er wichtige Beiträge zur Geschichte der Ptolemäer vor,[64] Abhandlungen, welche die ihm adäquate Publikationsform darstellten, während er größere, bereits angekündigte Projekte – wie ein «Hellenistisches Staatsrecht», den «Staat des Hellenismus» oder eine «Griechische Geschichte»[65] – nicht realisieren konnte. Für Ottos Gesamtverständnis des «Hellenismus» war dabei grundlegend, daß er diese historische Epoche nicht auf die drei Jahrhunderte nach Alexander dem Großen begrenzte, sondern in sie auch noch die römische Kaiserzeit einbezog, eine Konzeption, welche sich freilich nicht durchsetzen konnte.[66]

In methodischer Hinsicht wurde Walter Ottos Œuvre einerseits durch die Anforderungen einer positivistischen Spezialforschung, andererseits durch sein Bekenntnis zur Universalgeschichte in der Tradition Rankes, Eduard Meyers und Ulrich Wilckens charakterisiert.[67] Durch die Angriffe seines Schülers Helmut Berve[68] wurde er dabei zu einer immer schärferen Verteidigung seiner Position genötigt und in einen Methodenstreit verstrickt, der zu den wichtigsten allgemeinen Kontroversen der deutschen Althistorie in der NS-Ära zählte und auf den deshalb im folgenden Kapitel noch einmal näher zurückzukommen sein wird.[69]

Neben den wissenschaftlichen Arbeiten stand die zeitaufwendige Tätigkeit des Organisators Otto, deren Intensität Hermann Bengtson auf Grund eigener Erfahrungen lebendig beschrieben hat.[70] Von der Mitherausgabe der «Münchner Beiträge zur Papyrusforschung und Antiken Rechtsgeschichte» (1923–1941) abgesehen ist dabei an erster Stelle die umfassende Umgestaltung des von Iwan von Müller begründeten «Handbuchs der klassischen Altertumswissenschaft» zu nennen. Hatte von Müller dieses große Sammelwerk einst gemäß dem klassizistischen Selbstverständnis der Altertumswissenschaft des 19. Jahrhunderts konzipiert, so weitete Otto dessen Rahmen seit 1920, als er die Leitung übernahm, auf eine neue, universalhistorische Konzeption aus.[71]

Es ist das Verdienst von Jakob Seibert, in einer kritischen Untersuchung von Akten und anderen Materialien die politischen Überzeugungen Walter Ottos erstmals umfassend geklärt zu haben.[72] Danach gehörte Otto ganz eindeutig zu den konservativen, dezidiert nationalen Kräften des deutschen Bürgertums. Er war Gründer und Mitglied verschiedener Volksparteien – aber nicht Mitglied der NSDAP. Nach dem Zusammenbruch im Jahre 1918 hatte er sich mit den gegen die bayerische Räteregierung vorgehenden nationalen Gruppen solidarisiert, im Jahre 1923 «fanatisch gegen Hitler»[73] votiert. In die Nähe nationalsozialistischer Kräfte geriet Otto, der Sohn eines Offiziers, jedoch dadurch, daß er einer 1930 gegründeten «Arbeitsgemeinschaft für deutsche Wehrverstärkung» beitrat, die später (Herbst 1935) in die «Arbeitsgemeinschaft für Wehrgeistige Forschung und Bildung» umgewandelt worden ist.

Was Ottos Verhältnis zur NSDAP anbetrifft, so dürfte das Urteil eines Gaudozentenführers eindeutig sein, wonach Otto «als ausgesprochener Gegner des Nationalsozialismus bezeichnet werden muß.»[74] Andererseits steht fest, daß sich Otto nach eigenem Zeugnis aus Überzeugung – und trotz seiner Kontroverse mit Berve – auch mit «Rassengeschichte» beschäftigte.[75] So sprach er auf Anregung einer Fachschaft «Zur Rassengeschichte des Altertums», mußte sich deswegen jedoch gegenüber dem Mediziner Kürten rechtfertigen.

Ottos Schüler haben dessen Lehrtätigkeit sehr differenziert beurteilt. Offensichtlich war er kein passionierter Redner, der seine Hörer mitzureißen verstand, sondern in erster Linie ein nüchterner Vermittler von Fakten und Forschungsstand, der seine Vorlesungen mit kritischen Kommentaren zu jüngsten Thesen und Spezialuntersuchungen überlud.[76] Gerühmt wurden indessen die Seminare, die meist von wichtigen Quellenfragen ausgingen und ebenso souverän wie umfassend in die Methoden der Quellenkritik einführten.

Otto konnte in Helmut Berve, Hermann Bengtson und Walter Wüst[77] vorzügliche Schüler ausbilden, von denen Hermann Bengtson sein treuester Anhänger und sehr viel später auch sein Nachfolger auf dem Münchner Lehrstuhl wurde.[78] Die Eigenart von Ottos wissenschaftlicher Produktion, einer anspruchsvollen und voraussetzungsreichen Spezialforschung neben einer selbstlosen Herausgebertätigkeit, erklären, warum sein Name und seine Leistung inzwischen nur noch in engeren Fachkreisen geläufig sind. In der Geschichte der Disziplin wird er jedoch stets eine ihrer großen Gestalten bleiben.

Auch der in Gräfentonna bei Eisenach geborene *Julius Kaerst* (1857–1930),[79] der von seinem wissenschaftlichen Lehrer Alfred von Gutschmid stark beeinflußt worden war, wandte sich von Anfang an sowohl den Problemen der hellenistischen Epoche als auch jenen der Universalgeschichte zu, beides mit sehr persönlichen Akzenten. 1887 war er mit «Forschungen zur Geschichte Alexanders d. G.» hervorgetreten. Doch während einer eineinhalb Jahrzehnte dauernden Tätigkeit als Gymnasiallehrer konnte Kaerst seine wissenschaftlichen Aktivitäten nur unter extremer Belastung fortsetzen und sich erst 1898 in Leipzig habilitieren.

Nach seiner Berufung auf den Lehrstuhl für Alte Geschichte der Universität Würzburg (1903), wo er bis zu seinem Tode wirkte, wandte er sich ganz der intensiven Erforschung der hellenistischen Epoche zu. Sein zweibändiges Hauptwerk gab er zuerst unter dem Titel «Geschichte des hellenistischen Zeitalters» (I. 1901; II. 1909) heraus; in den späteren Auflagen war es zutreffender als «Geschichte des Hellenismus» (I.^{3}. 1927; II.^{2}. 1926) bezeichnet worden.

Leitend für Kaersts Konzeption wurden einmal der Primat der Ideengeschichte, zum andern sein offenes Bekenntnis zur Universalgeschichte im Sinne Rankes.[80] Auf dieser Basis erfaßte er die entscheidenden Antagonismen der Epoche, diejenigen zwischen Polis und Universalmonarchie, Nomos und Autarkie, Geist und Macht, Hellas, Makedonien und Orient.

Besonders klar wurden dabei die Auswirkungen der philosophischen «Aufklärung» des 5. und 4. Jahrhunderts v. Chr. herausgearbeitet, ebenso die religiösen Entwicklungen sowie die Umwandlung des Hellenentums zu einem universellen kulturellen Element. Wie in anderer Weise bei W. Otto, so ist auch hier die römische Kaiserzeit in eine weitgespannte Hellenismuskonzeption integriert worden. Da Kaerst die Parallelen zwischen seiner Gegenwart und der hellenistischen Ära stark betonte, erfaßte er mit Nachdruck auch die rationalen und technischen Phänomene jener Epoche sowie deren Verständnis der Monarchie.

In seiner Auffassung der Universalgeschichte[81] ging Kaerst eigene Wege, schätzte Burckhardt[82] ebenso wie Ranke. Trotz aller Anerkennung von Eduard Meyers Leistung lehnte er jedoch einzelne Punkte von dessen Konzeption, so die parallelistische Auffassung geschlossener Kreise, ab.

Insgesamt gesehen war Kaersts Werk imponierend. So sind auch seine Nachfolger auf dem Würzburger Lehrstuhl tief von ihm beeindruckt worden. Allgemein überwog jedoch die Kritik an dieser genuin geisteswissenschaftlichen Sicht. Für die hellenistische Epoche sollte schließlich Michael Rostovtzeffs umfassende Darstellung «Die hellenistische Welt. Gesellschaft und Wirtschaft» (3 Bde. 1955–1956) verbindlich werden. Was darüber verloren ging, steht auf einem anderen Blatt.

Eine Sonderstellung unter den deutschen Althistorikern der ersten Hälfte des 20. Jahrhunderts nimmt der über drei Jahrzehnte hindurch in Göttingen lehrende *Ulrich Kahrstedt* (1888–1962)[83] ein. Der im schlesischen Neiße Geborene hatte nach dem Besuch des Gymnasiums seiner Heimatstadt in Edinburgh, Straßburg und Berlin ein breit angelegtes Studium in Jura und Altertumswissenschaften begonnen, das er 1910 bei Eduard Meyer mit einer Dissertation über «Die Politik des Demosthenes» abschloß.[84]

Als Stipendiat des Deutschen Archäologischen Instituts konnte der junge Gelehrte in den Jahren 1911 und 1912 eine ausgedehnte Mittelmeerreise antreten, sich in Münster habilitieren und schon 1913 in Marburg eine Lehrstuhlvertretung übernehmen, bis dann der I. Weltkrieg diese steile Karriere unterbrach. Sie war nur möglich, weil Kahrstedt in rascher Folge beeindruckende Publikationen vorgelegt hatte.[85]

1921 wurde er auf den Göttinger Lehrstuhl für Alte Geschichte berufen, wo sich seine Persönlichkeit nun voll entfalten konnte. Denn Kahrstedt war ein komplexer, eigenwilliger, in sich widerspruchsvoller Mensch. Nüchterne, juristisch geprägte wissenschaftliche Arbeit war für ihn ebenso charakteristisch wie das Pathos eines Rhetors, der sich sowohl politisch exponierte als auch in seinen großen Darstellungen eine breite Öffentlichkeit durch Nonkonformismus, exzessive Wertungen und originelle Formulierungen zu packen suchte.[86]

Für Kahrstedt war die Bemühung um exakte Interpretationen ebenso typisch wie jene um die historische Auswertung der Bodenfunde (dies insbesondere im Bereich der römisch-germanischen Auseinandersetzung) sowie die Autopsie der antiken Denkmäler im gesamten Mittelmeerraum. Über all dem wurde er zu einem der produktivsten deutschen Althistoriker seiner Generation, aber auch zu einem geradezu pathologischen Modernisten, der die antike Geschichte in eine «Geschichte der weißen Kulturmenschheit» einzuordnen suchte, von den Gefahren des «Proletariats», der «Farbigen», der «roten Flut» und der «roten Revolution» sprach – um nur wenige bezeichnende Begriffe zu nennen.[87]

Denn auch Kahrstedt teilte die politischen Überzeugungen des konservativen, nationalistischen deutschen Bürgertums seiner Zeit. Als Angehöriger der Deutschnationalen Volkspartei exponierte er sich publizistisch wie propagandistisch. Seine allwöchentlichen Vorträge zur politischen Lage zogen eine große Hörerschaft an; in seiner Kritik an den Weimarer Verhältnissen[88] konnte sich seine vitale, passionierte Persönlichkeit ausleben.

Kahrstedts wissenschaftliches Œuvre hatte mit Arbeiten zur griechischen Geschichte eingesetzt. Im Zentrum stand dabei sein Versuch, als Pendant zu Mommsens «Römischem Staatsrecht» nun ein «Griechisches Staatsrecht» zu entwerfen. Doch die drei großen Bände und zahlreichen Einzelstudien,[89] die er zu diesem Projekt vorlegte, fanden keine Anerkennung. Ein konstanter wissenschaftlicher Schwerpunkt lag für ihn daneben in der hellenistischen Geschichte,[90] der er höchste Bedeutung zuerkannte.

Sowohl unter dem Einfluß tagespolitischer Probleme als auch unter jenem von Michael Rostovtzeffs erstem Hauptwerk[91] traten bei Kahrstedt soziale und wirtschaftliche Aspekte in den Vordergrund. Sie dominierten nicht nur in seinen großen Darstellungen, sondern ebenso in seinen beiden letzten Spezialstudien, die in wissenschaftlicher Hinsicht zum Besten zählen, was er je geschrieben hat.[92]

Kahrstedts Nähe zu Archäologie und Vor- und Frühgeschichte wurde bereits gestreift. Er beteiligte sich zwischen 1933 und 1938 sowie zwischen 1948 und 1956 an niedersächsischen Ausgrabungen, besonders an jenen bei der Vogelsburg bei Vogelbeck (Kreis Northeim), und legte auch zu diesem Bereich anregende Spezialuntersuchungen vor.[93] Auf Grund seiner guten Beziehungen zur britischen Besatzungsmacht erhielt er schon 1949 die Erlaubnis, die während des II. Weltkriegs gewonnenen Luftbildaufnahmen der RAF für die römisch-germanische Forschung auszuwerten, was allerdings nur zu bescheidenen Resultaten führte.[94]

Während die bisher genannten, in verschiedener Hinsicht bedeutsamsten deutschen Althistoriker jener Epoche zumindest unter wissenschaftsgeschichtlichen Gesichtspunkten überwiegend noch immer präsent sind, ist dies bei der folgenden Gelehrtengruppe nicht immer der Fall. Doch um die Vielfalt und Spannweite der Disziplin zu dokumentieren, ist es erforderlich, wenigstens knapp an sie zu erinnern.

Der vor allem in der griechischen Geschichte engagierte, zuletzt in Freiburg lehrende *W. Kolbe* (1876–1943),[95] hatte das Glück, in H. Strasburger, H. Nesselhauf und H. U. Instinsky[96] besonders qualifizierte und gegenüber dem Nationalsozialismus integre Schüler zu finden. *J. Keil* (1878–1963),[97] der zwischen 1937 und 1951 den Wiener Lehrstuhl innehatte, war gewiß einer der erfahrensten und führenden Epigraphiker seiner Zeit.

Ein ungewöhnliches Schicksal erfuhr *O. Th. Schulz* (1879–1954).[98] Hatte er zunächst innerhalb der Historia-Augusta-Forschung, mit Arbeiten über die römische Kaiserzeit und ihre Münzprägung, nur eine geringe Resonanz gefunden, so wirkte er doch zwischen 1921 und 1945 als außerordentlicher Professor an der Universität Leipzig. Größeren Einfluß erlangte er erst nach dem II. Weltkrieg, als er dort die Funktion eines Direktors der Abteilung Alte Geschichte übernehmen durfte und von seinen jüngeren marxistischen Kollegen durchaus respektiert wurde.[99]

Friedrich Oertel (1884–1975)[100] entstammte der anspruchsvollen papyrologischen Schule Ulrich Wilckens. Schon seine Dissertation über «Die Liturgie. Studien zur ptolemäischen und kaiserzeitlichen Verwaltung Ägyptens» (1917. NDr. 1965) weckte höchste Erwartungen. Weitere Spezialuntersuchungen festigten seinen Ruf.[101] Doch große Vorhaben, die er damals plante, konnten nicht realisiert werden. Weder eine Sammlung von Löhnen und Preisen noch eine Wirtschaftsgeschichte des Altertums im Rahmen des Handbuchs wurden realisiert.

Lediglich durch sein großes Nachwort zu Pöhlmanns «Geschichte der sozialen Frage und des Sozialismus im Altertum» (1925³) sowie durch seine Beiträge zum X. und XII. Band der Cambridge Ancient History[102] wurde Oertel weiteren Kreisen bekannt; auch die Resonanz seiner journalistischen Beiträge zu sozialen Problemen blieb bescheiden. Die spätere Präsenz seiner Arbeiten verdankt er seinem treuen Schüler Horst Braunert.[103]

Von den bedeutenderen Gelehrten der Epoche seien schließlich noch *Wilhelm Enßlin* (1885–1965) und *Ernst Hohl* (1886–1957) hervorgehoben. Beide hatten sich der Spätantike zugewandt und damit einem Themenkreis, der künftig immer größere Beachtung finden sollte. Enßlin[104] war 1911 in Straßburg mit der Dissertation «Kaiser Julians Gesetzgebung und Reichsverwaltung» promoviert worden. Erst 1920 aus französischer Kriegsgefangenschaft entlassen, wirkte er danach ein Jahrzehnt am Marburger Gymnasium Philippinum. Auf Grund der Arbeit «Zur Geschichtsschreibung und Weltanschauung des Ammianus Marcellinus» ist er 1923 an der Philipps-Universität habilitiert worden.

Berufungen nach Graz (1930), Erlangen (1936) und Würzburg (1943) bekundeten das hohe Ansehen, das der auch persönlich sehr geschätzte Gelehrte allenthalben genoß. Seine Hauptinteressenfelder blieben künftig die römisch-germanische und die römisch-sassanidische Auseinandersetzung sowie Heermeisteramt und Kaisertum in der Spätantike. Beiträge im XII. Band der CAH.,[105] RE-Artikel,[106] Akademieabhandlungen[107] und schließlich eine Theoderich-Biographie[108] sicherten ihm einen beachtlichen Einfluß.

Der Schwabe Ernst Hohl[109] wurde 1911 in Tübingen bei Kornemann mit den Untersuchungen über «Vopiscus und die Biographie des Kaisers Tacitus» promoviert, einem Historia-Augusta-Thema und damit einem Problemkreis, dem er sein Leben lang treu bleiben sollte. Denn im Laufe der Jahre schuf Hohl nicht nur die wichtigste moderne Textedition, sondern auch eine Übersetzung des umstrittenen spätantiken Geschichtswerkes und legte daneben zahlreiche Einzelstudien zu diesem Komplex vor.[110] Er wurde so zu einem Vorläufer der nach dem II. Weltkrieg vor allem von Johannes Straub umfassend initiierten internationalen Historia-Augusta-Forschung.

Durch die Neubearbeitung des zunächst von Benedictus Niese konzipierten Grundrisses der römischen Geschichte im Rahmen des Handbuchs der Altertumswissenschaft (1923^5) sowie durch seine Darstellung der römischen Kaiserzeit in der Propyläen-Weltgeschichte (II. 1931, 341–472) wurde Hohl auch weiteren Kreisen bekannt. 1919 nach Rostock berufen, 1950 nach Ost-Berlin, war er schließlich einer der angesehensten «bürgerlichen» Althistoriker der DDR.

Neben all dem blieb Hohl besonders als Rezensent althistorischer Literatur in den wichtigsten Fachzeitschriften beachtet und gefürchtet. Mit rücksichtsloser Schärfe und Ironie, die jener des jungen Wilamowitz glich, griff er mit Passion die Schwächen der Produktionen auch angesehenster Kollegen an. Wer nicht davon betroffen war, las diese Attacken mit Genuß[111] – ein literarisches Genos, das heute sehr selten geworden ist und zuletzt allenfalls bei Alfred Heuß[112] zu finden war.

Der Rückblick auf die eineinhalb Jahrzehnte zwischen dem wilhelminischen Deutschland und dem Beginn der nationalsozialistischen Ära lehrt, daß es ebenso falsch ist, in ihnen lediglich eine Weiterführung traditioneller Prioritäten wie eine Zeitspanne präfaschistischer Entwicklungen zu sehen. Es kommt vielmehr darauf an, die Phase aus sich selbst heraus, aus ihren Voraussetzungen wie ihren politischen und geistigen Konstellationen zu verstehen und ihr nicht von vornherein ein bestimmtes Telos zu unterstellen.

Die Zeit der Weimarer Republik war bestimmt durch die Notwendigkeit zur Überwindung einer umfassenden Krise, die komplexen Folgen des verlorenen Krieges und eine tiefgreifende Verunsicherung, die auch den Gesamtbereich von Bildung und Wissenschaft erfaßt hatte. Inmitten der Radikalisierung der politischen Auseinandersetzungen kam es für die Altertumswissenschaften darauf an, die humanistischen Werte und Traditionen zeitgemäß zu behaupten.

Dies erfolgte sowohl durch die Weiterführung der zumeist in der Mommsen-Ära entstandenen Großprojekte und in dem Bemühen, akribische Quellenforschung fortzuführen, als auch in dem Bestreben, bewußte Modernismen zu wagen. Das Gesamtbild ist daher weit entfernt von jeder Uniformität, ungewöhnlich vielfältig, lebendig und offen. Das Wagnis zu neuen Konzeptionen war ebenso typisch wie die Bereitschaft zur Übernahme neuer geistiger Impulse, seien es jene eines Friedrich Nietzsche, die eines Oswald Spengler oder die eines Stefan George.[113] Dazu kam Werner Jaegers weitausgreifender Versuch, im «3. Humanismus» neue Schwerpunkte und Formen zur Vermittlung und zum Verständnis antiker Werte und Phänomene durchzusetzen.[114]

Zu den Rahmenbedingungen der Althistorie in jener Epoche zählt ferner der andauernde Einfluß der älteren, hochangesehenen Gelehrtengeneration, die noch durch die wilhelminische Welt geprägt war. Erst allmählich konnte sich die Gruppe der Kriegsteilnehmer durchsetzen, die indessen in der Regel nicht weniger nationalistisch gesinnt war als ihre Lehrer. Während sie meist klassizistische und historistische Tendenzen ablehnte, war dies gegenüber positivistischen Vorhaben nicht in gleicher Weise der Fall. Die Fortschritte auf diesem Sektor blieben nach wie vor beträchtlich.

Nicht zu übersehen ist schließlich die Tatsache, daß damals Leistungen und Innovationen der klassischen Philologie und Archäologie auch in der deutschen Althistorie starke Beachtung fanden. Es genügt, an die Namen von Wilamowitz, Eduard Schwartz, Richard Heinze, Eduard Norden,[115] Werner Jaeger, Ludwig Curtius und Gerhard Rodenwaldt zu erinnern, um sich das hohe Niveau der wichtigsten Nachbardisziplinen zu vergegenwärtigen.

Doch unsere knappe Übersicht zeigt auch deutlich die Verlagerungen der Schwerpunkte innerhalb des Faches selbst. Am deutlichsten sind sie innerhalb der griechischen Geschichte zu erkennen, wo nicht zuletzt durch die Entfaltung der Papyrologie und der Hellenismusforschung weitreichende neue Erkenntnisse gewonnen wurden. Daneben begann sich ein realistischeres Bild der Klassik abzuzeichnen sowie ein stärkeres Interesse an der frühgriechischen Geschichte und an der Archaik.

Nicht geringer waren die Verlagerungen und die neuen, bald vorrangigen Perspektiven innerhalb der römischen Geschichte. Für die Römische Republik sind hier die Versuche zur schärferen Erfassung der römischen Führungsschicht, der «Nobilität», wie der grundlegenden gesellschaftlichen und politischen Strukturen ebenso hervorzuheben wie der Einsatz der Begriffsgeschichte zur Klärung der römischen Ideologie. Auch die Neuansätze zur präziseren Erfassung des Principats gehören in diesen weiteren Zusammenhang. Besonders auffallend waren daneben die Forschungsaktivitäten im Bereich der Spätantike, die auch in den folgenden Jahrzehnten fortgesetzt werden sollten.

Innerhalb der verschiedenen Sektoren der Alten Geschichte hatte die politische Geschichte ihren Vorrang behauptet, obwohl auch in den Bereichen der Wirtschafts-, Gesellschafts-, Kultur- und Geistesgeschichte beachtliche Leistungen erzielt wurden. An Rostovtzeffs bahnbrechendes Werk, das auch methodisch einen starken Eindruck hinterließ, reichte allerdings keine deutsche Publikation heran.

Später zu besprechende Ansätze einschlägiger «Rassenforschung» und Elemente eines genuin nationalsozialistischen Geschichtsbildes[116] fanden zunächst nur eine geringe Beachtung. Allerdings bleibt festzuhalten, daß sich eine ganze Reihe damaliger Wertungen – Vorrang der National- vor der Universalgeschichte; nationalistische Tendenzen; das «neue Bild» der Antike – unschwer mit der nationalsozialistischen Ideologie und deren Geschichtsbild vereinigen ließen.

VI DIE EPOCHE DES NATIONALSOZIALISMUS

Auch für den Bereich der Alten Geschichte bildet die nationalsozialistische Epoche ihrer Entwicklung nach wie vor ein besonders schwieriges und voraussetzungsreiches Arbeitsfeld. Auf Phasen des Verschweigens und des Behinderns, der Minimalisierung und Relativierung folgte jene der Ideologisierung und zuletzt, wie insbesondere der Frankfurter Historikertag des Jahres 1998 zeigte, eine solche neuer Radikalisierung. Eine kritische wissenschaftliche Analyse hatte erst relativ spät, mit Volker Losemanns Monographie «Nationalsozialismus und Antike» (1977) eingesetzt, einer Pionierleistung, die als Ganzes bis heute unübertroffen ist.[1]

Die Entwicklung des Faches seit der Machtergreifung der Nationalsozialisten wurde durch sehr gegensätzliche Impulse bestimmt. Einerseits erwiesen sich die bereits erwähnten nationalistischen und reformistischen Tendenzen der Weimarer Republik als noch immer konstitutiv, andererseits waren die nun stärker anwachsenden Einflüsse der nationalsozialistischen Ideologie alles andere als homogen. Zentral blieben für sie lediglich die schon früh erkennbaren «Leitmotive» von Rasse, Antisemitismus und antidemokratischen Wertungen. Abgesehen davon aber deckte sich Hitlers Einschätzung der Antike keineswegs mit dem in sich wiederum uneinheitlichen Germanenkult des Pateiideologen Alfred Rosenberg, des Reichsführers SS Heinrich Himmler oder des Reichsbauernführers und Ministers für Ernährung und Landwirtschaft Richard Walther Darré.[2]

Diese Voraussetzung gilt in gleicher Weise für die Einschätzung des individuellen Wirkens und Verhaltens der deutschen Althistoriker im «Dritten Reich». Hier gilt es, nach Einzelpersonen zu differenzieren, nicht nur Schriften, sondern auch Akten auszuwerten und die individuelle wissenschaftliche Leistung ebenso zu würdigen wie die politischen und menschlichen Verhaltensweisen. Es kommt darauf an, die einzelnen Persönlichkeiten nicht nur in den zwölf Jahren nationalsozialistischer Herrschaft, sondern in ihrem ganzen Leben zu erfassen, die speziellen altertumswissenschaftlichen Grundlagen und Voraussetzungen nicht weniger zu überblicken als die zeitgeschichtlichen Prämissen und Zusammenhänge. Eine Erfüllung all dieser Bedingungen war bisher nur in sehr wenigen Fällen gegeben.

Zum einflußreichsten und wichtigsten deutschen Althistoriker dieser Epoche sollte *Helmut Berve* (1896–1979)[3] werden. Dies deshalb, weil Berve sowohl einer der wissenschaftlich herausragenden Gelehrten jener Jahre als auch ein überzeugter und besonders aktiver Parteigenosse (seit 1933) gewesen ist, ein eindrucksvoller Hochschullehrer sowie ein unermüdlicher Vermittler einer im Sinne der nationalsozialistischen Ideologie akzentuierten Althistorie, zudem ein erfolgreicher Organisator und nicht zuletzt eine willensstarke Persönlichkeit, die sich selbst inmitten der rivalisierenden Einflüsse der nationalsozialistischen Staats- und Parteiinstanzen behaupten konnte. Seine Positionen als Rektor der Universität Leipzig (1940–1943) und als Kriegsbeauftragter der deutschen Altertumswissenschaft im Rahmen der «Aktion Ritterbusch»[4] (1940–1945) sprechen für sich selbst.

Wie die Auswertung seines Nachlasses und der Archivmaterialien durch Stefan Rebenich[5] gezeigt hat, war Berve schon früh für literarische Phänomene sensibilisiert, schrieb Gedichte und Dramen, ist insbesondere durch die Werke Nietzsches[6] beeinflußt worden. Der Schüler Walter Ottos profilierte sich bereits mit seiner ersten, aus Dissertation und Habilitationsschrift hervorgegangenen, zweibändigen Veröffentlichung «Das Alexanderreich auf prosopographischer Grundlage» (1926) in überzeugender Weise.

Grundlage des Werks war zunächst eine ungewöhnlich umfassende Quellenbasis. Denn Berve hatte rund 800 «Personen (ermittelt), welche mit Alexander nachweislich in Verbindung gekommen sind», ebenso über 80 Personen, «welche nachweislich mit Unrecht in eine persönliche Beziehung zu Alexander gesetzt worden sind» (II,1ff. und 411–432). Dabei waren in jedem einzelnen Fall sämtliche antiken Zeugnisse und modernen Forschungen ausgewertet worden. Doch diese imponierende Sammlung war kein Selbstzweck. Sie diente vielmehr dazu, auf Grund der jeweiligen Beziehungen zu Alexander Werden und Entwicklung des Königs wie des Alexanderreiches zu erfassen. Erfüllt von hoher geistiger Passion war es Berves Ziel, «ahnend den Genius zu spüren» (I, XI).

Berves Leistung wurde sogleich anerkannt. Schon 1927 wurde der 31jährige auf den Leipziger Lehrstuhl für Alte Geschichte berufen und sollte dort rasch den Höhepunkt seiner Karriere erreichen: Seine erfolgreiche Lehrtätigkeit fand eine breite Resonanz, dies auch bei anspruchsvollen Schülern wie seinen späteren Habilitanden Hans Schaefer, Wilhelm Hoffmann, Franz Hampl, Alfred Heuß und Hans Rudolph.

In öffentlichen Vorträgen wurde sogleich Berves persönliches Verständnis der griechischen Stämme und Poleis deutlich: In seiner Antrittsvorlesung «Ionien und die griechische Geschichte»[7] wurde das kleinasiatische Griechentum als Repräsentant des «Weltgriechentums» gewürdigt, im ersten Spartavortrag[8] Sparta idealisierend als «positivster aller Hellenenstaaten» (3) mit einem «bewußt organisierten Gemeinschaftsleben» (13) verklärt.

Typisch für Berves Wertung und Stil war der Abschluß des Vortrags: «Vor dem Vorwurf der Geistlosigkeit, den unpolitischer und unhistorischer Sinn leicht erhebt, sollte Sparta schon durch die Wirkung geschützt sein, die sein Kosmos, der im griechischen Sinne sicher ein Kunstwerk war, auf die hellenische Philosophie ausgeübt hat. Gewiß umschweben die spartanische Geschichte nicht Geist, Musen und freie Anmut, die selbst Athens politische Abgründe noch verklären, aber auch derer, die bei den Thermopylae sanken, tönet ewig das Lied.» (215f.)

Die breiteste Wirkung fand Berve indessen mit seiner erstmals zu Beginn der dreißiger Jahre veröffentlichten «Griechischen Geschichte»,[9] die über drei Jahrzehnte hindurch das Bild dieser historischen Formation im deutschen Sprachraum bestimmen sollte. Die Darstellung, die mit Reflexionen über die Wechselbeziehungen zwischen Landesnatur und Klima einerseits sowie menschlicher Existenz andererseits einsetzte, postulierte insbesondere die Verschiedenheit der griechischen Stämme als Movens der Geschichte, schilderte deren Lebensformen und Entwicklungen in den einzelnen historischen Epochen. Dabei kamen die kulturellen Phänomene und Leistungen ebenso zu ihrem Recht wie die politischen, weniger der sozio-ökonomische Sektor. Die höchste Priorität galt indessen dem Bereich «Der Grieche und der Staat», den Berve mit prägnanten Formulierungen vergegenwärtigte.

Doch auch nach dieser zusammenfassenden Darstellung setzte Berve in den dreißiger Jahren eine vertiefende, eigenwillige Publikationstätigkeit fort. Deren Schwerpunkt lag dabei weiterhin auf der griechischen Geschichte. Besonders kennzeichnend war für ihn der Beitrag «Fürstliche Herren zur Zeit der Perserkriege»,[10] in dem sein spezielles Interesse an den dominierenden aristokratischen Persönlichkeiten in zum Teil geradezu hymnischen Formulierungen zum Ausdruck kam: «Wie dem Sterben geweihtes Leben vor dem Ende noch einmal seine ganze Süße kosten läßt, so strahlt die sinkende Adelswelt in ihren letzten Repräsentanten, den herrscherlichen Einzelmenschen, einen Glanz aus, der blendender kaum je ausgestrahlt war.» (8)

In Kleisthenes, Miltiades, Themistokles, Kimon, Kleomenes, Demaratos und Pausanias feierte er dort jene Aristokraten, die den Demos mobilisierten und damit das klassische Griechentum heraufführten. Eine spezielle Miltiadesstudie ergänzte wenig später diese Sicht durch eine Herodotinterpretation.[11]

Berves Spartamonographie des Jahres 1937, die noch 1944 eine zweite Auflage erlebte,[12] brachte dann eine maßlose, zeitnahe Idealisierung seiner bevorzugten Materie. Ganz im NS-Sinne gehörte es nach Berve zur «Großartigkeit dieser Schöpfung» (des spartanischen Staates), daß als «unbrauchbar» beurteilte Kinder ausgesetzt wurden. (39) Im Vergleich mit den «Ritterorden des Mittelalters» wurde konstatiert: «Bändigung der Triebe und ihre Einfügung in die nur eine Zielrichtung frei lassende Gemeinschaftsform schafft hier wie dort einen Typus des Herrenmenschen, der in demselben Maße sein Ansehen steigert, in dem er die Bedürfnisse und Wünsche natürlicher Menschlichkeit unter sich läßt.» (44f.) Berves kritiklose Identifizierung mit der spartanischen Inhumanität war offenkundig. So hieß es denn auch zum Kampf bei den Thermopylen konsequent: «Wie die Größe, so lag auch die Wirkung der Tat gerade in ihrer Nutzlosigkeit.» (79)

In einer wenig später vor allem für den Gymnasialbereich bestimmten Thukydides-Interpretation[13] ging Berve vor allem auf den Forscher, Künstler und politischen Denker ein. Es blieb ihm dabei vorbehalten, Parallelen zwischen Thukydides' klassischem Geschichtswerk und Hitlers «Mein Kampf» zu entdecken (49). In seiner Leipziger Rektoratsrede des Jahres 1940[14] über Perikles sah Berve in diesem den letzten der «adligen Führer». Die Nähe zu Hitler war zwar nicht direkt ausgesprochen, aber eindeutig.

Berves Bemühungen um die römische Geschichte, dort vor allem um die Epoche der späten Römischen Republik und des Principats, erwiesen sich als ebenso eigenwillig, blieben jedoch weniger umfangreich. Sulla[15] erschien ihm «gesetzlos und von einer Willkür, die weder durch verbindliche Traditionen noch durch humane Selbstformung gebändigt wurde» (394), Sertorius[16] als ein Condottiere und Hochverräter.

Berves Augustus-Porträt[17] ging von dem Kontrast zwischen dem brutalen Oktavian und dem souveränen «Kaiser» aus. Doch schon Oktavian hatte angeblich die Bedeutung jenes «Neurömertums» erkannt, das den Kampf des lateinischen Westens gegen den hellenistisch-orientalischen Osten führen sollte. Sachlicher war dagegen seine kleine Studie «Zum Monumentum Ancyranum»,[18] pathetisch eine Festrede über das «Imperium Romanum».[19]

Es blieb für Berve bezeichnend, daß er neben den zahlreichen, primär thematisch bestimmten Publikationen gleichzeitig auch zu den grundsätzlichen Problemen von Theorie, Methode und Konzeption der Alten Geschichte eindeutig Stellung bezog. So stellte er bereits in einer Rezension der Bände IV bis VII der ersten Auflage der Cambridge Ancient History[20] die Berechtigung der «Universalgeschichte» in Frage.

Eine Schlüsselstellung kommt in diesem Bereich seiner wenige Jahre später formulierten Besprechung der von seinem Lehrer Walter Otto herausgegebenen «Kulturgeschichte des Alten Orients» zu.[21] Berve wandte sich dort entschieden gegen eine «Weltgeschichte des Altertums, wie sie Eduard Meyer erstrebte». Nach ihm sollten «Volk, Stamm und Rasse» in den Vordergrund rücken. «Um es mit Namen des 19. Jahrh. zu sagen: Treitschke, nicht Ranke ist die Losung der Zeit.»[22]

Aus seiner Beurteilung des Rassengedankens zog Berve folgende Konsequenz: «Die Wissenschaft vom Alten Orient, soweit sie fremdrassige, uns wesensfremde und darum in ihrer tiefen Eigenart nicht zu begreifende Völker betrifft, ist in dem Augenblick, da die Problemsetzung über das rational Feststellbare hinausgeht, zur Resignation verdammt. Sie versagt damit vor der neuen Wertforderung und verliert infolgedessen ihr Lebensrecht.»[23] – In einer äußerst polemischen Rezension eines Buches seines frühen wissenschaftlichen Gegners in der Spartaforschung Victor Ehrenberg wurde diese Linie dann fortgesetzt und personalisiert.[24]

Schon unmittelbar nach der «Machtergreifung» der Nationalsozialisten hatte sich Berve überdies demonstrativ mit der NS-Ideologie verbunden. Dies gilt für seinen Beitrag «Die Erfüllung des Reiches» im Führerorgan der Hitlerjugend[25] nicht weniger als für den Aufsatz «Antike und nationalsozialistischer Staat».[26] Dort findet sich freilich auch die für Berve bezeichnende Feststellung: «Die ganze Schwierigkeit des Rasseproblems wird an den Zuständen des klassischen Altertums deutlich – denn so einfach, daß alles Positive indogermanisch oder gar, wie man vielfach sehr unbekümmert sagt, nordisch sei, während alles andere etwa der Mittelmeerrasse angehöre, liegen die Dinge wahrlich nicht.» (268). Denn bei allen Bekenntnissen zur Rassenlehre drängte Berve stets auf deren exakte wissenschaftliche Fundierung und lehnte allzu großzügige Interpretationen wie diejenigen von Fr. Schachermeyr (dazu später) ab.

Eine ähnliche Haltung dokumentieren auch weitere Artikel;[27] den Höhepunkt von Berves forcierter Tätigkeit in der Profilierung nationalsozialistischer Perspektiven der deutschen altertumswissenschaftlichen Forschung bildet jedoch seine Herausgabe des im Rahmen der «Aktion Ritterbusch» erschienenen, zweibändigen Sammelwerkes «Das Neue Bild der Antike», das er als «Kriegsbeauftragter der deutschen Altertumswissenschaft» zu verantworten hatte.[28]

Wie Frank-Rutger Hausmann nachgewiesen hat,[29] war Berve von Anfang an führend an der Konstituierung der «Fachgruppe Altertumswissenschaft» beteiligt, ebenso an deren Berliner Tagung vom 2. und 3.4.1941, auf der Berve ein «klares und pathetisches Bekenntnis zum nationalsozialistischen Staat» ablegte. Entscheidend erscheint dabei seine Feststellung: «der bewußt gewordene Rasseninstinkt indogermanischen Menschentums läßt uns die beiden großen Völker der Antike als verwandt, als Völker unseres Blutes und unserer Art empfinden. Mit besserem Rechte als es früher geschah, dürfen wir darum heute von ihnen als unseren geistigen Ahnen sprechen. Die rassische Selbstbesinnung hat uns auch Hellenen und Römer neu geschenkt und tiefer zu eigen gemacht.»[30] Daß die Beiträge der beiden Bände freilich nicht immer diesem volltönenden Programm entsprechen, steht auf einem anderen Blatt.

Neben all dem profilierte sich Berve, insbesondere in den frühen vierziger Jahren, durch eine geradezu hektische Vortragstätigkeit. Er trat dabei nicht nur in Leipzig und in anderen deutschen Städten im wissenschaftlichen Rahmen auf, sondern ebenso in der Akademie für Jugendführung, dem Führerkorps des Reichsarbeitsdienstes im Gau Sachsen, vor dem Gaudozentenbund, Offizieren verschiedener Garnisonen, der Heeresnachrichtenschule, Luftkriegsschule, der Waffen-SS-Junkerschule, der Deutschen Akademie in Wien, Graz, Klagenfurt, Zagreb und Innsbruck, den Universitäten Bukarest und Hermannstadt und anderen in- und ausländischen Gremien.[31]

Die Vorgänge um Berves Berufung auf den Münchner althistorischen Lehrstuhl, die sich von Ende 1941 bis zum Frühjahr 1943 hinzogen, sind geradezu ein Musterbeispiel für die Reibungen in der Berufungspolitik universitärer und parteipolitischer Gremien und Institutionen der Epoche. Sie und Berves Schicksal während seiner Münchner Jahre wurden erst vor kurzem auf Grund umfassender Aktenauswertungen von L.-M. Günther[32] geklärt. Auch dort war Berves Einsatz vorbildlich, die Kriegsschäden, die er erlitt, hoch.[33] Am schwersten traf ihn jedoch der Verlust seiner Professur, der am 12.12.1945 von der amerikanischen Militärregierung ausgesprochen wurde. Angesichts der Funktionen, die Berve im Nationalsozialismus aus Überzeugung wahrgenommen hat, darf er in der Nachkriegszeit freilich keine Opferrolle für sich beanspruchen.

Das langwierige Entnazifizierungsverfahren erstreckte sich bis zur Mitte des Jahres 1948.[34] Doch die weitere Verbesserung von Berves Position vollzog sich nur schleppend: Am 30.5.1949 wurde er zum außerplanmäßigen Professor ernannt – allerdings ohne Vergütung und ohne Anspruch auf Hörgelder. Materiell wurde er zunächst lediglich durch den Verlag C. H. Beck unterstützt, für den er als Berater und Korrektor tätig war. Nachdem ihn die Mainzer Akademie der Wissenschaften und der Literatur im Januar 1950 zum korrespondierenden Mitglied ernannt hatte und ihm auch einen vergüteten Forschungsauftrag erteilte, verbesserte sich Berves Lage etwas.

Doch seine Bemühungen um die Wiedereinsetzung in die alte Münchner Professur scheiterten; in sie war längst Alexander Schenk Graf von Stauffenberg berufen worden. So sah sich Berve gezwungen, zusätzlich zu seinen Münchner Lehrverpflichtungen seit dem Winter 1950/51 auch an der Philosophisch-Theologischen Hochschule in Regensburg einen besoldeten Lehrauftrag zu übernehmen. Eine endgültige Verbesserung seiner Situation erfolgte jedoch erst im Januar 1954, als er den Ruf auf den Erlanger Lehrstuhl für Alte Geschichte erhielt.[35]

Dort war ihm noch einmal ein großer Lehrerfolg vergönnt. In E. Buchner, dem späteren Präsidenten des Deutschen Archäologischen Instituts, P. R. Franke (später Saarbrücken), Fr. Kiechle (später Bochum), E. Olshausen (später Stuttgart) und M. Wörrle (später 1. Direktor der Kommission für Alte Geschichte und Epigraphik) konnte er wiederum qualifizierte Schüler gewinnen, denen er auch zu entsprechenden wichtigen Positionen im Fach verhalf.

Berves Einfluß in der Nachkriegszeit erreichte seinen Höhepunkt, als er 1960, trotz einiger Vorbehalte, zum Vorsitzenden der Kommission für Alte Geschichte und Epigraphik gewählt wurde, damit zum exponiertesten deutschen Althistoriker überhaupt.[36] Die Kontinuität zwischen dem Kriegsbeauftragten und dem Kommissionsvorsitzenden war in der damaligen Lage provozierend; Berve selbst kümmerte dies nicht. Seine organisatorischen Fähigkeiten und seine Autorität konnten sich erneut voll entfalten.

Inmitten all dieser existentiellen Probleme und persönlichen Schwierigkeiten setzte Berve seine wissenschaftlichen Arbeiten mit bewundernswerter Energie fort. Neben der Vorbereitung der zweiten Auflage seiner «Griechischen Geschichte» leistete er zunächst einen Beitrag zu dem von G. Gruben und M. Hirmer herausgegebenen großen Bildband «Griechische Tempel und Heiligtümer» (1961).

In seiner Einleitung zeichnete er dort zunächst das Wesen und die Eigenart der griechischen Religion, ihrer Tempel, Heiligtümer, Kulthandlungen, Opfer und Feste nach. Seine Deskriptionen waren jeweils eng mit dem speziellen Mythos und der Funktion der Anlagen verbunden; kenntnisreiche Miniaturen skizzierten deren Geschichte. Höhepunkte bildeten dabei die Schilderungen des Parthenon und der Propyläen sowie des Zeustempels von Akragas.

In das Zentrum von Berves Studien und Forschungen rückte allerdings schon seit den frühen fünfziger Jahren das Phänomen der griechischen Tyrannis. Vorbereitet durch spezielle Akademieabhandlungen[37] und grundsätzliche Erwägungen[38] wagte er noch einmal die Planung eines großen Werkes. In Analogie zur Alexanderprosopographie der zwanziger Jahre fußte es wiederum auf einer kritischen Zusammenstellung und Auswertung der gesamten antiken Überlieferung wie der modernen Forschung.

Der zeitgenössische Impuls und das Ziel, die Konfrontation antiker und moderner Tyrannis, die in Anlehnung an J. Monnerodt[39] erfolgte, waren unverkennbar. Dabei blieb für Berve entscheidend, «daß der hellenische Tyrann nicht als Träger einer sozialen, politischen, nationalen oder quasireligiösen Idee erscheint, daß er vielmehr, wenn man so sagen darf, bloß Individuum ist.» (230)

Berves unbestreitbare und bis heute noch nicht überholte Leistung liegt darin, daß er die Materialien zu sämtlichen, zum Teil auch nur dem Namen nach bekannten griechischen Tyrannen zwischen dem 7. und 3. Jahrhundert v. Chr. zusammenfaßte und interpretierte, sie in chronologischer wie geographischer Ordnung vermittelte und überzeugend durchdrang. Die Dialektik zwischen allgemeinen und individuellen Zügen der verschiedenen Herrscher wurde dabei ebenso beleuchtet wie das Tyrannenbild der jeweiligen historischen Epochen.

Bei aller Anerkennung von Konzeption, Methode und Resultaten, die weithin an sein jugendliches Meisterwerk erinnerten, ist doch nicht zu verkennen, daß sein Spätwerk die Geschlossenheit der Alexanderbände nicht erreichen konnte. Ihm mußte von vornherein die einheitliche, zentrale Bezugsperson fehlen; die notwendige individuelle Differenzierung innerhalb der weitgespannten Thematik verhinderte einen ähnlich starken Gesamteindruck. Doch nicht dieser Aspekt, sondern die Tatsache, daß es Berve gelang, auch jene große Arbeit zu vollenden, zählt zu den charakteristischen Zügen seiner Persönlichkeit.

Mit anderen wissenschaftlichen Schwerpunkten und anderen Methoden fand der österreichische Althistoriker *Fritz Schachermeyr* (1895–1987)[40] im Bereich der griechischen Geschichte eine mit Helmut Berve durchaus vergleichbare Resonanz. Graz, Berlin und Wien bildeten die Etappen seines Studiums, das ein Kriegseinsatz bei den österreichischen Truppen in Mesopotamien unterbrach, ehe er es dann 1921 bei Lehmann-Haupt in Innsbruck mit der Dissertation «Das Ägypten der XVIII. und XIX.

Dynastie in seinen Beziehungen zu Ägäis und Vorderasien» abschließen konnte. In den Zusammenhängen zwischen dem Alten Orient und Griechenland war damit ein persönlicher Schwerpunkt markiert, auf den Schachermeyr im Laufe seines langen Lebens immer wieder zurückkommen sollte.

Der weitere Fortgang von Schachermeyrs akademischer Karriere verzögerte sich. Neben seiner Tätigkeit als Innsbrucker Gymnasiallehrer setzte er seine althistorischen Studien jedoch fort und konnte sich 1928 mit der ein Jahr später publizierten Monographie «Etruskische Frühgeschichte» habilitieren. Dabei waren seine Verknüpfung der Interpretationen historischer, archäologischer, sprachwissenschaftlicher und religionsgeschichtlicher Quellen für ihn ebenso bezeichnend wie die Einordnung jener Epoche in die Zeit der mediterranen Wanderungen des 2. Jahrtausends v. Chr.

Die Thematik dieser primitiae war so originell, daß Schachermeyr schon 1931 einen Ruf an die Universität Jena erhielt, wo sich seine Aktivität entfalten konnte. Für den engagierten «Deutsch-Österreicher»[41] war es daher auch naheliegend, sich schon seit Anfang 1933 mit den Rasseideologemen nationalsozialistischer Wissenschaft zu beschäftigen. Auf der Grundlage einer «rassenbiologischen» Konzeption publizierte er Studien über die «nordische Führerpersönlichkeit» wie über «Die Aufgaben der Alten Geschichte im Rahmen der nordischen Weltgeschichte», die «Lebensgesetzlichkeit in der Geschichte» (1940) sowie über weitere, einschlägige Themen.[42] Ein Fachvortrag über «Rassenkunde und Altertumsforschung» stieß im Jahre 1941 freilich auf erhebliche Kritik.[43] Ähnliches galt für Schachermeyrs breit angelegtes Werk über «Indogermanen und Orient» (1944), in dem er die machtpolitische wie die kulturelle Auseinandersetzung der beiden Pole bis in die Zeit des Islams darzustellen suchte.

Da Schachermeyr nicht nur durch diese systemkonformen Publikationen, sondern auch durch eine ähnlich orientierte Lehrtätigkeit[44] und als Dekan der Jenaer Philosophischen Fakultät hervortrat, fand er bald stärkere Beachtung und wurde deshalb 1936 auf den Heidelberger Lehrstuhl berufen, kehrte 1941 jedoch in derselben Funktion wieder nach Graz zurück, wo er 1945 pensioniert wurde.

Damit begann eine neue Phase seines Lebens, für die eine geradezu hektische Publikationstätigkeit charakteristisch war. Ein erster Schwerpunkt lag dabei auf der Geschichte Alexanders des Großen. Seine für ein breiteres Publikum verfaßte, wie er selbst meinte, in «asianischem» Stil (10) geschriebene, durch zahlreiche Abbildungen veranschaulichte Biographie von 1949 war durch die zeittypische Dialektik zwischen «Ingenium und Macht» geprägt.

Mit all seinen inneren Widersprüchen blieb das «gewaltigste Machtingenium aller Zeiten» (13) für ihn letzten Endes doch «ein inkommensurables Phänomen» (469) – eine überspannte Wertung, die deshalb sogleich entschiedenen Widerspruch ausgelöst hat.[45] Schachermeyr kehrte jedoch wiederholt zu seiner Lieblingsgestalt zurück.[46]

Noch weitaus größeres Ausmaß sollten Schachermeyrs Aktivitäten im Felde der frühesten Kulturen Griechenlands gewinnen, die damals durch eine Vielzahl von Ausgrabungen und Forschungsfortschritten – wie die Entzifferung der Linear B-Schrift durch Ventris und Chadwick – breiteres Interesse gefunden hatten. In gewissem Sinne kehrte Schachermeyr hier gleichsam zu seinen frühesten Studien zurück.

Wie Schachermeyrs großer RE-Artikel über «Prähistorische Kulturen Griechenlands»[47] dokumentiert, hatte er die vor- und frühgeschichtlichen, archäologischen und philologischen Studien fortlaufend verfolgt, so daß er zu einem der wichtigsten Vermittler auf diesem Felde werden konnte. Dies vor allem, nachdem er 1952 auf den Wiener althistorischen Lehrstuhl berufen worden war, den er bis zum Jahre 1965 innehatte.

Zugleich bot ihm dort die Akademie, die damals eine eigene «Mykenische Kommission» bildete, eine vorbildliche organisatorische und materielle Unterstützung. Die rund 20 Bände, die dort – zuletzt unter der Leitung von D. Deger-Jalkotzy – erschienen sind, stellen eine der wichtigsten Publikationsreihen auf diesem Sektor dar.[48] Dazu trat eine zusammenfassende Monographie, die den Forschungsstand auch einem weiteren Leserkreis vermittelte.[49]

Ein noch größeres Publikum erreichte die erstmals 1960 erschienene «Griechische Geschichte mit besonderer Berücksichtigung der geistesgeschichtlichen und kulturmorphologischen Zusammenhänge».[50] In eigenwilliger Terminologie hatte Schachermeyr dort für die gesamte griechische Geschichte ein neues historisches Ordnungsschema entworfen, das zugleich eine neu akzentuierte Theorie auf die griechischen Formationen anwandte.

So lautete seine Kerngliederung: «Die Katastrophe des 12. Jahrhunderts, die Konstitution der neuen Verhaltenheitsära des 11. und 10. Jahrhunderts, die Verhaltenheitsära selbst (von uns auch als die frühe Statik bezeichnet, von 900 bis 700), die dynamische Hochentwicklung von 700 bis 120, die späte Statik (auch unter römischer Herrschaft) von 120 v. Chr. bis 500 bzw. 700 n. Chr., die Katastrophe der Völkerwanderungen.» (437)[51] – Wenig später wurde das große Werk dann durch eine ganze Reihe kürzerer Monographien ergänzt und vertieft.[52]

Fritz Schachermeyr entwickelte sich so vom Rassenforscher zum Spezialisten der Beziehungen zwischen dem Alten Orient und dem frühen Hellas sowie zu einem Praktiker der Kulturmorphologie. Er war ein Mann der weitgespannten Thesen, originellen Konstruktionen und einer «aparten» Begrifflichkeit, gleichzeitig ein bedeutender Vermittler und effizienter Organisator. Schachermeyrs Bemühungen um die ägäische Frühzeit und die Mykenologie fanden starke Beachtung. Sie gestatteten ihm zudem die Anwendung seiner sehr persönlichen Vorstellungsbilder und Konstruktionen, wie zum Beispiel der «Kulturtrift», auch die Erarbeitung einer eigenwilligen universalhistorischen «Theorie zur Griechischen Geschichte», die sich freilich nicht durchsetzen konnte.

Wesentlich bitterer als Schachermeyrs Schicksal in der Nachkriegszeit war jenes von *Franz Miltner* (1901–1959).[53] Gemäß der Wiener Tradition ist für ihn die enge Verbindung von Alter Geschichte, Archäologie, Provinzialarchäologie und Epigraphik bezeichnend gewesen. Eine von J. Keil und A. Wilhelm geleitete Forschungsreise führte ihn erstmals nach Kleinasien; wiederholt nahm er an österreichischen Ausgrabungen teil. Schon 1925 konnte er daneben seine Dissertation «Studien zu den römischen Schiffstypen» abschließen.

Damit betrat Miltner ein Arbeitsfeld, zu dem er in den folgenden zwei Jahrzehnten grundlegende Studien vorlegen sollte. Wie vor allem sein RE-Artikel über «Seekrieg und Seewesen»,[54] aber auch zahlreiche Spezialuntersuchungen belegen,[55] wurde er rasch zum führenden Interpreten in diesem Sektor. Im Österreichischen Archäologischen Institut gewann er bald hohes Ansehen. 1929 dort zum wissenschaftlichen Assistenten ernannt, wirkte er, teilweise bereits in leitender Funktion, an den Grabungen in Ephesos, Smyrna, aber auch in Carnuntum mit. Seine Leistungen fanden dann auch die verdiente Anerkennung: Nach seiner Habilitation für griechische Geschichte und Altertumskunde im Jahre 1932 wirkte Miltner einige Zeit als Berater für Denkmalschutz bei der türkischen Regierung in Ankara; 1933 nahm er den Ruf auf den Innsbrucker althistorischen Lehrstuhl an.

Damit rückten naturgemäß traditionelle althistorische Probleme in den Mittelpunkt seiner Interessen: die dorische Wanderung,[56] Sparta,[57] vor allem Perikles, dem wiederum ein wichtiger RE-Artikel galt.[58] Nach dem «Anschluß» des Jahres 1938 griff Miltner dann auch Themen der römisch-germanischen Auseinandersetzung und der Rassenlehre auf,[59] dies jedoch nicht im Sinne einer bloßen Anpassung an «reichsdeutsche» Prioritäten, sondern aus Überzeugung und auf streng wissenschaftlichem Niveau.

Politisch war Franz Miltner einer jener bürgerlichen und konservativen, idealistischen jungen Gelehrten, die inmitten der tiefen Krise Österreichs nach dem Ende des I. Weltkrieges auf ein enges Zusammenwirken mit Deutschland setzten, den «Anschluß» bejahten und unter vollem persönlichen Einsatz auch die nationalsozialistischen Ideen – freilich ohne deren Exzesse – teilten. So war es für ihn charakteristisch, daß er im Jahre 1939 die Gründung eines «Rassenkundlich-Historischen Instituts»[60] auf hohem wissenschaftlichen Niveau vorschlug, – ein Plan, der freilich nicht realisiert werden konnte.

In Innsbruck wirkte Miltner als passionierter Hochschullehrer mit großem Lehrerfolg; seine anspruchsvollen, frei gehaltenen Vorlesungen fanden ein starkes Echo. Gleichzeitig exponierte er sich in der akademischen Selbstverwaltung, fungierte zwischen 1940 und 1943 als Dekan der Philosophischen Fakultät, war ein aktives Mitglied des Dozentenbundes sowie einiger Hochschulgremien. Daß er darüber zum Exponenten des nationalsozialistischen Systems werden mußte, kann nicht überraschen.

Nach Kriegsende sogleich entlassen, hatte Franz Miltner sein Leben längere Zeit notdürftig als Hilfsarbeiter und Handelsangestellter zu fristen. An eine weitere wissenschaftliche Tätigkeit war unter diesen Umständen nicht zu denken. Miltners Lage änderte sich erst, als er 1954 erneut am Österreichischen Archäologischen Institut angestellt wurde und seine Forschungen in Ephesos wieder aufnehmen konnte. Die ein Jahr vor seinem Tode erschienene Monographie über die «Stadt der Artemis und des Johannes»[61] war sein wissenschaftlicher Epilog; die Disziplin der Alten Geschichte hatte den hervorragenden Gelehrten schon längst verloren.

Wenden wir uns der römischen Geschichte zu, so wurde dort die eigenwillige Gestalt *Wilhelm Webers* (1882–1948)[62] in der ersten Hälfte des 20. Jahrhunderts besonders einflußreich. Der dynamische Althistoriker verband in sich geradezu widerspruchsvolle Elemente: Er zeichnete sich durch eine intensive Quellenforschung, die bedeutende Werke der antiken Literatur ebenso umfaßte wie Numismatik und Terrakotten, in gleicher Weise aus wie durch ein rhetorisches Pathos, das Vorlesungen wie Publikationen prägte.

Die Originalität seiner Wertungen war teils faszinierend, provozierte jedoch auch zu entschiedenen Ablehnungen. Auf seine Schüler, Menschen verschiedenartigster Provenienz und geistiger Richtungen, hat er tief gewirkt und sie, wo immer er konnte, geradezu leidenschaftlich gefördert. Vielleicht war Passion in allen Bereichen sein wichtigster Charakterzug.

Der aus einfachen Verhältnissen kommende Weber wurde persönlich durch seine Heidelberger Lehrer, neben A. von Domaszewski, A. Dieterich, Fr. Boll auch Fr. von Duhn, stark beeinflußt. Von ihnen dürfte sein spezielles Interesse an philologischen, archäologischen und religionsgeschichtlichen Fragen nicht weniger herrühren als das Pathos seiner Kaiserporträts. Doch seinen Aufstieg verdankte er in erster Linie seinen ganz ungewöhnlichen persönlichen Leistungen.

Das Thema seiner Dissertation «Untersuchungen zur Geschichte des Kaisers Hadrianus» (1907) war zwar auf den ersten Blick durchaus konventionell, der Inhalt indessen teilweise sehr originell. Denn neben einer Erörterung des Adoptionsproblems und Klärungen der Reisen Hadrians, die auch die archäologischen Quellen berücksichtigten, fanden sich dort ganz individuelle Aspekte, deren Ziel es war, das Innerste von Hadrians Persönlichkeit zu erfassen, seinen Mystizismus, seine Religiosität, die Welt seiner Gefühle wie die Eigenart seines Kunstbegriffs und der von ihm bevorzugten künstlerischen Repräsentation.

Auf die Bewährung als Gymnasiallehrer und das Privileg des Reisestipendiums des Deutschen Archäologischen Instituts folgten weitere, stark beachtete Publikationen, die Webers archäologische wie religionsgeschichtliche Qualifikationen bezeugten. Neben der Untersuchung eines Hermestempels Mark Aurels[63] ist hier die Habilitationsschrift «Drei Untersuchungen zur ägyptisch-griechischen Religion»[64] zu nennen, in deren Mittelpunkt die Probleme um Helios-Sarapis, Antinoos-Hermes und Osiris standen. Besonders beeindruckte jedoch Webers zweibändige Publikation und Interpretation der ägyptisch-griechischen Terrakotten der Königlichen Museen zu Berlin (1914), jener neuen Quellengattung, deren Erschließung Weber später auch seinen Schülern empfahl.[65]

Seit den zwanziger Jahren wandte sich Weber dann insbesondere kaiserzeitlichen und spätantiken Aufgaben zu.[66] Bei nicht wenigen von ihnen sind dabei speziell die religiösen Fragen berücksichtigt worden. Daneben wurde auch die griechische Geschichte behandelt.[67] Mittelfristig bereitete Weber damals indessen ein größeres Augustuswerk vor, das zu einem Wendepunkt in seiner Publikationstätigkeit werden sollte.

Das lapidar mit «Princeps» betitelte, ursprünglich auf zwei Bände angelegte Vorhaben, von dem jedoch nur der erste Band (1936) erschienen ist, stand im Vorfeld des Gedenkens an den 2000. Geburtstag des Kaisers.

Sein Ausgangspunkt waren die Vorgänge im Todesjahr des ersten Princeps, denen intensive Interpretationen aller einschlägigen Quellen galten, insbesondere jedoch der res gestae divi Augusti, die damals ohnehin im Mittelpunkt der wissenschaftlichen Diskussion standen.

Weber versuchte dabei vor allem die genaue Entstehungszeit und die Zielsetzung jenes großen Textes zu eruieren. Er war der Überzeugung, daß dieser nichts anderes darstellen sollte als den «Mythos vom neuen Gott. Die res gestae des divus Augustus hatte der Senat zuerst (in dessen erster Sitzung nach Augustus' Tode) angehört, und nach seinem Willen trägt diese seine letzten Worte sein ἡρῷον in Rom, und die Kultstätten Kleinasiens tragen sie jedermann zur Schau und zu vertrauter Kenntnisnahme. Als Mythos des neuen Gotts, als ἱερὸς λόγος geben sie seinem Kult in der Welt die innere Begründung.» (94)

Während die Fachkritik Webers Hauptthese sogleich mit plausiblen Argumenten verwarf,[68] ist doch festzuhalten, daß dem Autor nicht wenige anregende Interpretationen gelungen waren und daß sein Versuch, von der Erfassung des Textes aus Rückschlüsse auf den Menschen und Politiker Augustus zu ziehen, methodisch durchaus legitim gewesen ist. Weber selbst jedoch war durch die primär kritische und ablehnende Aufnahme des Bandes so sehr verletzt, daß er den zweiten Band seines Werkes nicht mehr erscheinen ließ und sich fortan vor allem auf Darstellungen der römischen Geschichte für ein breiteres Publikum konzentrierte.

Der erste Beitrag dieser Art war bereits 1935 im Rahmen der damals weit verbreiteten «Knaurs Weltgeschichte»[69] erschienen, in der Weber «Das römische Kaiserreich und der Eintritt der Germanen in die Weltgeschichte» behandelt hatte. Sah er dort die augusteische Epoche relativ konventionell durch «Streben nach Erneuerung, Reinheit, Klarheit» (224) bestimmt, so galten den illyrischen Kaisern des 3. Jahrhunderts n. Chr. emphatische Worte: «Mit weitgeöffneten Augen starren sie brennend ins Unendliche, mit hartem Zugriff wollen sie es meistern, ungelenk noch in vielem, aber soldatisch, von Tradition nicht beschwert, aber aus der Wucht, die aus dem Illyrertum von Zeit zu Zeit vulkanisch in die Welt bricht.» (250)

Wesentlich breiter war Webers Monographie «Rom, Herrschertum und Reich im zweiten Jahrhundert» (1937) angelegt, sein Pathos dort noch gesteigert, seine literarische Gestaltung noch entschiedener und geballter. Was er in seiner Apologie für den jüngeren Plinius schrieb, galt auch für ihn selbst. «Wer ihn tadelt, daß er seine Beredsamkeit ungehemmt verströmen läßt, muß die Liebe zum Wort, die Freude am Klang berauschender Sätze, geschliffener Gedanken, ausladender Gebärden verdammen, allen Überschwang südlicher Sinnlichkeit und das Pathos der Menschen des trajanischen Rom dazu.» (57)

Geradezu überspannt aber war dort Webers Bild des Commodus: «Ein spanischer Träumer und Fanatiker voll mystischer Bewegung und Erregbarkeit, schön, geschmeidig, stark und lebhaft und wieder träg, unerschrocken, anderswo feig, in tiefes Schweigen versinkend, um ungehemmt aufzurauschen, ein merkwürdiger Mensch, ausschweifend in allem. Gehorsam gegen Gott, Kraft zur Selbstvergottung, rasende Sinnlichkeit, eisige Unerschrockenheit, animalische Wut, was alles sonst birgt dieser starke, im Wechsel ewiger Verschwendung und Übung geschwächte, gestählte, verbrauchte Körper. Eine Mannigfaltigkeit von Gier, Lust, Brunst, Fanatismus, Raserei, von Willen, Zähigkeit, Energie tobte durcheinander in ihm, durchschütterte die ‹fromme› Bestie. Positive Sittlichkeit legte ihm keine Zügel an.» (404 f.)

Überbieten ließen sich solche rhetorischen Kaskaden kaum mehr, allenfalls mit den typischen nationalsozialistischen Ideologemen und Begriffen der Zeit durchsetzen. Dies sollte dann in Webers letzter kurzer Gesamtdarstellung der römischen Geschichte erfolgen.[70] Dabei sei nicht bestritten, daß auch dieser Versuch durchaus originelle Elemente enthält, doch provozierend wirken aus der Distanz die Akzente des Tages, das Gerede um «Sippenheil», «Blutsautorität», «Volksgemeinschaft», «Reinhaltung des Adelsblutes».[71]

Dasselbe gilt für Webers Versuche, aus den Porträts der führenden Männer mit Hilfe der Kriterien der Rassenlehre zu ihrem inneren Wesen vorzustoßen. So, wenn es von Caesar heißt: «Nordische, fälische, mittelländische Formen waren in diesem bezwingendem Antlitz verbunden, das unnahbare Überlegenheit, Ernst, Kälte, dämonische Wucht vereinte; gegensätzliche Blutskräfte trieben ihr Spiel mit allen aus Wissen, Denken und Phantasie genährten Energien.» (325) Oder, wenn er bei Augustus glaubt, daß «aus allem, was dieser Blonde mit seinen leuchtenden Augen sah, aus seiner Kraft dachte und tat, indogermanische Urkraft in die statische Welt des Reichs» strahlte. (336)

In einer Gegenwart, in welcher die Nüchternheit historiographischer Abstraktionen und immer neuer moderner Begrifflichkeit dominiert, ist die Distanz zu Webers Pathos besonders groß, sein expressionistisches Verfahren der Unterwerfung unter die nationalsozialistischen Termini unbegreiflich. Eines aber dürfte unbestritten sein: Webers Darstellungen sind in Inhalt wie Form der repräsentative Ausdruck jener Jahre, der Gestaltung der Alten Geschichte durch einen überzeugten Anhänger Hitlers.

Wie immer man heute Webers wissenschaftliches Werk beurteilen mag, in seiner Gegenwart wurde es durchaus anerkannt. Das zeigt am klarsten Webers Laufbahn: Schon 1912 wurde er althistorischer Ordinarius in Groningen, 1916 in Frankfurt, 1918 in Tübingen, wo er erstmals eine besonders starke und anhaltende Wirkung erzielte. Die nächsten Stationen waren Halle (1925) und Berlin (1932–1945); Rufe nach Göttingen und Bonn hatte er abgelehnt. Das erfolgreiche wissenschaftliche Engagement ist dabei gewiß nicht von Webers politischen Überzeugungen zu trennen. Wie aus dem von V. Losemann ausgewerteten Personalbogen aus dem Jahre 1934 hervorgeht,[72] rühmte sich Weber damals rückblickend seiner deutschnationalen Aktivitäten. Doch bereits in seiner Tübinger Rede von 1919 «Zur Geschichte der Monarchie» hatte er die «Herrschaft des starken Mannes» gefeiert (26) und damit geschlossen: «wünschen wir uns und unserem Reich, daß der Erlauchte bald kommt.» (27) Daß von hier aus ein konsequenter Weg zu Hitler führte, dürfte einleuchten.

Die politischen Überzeugungen verbanden sich mit Webers Ehrgeiz und seinem Wirkungswillen. Seine Rede «Vom Neuen Reich der Deutschen» vor der Berliner Studentenschaft[73] spricht für sich selbst. Daß auch er deshalb 1945 seinen Lehrstuhl verlor, kann nicht überraschen. Er selbst kämpfte indessen, nicht zuletzt aus Sorge für seine große Familie, um die Chance eines wissenschaftlichen Neubeginns. Daß sie ihm verweigert wurde, traf ihn tief.

Schon in Tübingen konnte Wilhelm Weber begabte Schüler für die Alte Geschichte begeistern. Das untereinander lebenslang befreundete Triumvirat aus Victor Ehrenberg (1891–1976),[74] Fritz Taeger (1894–1960)[75] und Joseph Vogt (1895–1986)[76] war durch das gemeinsame Schicksal im I. Weltkrieg geprägt, an dem alle drei teilgenommen hatten und bis zu Reserveleutnants aufgestiegen waren, Taeger darüber hinaus gesundheitlich schwer geschädigt wurde.

Sie alle konnten sich unter ihrem Lehrer voll entfalten: Ehrenberg, dem ein schweres Schicksal bevorstand, entwickelte sich zu einem führenden Vertreter der griechischen Geschichte,[77] Taeger wurde durch seine große Gesamtdarstellung der Antike[78] wie durch sein grundlegendes Werk über den antiken Herrscherkult[79] weithin bekannt, Vogt führend in römischer Geschichte, Universalgeschichte wie in der Erforschung der antiken Sklaverei.[80] Gemeinsam war ihnen allen eine primär geistesgeschichtliche Orientierung auf hohem Niveau.

Eine zweite Gruppe von Schülern verwies Weber, wie zuvor Vogt,[81] auf die Bearbeitung großer Münzcorpora. Der Kieler Ordinarius P. L. Strack

(1904–1941) zeichnete sich durch seine dreibändigen Untersuchungen zur römischen Reichsprägung des 2. Jahrhunderts aus,[82] W. Wruck durch die Konzentration auf die syrische Provinzialprägung,[83] C. (Emin) Bosch durch seine Studien zur kleinasiatischen Prägung der Kaiserzeit.[84] Den Abschluß der anspruchsvollen Werke dieses zweiten Triumvirats haben die Zeitverhältnisse und persönlichen Schicksale jener Gelehrten verhindert.

Eine letzte Schülergruppe Webers wurde von ihm dann an Probleme der Spätantike und der römisch-germanischen Auseinandersetzung herangeführt. Dazu zählen Alexander Schenk Graf von Stauffenberg,[85] der spätere Münchner Lehrstuhlinhaber, Johannes Straub (Bonn),[86] Karl Friedrich Stroheker (Tübingen)[87] und schließlich der Justinian-Spezialist Berthold Rubin.[88]

Während Webers Schüler in der nationalsozialistischen Ära im allgemeinen eine erfolgreiche Karriere durchliefen, sollte *Victor Ehrenberg* deren Opfer werden.[89] Seine Entwicklung war atypisch und singulär; seine politischen Erfahrungen schlugen sich auch im Wandel seines Geschichtsbildes und seiner historischen Prioritäten in seltener Klarheit nieder.

Nach einem rasch aufgegebenen Architekturstudium in Stuttgart hatte sich Ehrenberg den Altertumswissenschaften zugewandt und war in Göttingen von Friedrich Leo, in Berlin von Eduard Meyer stark beeindruckt worden. Meyers Geschichtskonzeption überzeugte ihn; er sollte bis zu dessen Tode in brieflichem Kontakt mit ihm bleiben.[90] Doch wie sich nach seiner Rückkehr aus dem Kriege bald zeigte, hatte der intellektuell besonders vielseitig interessierte junge Gelehrte inzwischen auch andere Impulse aufgenommen: Burckhardt fesselte ihn ebenso wie Meinecke, Max Weber und Franz Rosenzweig.

Im Bereich der Alten Geschichte aber konzentrierte er sich zunächst überwiegend auf die griechische Geschichte und hier vor allem auf Sparta.[91] In der unter größtem Zeitdruck entstandenen Dissertation «Die Rechtsidee im frühen Griechentum» (1921) stand die Abfolge der Begriffe Themis, Dike und Nomos für ihn im Mittelpunkt, und damit die Entwicklung des griechischen Rechtssystems zwischen Adelsgesellschaft und Polis. Die idealistische Grundhaltung gegenüber dem Griechentum war dabei unverkennbar.

Bereits in der Frankfurter Habilitationsschrift «Neugründer des Staates» (1925) lag dann der Hauptakzent auf Sparta. Unter dem Begriff des «Neugründers» verstand Ehrenberg dabei jene griechischen Politiker und

Staatsmänner, die wie Solon und Kleisthenes in Athen tiefgreifende Neustrukturierungen von Gesellschaft und Staat ihrer jeweiligen Poleis durchsetzen konnten. Eine ähnliche Gestalt suchte er auch in dem um 550 v. Chr. angesetzten spartanischen Ephoren Chilon zu rekonstruieren, eine Hypothese, die sich freilich trotz manch anregender Beobachtungen nicht durchsetzen konnte.

Der Höhepunkt von Ehrenbergs Spartauntersuchungen[92] lag dann in seinem großen RE-Artikel von 1929. In der grundsätzlichen Bewertung Lakedaimons unterschied er sich dabei nicht von derjenigen seines alten wissenschaftlichen Kontrahenten Berve, so wenn es zum Beispiel geradezu hymnisch hieß: «Niemals wieder ist das Ideal disziplinierter Männlichkeit in solcher Reinheit aufgestellt worden. Das größte aber ist, daß diese männliche und soldatische Gesellschaft im uneingeschränkten Dienste des Nomos steht, der als Verkörperung ihres Staates, ihres religiösen Glaubens, ihrer Sitte und Tradition ihr einziger Herr ist. Nur deshalb ist es möglich gewesen, daß diese Gesellschaft ihr Eigenleben fast völlig dem Staate geopfert hat. Ein Ideal ist dazu da, nie erfüllt zu werden. Aber es wirkt gerade durch das, was sein soll, nicht durch das, was ist.»[93]

Wenig später sollte Ehrenberg bewußt werden, daß auch er selbst mit solcher Panegyrik dazu beigetragen hatte, den Grund für das nationalsozialistische Spartabild zu legen. Schon in einem Prager Radio-Vortrag des Jahres 1934 «Ein totalitärer Staat» sprach er es öffentlich aus: «Das Schicksal Spartas bestärkt uns in unserer Ansicht, daß Zwang und Gehorsam, obwohl notwendige Mittel im gesamten politischen Leben, niemals als Ziel für die Bestrebungen der Menschen ausreichen, eine wirkliche Gemeinschaft zu bilden. Sparta stellte nicht ein Vorbild auf, das wir nachahmen sollten; es warnt uns vielmehr vor den Gefahren, die wir vermeiden müssen.»[94]

Ungeachtet der Fixierung auf Sparta bemühte sich Ehrenberg dennoch um eine moderne Erfassung von Geschichte, Eigenart und Wesen der gesamten griechischen Welt. Dieses Bestreben fand seinen wichtigsten Niederschlag in dem zuerst 1932 erschienenen, primär propädeutischen, später in neuen Auflagen immer wieder ergänzten und modifizierten Werk «Der griechische und der hellenistische Staat», einem Werk, das dann in den folgenden Editionen unter dem lapidaren Titel «Der griechische Staat» erscheinen sollte und das Ehrenbergs verbreitetste Publikation darstellte, allerdings auch seine umstrittenste.[95]

In methodischer Hinsicht standen und fielen Ehrenbergs Wertungen mit der Problematik der Abstraktion, die gerade angesichts der Vielfalt und Gegensätze innerhalb der griechischen Staatenwelt auf nahezu unüberwindbare Hindernisse stieß. Doch gestützt auf die großen Vorgänger Fustel de Coulanges, Burckhardt und Max Weber ging Ehrenberg konsequent weiter und stellte die «Polis» als Grundform griechischer Staatlichkeit in den Mittelpunkt seiner Erörterungen.

In einer umfassenden Weise wurde dabei die Phänomenologie der griechischen Polis von ihren Voraussetzungen aus wie von ihren Strukturen und inneren Entwicklungen her, aber auch mit all ihren inneren Spannungen und Antagonismen konkret und lebendig geschildert, wobei stets offenblieb, ob die Fixierungen tatsächlich mit einer griechischen staatlichen Norm identisch waren. Die vielfältigen Informationen ergaben gewiß ein imponierendes Gesamtbild. Nach wie vor waren freilich dessen idealistische und klassizistische Elemente unverkennbar.

Neben kleineren Arbeiten hatte Ehrenberg in den zwanziger und dreißiger Jahren des 20. Jahrhunderts noch drei weitere, für ihn charakteristische Werke vorgelegt. In «Alexander und Ägypten»[96] ging es ihm um die wechselseitigen Einflüsse des großen Monarchen auf das Land und umgekehrt des Landes auf Alexander, wie sich erwies, eine durchaus ergiebige Fragestellung. Noch weiter griff seine Monographie «Karthago. Ein Versuch weltgeschichtlicher Einordnung»[97] aus, wobei die semitischen Phänomene der Metropole ebenso berücksichtigt wurden wie die hellenistischen. Die Studiensammlung «Ost und West» besaß für ihn programmatische Bedeutung.[98]

Auf Grund seiner Leistungen war Ehrenberg schon 1929 auf den althistorischen Lehrstuhl der Deutschen Universität in Prag berufen worden. Als sich auch dort die Lage nach der Sudetenkrise vom Herbst 1938 zuspitzte, bereitete er gerade noch rechtzeitig seine Emigration nach England vor. Sie gelang im Februar 1939, rettete ihm und seiner Familie das Leben, stürzte ihn jedoch trotz der effizienten Hilfe britischer Kollegen in große Schwierigkeiten.[99] Es war Ehrenbergs Glück, daß er seine wissenschaftliche Arbeit fortsetzen konnte. Zwischen 1946 und 1957 lehrte er am Bedford College in London Alte Geschichte.

Sein erstes in England geschriebenes Buch, «The People of Aristophanes» (1943),[100] markiert die tiefe Zäsur, den bezeichnenden Wechsel der wissenschaftlichen Perspektiven, der mit seiner Emigration verbunden war, einen Wechsel aus Überzeugung, keineswegs nur eine Anpassung an die geistige Welt seiner neuen Heimat. Denn an die Stelle von Idealisierung und Geistesgeschichte in seinen frühen Werken trat künftig ein nüchterner Realismus mit bemerkenswert originellen Fragestellungen.

Dies erwies sich schon in der Aristophanes-Studie, in der die Stücke der «Alten Komödie» zum ersten Mal unter primär gesellschaftlichen, ökonomischen und politischen Gesichtspunkten, mit einem Wort als Geschichtsquelle, umfassend ausgewertet wurden. Ideen- und Verfassungsgeschichte und das Mittel der Abstraktion waren völlig in den Hintergrund getreten. Nach einer Einführung in Genos und Evolution der Alten Attischen Komödie und kurzen Inhaltsbeschreibungen der Stücke analysierte Ehrenberg die in ihnen geschilderten sozialen Gruppen und Berufe wie die zwischenmenschlichen Beziehungen in weitestem Umfang.

In plastischen Beschreibungen vermittelte er Fakten und Wertungen in den wirtschaftlichen, religiösen, politischen und staatlichen Bereichen, die Atmosphäre in Krieg und Frieden, Demagogie und Emanzipation. Er zeigte auf, wie scharf Aristophanes die grundlegenden sozialen Veränderungen in Athen erfaßt hatte, und verwies auf die Gefahren des verführbaren Kleinbürgertums – dies in offener Wendung gegen die Bevölkerung des nationalsozialistischen Deutschlands. Ehrenbergs eigentliche Bewährung im anglo-amerikanischen Raum sollte dann freilich erst nach Kriegsende erfolgen.

Fritz Taeger (1894–1960),[101] der zweitälteste von Webers Schülern, stand seinem Lehrer in Überzeugungen, Prioritäten und Stil besonders nahe. In einer konservativen Landlehrerfamilie aufgewachsen, hatte er 1913 sein Studium der Altertumswissenschaften in Tübingen noch bei Kornemann beginnen können, ehe auch er bei Ausbruch des I. Weltkriegs Soldat wurde. Taeger erhielt zahlreiche Auszeichnungen, erlitt jedoch auch mehrere Verwundungen und kehrte schließlich als Lungenkranker zum Sommersemester 1919 nach Tübingen zurück, wo er sich sogleich Wilhelm Weber anschloß.

Taeger ist einer der wenigen deutschen Althistoriker gewesen, der später seine Reflexionen über seine Ziele nach dem Ende des I. Weltkrieges festhielt: «Die Staatsform der Vergangenheit war für uns tot; der Bau eines neuen deutschen Staates, wenn auch zunächst nur in seiner geistigen Vorbereitung, war das politische Ziel, für das wir uns einsetzten. Dieses Ziel aber stand unter dem Grundgesetz des Glaubens an die Autonomie der sittlichen Persönlichkeit und an die Autonomie der Gemeinschaft, die aus autonomen Individuen besteht. Dieser Gedanke ist denn auch das ungeschriebene Gesetz, das meine gesamte wissenschaftliche Tätigkeit in meinen Vorlesungen und Seminaren wie in meinen Veröffentlichungen irgendwie bestimmt hat, geworden.»[102] Wie er selbst zu erkennen gab, standen Taeger und seine engeren Freunde, V. Ehrenberg und

J. Vogt, dabei nicht nur unter Webers Impulsen, sondern ebenso unter jenen Stefan Georges.

Wie seine nächsten Kollegen stürzte sich auch Taeger passioniert in seine wissenschaftliche Arbeit. Schon 1920 wurde er mit der Dissertation «Untersuchung über das Weiterwirken des 6. Buches des Polybios in der Griechisch-Römischen Literatur» promoviert,[103] schon 1925 konnte er seine von Fabricius in Freiburg betreute Habilitationsschrift über Thukydides vorlegen.[104] Eine Studie, welche nicht nur durch die Erörterung traditioneller wissenschaftlicher Problemkreise, sondern noch stärker durch eine überspannte Idealisierung dieses Autors akzentuiert wurde: «Sein Werk ... ist eins der gewaltigsten Menschheitsbücher geworden, ein Schatz voll unvergänglicher Wahrheit und Weisheit, und mehr noch als das, ein Werk ewig neu gestaltender Kraft, das immer und immer wieder schöpferisch wirkt bei dem, welcher ganz sich ihm hingibt.» (300)

Nahezu gleichzeitig veröffentlichte Taeger damals seine sehr persönliche Alkibiades-Biographie,[105] die Biographie jenes großen griechischen Politikers, der nach Taeger wider Willen «zum größten Zerstörer allen Griechentums» (139) geworden sei. Die beiden zuletzt genannten Bücher provozierten eine berechtigte und scharfe, gelegentlich aber doch wohl auch zu scharfe Kritik,[106] deren Kern Taeger auch berücksichtigte. Denn in den nächsten Jahren folgten nun eine ganze Reihe nüchterner Spezialuntersuchungen aus dem griechischen wie aus dem römischen Bereich, die ihn von einer ganz neuen Seite zeigten.[107]

Gleichzeitig hatte Taeger mit den umfassenden Vorbereitungen einer geistes- und religionsgeschichtlich zentrierten Gesamtdarstellung der Antike begonnen, seinem zweibändigen Hauptwerk «Das Altertum», das bis zum Jahre 1958 sechs Auflagen erlangen sollte[108] und damit zum verbreitetsten Werk in diesem Genos geworden ist. In der Einleitung zur letzten Auflage hat Taeger die Grundzüge seiner Geschichtsauffassung dargelegt (2 f.), sich dabei vom Positivismus ebenso distanziert wie von jeder Form «kollektivistischer Geschichtsschreibung». Auch hier betonte er noch einmal sein Ziel der Autonomie von Individuum und Gemeinschaft.

Das Werk setzte mit einer Darstellung der Geschichte des Alten Orients und Ägyptens ein, gab dann ein lebendiges Bild der griechischen Hochkultur seit ihrem Anfang. Dabei differenzierte Taeger zwar nach Stämmen und Landschaften, doch rückte auch bei ihm die Polis in den Mittelpunkt seiner Abstraktionen. Sowohl in Athen wie in Sparta vermochte diese «Höchstkräfte für den Dienst an der Gemeinschaft zu wecken. Darin aber liegt schon die tiefste Rechtfertigung der Polisidee. ... Die Extreme stehen hier hart und unvermittelt nebeneinander, wie es die tiefsten Deuter des Hellenentums, Herakleitos von Ephesos und Thukydides im Altertum, Jacob Burckhardt in der Gegenwart begriffen haben.» (I^1,155)

Deren düstere Seiten sind dabei nicht verschwiegen worden. Dennoch wurde Perikles zu Taegers Idol. An ihm rühmte er vor allem, «daß der große Gestalter des staatlichen Lebens zugleich schöpferisch die geistigen Mächte geformt hat» (308 f.), so daß nach ihm Athen zur «schönsten Stadt der Menschheitsgeschichte» (301) werden konnte. Zugleich jedoch trat «an die Stelle der autarken und freien Polis, die den Vorfahren Lebensinhalt geworden war, ... der Gedanke des autarken Machtstaates» (295), dem dann die Zeit der «Rationalisierung und Automatisierung des Lebens» (330) folgen sollte. Mit Alexander dem Großen erreichte das Werk einen neuen Höhepunkt, wobei insbesondere die Wandlungen seines Selbstverständnisses akzentuiert wurden.

Der Rom gewidmete zweite Band beginnt mit einem sehr positiven Bild der etruskischen Kultur. Für die Stadt am Tiber aber war «Zucht ... das innere Gesetz dieses Volkes und dieses Staates» (79); dessen Größe wiederum lag nach Taeger im «vollkommenen Ausgleich zwischen Gesellschaft und Individuum» (81). Es folgten sehr persönliche Beurteilungen der führenden Politiker: Cato der Censor wurde zum Beispiel ziemlich negativ, Gaius Gracchus außerordentlich positiv bewertet. Die wichtigsten Akzente aber lagen auf Caesar und Augustus.

Taegers Caesarbild schloß geradezu hymnisch: «Dürfen wir in Alexander die Dämonie des Rausches verkörpert ehren, die sich an der eigenen Tat zu stählerner Härte verdichtet, so webt in Caesar die echt römische Dämonie eines nüchtern-klarsichtigen Realismus, die freilich die Grenzen nationaler Bedingtheit sprengt. ... Römische Erdverbundenheit gab ihm die instinktive Sicherheit des Handelns, und Alexanders Vorbild schenkte ihm den Schwung und die weltumfassende Weite des Planens und politischen Gestaltens. Das schuf die schöpferischen Spannungen in ihm, gab seinem Tun den hastenden Rhythmus, der ihn verzehrte, gab ihm aber auch den Adel ganz großer Menschlichkeit.» (292 f.)

Nicht weniger emphatisch wurde Oktavians Neuordnung beurteilt. Taeger sah in ihr «ein letztes Mal den großartigen Versuch, ... in den freien Formen menschlicher Autonomie die drohende Auflösung aller Ordnungen zu bannen.» (330 f.) Für ihn war «die augusteische Periode die zweite Hochzeit abendländischen Menschentums in der Antike». (348) In der ersten Auflage der Darstellung ist die römische Kaiserzeit nur bis zu Diokletian geschildert worden, später wurde sie ergänzt. Doch sie sollte weitergeführt werden, denn noch nach dem Erscheinen der sechsten Auflage arbeitete Taeger an einer «Geschichte des vierten Jahrhunderts».[109]

Daß Taegers hochgestimmte Prosa, die zum Teil geradezu überspannte Elemente enthält, den nüchternen modernen Leser nicht mehr anspricht, ist evident. Daß sie jedoch zur Zeit des Erscheinens der Bände durchaus dem Pathos des Zeitstils entsprach, dürfte nicht weniger offenkundig sein. Wichtiger ist jedoch, daß nicht selten auch Ideologeme und Wertungen des offiziellen nationalsozialistischen Geschichtsbildes in den ersten Auflagen aufgenommen worden sind – dies allerdings keineswegs immer im Sinne der orthodoxen Ideologie. So wurde zum Beispiel bei aller Anerkennung der Leistungen der nordischen Rasse doch geradezu provozierend darauf hingewiesen, daß dort, wo Völker und Staaten «geschichtlich bedeutsam geworden sind», sie «anthropologisch betrachtet, bereits ein Rassengemenge und Gemisch» (4) bildeten.

Während des II. Weltkrieges und in der unmittelbaren Nachkriegszeit legte Taeger, nicht zuletzt aus existentiellen Gründen, eine ganze Reihe kleinerer Vermittlungsschriften vor, die sein Geschichtsbild der Antike einem noch größeren Publikum, nicht zuletzt den Studierenden, in wesentlich gedrängterer Form zugänglich machen sollten.[110] Erst Ende der fünfziger Jahre erschien dann sein wichtigstes wissenschaftliches Werk: «Charisma», eine Studie über den antiken Herrscherkult.[111]

Das Phänomen des antiken Herrscherkultes hatte Taeger von Anfang an besonders interessiert. Seit den dreißiger Jahren des 20. Jahrhunderts rissen seine Spezialstudien zu diesem Fragenkreis nicht ab. Die Serie umspannte den weiten Bogen von den charismatischen Ideen bei Herodot über deren Entwicklung bei Alexander dem Großen und in den hellenistischen Monarchien bis zum römischen Kaiserkult und den spätantiken Auseinandersetzungen von Christentum und Gnosis mit diesem Phänomen.[112]

Grundlage der beiden «Charisma»-Bände bildete eine umfassende Auswertung aller verfügbaren Quellen, der literarischen wie der epigraphischen, der numismatischen und der archäologischen. Tausende von Exzerptkarten belegen die Intensität dieser singulären Quellenstudien, die vorrangig darauf gerichtet waren, sowohl allgemeine Phänomene und Konzeptionen als auch individuelle Erscheinungen des Herrscherkultes zu erfassen.

Priorität hatten dabei für Taeger zwei Erscheinungsformen, von denen die eine im Herrscher den menschgewordenen Gott, die andere lediglich den Träger des Charismas, göttlicher Gnade und Kraft, erblickte. Sein Ziel war es freilich nicht, ein abstraktes System des Herrscherkultes oder eine konsistente «Geschichte» dieses Phänomens zu schreiben. Vorrang besaßen für ihn die individuellen Entwicklungen unter Berücksichtigung chronologischer, regionaler und schichtenspezifischer Unterschiede. Trotz vielfältiger neuerer Analysen[113] ist das «Charisma», Taegers größte wissenschaftliche Leistung, deshalb auch bis heute weder veraltet noch «überholt» worden.

Die Anfänge von Taegers wissenschaftlicher Laufbahn waren schwierig und entbehrungsreich. Erst mit seiner Berufung auf den Gießener althistorischen Lehrstuhl (1930) fand er eine gesicherte Existenz, endgültig dann nach seinem Wechsel nach Marburg im Jahre 1935. Als Gießener (1934/35) und Marburger (1938–1941) Dekan der jeweiligen Philosophischen Fakultät vertrat er in einer korrekten Amtsführung entschieden die Unabhängigkeit der akademischen Institutionen gegenüber allen Einflüssen von Parteistellen, nicht zuletzt in seinem Eintreten für eine eigenständige Personalpolitik und für jüdische Kollegen.

Dennoch verlief auch sein Entnazifizierungsverfahren äußerst zwiespältig. Am 26.11.1945 verbot ihm die amerikanische Militärregierung die Lehrtätigkeit; damit verlor er auch sein Gehalt. Dann fand er jedoch die Unterstützung eines amerikanischen Universitätsoffiziers und wurde nach einem Verfahren vor der Marburger Spruchkammer am 17.10.1946 als «Entlasteter» eingestuft.[114] Doch auf Grund von Intrigen erlaubte ihm der hessische Minister für Kultus und Unterricht erst am 3.6.1948 die Wiederaufnahme der Lehrtätigkeit. Die «Wiederernennung» zum ordentlichen Professor und Wiederberufung auf seinen alten Lehrstuhl erfolgten dann erst am 8.4.1949. Beides war nur deshalb möglich, weil sich damals Alfred Heuß, obwohl selbst ohne feste Stelle, geweigert hatte, in Verhandlungen mit der Marburger Fakultät über die Annahme eines Rufes einzutreten, solange für Taeger noch die geringste Chance einer Wiedereinsetzung bestand – ein Verhalten, das nicht vergessen werden sollte.

Ungeachtet seiner großen literarischen Projekte stand bei Fritz Taeger nach seiner Wiedereinsetzung die Lehrtätigkeit im Vordergrund: Seine vierstündigen, meist frei gehaltenen Vorlesungen, die zu der «unmenschlichen» Zeit von acht bis neun Uhr früh stattfanden, erreichten eine ebenso große Resonanz wie die anspruchsvollen Seminare und Übungen oder die relativ häufigen Exkursionen. Angesichts des rasch steigenden Studentenandrangs während seiner letzten Lebensjahre wurde Taeger durch die Anforderungen in Lehre und Prüfungen bis zur Erschöpfung beansprucht.

Vergegenwärtigen wir am Ende seine Persönlichkeit, so war sie vor allem durch seine Kriegserlebnisse und die geistigen Impulse, die oben aufgezeigt wurden, geprägt. Taegers Pathos in seinen Darstellungen und nicht wenige seiner politischen Überzeugungen wie die Nähe zu nationalsozialistischen Ideologemen finden darin ihre Erklärung. Doch im Unterschied zu vielen seiner Kollegen hat Taeger seine Irrtümer offen eingestanden und die Konsequenzen daraus gezogen.[115]

Wie schon dargelegt, waren auch für *Joseph Vogt* (1895–1986),[116] den Jüngsten aus Wilhelm Webers erstem Schülertriumvirat, ähnliche Erfahrungen und Überzeugungen charakteristisch. Der Sohn einer tief katholischen schwäbischen Bauernfamilie hatte zunächst als Angehöriger des Tübinger Wilhelmsstifts mit dem Studium der katholischen Theologie begonnen, sich jedoch nach Kriegsausbruch als Freiwilliger gemeldet und bis zum Januar 1919 als Frontsoldat und Offizier gedient.

Mit dem Zwischensemester 1919 konnte er sein Studium in Tübingen fortsetzen, wobei er allerdings seine Disziplinen gewechselt hatte und nun Geschichte, Archäologie und Klassische Philologie in den Mittelpunkt stellte. Als seine wichtigsten akademischen Lehrer nannte er neben Wilhelm Weber, dessen Lieblingsschüler er offensichtlich rasch geworden ist, vor allem Haller, von Mess, Pfister, Wilhelm Schmid, Watzinger, somit eine durch und durch konservative, hochqualifizierte Professorengruppe. Als er im Rahmen seiner Dissertation (1921) und Habilitation (1923) längere Zeit am Berliner Münzkabinett unter Kurt Regling zu arbeiten hatte, lernte er dort auch noch Eduard Meyer, W. Schubart, U. von Wilamowitz-Moellendorff und U. Wilcken, die damaligen Zelebritäten der deutschen Altertumswissenschaft, persönlich kennen.

Vogts erster Arbeitsschwerpunkt lag auf dem römischen Ägypten. Weber hatte zu dem Anfänger so großes Vertrauen, daß er ihm die Erarbeitung eines Corpus der alexandrinischen Reichsprägung und deren historische Interpretation übertrug. Tatsächlich bewältigte Vogt diese immense Arbeitslast in kürzester Zeit. Schon 1924 konnte er sein erstes, zweibändiges Hauptwerk «Die alexandrinischen Münzen. Grundlegung einer alexandrinischen Kaisergeschichte»[117] vorlegen.

Die Arbeit, die für ihren Bereich lange Zeit zu einem grundlegenden Klassiker werden sollte, erschöpfte sich nicht in der Ermittlung der üblichen numismatischen Daten und Elemente, sondern sie konzentrierte sich in erster Linie auf die historische, kultur- und insbesondere die religionsgeschichtliche Interpretation der unter klassischen ästhetischen Normen nicht gerade eindrucksvollen Gepräge. Für diese Sektoren aber schöpfte sie das immense Quellenmaterial im Zeitraum zwischen Augustus und Diokletian umfassend aus.

Es ist nahezu unfaßlich, daß es Vogt gleichzeitig gelang, in Analogie zu Webers Terrakottenwerk auch noch die Terrakotten der Sammlung von Sieglin im selben Jahre zu publizieren[118] und – als wäre dies alles noch nicht genug – eine historische Skizze «Römische Politik in Ägypten»[119] zu veröffentlichen. Im übrigen ließ ihn Ägypten nicht mehr los. Auch in den folgenden Jahrzehnten legte er weitere Spezialuntersuchungen zu Land und Geschichte seiner primitiae vor.[120]

Stand bei Vogt zunächst die Auswertung archäologischer Quellen im Vordergrund, so wandte er sich in den folgenden Jahren primär der Interpretation der literarischen Überlieferung zu. Dabei konzentrierte er sich insbesondere auf Tacitus und Cicero, dies speziell unter politischen und historiographischen Aspekten. Sein Erkenntnisziel lag dabei in der Erfassung und Systematisierung der entscheidenden Kategorien und Wertungskriterien römischer Politik sowie in der Analyse des römischen «Imperialismus». Daß dabei moderne Erfahrungen und Eindrücke seiner Gegenwart eine entscheidende Rolle spielten, kann nicht überraschen.

Es trägt daher programmatische Züge, daß der junge Privatdozent Vogt seine Antrittsvorlesung über das Thema «Tacitus als Historiker» hielt (1924). Doch auch in den folgenden Jahrzehnten fesselte ihn der große Geschichtsschreiber immer wieder von neuem. Ob in seinen Versuchen, an Tacitus die Problematik der «Unparteilichkeit» des Historikers generell zu erörtern[121] oder Tacitus in das römische Geschichtsdenken einzuordnen[122] und seine Rezeption in der modernen Tacitusforschung zu bewerten – an diesem Autor sind Vogt Voraussetzungen, Bedingungen und damit auch Grenzen der Historiographie insgesamt deutlich geworden. Daß aus seiner eigenen Perspektive dabei «der imperialistische Gedanke»[123] in allen taciteischen Werken Priorität besaß, war nur konsequent.

Mit Cicero hatte sich Vogt in zwei in Genos, Gehalt und Tendenz denkbar verschiedenen Arbeiten näher befaßt. In der ausführlichen, auf umfassender Quellengrundlage beruhenden Monographie «Ciceros Glaube an Rom»[124] wurden dessen Stellung zu Tradition, Gesetzen, der Autorität des Senats, der Krise der Republik, der Verbindlichkeit der römischen Religion sowie der Vorstellung der Roma aeterna kritisch und zugleich überzeugend herausgearbeitet.

Die zwei Jahre später publizierte Veröffentlichung «Cicero und Sallust über die Catilinarische Verschwörung»[125] sollte dagegen demonstrieren, daß die antiken Autoren «politische Erkenntnisse» vermitteln, die es rechtfertigen, sie auf dem «nationalpolitischen Gymnasium» zu traktieren. Nur so erklärt sich wohl die abstoßende, inflationäre und zum Teil auch einfach falsche Übernahme der nationalsozialistischen Terminologie und dabei insbesondere des «Führer»-Begriffes und dessen Assoziationen.

Die Vorbereitungen zu Vogts anderem Schwerpunkt kamen dagegen über – allerdings wertvolle – Ansätze nicht hinaus. Dies gilt für die auch existentiell motivierte Klärung der Begriffe «homo novus»[126] und «Orbis Romanus».[127] Weitere Studien auf diesem Felde gingen vermutlich in seine bedeutende Darstellung «Die römische Republik»[128] ein, ein Werk, das zu Vogts wichtigstem publizistischen Erfolg, zum bewährten Hochschullehrbuch und für mehrere Generationen von Lesern zum Standardwerk in diesem historischen Bereich werden sollte.[129]

Vogt legte stets auf die exakte geographische Fundierung seiner historischen Darstellungen besonderen Wert. Schon in der «Republik» griff er dazu bewußt die geopolitischen Perspektiven K. Haushofers auf,[130] entwarf ein lebendiges Bild der italischen Landschaften, sprach von der «doppelten Basis von Land und Meer» (5), die ihm als Vorzug des Römischen Imperiums erschien. Die Schilderung der Ereignisgeschichte von den Anfängen der Stadt bis zur Begründung des Principats fußte auf einer genauen Quellenkenntnis ebenso wie auf der Grundlage der modernen internationalen Forschung. Die Strukturen der Verfassung waren dabei in gleicher Weise sicher akzentuiert wie die Phasen der Machtbildung und die kulturellen Entwicklungen.

Überzeugend hob Vogt die Bedeutung der patria potestas für das Verständnis der römischen Gesellschaft hervor, in gleicher Weise jene des «Machtwillens» des einzelnen ebenso wie des Staates. Seine Analyse des römischen Imperialismus war eigenwillig und idealistisch. Er bestritt die Verbindlichkeit der «divide et impera»-Formel für die römische Politik und lehnte auch die Vorstellung eines in sich geschlossenen Eroberungsprozesses ab.[131] Bestimmend war nach ihm vielmehr die Sicherheit des römischen Instinkts in allen Machtfragen. Besonders eindrucksvoll wirkten daneben die kultur- und religionsgeschichtlichen Elemente der Darstellung, unbefriedigend jedoch die Erfassung der ökonomischen Faktoren und Entwicklungen.

Die Vorzüge des Werkes wurden sogleich anerkannt, doch auch die Idealisierung der Gesamtkonzeption, nicht zuletzt der völkerrechtlichen Wertungen und der Beschönigung des römischen Imperialismus gesehen.[132] Zusammen mit Vogts schon ein Jahr später erschienener, propädeutischer Skizze in Gercke-Nordens «Einleitung in die Altertumswissenschaft»[133] waren hier für Jahrzehnte die wissenschaftlichen Grundlagen für das Verständnis der Römischen Republik gelegt.

Die zuletzt genannten Arbeiten erklären, warum Vogt gleichzeitig eine bemerkenswerte wissenschaftliche Karriere durchlaufen konnte. Schon 1926 übernahm er als Nachfolger Wilhelm Webers den Tübinger Lehrstuhl, 1929 folgte er einem Ruf nach Würzburg, wechselte 1936 nach Breslau, kehrte 1940 nach Tübingen zurück, um 1944 nach Freiburg zu gehen und schließlich nach kurzer Zeit (1946) zum dritten Mal die Tübinger Professur zu übernehmen. Daß eine solche Laufbahn nicht ohne eine weitgehende und langjährige Übereinstimmung mit dem nationalsozialistischen Staat und der NSDAP denkbar war, steht, wie D. Königs[134] erhellt (aber zu einseitig bewertet hat), fest. Allerdings ist Vogts wissenschaftliche Entwicklung in jener Epoche wesentlich vielfältiger und widersprüchlicher. Bei deren Einschätzung kommt es, wie die folgenden Überlegungen zeigen sollen, vor allem darauf an, seine immer stärkere Hinwendung zu religiösen Phänomenen ebenso zu berücksichtigen wie seine gescheiterten Versuche, die nationalsozialistische Rassenlehre mit strengen wissenschaftlichen Fundierungen im Bereich der Alten Geschichte anzuwenden.

Im Anschluß an Vogts Darstellung der römischen Religion in seiner «Republik» hatte sich eine sehr scharfe Kontroverse mit Franz Altheim entwickelt,[135] die Vogt zu einer teilweisen Korrektur, Präzisierung und Vertiefung seiner Auffassungen zwang, vor allem aber zu einer lebenslangen Beschäftigung mit religiösen Problemen der römischen Geschichte, insbesondere in der Spätantike, führen sollte.

Im Zusammenhang damit kommt Vogts Untersuchung «Kaiser Julian und das Judentum. Studien zum Weltanschauungskampf der Spätantike»[136] besondere Bedeutung zu. Das kleine Werk wurde durch einen Überblick über die Lage und die Beurteilung des Judentums in Kaiserzeit und Spätantike eröffnet, vor jenem Hintergrund dann die Konfrontation Konstantins und Julians mit dem Judentum skizziert. Wenn Vogt dabei wiederholt entschieden erklärte, daß für die Einstellungen gegenüber dem Judentum nicht der Rassengegensatz die entscheidende Rolle spielte (10,27), so gehörte dazu einiger Mut. Von Julian sollte Vogt einerseits zu den allgemeinen Kennzeichen der römischen Religion zurückkehren,[137] andererseits sich Konstantin dem Großen zuwenden, dem er dann 1949 seine bekannte Monographie widmete.[138]

Doch parallel zu dieser Entwicklungslinie verlief bei Vogt eine weitere, nicht weniger bedeutsame, die während seiner Breslauer Zeit ihren Höhepunkt erreichte. Sie war durch eine konsequente Anwendung der Rassenlehre sowie durch ein offenes Bekenntnis zur nationalsozialistischen Ideologie gekennzeichnet. Die Vermittlung der Rassenlehre erfolgte zunächst in den beiden Aufsätzen über Bevölkerungsrückgang und Rassenmischung im römischen Reich,[139] später in dem von Vogt herausgegebenen Sammelband «Rom und Karthago» (1943). Der zweite Aspekt findet sich einmal in dem von D. Königs entdeckten Vortrag «Politik und Geschichte im Nationalsozialismus» vom 30.1.1937,[140] zum andern in der kleinen Schrift «Unsere Stellung zur Antike» aus demselben Jahr.[141]

Dem mitten im II. Weltkrieg publizierten Gemeinschaftswerk «Rom und Karthago» kommt dabei exemplarische Bedeutung zu.[142] Die vom Herausgeber eingangs definierte Fragestellung, wie weit der Konflikt «durch das Blutserbe der Völker» und den «Rassengegensatz» (7) bestimmt wurde, war gewiß von grundsätzlicher Bedeutung, erforderte nach Vogt jedoch «Wagnis und Zurückhaltung» zugleich (8). Die verschiedenen Beiträge spiegeln dies wider, wobei das «Wagnis» nicht überwiegt. Daß Vogt selbst Septimius Severus in diesem Zusammenhang in erster Linie als «Mischling» (356 ff.) verstehen wollte,[143] ist typisch für seine angestrengte Bemühung.

Wie die glücklicherweise nicht gedruckte Rede Vogts vom 30.1.1937 so zählt auch seine kleine Schrift «Unsere Stellung zur Antike» zu den peinlichsten Texten aus der nationalsozialistischen Ära. Es ging ihm dabei darum, die «nationale Tragweite» der Antike für die Gegenwart zu begründen (6). Hellenen und Römer waren nach ihm eben «die Erstgeborenen der arischen Völker» (7).

Gestützt auf Äußerungen Hitlers zögerte er nicht, die Vorbildlichkeit der Antike für die nationalsozialistische Gegenwart zu unterstreichen. Er schien sich selbst begeistern zu wollen, wenn er schrieb: «Im Aufbau der Erziehung, im Einsatz der marschierenden Formationen, in der Heerschau der nationalen Feiertage erscheint etwas von der politischen Lebensform der Antike in die höhere Stufe der Volkseinheit übertragen.» (13)

Es ist indessen für Vogt bezeichnend, daß er wenig später in seinem oft nachgedruckten und stark beachteten Vortrag «Caesar und seine Soldaten»[144] ein völlig unabhängiges Caesarporträt entwarf. Im Kontrast zu Matthias Gelzers konventionellem Bild des Politikers und Staatsmannes Caesar (1921) ging Vogt dabei von der persönlichen Beziehung des Prokonsuls zu seinen Truppen aus, hob die Kunst seiner «Menschenführung» hervor, sah somit in Caesars militärischen Qualifikationen die entscheidende Basis seiner Macht. Er erinnerte daran, daß dieser Oberbefehlshaber in Entscheidungsschlachten auch den direkten Nahkampf wagte und nicht selten gerade deshalb siegte.

Das Gesamtbild von Vogts Verhalten in der nationalsozialistischen Epoche muß zwiespältig bleiben. Einerseits hielt er an den strengen wissenschaftlichen Kriterien seiner Disziplin, insbesondere im Bereich der Quelleninterpretationen, fest, andererseits übernahm er zweifellos nationalsozialistisches Gedankengut. Aus Überzeugung versuchte er die Rassenlehre, ähnlich wie Helmut Berve, auf quellenmäßig fundierter Basis im Raume der Alten Geschichte anzuwenden. Dabei ist zu berücksichtigen, daß er durch seine Aktivitäten, insbesondere durch die Einflußnahme auf den schulischen Bereich, die Position seines Faches verteidigen und stärken wollte.[145]

Ein größerer Kontrast als derjenige zwischen Joseph Vogt und dem nur wenige Jahre jüngeren *Franz Altheim* (1898–1976)[146] ist kaum denkbar. Altheim war wohl der originellste deutsche Althistoriker zur Zeit der Weimarer Republik und des Nationalsozialismus. Für die kultivierte, offensichtlich beeindruckende Persönlichkeit dieses Gelehrten sind die Anwendung neuer historiographischer Methoden, neuer Stil, neue Schwerpunkte und neue Wertungen charakteristisch. Für die nationalsozialistischen Kultur- und Wissenschaftsfunktionäre schien er deshalb auch der richtige Mann der «neuen Zeit» zu sein.[147]

Tatsächlich trug er ein singuläres, persönlich akzentuiertes Geschichtsbild vor. Altheim hatte seine wissenschaftliche Laufbahn zunächst eher konventionell mit einer von H. von Arnim betreuten Frankfurter Dissertation über «Die Komposition der Politik des Aristoteles» (1924) begonnen. Doch gleichzeitig war er unter starken Einfluß der Frankfurter religionswissenschaftlichen, ethnologischen und kulturphilosophischen Forschungen von W. F. Otto, K. Kérényi und vor allem von Leo Frobenius gekommen,[148] auf diesem Wege auch Mitglied der «Doorner Arbeitsgemeinschaft» geworden, einer von Wilhelm II. begründeten wissenschaftlichen Vereinigung, die vor allem Frobenius unterstützte. Gleichzeitig wurde er auch vom Georgekreis berührt – insgesamt gesehen durch eine für einen Althistoriker damals völlig atypische geistige Welt.

Zu Beginn seiner weiteren Entwicklung standen religionsgeschichtliche Forschungen, in denen der Autor vor allem die Zusammenhänge zwischen griechischer, altitalischer und römischer Religion zu klären suchte,[149] daneben, angeregt durch das Frankfurter Institut für Kulturmorphologie, Bemühungen um das Verständnis der Felsbilder der Val Camonica.[150] Gemeinsam mit Erika Trautmann versuchte Altheim dabei diese Felsbilder als Zeugnisse nordischer Einwanderung zu interpretieren, griff die Problematik des Ursprungs der Runen auf und wollte mit all dem die Einwanderung der nordischen Rasse nach Italien und Südosteuropa dokumentiert sehen.

Ein zweiter Schwerpunkt galt den «Epochen»[151] und der Geschichte der Römischen Republik,[152] Werke, in denen Roms Verbindung mit dem Griechentum als fundamental erklärt wurde. Hier trat nun, speziell in Zeit- und Epochenbegriff, Altheims innovative, persönliche Methode zutage,[153] eine Methode, die er selbst als «charakterologisch» oder «interpretierend» bezeichnete, auch als «Formen- und Stilkunde des Menschlichen».[154] «Epochenjahre» und «Wendepunkte» waren für ihn in diesem Sinne 387, 280 und 154 v. Chr.

Zu diesen ersten Brennpunkten seiner Arbeit kam seit der Mitte der dreißiger Jahre die Erforschung des 3. Jahrhunderts n. Chr., der Zeit der «Soldatenkaiser» oder der «Krise» oder des «Niedergangs der Alten Welt»[155] hinzu. Damit verschoben sich die Schwerpunkte von Altheims althistorischen Forschungen zugleich vom Zentrum der griechisch-römischen Welt an die Peripherie, dies sowohl in Italien als auch an den Grenzen des Imperiums, wo er sich nun auf die Wechselbeziehungen zu Roms Nachbarn, Skythen, Germanen, Parthern, Arabern und Hunnen konzentrierte.

Es war Altheims Überzeugung: «Nur wer Wüste und Puszta, wer Nomadentum und Schamanismus kennt, kann der Städtekultur des Mittelmeerraumes gegenüber den rechten Standpunkt gewinnen.»[156] Daraus erwuchs zum Beispiel sein spezifisches Interesse am Nomadentum, wobei das folgende Zitat aus den «Soldatenkaisern» gleichzeitig einmal als Exempel seines Denkens wie seiner Formulierung gelten mag:

«Dieser Nomade ist der Schweifende und der Räuber, der Gewalt- und Herrenmensch, der weite Lande durchzieht und sie als ihm sich darbietende Beute betrachtet; er ist der Held, der sein ganzes Dasein auf Kampf gestellt hat. Das Mittel, dieses Leben zu führen, diese Weiten zu durchmessen, zugleich den Ausdruck seines Herrendaseins, bedeutet ihm das Pferd. So sind die Nomaden die Reiter und, was entscheidender noch ist, sie sind die Vertreter einer ungebundenen, herrenmäßigen und somit einer ritterlichen Existenz. Gerade bei den Parthern tritt dies mit aller Schärfe hervor.»[157]

Auch das 3. Jahrhundert n. Chr. war so für Altheim ein «Jahrhundert einer geschichtlichen Wende»,[158] wobei er mit den Hochkulturen des Imperium Romanum, Irans und Chinas die «jungen» Völker konfrontierte. Für die ungewöhnlich weiten Radien seines Denkens, das er als «universalhistorisch» bezeichnete, bekannte sich Altheim im Sinne Rankes zum Primat der Außenpolitik, lehnte die traditionellen Methoden der pragmatischen, kritischen Geschichtsschreibung ebenso ab wie die in sich geschlossenen, gleichrangigen Entwicklungsdarstellungen. Statt dessen verwischte er die Grenzen zwischen Fakten und Ideenvermittlung einerseits, Reflexionen und Essayistik andererseits.

Altheim war ein unermüdlicher Ergänzer, Korrektor und Neuakzentuierer seiner Texte. Diese Arbeitsmethode kommt am klarsten im ständigen Wechsel der Titel seiner Werke zum Ausdruck, der deshalb auch jede Gesamtübersicht über seine Arbeiten erschwert und leicht zu Irritationen führt.[159] Da ihn seine Forschungsvorhaben zu weiten Reisen nötigten und die große Zahl seiner Veröffentlichungen den Zugang zu leistungsstarken Editionen erzwang, war der politisch zunächst für den Nationalsozialismus nicht sonderlich engagierte Gelehrte darauf angewiesen, solvente Förderer zu gewinnen.

Mit beträchtlichem Geschick verstand er es, von Göring ebenso erhebliche Zuschüsse zu seinen Forschungen zu erhalten wie von Himmlers Lehr- und Forschungsgemeinschaft «Das Ahnenerbe»,[160] das er mit immer neuen Projektvorschlägen, Gutachten und Memoranden bediente. Hieraus resultierte Altheims Sonderstellung im nationalsozialistischen System:

Durch die Thematik seiner Studien, die Arbeiten über nordische Felsbildkunst, Runen, den Versuch, in der römischen Religion nordisches Stammgut und indogermanisches Erbe aufzuspüren, durch die enge Verklammerung der germanischen mit der traditionellen Alten Geschichte, durch die provozierende These, in dem Soldatenkaiser Maximinus Thrax einen Herrscher «germanischen Blutes» zu entdecken sowie durch die Terminologie seiner Bücher paßte er sich den Prioritäten des Tages an. Wie Volker Losemann nachgewiesen hat, ist die «völkisch-rassische» Tendenz seiner Schriften sowohl von den Verantwortlichen des «Ahnenerbes» als auch von Alfred Rosenbergs Lektorat anerkannt worden.

Doch Altheim ging noch einen Schritt weiter: Er befriedigte seine Geldgeber auch durch aktive kulturpolitische und politische Berichterstattung aus seinen Reisegebieten und Einsatzräumen. Typisch sind etwa seine Verbindungen mit den Schammar-Beduinen und deren Scheich Adjil im Irak, Beziehungen, die sich zudem durch ihre antizionistische Konsequenz zu empfehlen schienen. Daß dabei auch militärische Interessen des Reiches berührt wurden, erhöhte noch ihren Informationswert. Der Hallenser Althistoriker (1936–1948)[161] hatte auf diese Weise eine ganz ungewöhnliche Vertrauensposition erlangt.

Neben den zuletzt genannten, für die Epoche des Nationalsozialismus maßgebenden Althistorikern sind noch eine Reihe weiterer Gelehrter wenigstens kurz zu erwähnen, die entweder Sonderstellungen im wissenschaftsgeschichtlichen Geflecht jener Epoche einnehmen oder erst in der Nachkriegszeit größere Bedeutung erlangen sollten. Auch sie gehören zu einem Gesamtbild der Ära, obwohl hier keine Vollständigkeit erstrebt werden kann.[162]

Im Hinblick auf die Einschätzung der athenischen Demokratie nahmen *Hans Bogner* (1885–1948)[163] und *Bernhard Knauss* (1896–1980)[164] völlig konträre Positionen ein. Der klassische Philologe Bogner war bereits 1930 mit einer dezidiert antidemokratischen Darstellung «Die verwirklichte Demokratie. Die Lehren der Antike»[165] hervorgetreten, einem Buch, dessen politisch-pädagogische Tendenz unübersehbar war, das zudem ganz offen die athenische mit der modernen Demokratie gleichsetzte und generell die Wirkung der Demokratie auf den Menschen zu zeigen suchte. Daß der Verfasser daraufhin zur persona gratissima im Nationalsozialismus wurde,[166] obwohl man dabei auch stets seine späteren Schriften berücksichtigen sollte,[167] überrascht nicht.

Die Gegenposition des Kunsthistorikers Bernhard Knauss «Staat und Mensch in Hellas» (1940) war lange in Vergessenheit geraten; sie ist erst durch Beat Näf wieder in die spezielle Diskussion eingeführt worden.[168] Im Rahmen der singulären Perspektiven von Knauss kam nicht dem Staat oder einer Staatsform, sondern der «Freiheit des Einzelnen» (50) Priorität zu, seinem Streben nach einem glücklichen Leben. Gleichwohl rühmte auch er das Phänomen der griechischen Polis: «Die Erscheinung der griechischen Polis ist vielleicht der großartigste Gestaltungsprozeß politischer Art, den es bis jetzt gegeben hat.» (36) Am Ende aber forderte er die «Durchgeistigung» menschlicher Schöpfung, nicht zuletzt in der Politik (285).

Hans Erich Stier (1902–1979)[169] war, wie erwähnt, tief von Eduard Meyer beeindruckt worden, dessen «Geschichte des Altertums» er lange Jahre betreute und dessen universalhistorische Konzeption er durch die Gründung der Zeitschrift «Welt als Geschichte» weiterzuführen gedachte. Der Schwerpunkt seiner frühen ideengeschichtlichen und weithin idealistischen Arbeiten und Darstellungen[170] lag zunächst eindeutig auf den Gebieten der griechischen und der hellenistischen Geschichte. Erst nach seiner Berufung nach Münster im Jahre 1936 wandte er sich auch stärker der römischen Geschichte und der römisch-germanischen Auseinandersetzung zu.[171]

Durch sein ausgewogenes Referat über «Hellas und Ägypten», eine selbständige persönliche Wertung, die sich nicht in das NS-Geschichtsbild einfügte, erregte er auf dem VI. Internationalen Kongreß für Archäologie in Berlin einiges Aufsehen, wesentlich stärkeres aber durch die während des II. Weltkrieges konzipierte, aber erst 1945 erschienene Monographie «Grundlagen und Sinn der griechischen Geschichte».[172] Dieser wissenschaftsgeschichtliche Überblick über die bisherigen, vor allem deutschen Bewertungen der griechischen Geschichte war mit einer durchaus plausiblen Kritik an modernen Parallelisierungen und angeblichen Zielsetzungen verbunden. Demgegenüber stellte Stier die von der Nomos-Idee und griechischer Freiheit geprägte Staatsform der Polis in das Zentrum seines wiederum idealistischen Gesamtbildes, an dem er auch nach 1945 festhielt, als sein kulturpolitischer Einfluß beträchtlich wurde.[173]

Für den Bereich der griechischen Geschichte bleibt schließlich daran zu erinnern, daß auch die wissenschaftlichen Anfänge geistig so verschiedenartig geprägter junger Gelehrter wie *Alexander Schenk Graf von Stauffenberg* (1905–1964) und *Franz Hampl* (1910–2000) in diesen Zeitraum fallen. Graf Stauffenbergs geistiges Profil war ebenso durch Stefan George wie durch Wilhelm Weber geformt worden.[174] Nach frühen Malalas-Studien[175] war er 1931 bei Joseph Vogt in Würzburg mit der Schrift «König Hieron II. von Syrakus»[176] habilitiert worden, der ersten der für ihn typischen Untersuchungen zur Geschichte und Kultur des Westgriechentums. Wie eigenwillige Kriegsvorträge dokumentieren,[177] verlor das Griechentum seine Faszination auf ihn trotz aller persönlichen Erschütterungen und Katastrophen auch weiterhin nicht.

Ein zweiter Interessen- und Arbeitsschwerpunkt Graf Stauffenbergs galt in den dreißiger und frühen vierziger Jahren der römisch-germanischen Auseinandersetzung im weitesten Sinne sowie der Spätantike.[178] In diesem Zusammenhang erregte insbesondere sein Vortrag über «Theoderich der Große und seine römische Sendung» auf dem 19. Deutschen Historikertag in Erfurt (1937) erhebliches Aufsehen, dies deshalb, weil er nach Meinung der Vertreter des offiziellen «Reichsinstituts für die Geschichte des neuen Deutschlands» den Zusammenhang Theoderichs mit der römischen Tradition zu sehr betont hatte.[179] Ähnliche Unabhängigkeit zeigte Stauffenberg auch einige Jahre später in seinem, gegen die Rassenlehren F. K. Günthers gerichteten, Aufsatz «Die großen Völkerwanderungen und das Hethiterreich. Ein Versuch zur Universalgeschichte».[180]

Zur Erfassung von Persönlichkeit, Leben und Wirken Graf Stauffenbergs sind freilich auch andere Hinweise unumgänglich.[181] Der Aristokrat hatte die Anfänge seiner wissenschaftlichen Laufbahn lediglich durch die Unterstützung seines Vaters, zunächst mehrmals verweigerte Mittel der staatlichen Privatdozentenhilfe und durch Vertretungen finanzieren können. Erst mit der Ernennung zum außerordentlichen Professor in Würzburg (1936), 1941 zum ordentlichen Professor, 1942 in Straßburg war seine Existenz gesichert.

Fronteinsatz in Rußland seit 1942, in dem Stauffenberg wiederholt verwundet wurde, und ein Kommando als Ordonnanzoffizier in Athen waren die nächsten Stationen seines Lebens, ehe ihn die Folgen des 20.7.1944 trafen.[182] Im Zuge der «Sippenhaft» wurde er durch mehrere Konzentrationslager geschleppt; auch der tragische Tod seiner Frau, Melitta Klara Schenk Gräfin von Stauffenberg, geb. Schiller, die dem Reich als Testpilotin gedient hatte, gehört in diesen Zusammenhang.[183] Das Kriegsende erlebte er mittellos. Die tiefen Erschütterungen jener Ereignisse hinterließen geradezu traumatische Spuren, die er nur durch eigenwillige geistige Arbeit überwinden konnte.[184]

Der österreichische Berve-Schüler *Franz Hampl*[185] hatte zuerst mit verfassungs- und rechtshistorischen Studien[186] zur griechischen Geschichte Beachtung gefunden, sollte sich dann später jedoch anderen Feldern zuwenden, auf die unten zurückzukommen sein wird.[187]

Von den an anderer Stelle[188] vollständiger besprochenen Gelehrten, die ihren Arbeitsschwerpunkt in der römischen Geschichte hatten, seien hier lediglich vier jüngere deutsche Althistoriker hervorgehoben, die zunächst unter der Leitung von Eduard Norden und Johannes Stroux am Corpus Inscriptionum Latinarum mitwirkten und sich deshalb auch unabhängiger entwickeln konnten.[189] So trat *Lothar Wickert* nicht nur als Bearbeiter der Bände CIL. XIV, Suppl. 1 und 2 (1930–1933) hervor, sondern in gleicher Weise als ausgezeichneter Übersetzer von Rostovtzeffs klassischem Werk über «Gesellschaft und Wirtschaft im römischen Kaiserreich» (2 Bde. 1929) sowie als Mitherausgeber der Zeitschrift «Klio».

Der gleichaltrige *Hans Volkmann*,[190] Anton von Premersteins Schüler und Herausgeber, hatte einen schwereren Weg zu gehen, ehe er sein Berufsziel erreichte. Neben seiner Gymnasiallehrertätigkeit und einschlägigen Publikationen arbeitete auch er am CIL. XIII, 6 (1933) mit und blieb, ganz im Sinne seines Lehrers, seinen Forschungen zum augusteischen Principat, insbesondere zu den res gestae divi Augusti, treu.[191]

Die Kolbe-Schüler *Hans Ulrich Instinsky* (1907–1973)[192] und *Herbert Nesselhauf* (1909–1995),[193] beides entschiedene Katholiken und politisch integre Persönlichkeiten, hatten ebenfalls dem CIL. ihren Tribut geleistet, Instinsky durch die Bearbeitung der Meilensteine,[194] Nesselhauf durch jene der Militärdiplome.[195]

Doch darüber hinaus hatte sich Instinsky, in enger Zusammenarbeit mit dem Berliner Numismatiker Joseph Liegle, auch der antiken Numismatik zugewandt und, ganz in der Tradition von Andreas Alföldi, wichtige Einzelstudien zur römischen Principatsideologie vorgelegt.[196] Von M. Gelzer, H. Schaefer und Br. Snell gefördert, erreichte Instinsky noch im Februar 1945 die Übertragung einer Dozentur an der Universität Hamburg – dies, obwohl sich der «Hochland»-Autor entschieden vom Nationalsozialismus distanziert hatte.

Dasselbe gilt auch für Herbert Nesselhauf, der 1937 mit einer vielbeachteten Untersuchung über «Die spätrömische Verwaltung der gallisch-germanischen Länder»[197] in Königsberg habilitiert wurde und danach zu einem der führenden deutschen Vertreter der lateinischen Epigraphik und der römisch-germanischen Auseinandersetzung aufsteigen sollte.

Der Überblick über die oben skizzierten Vertreter und Werke der deutschen Althistorie während des Nationalsozialismus[198] dürfte die Schwierigkeiten aufgezeigt haben, die jedem Versuch einer Gesamtbilanz entgegenstehen. Für einen totalitären Staat dominiert in diesem Bereich schon auf den ersten Blick eine überraschende Vielfalt. Bereits damit ist allen Pauschalurteilen von vornherein der Boden entzogen.

Vielmehr sind wissenschaftliche, politische und moralische Aspekte zu unterscheiden. Für die NS-Funktionäre und überzeugten Nationalsozialisten blieb die wissenschaftliche Bilanz am Ende der nationalsozialistischen Ära enttäuschend. Es war weder gelungen, ein einheitliches nationalsozialistisches Geschichtsbild der Antike auf der Grundlage der Rassenlehre durchzusetzen, noch zu großen, international anerkannten Individualleistungen zu stimulieren.

Eine nüchterne Gesamtbeurteilung konnte lediglich eine teilweise beflissene Anpassung an die NS-Ideologie auf bescheidenem Niveau registrieren. Es hatte sich erwiesen, daß strenge, traditionelle Maßstäbe und Rassenfanatismus unvereinbar waren. Dies mußten selbst Protagonisten wie Berve und Vogt einräumen. Letzten Endes überwog noch immer die Kontinuität der wissenschaftlichen Tradition.

Im politischen Bereich war die Akzeptanz des nationalsozialistischen Systems auch in diesem Sektor die Regel. Dabei erstreckte sich die Spannweite von der überzeugten, aktiven Identifikation mit Staat und Partei über die bloße passive Hinnahme, die zunächst durch Hitlers unbestreitbare innen- und außenpolitischen Erfolge noch verstärkt wurde, bis zur inneren, nur in einzelnen Fällen auch offenen und provozierenden Distanz. Wie seit den Forschungen von Volker Losemann bekannt ist,[199] führten auch die gezielten organisatorischen Maßnahmen wie die Dozentenlager oder die speziellen wissenschaftlichen «Lager» in Würzburg (1941) und Augsburg (1942) weder zur allgemeinen Akzeptanz der Rassenlehre noch zur Vereinheitlichung der Wertungen im Sinne nationalsozialistischer Wissenschaftspolitik.

Die Bewertung der moralischen Aspekte der Thematik ist zweifellos am schwierigsten. Um nur einen zentralen Punkt hervorzuheben: So gewiß es richtig und notwendig ist, Spuren von Antisemitismus im wissenschaftlichen Werk der deutschen Althistoriker aufzudecken, so können solche Elemente doch nicht von «Auschwitz» aus bewertet werden. Welche Konsequenzen die Verbindlichkeit der «Rassenlehre» letzten Endes in der inhumanen nationalsozialistischen Vernichtungspolitik haben würde, war zunächst nicht einmal zu ahnen.

Doch auch wenn dies berücksichtigt wird, ist festzuhalten, daß die Reaktion der deutschen Althistoriker auf die Verdrängung und Verfolgung ihrer jüdischen Kollegen tief enttäuschend bleibt. Das Eintreten für die Verteidigung der Rechte und Interessen einzelner, soweit es überhaupt dazu kam, erwies sich als ergebnislos; es war wohl auch auf Grund der Gesamtlage gefährlich. Vorherrschend blieben Bedauern, Verlegenheit, Hilflosigkeit.

Zu Recht wird das Schweigen der unter dem Nationalsozialismus aktiven deutschen Althistoriker kritisiert. In einer Gegenwart, die so häufig den Begriff der «Scham» in den Mittelpunkt ihres moralischen Kodex stellt, sollte man diese Scham freilich auch den damaligen Zeitzeugen zubilligen. Das heißt, man sollte auch dafür Verständnis haben, daß sie sich schämten, offen über ein Fehlverhalten zu sprechen, das sie zu spät eingesehen haben.

VII Ansätze althistorischer Wissenschaftsgeschichte im deutschen Sprachraum zwischen 1945 und 1970

Einleitung

Nach der Kapitulation des Jahres 1945 dominierten im Fach Alte Geschichte nicht interne wissenschaftliche Paradigmenwechsel, sondern in erster Linie die Rückwirkungen politischer und ideologischer Einflüsse, die auf Grund der Entwicklungen des Ost-West-Gegensatzes gerade in den deutschen Grenzbereichen eine besondere Schärfe annahmen.

Daneben sind die geistigen Reaktionen auf den deutschen Zusammenbruch ebenso zu berücksichtigen wie die konkrete Lage an den vielfach zerstörten oder schwer beschädigten deutschen Hochschulen und nicht zuletzt die existentiellen Probleme der Professoren und der älteren Studierenden. Wer Ende der vierziger Jahre ein Studium aufnehmen konnte, setzte seine ganze geistige Energie auf den zügigen Erwerb jenes wissenschaftlichen Spezialwissens, das allein ihm – wo auch immer – die Voraussetzungen seines Berufslebens sichern konnte.

Daß in den Geschichtswissenschaften[1] nur ein geringes Interesse an theoretischen und methodischen Kontroversen bestand, ebensowenig an der kritischen Klärung nationalsozialistischer Exzesse oder an der Aufdeckung der Verstrickung der doch «entnazifizierten» Hochschullehrer in das verbrecherische System,[2] mag jüngere Generationen überraschen – für jene der Kriegsteilnehmer war dies die Norm. In solchem Rahmen blieben die Voraussetzungen für wissenschaftsgeschichtliche Studien, zumindest für solche zur Zeitgeschichte, zunächst denkbar ungünstig.

Für die weitere Entwicklung der historischen Disziplinen wurde in den ersten Jahrzehnten der Nachkriegsjahre dann der Wandel der politischen Konstellationen entscheidend. Der grundsätzliche politische Antagonismus zwischen dem «demokratischen» Machtbereich des Westens und jenem der Sowjetunion hatte eine erbitterte ideologische Auseinandersetzung zur Folge. Die pauschale Verurteilung «bürgerlicher» Wissenschaft ebenso wie die persönliche Diffamierung westdeutscher Althistoriker[3] gehörten zum Alltag in der Zeit des «Kalten Krieges».

Auch die Jahre der Koexistenz konnten den wissenschaftlichen Klassenkampf nur temperieren, aber nicht beheben, bis dieser im Akt der Wiedervereinigung der deutschen Staaten wiederum politisch entschieden wurde. Die Vorgänge bei der sogenannten Evaluierung und deren zum Teil sehr problematische Methoden wie deren Folgen bedürfen erst noch einer genaueren und umfassenden Untersuchung.

Dem politischen Kontrast entsprach jener der historischen Konzeptionen, in Geschichtsbild, Wertungen und Forschungsprioritäten. Während im Westen weithin, im personellen ebenso wie im methodischen Bereich, Kontinuität herrschte, kam es im Osten zu einem Bruch, dies wiederum in nahezu jeder Hinsicht. Der Diktatur des Proletariats entsprach jene des historischen Materialismus und damit zugleich der Vorrang sozioökonomischer Aspekte.[4]

Für den Bereich der *Alten Geschichte* verstand sich im deutschsprachigen Bereich die Distanz zu den zentralen nationalsozialistischen Perspektiven von selbst. In der Praxis war dies gleichbedeutend mit einer Rückkehr zu den Schwerpunkten und Methoden der Weimarer Republik. Es kam erneut zur Dominanz der politischen und Verfassungs-, aber auch Geistesgeschichte. In der Phase der «Re-education» hatte im Westen die Idealisierung aller demokratischen Phänomene, im Osten jene der Klassenkämpfe Priorität.

Ein weiteres Merkmal der Epoche lag hier wie dort in einer neuen «Internationalisierung» der Disziplin. Den Übersetzungen sowjetischer Handbücher und zentraler Werke wie der «Weltgeschichte» der Akademie der Wissenschaften der UdSSR dort entsprachen hier die Übertragungen der klassischen Titel von Michael Rostovtzeff, Ronald Syme und Michael Grant – um nur einige Beispiele zu nennen –, auch die Kanonisierung der Arbeiten von T. Frank und A. Piganiol. In der Wissenschaftsgeschichte äußerte sich diese Tendenz insbesondere in der (relativ späten) Rezeption der Impulse von Arnaldo Dante Momigliano und William M. Calder III, denen deshalb auch hier eine Schlüsselstellung zukommen wird.

Auch andere Phänomene lassen sich als Reaktion auf Ideologisierung und Entideologisierung begreifen. Dazu zählt in erster Linie die Hinwendung zu einem neuen Positivismus. Ihm ist auch das verstärkte Interesse an den Grundwissenschaften der Althistorie, an Epigraphik, Numismatik und Papyrologie zu verdanken, eine Förderung, die sich freilich in nur wenigen Stipendien und Zeitstellen niederschlug. Eine Intensivierung und langfristige Sicherung alter und neuer Großforschung war damit zunächst nicht zu gewährleisten.

Nach den durch Tabellen umfassend dokumentierten Studien von Reinhold Bichler[5] steht fest, daß die Gesamtentwicklung im westdeutschen Sprachraum im Zeichen der Kontinuität stand. Für den personellen Bereich ist dies bis in die sechziger Jahre völlig eindeutig, der Inhalt der Lehrveranstaltungen ist dagegen schwieriger zu beurteilen. Daß die Autoren der weitverbreiteten Lehrbücher von ihren älteren Texten möglichst viel zu bewahren suchten, kann nicht überraschen.[6]

Die entnazifizierten, wiedereingestellten oder in ihren Positionen bestätigten Hochschullehrer schwiegen in der Regel über ihr Erleben und ihr Verhalten in der jüngsten Vergangenheit. Die Gründe dafür mögen im Einzelfall durchaus verschieden gewesen sein. Fehlendes oder echtes Unrechtsbewußtsein mag dabei ebenso eine Rolle gespielt haben wie Scham oder die Relativierung der eigenen Anpassung und Aktivitäten durch Hinweise auf parallele Phänomene in der Gegenwart. Das konkrete Ausmaß der Verstrickungen in die nationalsozialistischen Formationen und Aktivitäten wurde lange Zeit verdeckt. Es sollte Jahrzehnte dauern, bis bekannt wurde, daß Helmut Berve schon 1933 Parteigenosse geworden war, Vogt auch der SA, Heuß dem NSKK angehörte.[7]

Der skizzierte Gesamtbefund änderte sich bis in die sechziger Jahre des 20. Jahrhunderts hinein nur wenig. Dann führten die Probleme der Massenuniversität, die Defizite der Ordinarienuniversität, vor allem aber die politische Mobilisierung der Studentenschaft, die zur umfassenden Auseinandersetzung mit dem historischen Materialismus, den Impulsen von Sozioökonomie, Soziologie, Ideologiekritik und Anthropologie zwangen, zu einer tiefen Krise, die ihrerseits Paradigmenwechsel und die Radikalisierung der hochschulpolitischen Auseinandersetzungen nach sich zog. Unter den Boykottmaßnahmen hatten in der Neueren Geschichte insbesondere Ernst Nolte und Andreas Hillgruber, in der Alten Geschichte am stärksten Alfred Heuß zu leiden.[8]

Für den folgenden Überblick liegt es nahe, von einer Vermittlung in chronologischer Abfolge auszugehen. In den so strukturierten, durch eine Zeittafel zusätzlich veranschaulichten Forschungsbericht sind dabei kleine Porträts jener in- und ausländischen Gelehrten eingesetzt worden, die im Gebiet der Wissenschaftsgeschichte besonders nachhaltige Impulse gaben.

Moderne Kritiker der Wissenschaftsgeschichte im Bereich der Altertumswissenschaften mögen monieren, daß diese Arbeitsrichtung über keine eigene Methodenlehre verfügt und unterstellen, daß sie zuerst einmal einer eigenen Theorie und einer speziellen Historik bedürfe. Die Ergebnisse solcher Bemühungen im Gesamtbereich der Geschichtswissenschaften während der vergangenen Jahrzehnte können dazu jedoch nicht ermutigen. Gewiß mögen hier Defizite bestehen; nur sollte darüber nicht vergessen werden, daß für die Wissenschaftsgeschichte im Sektor der deutschen Althistorie andere Prioritäten vordringlich waren.

Angesichts der deutschen Katastrophe in der nationalsozialistischen Epoche kam es hier darauf an, zuerst den existentiellen und moralischen Anforderungen zu entsprechen, die Quellen zu erschließen und auszuwerten, an die Opfer und deren wissenschaftliche Leistungen zu erinnern und die Auswirkungen der nationalsozialistischen Ideologie auf die althistorische Disziplin im gesamten Umfang zu analysieren – um nur die wichtigsten Schwerpunkte zu benennen. Diese Voraussetzungen sind bis heute noch nicht erfüllt und ungleich wichtiger als jedes theoretische und methodologische Raisonnement.

Auf das erste Werk des deutschen Sprachraums zur althistorischen Wissenschaftsgeschichte, das in diesem Zeitraum erschien, auf Hans Erich Stiers «Grundlagen und Sinn der Griechischen Geschichte» (1945), ist oben bereits hingewiesen worden.[9] Der Verfasser war indessen politisch so stark exponiert, daß er sich danach, im Sinne seiner christlich-abendländischen Grundhaltung, anderen Aufgaben zuwandte und die «geistigen Grundlagen der abendländischen Kultur»[10] zu vermitteln suchte. Neben sehr persönlichen Aktualisierungen zentraler Problemkreise der Alten Geschichte, der athenischen Demokratie wie Alexanders des Großen, des römischen Philhellenismus wie des «Friedensreiches des Kaisers Augustus», bemühte er sich nach wie vor um die Kontinuität der universalhistorischen Tradition.[11]

Wenn man von einem kurzen Beitrag von Th. Herrle absieht,[12] so erfolgte damals im Felde der Alten Geschichte keine öffentliche wissenschaftliche Auseinandersetzung mit dem NS-Geschichtsbild. Die bedeutsamsten wissenschaftsgeschichtlichen Leistungen jener Jahre setzten bezeichnenderweise bei Burckhardt und Goethe an. Von Werner Kaegis klassischem Lebenswerk erschien bereits 1947 der erste Band. Seine große Biographie konnte erst 1982 abgeschlossen werden.[13]

Dem Goethejahr 1949 wird dann das Erscheinen des ebenso grundlegenden Werkes «Goethe und die Antike» (2 Bde. 1949) von E. Grumach verdankt, eines Werkes, das sich nicht nur durch seine Bereitstellung aller einschlägigen Texte Goethes, sondern ebenso durch ein kenntnisreiches Begleitwort von W. Schadewaldt empfahl. Wenn man von F. Reiters Edition der Briefe K. O. Müllers[14] absieht, so wurden zunächst keine weiteren wichtigeren Studien vorgelegt. Die entscheidenden Anstöße kamen von anderer Seite.

Arnaldo Dante Momigliano

Der durch seinen bewußt gelebten jüdischen Glauben ebenso wie durch jene Impulse und Kenntnisse, die er von Gaetano De Sanctis und Benedetto Croce empfangen hatte, geprägte Arnaldo Dante Momigliano[15] sollte zu einem der größten geistigen Vermittler seiner Epoche werden. Schon früh setzte er sich in zahlreichen Rezensionen mit deutschen Forschungen auf dem Gebiet der Althistorie auseinander,[16] darüber hinaus veröffentlichte bereits der 26jährige einen sehr persönlichen Forschungsbericht «Studien über griechische Geschichte in Italien von 1913–1933».[17]

In der im gleichen Jahr (1934) erschienenen Arbeit über Philipp II. von Makedonien[18] hatte er sich dann ebenso mit Droysens Hellenismus-Konzeption auseinanderzusetzen wie in dem Überblick «Genesi storica e funzione attuale del concetto di ellenismo»,[19] einem Themenkreis, der Momigliano sein Leben lang fesseln sollte. Schon diese und andere frühe Schriften fanden auch in Deutschland Beachtung;[20] Momiglianos Rezensionen deutscher Publikationen rissen fortan sowohl in italienischen als auch in englischen und deutschen Fachorganen nicht mehr ab.

Momiglianos Lebensweg sollte sehr dramatisch verlaufen.[21] Dem raschen Aufstieg, der ihn früh auf eine Professur in Turin führte, folgte schon 1938 im Zuge der faschistischen Rassenpolitik der Verlust dieses Lehrstuhles und ein Jahr später die Emigration nach England. Während er selbst schwierige Jahre in Oxford erlebte, in denen er auch die großen deutschen Emigranten Felix Jacoby und Eduard Fraenkel persönlich kennenlernen konnte, fanden seine Eltern sowie eine ganze Reihe seiner Verwandten in deutschen Konzentrationslagern den Tod.

Im Laufe der Nachkriegszeit, die Momigliano schließlich neue Dimensionen seines Wirkens ermöglichte, erfaßten seine wissenschaftlichen Aktivitäten immer weitere Bereiche.[22] Neben die antike und speziell auch die jüdische Historiographie traten vielfältige historische Untersuchungen und Interpretationen, wobei geistesgeschichtliche Arbeiten dominierten, darüber hinaus religionsgeschichtliche Studien und selbst die Bemühung um diffizile sprachwissenschaftliche und archäologische Spezialfragen wie jene zu den Anfängen Roms. Doch seit den Jahren in England nahmen vor allem Momiglianos Beiträge zur «History of Historiography» immer breiteren Raum ein, dabei nicht zuletzt zu speziellen Problemen der deutschen Wissenschaftsgeschichte.

Einige Beispiele mögen dies belegen: Noch vor dem Ende des II. Weltkrieges wandte sich Momigliano dem für seine neue Umgebung gewiß nicht sonderlich aktuellen Thema «Friedrich Creuzer and Greek Historiography» zu.[23] Creuzers berühmte Untersuchung «Die historische Kunst der Griechen in ihrer Entstehung und Fortbildung» (1803) wurde dort in die geistige Welt Schlegels, Heynes und Schellings eingeordnet und zugleich als Auftakt einer neuen Epoche historischer Arbeiten verstanden. Ähnlicher Rang kommt der wenig später erschienenen Studie «Ancient History and the Antiquarian» zu,[24] die den Antagonismus zwischen Historikern und Antiquaren in der Zeit vom 17. bis zum 19. Jahrhundert skizzierte und dabei geradezu Neuland erschloß.

Den Höhepunkt von Momiglianos damaligen wissenschaftsgeschichtlichen Arbeiten aber bildet ohne Zweifel seine Antrittsvorlesung bei der Übernahme der althistorischen Professur im University College der Universität London: «George Grote and the Study of Greek History».[25] Ein Gesamtüberblick über die modernen Bewertungen der griechischen Geschichte und deren politische Implikationen wurde dort mit der Erfassung der Persönlichkeit Grotes und seines Werkes verbunden. Doch nicht weniger zwingend wirkten Momiglianos Hinweise auf den allgemeinen Bildungsgehalt und die Bedeutung der griechischen Geschichte in der Gegenwart.

Daran schloß sich eine lange Kette von wissenschaftsgeschichtlichen Spezialuntersuchungen an, die den weiten Bogen von Petrarca bis zu Marcel Mauss umspannte, in welcher aber nicht zuletzt auch Studien zu deutschen Autoren einen bevorzugten Rang einnahmen, so solche über Niebuhr,[26] Ranke,[27] Burckhardt,[28] Beloch,[29] Bernays,[30] Max Weber und Eduard Meyer,[31] ganz zu schweigen von der ständigen Wiederkehr der deutschen Gelehrten auf den vielen tausend Seiten seiner «Contributi».[32]

Eine mindestens ebensostarke Wirkung wie diejenige durch Spezialuntersuchungen und gelegentliche sonstige Erwähnungen erzielte Momigliano dann durch die im Rahmen seiner Lehrtätigkeit an der Scuola Normale Superiore in Pisa durchgeführten Seminare, bei denen wiederum deutsche Themenkreise überwogen, Veranstaltungen, die Wilamowitz,[33] Karl Reinhardt,[34] Eduard Schwartz,[35] Eduard Meyer,[36] Hermann Usener[37] und K. O. Müller[38] gewidmet waren.

Momiglianos wissenschaftsgeschichtliche Arbeiten besaßen stets den Vorzug eindeutig konkreter Fundierungen. Methodenfragen wurden meist nur im Zusammenhang von Rezensionen erörtert, so in seiner Kritik der prosopographischen Methode Ronald Symes.[39] An abstraktem theoretischem und ideologischem Geplänkel beteiligte er sich nicht. Nur sehr selten finden sich in seinen Werken grundsätzliche Forderungen wie in den oben bereits zitierten Sätzen.[40]

Durch all dies erzielte Momigliano schließlich eine denkbar breite und zugleich intensive Wirkung. In ihrem Schatten vollzog sich, wenn auch mit großer Verzögerung, die Entfaltung der deutschen Wissenschaftsgeschichte auf dem Gebiet der Althistorie, die in ihren jüngsten Ausprägungen freilich komplexer werden sollte als Momiglianos «History of Historiography».[41]

Joseph Vogt

Nach dem Ende des II. Weltkriegs zielte die wissenschaftliche Aktivität des wieder nach Tübingen zurückgekehrten Althistorikers Joseph Vogt[42] in drei Richtungen: Er setzte seine schon zuvor begonnenen Studien zur Spätantike mit großer Intensität fort, Studien, die dann auch in eindrucksvollen Darstellungen ihren Niederschlag fanden[43] und die ihn bis zuletzt beschäftigen sollten.[44] Sodann begründete er die im einzelnen später zu besprechenden interdisziplinären Forschungen zur antiken Sklaverei im Rahmen der Mainzer Akademie der Wissenschaften und der Literatur,[45] und endlich versuchte er erneut, die Zusammenhänge zwischen Alter Geschichte und Universalgeschichte ins Bewußtsein zu rufen und diese zu fördern.

Die Traditionslinie, die er dabei verfolgte, ging bis auf einen Vorgänger auf dem Tübinger Lehrstuhl, Alfred von Gutschmid,[46] zurück. Eduard Meyer hatte Vogt noch persönlich kennengelernt und griff bewußt dessen Konzeption auf. Noch enger wurde sein Kontakt mit seinem Würzburger Vorgänger Julius Kaerst; es war für Vogt eine Ehrenpflicht, dessen Kleine Schriften zur Universalgeschichte herauszugeben.[47] In jenem Zusammenhang setzte er sich auch selbst mit deren Aufgaben und Rang auseinander.

Noch stärkeres Gewicht aber gewann für ihn zu Beginn der fünfziger Jahre seine Begegnung mit dem Werk von A. J. Toynbee. Sein kritisches Referat auf dem Marburger Historikertag von 1951 über «Die antike Kultur in Toynbees Geschichtslehre»,[48] in dem er sich einerseits gegen dessen Abstraktion einer «Hellenischen Gesellschaft» wandte, andererseits jedoch den geistigen Rang der «Study of History» (12 Bde. 1934–1954) durchaus anerkannte, stand am Beginn seiner bewußten Rückkehr zur Universalgeschichte, mit der er sich in den folgenden Jahrzehnten aus voller Überzeugung identifizierte.

Programmatische Bedeutung kamen dabei sowohl seinem Mainzer Vortrag «Geschichte des Altertums und Universalgeschichte»[49] als auch dem aus einer Tübinger Vorlesung von 1951 («Moderne Deutungen der Weltgeschichte») hervorgegangenen kleinen Band «Wege zum historischen Universum – Von Ranke bis Toynbee»[50] zu. Seit 1952 trat Vogt gleichzeitig als Mitherausgeber des Jahrbuchs für Universalgeschichte Saeculum sowie seit 1965 der Saeculum Weltgeschichte hervor, für deren II. Band er federführend wirkte.

Es ging ihm vor allem darum, die althistorischen Probleme der Gegenwart mit der universalhistorischen Konzeption in Verbindung zu setzen und neue Methoden für Ausbildung, Themenstellungen und Praxis zukünftiger Universalhistoriker zu postulieren. Es gelang ihm auch, bei den deutschen Historikern für seine Überzeugungen eine beträchtliche Resonanz zu finden.

Höhepunkte waren hier die von ihm initiierten Veranstaltungen auf den Historikertagen in Duisburg (1962)[51] und Freiburg (1967).[52] Die von Vogt geplante Institutionalisierung der Disziplin in einem «Institut für Universalgeschichte und vergleichende Kulturforschung»[53] glückte dagegen nicht. Ein Aufsatz über «Universalgeschichte und Kirchengeschichte in unserer Zeit»[54] klingt wie ein Nachhall seiner früheren Anstöße.

Die frühen fünfziger Jahre des 20. Jahrhunderts wurden daneben durch Beiträge zur Neukonstituierung und Vermittlung der Grundlagen in Geschichts-[55] und Altertumswissenschaft,[56] die Vorlage weiterer Spezialstudien[57] und nicht zuletzt auch durch eine organisatorische Initiative auf dem Gebiete der DDR[58] gekennzeichnet. Dann setzte Alfred Heuß hier neue Akzente.

Alfred Heuß

Der zuletzt lange Jahre in Göttingen wirkende Gelehrte (1909–1995) war einer der wenigen deutschen Althistoriker, die gegen Ende ihres Lebens mit einem autobiographischen Rückblick über ihre wissenschaftliche Entwicklung und ihre Überzeugungen an die Öffentlichkeit traten.[59] Dieser Überblick bot gewiß zahlreiche, nur wenigen bekannte Informationen, wies jedoch auch bemerkenswerte Lücken und überraschende Wertungen auf.[60]

Offen räumte Heuß seine Defizite im Bereich der klassischen Philologie ein und bekannte sein starkes Interesse am römischen Recht, wo er Paul Koschaker und Heinrich Siber gehört hatte, ebenso die ungewöhnlichen Impulse, die er in der Philosophie von Hans Driesch und Theodor Litt, in der Soziologie von Hans Freyer, der ihn auch an Max Weber heranführte, später in der Anthropologie von Helmut Pleßner und Arnold Gehlen aufnehmen konnte. Alles in allem ergibt sich so ein ungewöhnlich akzentuiertes intellektuelles Profil.

Provoziert durch Eugen Täublers «Imperium Romanum» hatte sich Heuß zunächst den völkerrechtlichen Voraussetzungen der römischen Reichsbildung zugewandt,[61] sodann weitere völkerrechtliche Studien vorgelegt,[62] in seiner Habilitationsschrift[63] schließlich Strukturprobleme der hellenistischen Epoche erörtert. Daß er sich dabei häufig auch mit Theodor Mommsens klassischem «Staatsrecht» auseinanderzusetzen hatte, verstand sich von selbst.

Als Heuß nach einer längeren Lehrstuhlvertretung in Königsberg, der Berufung auf das Breslauer Ordinariat, einer Vertretung der Kölner Professur, schließlich zwischen 1948 und 1954 in Kiel als Althistoriker wirken konnte, geriet er auch dort wiederum in Mommsens Bannkreis. Im Zusammenhang mit den Erinnerungen an dessen 50. Todestag (1953) hatte er Vorträge über ihn zu halten, aus denen schließlich sein schon kurz gestreiftes Buch «Theodor Mommsen und das 19. Jahrhundert»[64] (1956. Ndr. 1996) hervorging.

Das Werk sollte, nach Heuß' eigenen Worten, «an die Stelle der von der Epigonengeneration heroisierten Gestalt, unter deren Eindruck auch ich aufgewachsen war, ein wirklichkeitsnäheres Bild setzen. Dazu gehörte nicht nur die durch die Testamentsklausel provozierte politische Aufklärung, sondern ebenso eine nähere Betrachtung des Juristen Mommsen, über den unter den Historikern und Philologen ganz unzulängliche Vorstellungen bestanden.» (817)

Die Lösung der Aufgabe verdankte ihr Gelingen dem glücklichen Zusammentreffen verschiedener Faktoren: Da sich Heuß lange Jahre sowohl mit Mommsens juristischem als auch mit seinem historiographischen Werk befaßt hatte, erfüllte er alle Voraussetzungen für die Realisierung des Projekts. Es kam hinzu, daß der Verfasser damals selbst eine «Römische Geschichte» (1960) vorbereitete und daher auch den grundsätzlichen Problemen der Geschichtsschreibung besonders nahe stand. Für den zentralen politischen Sektor aber hat Heuß selbst wiederholt darauf hingewiesen, daß ihm dafür in der Tübinger Dissertation von Albert Wucher

«Theodor Mommsen. Geschichtsschreibung und Politik» (1949; Druck 1956), einer Arbeit, die vordem unbekannte Materialien erschlossen hatte, ein wertvolles Hilfsmittel zur Verfügung stand.[65]

Neben einer Einführung in Mommsens Leben und Werk, die allerdings den persönlichsten Bereich weithin ausschloß – was ganz im Sinne Mommsens gewesen wäre –, analysierte Heuß dessen Leistungen als Jurist, Historiker und Forscher. Der wichtigste, zweite Hauptteil der Monographie war dann, in chronologischer Abfolge, den Interdependenzen zwischen Politik und Leben gewidmet, jener großen Verrechnung zwischen Theodor Mommsen und seinem Jahrhundert, die bisher nicht übertroffen wurde.

Das Buch zeichnet sich zudem dadurch aus, daß Heuß, der die wissenschaftlichen «Apparate» so sehr verachtete,[66] hier ausnahmsweise einmal in adäquater Weise auch die wissenschaftlichen Belege seiner weitausgreifenden Untersuchung gab. Im übrigen stellte er fest, daß das Werk «mit dem erst viel später in der Wissenschaft hervorgetretenen historiographischen Interesse nichts zu tun (habe). Bei mir war ein solches schon immer vorhanden.» (817)

Dabei ist ein Punkt besonders hervorzuheben: Weil Heuß' große Arbeit zu Niebuhr[67] «Barthold Georg Niebuhrs wissenschaftliche Anfänge. Untersuchungen und Mitteilungen über die Kopenhagener Manuscripte und zur europäischen Tradition der lex agraria (loi agraire)» (Abh. AdW. Göttingen, Phil.-hist. Kl. 3. 114 1981) erst 25 Jahre nach dem Mommsenbuch erschien, so könnte der Eindruck entstehen, daß sich Heuß erst sehr viel später näher mit Niebuhr befaßt habe – ein fataler Irrtum. Denn Niebuhr, «der große Inaugurator der römischen Altertumsforschung» (16), der «Lehrmeister für das ganze 19. Jahrhundert» (22), war Heuß ebenso wie Mommsen stets präsent: Im selben Jahre wie die Mommsen-Monographie publizierte Heuß auch schon eine kurze Niebuhr-Biographie;[68] von Mommsen[69] wie von Niebuhr[70] ist er zeitlebens nicht mehr losgekommen.[71]

Die Niebuhr-Studie bildet den Höhepunkt von Heuß' wissenschaftsgeschichtlichen Arbeiten. Nach seiner Wiederentdeckung von Niebuhrs Kopenhagener Manuskripten hielt ihn deren Interpretation und Verständnis nahezu zwei Jahrzehnte, allerdings mit langen Unterbrechungen, in Atem. Er konnte an der selbstgestellten Aufgabe nur deshalb festhalten, weil er in diesen Texten «die ausführlichste und intensivste Objektivation von Niebuhrs geistigem Wesen» (213) sah.

Die Grundlinie von Niebuhrs Erörterungen lag dabei in der Dialektik zwischen dem römischen Eigentumsbegriff im agrarischen Sektor und dessen Mißverständnis als Basis der Loi agraire in den Tagen der Französischen Revolution. Aus dieser Erkenntnis Niebuhrs ergaben sich praktische politische Konsequenzen, insbesondere für die Bauernbefreiung in Schleswig-Holstein, die dem historischen Thema seinen ungewöhnlichen Rang verliehen.

Mit einigem Recht beklagte Alfred Heuß, daß die von ihm seinem Werk beigefügte Auswahl von Niebuhrs Texten nicht die gebührende Beachtung fand (214). Ähnliches galt für einen seiner wichtigsten Vorträge, dessen Wirkung sich erst nach rund zwei Jahrzehnten entfalten sollte, für Heuß' Beitrag zum Max-Weber-Jahr 1964, dem Jahr von Webers 100. Geburtstag.

Der Vortrag über «Max Webers Bedeutung für die Geschichte des griechisch-römischen Altertums»[72] rief Webers einschlägige Werke, wie die «Römische Agrargeschichte in ihrer Bedeutung für das Staats- und Privatrecht» (1891) und deren Wirkung auf Mommsen, den berühmten Artikel «Agrarverhältnisse des Altertums» in der dritten Auflage des «Handwörterbuchs der Staatswissenschaften», nicht zuletzt auch «Wirtschaft und Gesellschaft» mit Webers Ringen um das angemessene Verständnis des antiken wie des modernen «Kapitalismus», der Sklaverei wie der antiken Stadt in Erinnerung.

Doch so überzeugend Heuß' Wertungen waren, so zutreffend war auch seine Bilanz: «In summa darf man wohl sagen, daß die Fachwissenschaften des Altertums so ihren Weg gingen, als wenn Max Weber nicht gelebt hätte.» (554). Ähnliches galt auch für Heuß' Studie «Max Weber und das Problem der Universalgeschichte».[73] Erst seit den achtziger Jahren des 20. Jahrhunderts haben dann Jürgen Deininger,[74] Christian Meier,[75] Wilfried Nippel[76] und andere[77] die Max-Weber-Thematik im Bereich der Alten Geschichte aufgegriffen und die Impulse von Victor Ehrenberg und Alfred Heuß weitergeführt.

In unserem Zusammenhang sind schließlich noch Heuß' Beiträge zur Theorie einer «Weltgeschichte» in der Gegenwart,[78] seine polemischen Schriften zum deutschen Geschichtsbild sowie den politischen und hochschulpolitischen Kontroversen der Zeit,[79] endlich auch seine provozierenden Rezensionen gerade im Feld moderner Wissenschaftsgeschichte zu erwähnen.[80]

So bedeutsam die genannten wissenschaftlichen Initiativen und Leistungen von Alfred Heuß sind, im Rahmen seines Gesamtwerkes stellen sie lediglich einen Bruchteil seiner Publikationen dar. Nicht durch sie jedoch wurde er bekannt, sondern einem größeren Publikum in erster Linie durch seine großen und erfolgreichen Darstellungen zur griechischen und römischen Geschichte[81] – innerhalb der Disziplin durch die Vielfalt seiner wissenschaftlichen Interessenfelder und Methoden, darüber hinaus aber auch vielen Hunderten von Hörerinnen und Hörern durch seine Rhetorik in den frei gehaltenen Vorträgen und Vorlesungen. Heuß war gewiß einer der «modernsten» deutschen Althistoriker seiner Zeit. Gleichwohl wurde der selbstsichere, kompromißlose Mann und konservative Verteidiger traditioneller hochschulpolitischer Formen und Positionen, der seine Auffassungen und Wertungen in jedem Bereich absolut setzte, zum fanatisch bekämpften Zerrbild eines Gegners aller Reformen, der am Ende seiner Lehrtätigkeit boykottiert und isoliert war und verbittert zum Rückzug aus der Öffentlichkeit gezwungen wurde.

Hermann Bengtson

Der in Ratzeburg geborene Hermann Bengtson (1909–1989)[82] wurde durch seinen Münchner Lehrer Walter Otto[83] entscheidend beeinflußt. Wie dieser war auch er ein überzeugter Vertreter der Universalgeschichte, wie dieser wandte er sich insbesondere den Problemen der Geschichte des Alten Orients und des Hellenismus zu, wie bei diesem dominierten auch bei ihm die Bemühungen um exakte prosopographische und pragmatische Grundlagen der Historie.

Diese Grundorientierung entsprach dem Wesen Bengtsons: einer nüchternen, von seiner Sache wie seinen Aufgaben besessenen Natur, die sich bewußt von rhetorischem Pathos, modernistischen Methoden und theatralischen Auftritten distanzierte. So vielseitig sein althistorisches Werk war, er blieb Zeit seines Lebens der geborene Handbuchautor und Vermittler, Herausgeber und Organisator, ein zurückgezogen lebender Gelehrter.

Durch Kriegsdienst, eine nur kurze Tätigkeit als Althistoriker in Jena, eine ungesicherte Nachkriegszeit, in der er nicht zuletzt durch Honorare und Vorschüsse des Verlages C. H. Beck wissenschaftlich arbeiten konnte, hatte er zunächst schwierigste äußere Bedingungen durchzustehen. Der Druck seines dreibändigen Frühwerkes «Die Strategie in der hellenistischen Zeit» zog sich von 1937 bis 1952 hin und umfaßte gemäß der Tradition der Otto-Schule sowohl Dissertation (1935) als auch Habilitationsschrift (1939). Seine Editionen von Ernst Kornemanns Schriften wurden bereits erwähnt.

Durch weitere Studien und Herausgeberfunktionen,[84] vor allem aber durch seine erfolgreiche «Einführung in die Alte Geschichte» (1949^1–1979^8)

und schließlich durch sein großes Handbuch «Griechische Geschichte von den Anfängen bis in die römische Kaiserzeit» (1950^1–1977^5), wurde er weithin bekannt. Der Ernennung zum außerplanmäßigen Professor in München (1949) folgte schließlich 1952 die Berufung auf den Würzburger Lehrstuhl; erst damit hatte er die endgültige Sicherung seiner wissenschaftlichen Existenz erlangt.

So vielfältig und zeitraubend die neuen Aufgaben waren, die Bengtson in Würzburg erwarteten (Rektorat 1959/60), die lange Kette seiner Veröffentlichungen riß nicht ab: «Die Staatsverträge des Altertums» (II. 1962), der Band «Griechen und Perser» der «Fischer Weltgeschichte» (1965), der «Grundriß der römischen Geschichte mit Quellenkunde» (1967^1–1982^3), die «Olympischen Spiele in der Antike» (1971) – und vieles andere mehr.[85]

Dabei ist zu berücksichtigen, daß Bengtson gleichzeitig fort und fort verbesserte Neuauflagen seiner Hauptwerke zu betreuen hatte, aber er blieb nun einmal ein moderner «Hieronymus im Gehäus». Dennoch wuchs gleichzeitig sein Einfluß in der althistorischen Disziplin: Seit 1952 wirkte er als Mitherausgeber der internationalen althistorischen Zeitschrift «Historia», seit 1953 als Herausgeber des «Handbuchs der Altertumswissenschaft», das er ganz in der universalhistorischen Tradition seines Lehrers weiterführte, seit 1955 war er Mitherausgeber der «Münchener Beiträge zur Papyrusforschung und antiken Rechtsgeschichte». Insgesamt gesehen war es Bengtsons unbestreitbares Verdienst, daß er nach dem Zusammenbruch von 1945 in rascher Folge die notwendigen neuen Arbeitsinstrumente der Alten Geschichte erstellte und damit zugleich den Anschluß an die internationale Forschung ermöglichte. Sein Name war damals geradezu zum Synonym der althistorischen Lehrbücher überhaupt geworden. Rufe nach Tübingen (1963) und München (1966) bestätigten seinen Rang, nationale und internationale Ehrungen folgten.[86] Schon seit seiner Würzburger Zeit hatte sich eine größere Zahl von Doktoranden und Habilitanden um ihn geschart.[87]

Für Bengtson bezeichnend ist die spätere, stärkere Hinwendung zur römischen Geschichte, die parallel zur Vorbereitung seines «Grundrisses» erfolgte und in kleineren Spätwerken für ein breiteres Publikum[88] ebenso zu fassen ist wie in den Themen seiner Doktoranden.

Hermann Bengtson war weder Theoretiker noch Ideologe. Trotz aller Paradigmenwechsel seit den sechziger Jahren ging er seinen Weg weiter. Dabei erlebte er die Schwierigkeiten der Realisierung jenes universalhistorischen Programms, zu dem er sich schon früh bekannt hatte: Schon 1956 sprach er in einem Vortrag an italienischen Universitäten über «universalhistorische Aspekte der Geschichte des Hellenismus»;[89] er konzentrierte sich dabei auf die politischen Begegnungen Roms mit der hellenistischen Welt zwischen Pyrrhos und Mithradates VI. von Pontos.

Zum Höhepunkt seines Eintretens für die universalhistorische Tradition aber sollte seine Würzburger Rektoratsrede vom 11.5.1960 über «Barthold Georg Niebuhr und die Idee der Universalgeschichte des Altertums»[90] werden. Er griff in ihr bis auf Carsten Niebuhr, den großen Orientforscher des 18. Jahrhunderts zurück, rühmte an dessen Sohn die «Verbindung von Quellenkritik, historischer Landeskunde und universaler Gesamtauffassung des Geschichtsablaufes»[91] und analysierte dessen Bonner Vorlesungen über «Alte Geschichte nach Justins Folge».[92]

Der entscheidende Akzent aber lag dann auf Eduard Meyer, «der die Idee der antiken Universalgeschichte zum ersten – und, wie es scheint, vorläufig auch zum letzten Male – in die Tat umgesetzt hat».[93] Er selbst war dazu nicht in der Lage; Handbuch und Universalgeschichte schlossen sich gegenseitig aus. Resigniert konnte Bengtson nur feststellen: «Vielleicht wird einmal eine Zeit kommen, in der es gelingt, auf den Spuren Eduard Meyers eine wirkliche Universalgeschichte des Altertums zu schreiben.»[94] Dazu forderte er «die Beschäftigung mit möglichst vielen Sprachen und Kulturen der Alten Welt».[95]

In einem kritischen Überblick gab zuletzt Chr. R. Hatscher[96] eine Bilanz der weltgeschichtlichen Perspektiven im 20. Jahrhundert und der Möglichkeiten einer Universalgeschichte heute. Sein Ergebnis ist eindeutig negativ: So optimistisch die Ansätze zu einer Universalhistorie des Altertums nach dem II. Weltkrieg zunächst auch waren, so lebhafte Diskussionen sie auslösten,[97] so manchen Fortschritt sie in den Feldern von Theorie und Definitionen erbrachten – die Möglichkeit einer adäquaten und sinnvollen Realisierung der Konzeption wird heute überwiegend ausgeschlossen.

Herbert Nesselhauf

Nach dem II. Weltkrieg zählte der Freiburger Althistoriker *Herbert Nesselhauf* (1909–1995)[98] zu den erfolgreichsten Vermittlern der Alten Geschichte. Die Schwerpunkte des wie erwähnt[99] besonders als Epigraphiker hervorgetretenen Gelehrten lagen nun vor allem in der römischen Kaiserzeit,[100] und hier speziell im Bereich der römisch-germanischen Auseinandersetzung.[101] Wesentlich stärkere Resonanz fand er jedoch durch seine oft gerühmten Vorlesungen. Doch als ein großer Verlag ihm anbot, diese auf Band aufzunehmen und danach zu publizieren, lehnte der bescheidene und selbstkritische Gelehrte dies ab.

Herbert Nesselhauf hat sich später sowohl beim Aufbau der Universität Konstanz als auch als Mitglied des Wissenschaftsrates engagiert. Die althistorische Wissenschaftsgeschichte ist ihm bisher wohl kaum gerecht geworden. Weder wurden seine besonders wertvollen Kleinen Schriften zusammengefaßt und ediert, noch der Nachlaß systematisch ausgewertet. Lediglich E. Wirbelauer kommt das Verdienst zu, aus den Freiburger Universitätsakten in exemplarischer Weise die bemerkenswerten Einzelheiten seiner Freiburger Berufung ermittelt zu haben.[102] Bemerkenswert deshalb, weil der badische Staatspräsident Leo Wohleb persönlich in das Verfahren eingriff.

Gerold Walser

Mit Herbert Nesselhauf und mit Freiburg eng verbunden blieb der schweizerische Althistoriker *Gerold Walser* (1917–2000),[103] der 1952 in Freiburg habilitiert worden war. Schon der junge Gelehrte hat sich durch seine aktive Mithilfe beim Wiederaufbau der Alten Geschichte in Westdeutschland große Verdienste erworben. Auf ihn und den Tübinger Althistoriker Karl Friedrich Stroheker geht die Gründung der internationalen Fachzeitschrift «Historia» im Jahre 1950 zurück, deren Mitherausgeber er bis zu seinem Tode geblieben ist, auf ihn die Initiative zur Edition der «Deutschen Beiträge zur Altertumswissenschaft» (1951–1968) sowie der «Historia Einzelschriften» (1956 ff.)

Schwerpunkte seiner eigenen Forschungen bildeten Studien zur römisch-germanischen Auseinandersetzung,[104] zur römischen Schweiz und zur Geschichte des Alpenraumes,[105] der Epigraphik,[106] der Meilensteine und Römerstraßen,[107] aber auch zur Geschichte der Hethiter und Iraner, insbesondere von Persepolis.[108] Doch auch für wissenschaftsgeschichtliche Probleme war Walser aufgeschlossen. So veröffentlichte er Mommsens Tagebuch der italienischen Reise (1976) ebenso wie die Einsiedler Inschriftensammlung und den Pilgerführer durch Rom (Codex Einsidlensis, 326–1987).

*

Parallel zur unten zu besprechenden Entfaltung der DDR-Althistorie setzten sich in den übrigen deutschsprachigen Ländern zunächst die schon erwähnten Tendenzen fort. Die Leistungen der bereits genannten Gelehrten wurden freilich seit den sechziger Jahren von einer wachsenden Zahl von Spezialuntersuchungen begleitet, die ihre Entstehung den vielfältigsten Impulsen verdankten: Neben dem persönlichen Interesse einzelner Forscher an speziellen Themen (siehe Zeittafel) standen der Wille zur Bestandsaufnahme, der Orientierung an den Klassikern der Disziplin, die Verpflichtung zu Nachrufen, Sammel- und Erinnerungsbänden, vor allem aber auch externe Impulse.

Die sechziger Jahre waren ein besonders lebendiges Umbruchsjahrzehnt, dessen Folgen sich freilich zum Teil erst später auch im althistorischen Sektor manifestieren sollten. Aus diesem bunten Kaleidoskop können im folgenden lediglich eine begrenzte Anzahl repräsentativer Titel genannt werden, die durch die Angaben der Zeittafel unschwer zu ergänzen sind, Zeugnisse einer Vielfalt, die damit in entschiedenem Gegensatz zu den Publikationen der DDR stehen.

Bei den klassischen deutschen Historikern, in denen die wissenschaftliche Tradition einst ihre Vorbilder sah, sind die Bemühungen um B. G. Niebuhr[109] bereits gestreift worden. Ein wesentlicher Fortschritt wurde demgegenüber für Leopold von Ranke erzielt: Die Marburger Dissertation von Grete Freitag geb. Ullrich «Leopold von Ranke und die Römische Geschichte»[110] konnte erstmals den nur schwer zu entziffernden Gesamtnachlaß Rankes auswerten. Dies galt insbesondere für die zuvor nicht bekannten Vorlesungsmanuskripte «Römische Geschichte» von 1848 und 1852.[111]

Daneben löste die vierbändige Mommsen-Biographie (1959–1980) Lothar Wickerts seit den sechziger Jahren eine leidenschaftlich geführte Diskussion aus. Ausgangspunkt dafür bildete ein Strukturproblem, da der Verfasser mit seiner Darstellung zugleich «ein Akten- und Quellenwerk» liefern wollte, «auf dem jede künftige Beschäftigung mit Mommsen aufbauen konnte».[112] Selbst Wickerts schärfster Kritiker, Alfred Heuß,[113] mußte die «gewaltige Arbeitsleistung»[114] anerkennen, die Wickerts jahrzehntelangen Bemühungen um die Auswertung von Mommsens weit zerstreutem Briefwechsel und um die Erschließung anderer Quellen nicht abgesprochen werden konnte.

Es ist indessen auch richtig, daß Wickerts Werk auf weiten Strecken wie «eine Art Kommentar zu Mommsens Korrespondenz»[115] wirkt. Und es ist nicht zu bestreiten, daß der primär biographische Teil der Bände, die eigentliche Darstellung, schwerwiegende Mängel aufweist: Gegenüber der ursprünglichen Konzeption ist sie unvollständig, bricht faktisch bereits mit dem Jahre 1858 ab, läßt geistige Durchdringung des Stoffes und Abstraktion vermissen.[116]

Daß es sich indessen um eine «reine Materialhuberei» und «völlig leerlaufende Beckmesserei», verbunden mit «billigem Moralisieren» auf Grund einer «spießbürgerlich-wilhelminischen Einstellung»[117] handele, geht dann doch wohl zu weit. Daß im übrigen der enttäuschende letzte Band von Wickerts Werk auch eine Folge von Heuß' diffamierendem Verdikt darstellt, das den Verfasser tief traf, dürfte offenkundig sein.

Neben den schon genannten Klassiker-Studien stehen weitere Untersuchungen, die J. G. Droysen,[118] J. Burckhardt,[119] Max Weber,[120] Robert von Pöhlmann und Walter Otto[121] gewidmet waren und somit das weite Feld alter und neuer methodischer Ansätze in seinem ganzen Umfang erfaßten.

Hinzu kamen nun jedoch insbesondere jene Folgen, welche die singuläre *Katastrophe der Heidelberger Althistoriker* auslöste:[122] Am Abend des 23.9.1961 fanden bei einem Flugzeugabsturz in der Nähe von Ankara die beiden Heidelberger Ordinarii für Alte Geschichte Hans Schaefer[123] und Jacques Moreau,[124] die fünf Doktoren Martin Friedenthal,[125] Leo Teutsch,[126] Peter Sattler,[127] Christoph Martin Bulst[128] und Hans-Herrmann Rohrbach[129] sowie die drei Examenskandidaten Gerhard Müller, Roland Maier und Siegfried Ries[130] den Tod.

Walter Schmitthenner

Von den Todesfällen war Schaefers Schüler und der mit mehreren der Toten befreundete *Walter Schmitthenner* (1916–1997)[131] besonders tief betroffen. Dessen beeindruckende Persönlichkeit ist zunächst durch intensive humanistische Erziehung, starke religiöse Bindungen[132] sowie durch seine militärischen[133] und politischen Erfahrungen geprägt worden. Unter dem Einfluß von Schaefer[134] und Ronald Syme[135] hatte er sich vor allem in der caesarisch-augusteischen Epoche qualifiziert, später aber auch zu anderen Fragekreisen wertvolle Beiträge vorgelegt.[136] Doch daneben stand ein für seine Zeit und speziell für einen Althistoriker ganz ungewöhnliches Interesse an den Problemen der Zeitgeschichte, insbesondere an Judenverfolgung[137] und Widerstand,[138] nicht zuletzt auch an den wissenschaftsgeschichtlichen Fragen seiner Disziplin.[139]

Wie kein anderer deutscher Althistoriker seiner Generation hat Schmitthenner das nobile officium gegenüber den Toten von 1961 und später gegenüber seinem Kollegen und Freund H. Strasburger erfüllt.[140] Der persönlich zurückhaltende Gelehrte, zugleich ein passionierter Hochschullehrer, hat damit ein Zeichen gesetzt, das nicht vergessen werden sollte.[141]

Neben dem zuletzt genannten außerordentlichen Komplex dominierten in den sechziger Jahren nach wie vor weitere, persönlichkeitsbezogene Arbeiten. In deren Mittelpunkt standen Joseph Vogt,[142] Victor Ehrenberg,[143] Fritz Taeger,[144] Hans Delbrück,[145] Arthur Rosenberg,[146] Graf Stauffenberg,[147] somit – mit Ausnahme von Rosenberg – im wesentlichen konservative Forscher. Diese Linie sollte 1970, anläßlich des 75. Geburtstages von Joseph Vogt, einen Höhepunkt erreichen.[148] Wissenschaftsgeschichtliche Studien und *Forschungsberichte* stehen in einer unverkennbaren, scheinbar widersprüchlichen Dialektik. Während die wissenschaftsgeschichtliche Arbeit primär vertikal orientiert ist, die Tiefendimension des Forschungsgangs, des Wandels der Beurteilungen und des Geschichtsbildes in chronologischer Abfolge zu eruieren sucht, ist beim Forschungsbericht die gegenwartsbezogene Orientierung vorherrschend, der Querschnitt durch Kontroversen und Problematik des jeweils aktuellen Forschungsstandes. Gleichwohl bilden Forschungsberichte aller Art nicht nur ein Hilfsmittel zeitlich weiter gespannter wissenschaftsgeschichtlicher Untersuchungen, sondern auch in ihren Abfolgen zugleich eine unschätzbare Kontrollinstanz.

Exemplarisch für eine solche Dokumentation altertumswissenschaftlicher Forschung sei hier die insgesamt über sechshundert Bände umfassende Reihe «*Wege der Forschung*» der Wissenschaftlichen Buchgesellschaft genannt, die den Altertumswissenschaften von Anfang an denkbar breiten Raum einräumte.[149] Sie dokumentierte zugleich das intensive Orientierungsbedürfnis jener Epoche und den Willen, durch die Erschließung oft an entlegener Stelle erschienener Spezialliteratur an die eigene, große wissenschaftliche Tradition wie an den internationalen Forschungsstand wieder anzuknüpfen.

Naturgemäß wies die Realisierung der thematisch in sich geschlossenen Bände zum Teil erhebliche inhaltliche und strukturelle Unterschiede auf. Während mehrere Herausgeber völlig hinter ihrer Vermittlungsaufgabe zurücktraten,[150] der von ihnen edierte Band somit, ungeachtet der hohen Qualität der einzelnen Beiträge, lediglich einer «Buchbindersynthese» (E. Troeltsch) glich, zogen andere, wenn auch oft nur knappe, Bilanzen der jeweiligen Themenfelder.[151]

Überwiegt hier, wie im Gesamtbereich der Forschungsberichte, die thematische Zersplitterung, so bildet das aus der Festschrift für Joseph Vogt erwachsene vielbändige enzyklopädische Werk «Aufstieg und Niedergang der römischen Welt», das Hildegard Temporini Gräfin Vitzthum[152] und Wolfgang Haase herausgegeben haben (1972ff.), dazu eine markante Gegenposition. Diese Sammlung von Forschungsberichten aus den verschiedensten Sparten der Altertumswissenschaften ist in den vergangenen Jahrzehnten für die Geschichte und Kultur Roms grundlegend geworden; sie stellt ein reiches Wissensarsenal dar, wobei lediglich zu bedauern bleibt, daß der einst vorgesehene dritte Hauptteil des Werkes, die Bände über die Spätantike, aus wirtschaftlichen Gründen nicht mehr realisiert werden konnte.

Ergänzend zu diesen Initiativen traten zuletzt in immer stärkerem Maße die nationalen und internationalen Wissenschaftsbilanzen hinzu,[153] die insbesondere auch für die Nachbardisziplinen wertvolle Informationsquellen bilden und zudem schon bald selbst zu einem wissenschaftsgeschichtlichen Forschungsgegenstand werden dürften.

In thematischer Hinsicht bildet, wie gezeigt wurde,[154] der universalhistorische Sektor nach wie vor einen Schwerpunkt des althistorischen Engagements; die «Saeculum-Weltgeschichte» der sechziger Jahre ist dabei nicht mehr übertroffen worden. Andere Felder, wie die Erforschung der nationalsozialistischen Ära[155] und der gesamte sozio-ökonomische Bereich, sollten dagegen erst in der Folgezeit zu ihrer vollen Entfaltung gelangen.

VIII DIE ANFÄNGE DER ALTHISTORIE IN DER DDR

Zu den Rahmenbedingungen der Entwicklung der althistorischen Lehre und Forschung in der DDR[1] zählen nicht nur die Auswirkungen der Hochschul- und Akademiepolitik des sozialistischen Staates oder die Einflüsse der SED, sondern ebenso die theoretischen Kontroversen innerhalb des Historischen Materialismus jener Jahre, die nicht zuletzt durch die Vorgänge in der Sowjetunion akzentuiert wurden. Dazu zählen aber auch personelle Engpässe an fachlich qualifizierten Gelehrten als Folgen sowohl der rigiden Entnazifizierung als auch der Verdrängung politisch unerwünschter Professoren[2] und Nachwuchskräfte sowie der häufig nicht adäquat eingeschätzte Impuls einzelner Persönlichkeiten. Von ihm profitierten insbesondere Wirtschaftsgeschichte (E. Ch. Welskopf, H. Kreißig) und Spätantike (E. Hohl, H.-J. Diesner, W. Seyfarth).

So tief die Zäsur des Jahres 1945 gerade in der sowjetisch besetzten Zone und in der DDR gewesen ist, vollzog sich die Neukonstituierung der althistorischen Disziplin doch erst in einem mittelfristigen Prozeß, der sich in drei Phasen gliedern läßt:

In einer ersten Phase, die sich von der Mitte der vierziger bis zu jener der fünfziger Jahre erstreckt, sah sich die politische Führung gezwungen, an Hochschulen und Akademien ein Nebeneinander kooperativer bürgerlicher Kräfte mit den relativ wenigen qualifizierten Marxisten hinzunehmen, um einerseits eine hochrangige Spezialausbildung zu gewährleisten, andererseits die politisch erwünschte Kontinuität der international anerkannten und teilweise immer noch führenden Akademieprojekte zu sichern.

Die zweite Phase der Entwicklung, die Mitte der fünfziger Jahre einsetzte und sich bis zum Ende der sechziger Jahre hinzog, wurde dadurch bestimmt, daß das Zentralkomitee der SED die Lage in den Geschichtswissenschaften[3] als unbefriedigend empfand. Kennzeichnend für diese Phase war der schnelle Aufstieg marxistischer Aktivisten, die Verdrängung von jungen bürgerlichen Althistorikern[4] sowie die Gründung des «Instituts für griechisch-römische Altertumskunde» an der Deutschen Akademie der Wissenschaften zu Berlin. Im theoretischen Bereich wurde damals die zwei

Jahrzehnte andauernde Diskussion über Definition, Wesen und Anzahl der vorkapitalistischen Gesellschaftsformationen bestimmend. Gleichzeitig waren die Spannungen zwischen den Berliner und Leipziger Althistorikern unübersehbar.

In der dritten Phase endlich, die von 1970 bis 1989 andauerte, kamen sowohl die zentralistische Organisation der Althistorie im Rahmen des «Zentralinstituts für Alte Geschichte und Archäologie» (ZIAGA) als auch die weltanschaulich verbindliche Lehre der Althistorie in der DDR zu ihrer endgültigen Ausprägung. Dabei ist festzuhalten, daß bis zuletzt immer noch einzelne kooperationswillige Althistoriker «bürgerlich-idealistischer» Provenienz geduldet wurden.[5]

Die althistorische Disziplin profitierte zunächst davon, daß sich unter den exponierten Gelehrten und wissenschaftlichen Repräsentanten der ersten Jahre eine ganze Reihe von Altertumswissenschaftlern befanden, die sich erfolgreich auch für ihre eigenen Forschungsschwerpunkte einsetzen konnten. Dazu zählt der klassische Philologe *Johannes Stroux*[6] (1886–1954), der ebenso als 1. Rektor der Berliner Universität wie als 1. Präsident der Deutschen Akademie der Wissenschaften zu Berlin wirkte und dem das große Verdienst zukommt, die Wiederaufnahme und Weiterführung der altertumswissenschaftlichen Akademieprojekte durchgesetzt zu haben.

Dazu zählen ferner der Altphilologe und spätere Akademiepräsident *Werner Hartke* (1907–1993),[7] der Byzantinist *Johannes Irmscher* (1920–2000),[8] der 1955 zum geschäftsführenden Direktor des «Instituts für griechisch-römische Altertumskunde» aufstieg, sowie Universitätsrektoren, der Archäologe Bernhard Schweitzer in Leipzig[9] und der Papyrologe Friedrich Zucker in Jena.[10]

Eine vollständige Deskription der Entwicklung der DDR-Althistorie ist in unserem Rahmen weder möglich noch nach dem Erscheinen von Matthias Willings umfassender Studie[11] erforderlich. Die folgende Erörterung konzentriert sich daher auf die Vergegenwärtigung der Grundlinien des Prozesses sowie auf die Profilierung der wichtigsten Persönlichkeiten, Organisationsstrukturen, Publikationen und theoretischen Akzentuierungen. Da die Konsequenzen des grundsätzlichen Paradigmenwechsels gemäß den Prioritäten des Historischen Materialismus, das heißt des Vorrangs der sozioökonomischen Aspekte, der Klassenkämpfe und Massenphänomene, evident sind, ist hier vor allem auf den wissenschaftsgeschichtlichen Sektor näher einzugehen.

Die Anfänge der Entwicklung vollzogen sich unter dem Diktat vielfältiger Defizite: Wie erwähnt, war das neue System zunächst auf die Mitwirkung der letzten, politisch nicht diskreditierten, humanistischen, zum Teil auch international anerkannten Gelehrten[12] angewiesen. Ihre Verdienste um die fachwissenschaftliche Ausbildung des Nachwuchses wurden selbst von dessen marxistischen Aktivisten durchaus anerkannt.[13] Ebenso galt dies im staatlichen Bereich für jene Gelehrte, die – zum Teil trotz ihres hohen Alters – zusätzlich wichtige Organisationsfunktionen übernahmen.

Nicht geringer waren die Defizite im Bereich der sowohl für das Studium als auch für die Vermittlung des neuen, historisch-materialistischen Geschichtsbildes erforderlichen, grundlegenden Literatur. Geeignete Unterrichtswerke fehlten ebenso wie die notwendigen Handbücher. Diese fatale Lücke, die nicht rasch zu schließen war – es sollte bis zum Ende der siebziger Jahre dauern, bis endlich die gewünschten Lehrmittel zur Verfügung standen[14] –, erzwang die Erstellung kürzerer propädeutischer Einführungen,[15] vor allem aber die Übersetzung sowjetischer Standardwerke und Monographien.

Auf diese Weise gelangten für den Alten Orient das Buch von W. J. Awdijew,[16] für das antike Griechenland die Werke von A. K. Berger u. a.[17] sowie von A. B. Ranowitsch,[18] für die römische Geschichte jene von N. A. Maschkin,[19] S. L. Uttschenko,[20] A. W. Mischulin[21] und E. M. Staerman,[22] schließlich auch eine Geschichte der Kriegskunst von J. A. Rasin[23] in der DDR zu kanonischer Bedeutung.

Für den engeren und anspruchsvolleren Bereich galt dies insbesondere hinsichtlich des zweiten Bandes der von der Sowjetischen Akademie der Wissenschaften herausgegebenen «Weltgeschichte».[24] Hinzu kamen weiterhin Übersetzungen anderer fremdsprachiger marxistischer Werke wie jener von G. Thomson.[25]

In die interne Entwicklung der DDR-Althistorie leitet am zweckmäßigsten ein Vergleich der Zentren von Berlin und Leipzig ein. In Berlin wiederum ist dabei einerseits von den Institutionen der Deutschen Akademie der Wissenschaften (DAdW),[26] andererseits von der Humboldt-Universität auszugehen. Im Rahmen der Akademie sollte *Johannes Irmscher* zu einem der produktivsten Autoren und Organisatoren der Altertumswissenschaft werden. Nach seinem Studium der Klassischen Philologie, Byzantinistik und Neogräzistik in Leipzig wirkte Irmscher seit 1946 als ehrgeiziger Assistent am Berliner Institut für Altertumskunde, wurde 1947 mit der Dissertation «Götterzorn bei Homer» (1950) promoviert und schon 1951 mit einer Arbeit aus dem byzantinischen Bereich habilitiert.[27]

1953 zum Honorarprofessor ernannt, konnte er innerhalb der Akademie bald einflußreiche Funktionen übernehmen, 1954 die eines Referenten innerhalb der Sektion für Altertumswissenschaft, ein Jahr später die eines geschäftsführenden Direktors des Instituts für griechisch-römische Altertumskunde. Als solcher gehörte Irmscher neben dem 1. Direktor W. Hartke und dessen Stellvertreter, dem international angesehenen Epigraphiker G. Klaffenbach,[28] dem Leitungskollektiv der Organisation an. In dieser Stellung bewährte er sich als effizienter Vertreter der Altertumswissenschaft und unermüdlicher Herausgeber;[29] zahlreiche Ehrungen dokumentierten seine hohe Reputation.[30] In politischer wie weltanschaulicher Hinsicht bemühte sich Irmscher um eine konstruktive Verbindung zwischen der bürgerlich-humanistischen Tradition Deutschlands und der historisch-materialistischen Staatsideologie der DDR. Sein Hauptziel war es, die Bedeutung der Altertumswissenschaften auch in dem neuen Umfeld ins Bewußtsein zu führen. Daraus ergab sich einmal die große Zahl seiner wissenschaftsgeschichtlichen Arbeiten,[31] zum andern seine Bemühung um jene Publikationen und Reihen, die sich nicht nur an Spezialisten, sondern auch an ein breiteres Publikum wenden[32] sollten. Es kann kein Zweifel daran bestehen, daß er auch auf diesem Felde äußerst erfolgreich war. Die Mobilisierung der Wissenschaftsgeschichte besaß somit auch eine politische Dimension.

Eine ganz andere Funktion sollte die Wissenschaftsgeschichte im Rahmen der Forschungen an der Humboldt-Universität erlangen. Dort wirkte zunächst der nicht kompromittierte *Ernst Hohl*, der in seinem Bereich für eine qualifizierte Ausbildung Sorge trug und als Akademiemitglied sowohl seine Historia-Augusta-Forschungen fortsetzen als auch in einer aufsehenerregenden Kritik zu den Problemen um Arminius Stellung beziehen konnte.[33]

Doch noch zu Hohls Lebzeiten hatte eine Außenseiterin mit ihren althistorischen Arbeiten begonnen, *Elisabeth Charlotte Welskopf*, die in einem ungewöhnlichen Werdegang schließlich zur ersten althistorischen Professorin der DDR sowie zu einer der effizientesten Gelehrten der Berliner Akademie werden sollte.[34]

Frau Welskopf (1901–1979) hatte zwar unter anderem auch bei Ulrich Wilcken Alte Geschichte studiert, war jedoch im Jahre 1925 in Nationalökonomie promoviert worden und arbeitete seit dem Ende der zwanziger Jahre innerhalb des Statistischen Reichsamtes an wirtschaftlichen Fragen. Daneben trat sie auch bald als erfolgreiche Autorin von Kinderbüchern hervor. In politischer Hinsicht exponierte sie sich als aktive Antifaschistin und trat schließlich auch in die KPD ein.[35]

Nach dem Ende des II. Weltkrieges sollte sich Frau Welskopf dann in einer sehr persönlichen Weise der Alten Geschichte zuwenden. Als Aspirantin für die wissenschaftliche Laufbahn erschloß sie seit 1949 die Äußerungen der marxistischen Klassiker (Marx, Engels, Lenin und Stalin) über die Antike, eine Arbeit, die sich dann in dem umfangreichen Werk «Die Produktionsverhältnisse im Alten Orient und in der griechisch-römischen Antike» (1957) niederschlug.

Das Buch war über seine konkrete Fragestellung hinaus für den historisch-materialistischen Sektor deshalb von besonderem Nutzen, weil es zugleich den Zugriff auf die «kanonischen» Zitate der ideologisch dominierenden Politiker erschloß. Da es indessen die Äußerungen Stalins miteinbezog, war es in der Epoche der «Entstalinisierung» leicht zu diskreditieren. Immerhin wurde schon hier das ungewöhnliche Interesse der Verfasserin an den theoretischen Grundproblemen des historischen Materialismus sichtbar.

Sie bewies zugleich ihren Mut, eine persönliche intellektuelle Konzeption vorzutragen, indem sie – ausgehend von Äußerungen von K. Marx – das traditionelle Fünf-Epochen-Schema der Abfolge der Gesellschaftsformationen des historischen Materialismus durch eine neben die Sklavenhaltergesellschaft gestellte und diese ergänzende «asiatische» Produktionsweise erweiterte und differenzierte. Sie sollte damit zu einer lange andauernden theoretischen Grundsatzdiskussion beitragen.

Doch die Aktivitäten von Frau Welskopf blieben nicht auf den theoretischen Sektor beschränkt. Schon seit dem Wintersemester 1952/53 war sie mit der Wahrnehmung einer althistorischen Dozentur beauftragt worden und konnte sich 1959 mit der Schrift «Die Muße als Problem im Leben und Denken der Hellenen von Homer bis Aristoteles»[36] an der Humboldt-Universität habilitieren. Darüber hinaus legte sie in den sechziger Jahren eine ganze Reihe konkreter Untersuchungen zu Einzelproblemen der griechischen Geschichte, Gesellschaft, Wirtschaft,[37] auch zur Wissenschaftsgeschichte,[38] selbst zu den «Akkulturationsproblemen der Prärieindianer in Canada»[39] vor, Arbeiten, die sie auch international profilierten.

Nach ihrer Aufnahme in die Akademie (1964) trat sie dort mit einem stark beachteten Sitzungsbericht über «Die wissenschaftliche Aufgabe des Althistorikers»[40] hervor. Frau Welskopf postulierte darin eine eigenwillige Verbindung traditioneller wissenschaftlicher Akribie in der Auswertung der antiken Quellen und strenger interpretatorischer Kriterien mit einer marxistisch orientierten, neuen Form der Universalgeschichte.[41] Schwierigkeiten und Grenzen, die sich aus der Integration der alten Geschichte Chinas, Indiens, Afrikas und der altamerikanischen Kulturen ergeben mußten, sollten dabei durch verstärkte interdisziplinäre Zusammenarbeit überwunden werden – ein Programm, das indessen nie verwirklicht wurde.

Frau Welskopfs geistiges Niveau, ihr ungewöhnliches Verständnis sowohl theoretischer als auch ökonomischer Probleme, die starke Wirkung ihrer Persönlichkeit in internationalen Diskussionen führten dazu, daß sie sich in allen Entwicklungsstufen der DDR-Althistorie behaupten konnte. Als 1966 ein Arbeitskreis «Produktionsweise der Antike» gegründet wurde, eine Gruppe, die sich insbesondere mit der Lohnarbeit der Freien befaßte,[42] wurde dessen Leitung Frau Welskopf übertragen.

Selbst nach der abschließenden Organisationsreform der Altertumswissenschaften innerhalb der Akademie, der Zusammenführung von Ur- und Frühgeschichte, Orientforschung und griechisch-römischer Altertumskunde im «Zentralinstitut für Alte Geschichte und Archäologie» (1969)[43] und nach ihrer Emeritierung konnte sie noch vielbändige Sammelwerke herausgeben, die auf internationaler Zusammenarbeit fußten.[44]

Der permanente Einfluß Frau Welskopfs an Universität wie Akademie erklärt sich indessen auch dadurch, daß es ihr gelang, sehr verschiedenartige Nachwuchskräfte an sich zu ziehen und zu fördern. Die älteste unter ihnen war *Heinz Kreißig* (1921–1984),[45] der nach seiner Entlassung aus englischer Kriegsgefangenschaft und verschiedensten Tätigkeiten sein Studium erst spät aufnehmen konnte. Mit einer Dissertation über «Die sozialen Zusammenhänge des judäischen Krieges» 1965 promoviert, wurde er noch im gleichen Jahr zum Leiter einer Arbeitsgruppe «Wirtschaftsgeschichte des Altertums» im Rahmen des später von J. Kuczynski geleiteten Instituts für Wirtschaftsgeschichte der DAdW ernannt. Zusammen mit seinem Assistenten Hagen Fischer (geb. 1942) entfaltete er dort bald eine rege Aktivität.[46]

Der Schwerpunkt der Forschungen lag dabei in der Untersuchung der Landwirtschaft Kleinasiens in der hellenistischen und römischen Epoche, doch galten weitere Spezialuntersuchungen Kreißigs auch dem Makkabäeraufstand und den frühchristlichen Gemeinden. In seiner Habilitationsschrift über «Die wirtschaftliche Situation Judaeas zur Achämenidenzeit» (1969)[47] blieb er, wie in weiteren Arbeiten,[48] dem Raum des Nahen Ostens treu. Während der siebziger Jahre sollte er zum wichtigsten Althistoriker innerhalb des ZIAGA werden und auch jenes Autorenkollegium leiten, das 1978 das Hochschullehrbuch «Griechische Geschichte bis 146 v. d. Z.» herausgab. Eine wesentlich geringere Resonanz fanden dagegen die beiden weiteren Mitarbeiter Frau Welskopfs, P. Musiolek (1927–1991)[49] und J. Mathwich (geb. 1929).[50]

Wolfgang Seyfarth (1906–1985)[51] nahm innerhalb der Berliner Althistoriker eine Sonderstellung ein. Bereits 1934 mit der von Werner Jaeger angeregten Dissertation «Untersuchungen zur Kompositionsweise des Tacitus» promoviert, hatte er als aktiver Offizier eine mehrjährige Kriegsgefangenschaft in der Sowjetunion durchzustehen, in der er sich gute russische Sprachkenntnisse erwarb. Von Werner Hartke gefördert, konnte er seit 1953 als Assistent am CIL im Rahmen des «Instituts für griechisch-römische Altertumskunde» der DAdW arbeiten.

1960 mit der Untersuchung «Soziale Fragen der spätrömischen Kaiserzeit im Spiegel des Theodosianus» habilitiert (Druck 1963), wurde er rasch zu einem der führenden Spätantike-Spezialisten der DDR. Mit seinem Verständnis dieser Epoche als «Epoche sozialer Revolutionen» vertrat er, ausgehend von Anregungen durch Marx, Uttschenko und Engelberg,[52] eine persönliche Konzeption.

Daneben zeichnete sich Seyfarth durch eine rege Editions- und Übersetzertätigkeit[53] sowohl lateinischer als auch russischer Werke wie durch die kritische Vermittlung sowjetischer Forschungen aus.[54] 1967 zum Professor für griechische und lateinische Sprache und Literatur ernannt, wirkte er bald maßgebend in der Arbeitsgruppe «Spätrömische Philologie und Geschichte» der Akademie.[55] 1971 emeritiert, konnte er danach noch eine zweibändige «Römische Geschichte. Kaiserzeit» (1974) vorlegen.

Für das Fach Alte Geschichte sollte die *Karl-Marx-Universität Leipzig* eine Schlüsselstellung einnehmen. Die dortigen Entwicklungen, die relativ gut, wenn auch einseitig überliefert sind,[56] seien deshalb im folgenden näher skizziert, um den Weg zur konsequentesten Verwirklichung marxistischer Vorstellungen in diesem Bereich aufzuzeigen.

Der Leipziger Lehrstuhl für Alte Geschichte war nach Helmut Berves Berufung nach München im Jahre 1943[57] zunächst nicht besetzt worden. Doch nach der Wiedereröffnung der Universität standen dort immerhin zwei ausgesprochene Spezialisten der althistorischen Grundwissenschaften zur Verfügung, die zunächst den Lehrbetrieb übernehmen konnten: der international anerkannte Papyrologe *Wilhelm Schubart* (1873–1960)[58] und der vor allem als Numismatiker hervorgetretene *Otto Theodor Schulz* (1879–1954).[59] Tatsächlich konnten die beiden schon älteren Gelehrten ihren schwierigen Aufgaben gerecht werden und auch die ersten Leipziger Nachkriegsdissertationen betreuen.[60]

Nachdem Schubart 1952, Schulz ein Jahr später emeritiert wurde, trat im althistorischen Seminar Leipzigs eine Übergangsphase ein. Kommissarisch übernahm die Leitung zunächst der Ägyptologe S. Morenz. Während die älteren Schubart- und Schulzschüler ihre akademische Laufbahn zunächst fortsetzen konnten[61] und in H. Hahn ein weiterer bürgerlicher Althistoriker 1956 zum Oberassistenten aufstieg,[62] war schon 1953 in *Gerhard Schrot* (1920–1966) ein profilierter Marxist und SED-Aktivist als außerordentlicher Aspirant[63] in das Leipziger althistorische Seminar eingetreten, eine Nachwuchskraft, welche mit dem wenig später hinzukommenden *Rigobert Günther* (1928–2000)[64], so, wie dies von der SED gefordert worden war, eine entschiedene Politisierung des Instituts im marxistischen Sinne betrieb.

Auf die beiden erfolgreichen, von ihrer Sache zweifellos überzeugten Protagonisten ist näher einzugehen, wobei in beiden Fällen vorausgreifend auch ihr späteres Wirken miteinbezogen wird. Gerhard Schrots wissenschaftlicher Schwerpunkt lag auf dem Gebiet der Wirtschaftsgeschichte des Altertums. Schon vor seiner 1957 angenommenen Dissertation «Über die Rentabilität der römischen Landwirtschaft der ausgehenden Republik» war er mit einer Reihe von kleineren Arbeiten hervorgetreten, in denen ökonomische Probleme unter streng marxistischen Kriterien behandelt wurden.[65]

Die Reihe, die keine neuen wissenschaftlichen Erkenntnisse erbrachte, wurde dann auch nach der Promotion fortgesetzt[66]; ein «Lehrbrief zum Studium der Geschichte des Altertums» (1956/57) ist offensichtlich verschollen. Andererseits ist es bezeichnend, daß sich Schrot schon vor der Promotion gedrängt fühlte, gemeinsam mit R. Günther «Einige Probleme zur Theorie der auf Sklaverei beruhenden Gesellschaftsordnung»[67] zu erörtern und damit eine Gegenposition gegen die Auffassungen von E. Ch. Welskopf zu beziehen.

Nach seiner Habilitation mit den «Untersuchungen zur Geschichte des Handwerks im republikanischen Rom» (1963) wurde Schrot zum Dozenten ernannt und mit der Vertretung der Alten Geschichte an der Ernst-Moritz-Arndt-Universität Greifswald beauftragt. Dort trat er dann nur noch durch kleinere Beiträge zur produktiven Arbeit in der Sklavenhaltergesellschaft, den wirtschaftlichen und sozialen Veränderungen in der Spätantike, der glebae adscriptio Konstantins vom Jahre 332 und zur Colonia Claudia Savaria hervor.[68]

Für die Leipziger Entwicklung des Jahres 1957/58 stellt Schrots Bericht mit seiner für solche Fälle typischen Sprachregelung eine wichtige Quelle dar. Sein abschließendes Urteil lautet: «Daß einige Mitarbeiter, die die sozialistischen Perspektiven unseres Staates und der Altertumswissenschaft nicht anerkannten, es vorzogen, dem Institut den Rücken zu kehren, zeugt nur für ihre mangelnde Einsicht gegenüber den neuen Fragen unserer Geschichtswissenschaft.»[69]

In diesem «Klassenkampf» kam es de facto zur Verdrängung der bisher dominierenden «bürgerlichen» Mitarbeiter des Leipziger althistorischen Seminars: Der stellvertretende Direktor der Abteilung Geschichte des Altertums, Dozent Dr. *H. Thierfelder*, der sich mit der Arbeit «Die Geschwisterehe im hellenistisch-römischen Ägypten» (Druck: Münster 1960) habilitiert hatte und für die «Hilfswissenschaften der Alten Geschichte» zuständig war, sah sich ebenso zur Aufgabe seiner Position gezwungen wie der für die römische Geschichte verantwortliche Oberassistent Dr. *W. Langhammer.*

Wie Thierfelder ging auch er zu H. E. Stier nach Münster, wo er sich erst 1969 mit der Arbeit «Die rechtliche und soziale Stellung der Magistratus municipales und der Decuriones in der Übergangsphase der Städte von sich selbst verwaltenden Gemeinden zu Vollzugsorganen des spätantiken Zwangsstaates (2.–4. Jahrhundert der römischen Kaiserzeit» (Druck: Wiesbaden 1973) zu habilitieren vermochte. Der Oberassistent *H. Hahn*[70] konnte dagegen bei dem Theologen Kurt Aland, ebenfalls in Münster, eine neue Existenz finden.

Es ist das Verdienst von Matthias Willing, erstmals die «sozialistische Umgestaltung» des Leipziger althistorischen Seminars am Ende der fünfziger Jahre sowohl im Rahmen des generellen Siebenjahrplans als auch des lokalen Institutsplans kritisch erforscht zu haben.[71] Dabei ist festzuhalten, daß Leipzig nicht nur das DDR-Zentrum der antiken Wirtschaftsgeschichte werden sollte, sondern daß dort auch ausdrücklich «Der Weg der bürgerlich-idealistischen Altgeschichtsforschung in Westdeutschland nach dem 2. Weltkrieg» zu erhellen war.

In personeller Hinsicht sollte dort zu Beginn der sechziger Jahre an Stelle von Gerhard Schrot nun Gottfried Härtel[72] in den Vordergrund rücken. Doch dominierend blieb nach wie vor Rigobert Günther.

Rigobert Günther hatte einen sehr mühevollen Weg hinter sich, ehe er in Halle Geschichte, Vorgeschichte und Latein studieren konnte, wobei er sich enger an Franz Altheim anschloß, eine Beziehung, die andauern sollte. Seit 1953 wirkte er als Assistent am Marx-Engels-Lenin-Stalin-Institut beim ZK der SED in Berlin, danach als Aspirant in Leipzig. Seine dortige Diplomarbeit über «Das Latrocinium als eine besondere Form des Widerstands der unterdrückten Klassen und Barbaren im römischen Sklavenhalterstaat der Prinzipatszeit» blieb ungedruckt, doch trat Günther alsbald mit dem programmatischen Beitrag «Der Beschluß des ZK der SED ‹Die Verbesserung der Forschung und Lehre in der Geschichtswissenschaft der DDR› und das Studium der alten Geschichte»[73] hervor.

Es muß geradezu paradox erscheinen, daß sich hier ein noch nicht promovierter Aspirant zum Censor, Kritiker und Wegweiser einer anspruchsvollen wissenschaftlichen Disziplin aufwarf, eine Dreistigkeit, die lediglich das volle Vertrauen bewies, das Günther schon damals in den maßgebenden SED-Gremien genoß und das er auch in Zukunft nicht enttäuschen sollte.

Angesichts seiner provozierenden Stellung in Leipzig ist es verständlich, daß seine 1957 vorgelegte Dissertation,[74] die unter anderen von Altheim betreut worden war, Jahre später von einem der aus Leipzig Verdrängten eine ressentimentgeladene Kritik[75] erfuhr. Seiner weiteren Karriere schadete dies freilich nicht: 1962 habilitiert,[76] im gleichen Jahre Gesamtredaktor des zweiten Bandes der «Weltgeschichte» der Sowjetischen Akademie der Wissenschaften in der deutschen Ausgabe, wurde Günther 1963 zum Dozenten und 1968 zum Professor für Alte Geschichte ernannt.

Gleichzeitig legte er damals eine lange Reihe von Spezialuntersuchungen, teils zu theoretischen Grundfragen, teils zu Einzelproblemen der Sklavenhalterordnung, teils zu Kontroversen über die spätantike Gesellschaft, selbst zu (meist knappen) Bemerkungen über Niebuhr, Mommsen, Wilcken und Kromayer aus orthodox-marxistischer Sicht vor.[77]

In der zweiten Hälfte der sechziger Jahre begann dann seine verstärkte Hinwendung zur Spätantike.[78] Im Rahmen der Leipziger Neuordnung der Geschichtswissenschaften seit 1970 wurde Günther mit der Leitung des Schwerpunktes «Forschungen zur Übergangsepoche von der Sklavenhaltergesellschaft zum Feudalismus» beauftragt; seit 1974 war er stellvertretender Direktor für Forschung der Sektion Geschichte.

Günthers Arbeiten zur Spätantike umfaßten damals einen weiten Bereich: Er beschäftigte sich mit Franken, Laeten, Gentilen wie mit dem Christentum der Epoche und blieb zugleich in der regen theoretischen Debatte über die vorkapitalistischen Gesellschaftsformationen engagiert. Im ständigen Wechsel von Definitionen und Prioritäten[79] rückte dabei das Problem der sozialen und politischen Revolution während des Übergangs von der Spätantike zum Feudalismus in den Mittelpunkt seiner Bemühungen. Daneben gab er 1975 im Rahmen des ZIAGA das Sammelwerk «Die Römer an Rhein und Donau»[80] heraus.

Willings Gesamturteil über die Position Rigobert Günthers in der letzten Phase der DDR mußte denn auch lauten: «Günthers zahlreiche Aktivitäten in wissenschaftlichen Gremien (Historiker-Gesellschaft, Nationalkomitee der Historiker, Wissenschaftlicher Rat für Archäologie und Alte Geschichte, Fachkommission Alte Geschichte, Wissenschaftlicher Beirat für Altertumswissenschaften und für Geschichte beim Ministerium für Hochschul- und Fachschulwesen, Mitglied der Sächsischen Akademie der Wissenschaften und der Eduard-Meyer-Kommission der Akademie der Wissenschaften), die Serie der von ihm seit 1979 veröffentlichten Monographien und nicht zuletzt die Übertragung der Leitung der Sektion Geschichte an der Karl-Marx-Universität (1982–1987), unterstrichen seine herausragende Stellung unter den Althistorikern der DDR in der jüngsten Vergangenheit.»[81]

Aus dem Rückblick auf Günthers Lebenswerk ergibt sich, daß sich dieser in einer wahren Flut von meist kleineren Publikationen leidenschaftlich als stets beflissener Vertreter eines orthodoxen Historischen Materialismus betätigte. Im Rahmen seiner konsequenten Grundkonzeption spürte er unermüdlich immer neue Begriffsvarianten und Akzente auf. Doch es ist nicht zu übersehen, daß der intellektuelle und wissenschaftliche Ertrag dieses passionierten Engagements in keinem Verhältnis zu dem immensen Aufwand stand. Eine stärkere internationale Resonanz in der damals besonders regen Erforschung der Spätantike fand er daher auch nicht.

Neben den skizzierten Entwicklungen in Berlin und Leipzig ist vor allem jene an der *Martin-Luther-Universität Halle-Wittenberg*[82] hervorzuheben. Nach Franz Altheims Wechsel nach Westberlin im Jahre 1949 war der dortige Lehrstuhl zunächst längere Zeit nicht besetzt. Ein Neubeginn begann erst mit dem Einsatz von *H.-J. Diesner* (1922–1994).[83] Diesner war einer der ersten Leipziger Nachkriegsdoktoranden in Alter Geschichte gewesen;[84] er hatte das Fach dann zwischen 1951 und 1956 in Greifswald vertreten, sich 1953 habilitiert,[85] war zum Dozenten ernannt worden und 1956 nach Halle übergewechselt, wo er zwei Jahre später Professor wurde.

Diesner nahm innerhalb der Althistoriker der DDR eine bemerkenswerte Sonderstellung ein: Einerseits war er eine politisch unabhängige Persönlichkeit und alles andere als ein aktiver Marxist, der sich in den theoretischen Diskussionen aufgerieben hätte. Andererseits ist er zweifellos einer der produktivsten, auch international respektierten Spezialisten der DDR gewesen, einer der wenigen DDR-Althistoriker, der Untersuchungen zum Gesamtbereich der Alten Geschichte vorlegte. Doch schon seit den fünfziger Jahren rückten auch bei ihm Spätantike und Völkerwanderungszeit in den Vordergrund.[86]

Gemeinsam war seinen Studien stets die solide Grundlage der Quellenanalyse, verbunden mit dem Drang zur Differenzierung und konkreten Erfassung der gesellschaftlichen, politischen, geistigen und religiösen Realität. Es ist typisch für ihn, daß er die Lage der Circumcellionen ebenso zu klären suchte[87] wie jene von Kolonen, Sklaven und Landarbeitern im Donatistenstreit,[88] das Bucellariertum[89] ebenso präzise erfassen wollte wie patrocinium, beneficium, stipendium und precarium im Westgotenreich.[90] Doch daneben stehen einige größere Werke[91] sowie erfolgreiche Zusammenfassungen, die zum Teil auch in Westdeutschland erschienen sind.[92]

Obwohl er sich an Kollektivproduktionen beteiligte,[93] wirkte Diesner mit all dem – wie mit seiner Verweigerung der Prioritäten theoretischer Abstraktion – in der DDR-Althistorie wie eine Ausnahmeerscheinung, die nur wegen ihrer unbestreitbaren spezialwissenschaftlichen Leistungen hingenommen wurde und auch deshalb, weil er sich gesellschaftlichen und beruflichen Pflichten nicht verweigert hatte.[94] Zusammen mit seinen Kollegen H. Schulz-Falkenthal[95] und H. D. Zimmermann[96] konnte er bis zu seiner frühzeitigen Emeritierung aus gesundheitlichen Gründen im Jahre 1977 und noch darüber hinaus eine eindrucksvolle Präsenz der Alten Geschichte in Halle sichern. Sein Lehrstuhl wurde freilich erst 1992 wiederbesetzt.[97]

An der *Friedrich-Schiller-Universität Jena*[98] war die Lage der althistorischen Disziplin zunächst wenig befriedigend. Seit 1952/53 wirkte dort der kurz zuvor in Leipzig promovierte Papyrologe und klassische Philologe Wolfgang Müller[99] und stand als Dozent kommissarisch dem Seminar für Alte Geschichte vor. An seine Stelle trat dann seit Beginn der sechziger Jahre der klassische Philologe Friedmar Kühnert.[100] Für die althistorische Forschung am wichtigsten sollte dort freilich der 1956 promovierte *Detlef Lotze* (geb. 1930)[101] werden.

Die Thematik seiner Dissertation, die implizit die traditionelle Sklaven-Freie-Antithese in Frage stellte, ließ den Spezialisten der griechischen Sozial- und Wirtschaftsgeschichte, dessen weiterer Schwerpunkt in der Geschichte Spartas lag,[102] Jahrzehnte hindurch nicht mehr los.[103] Lotzes gedankenreiche Arbeiten genossen internationales Ansehen; daß sein Erstlingswerk 1979 in New York nachgedruckt wurde, spricht wohl für sich selbst. Lotzes Distanz zum Historischen Materialismus und zur SED ließen ihn über die Stellung eines Dozenten nicht hinausgelangen. Er wurde erst 1990 zum Professor ernannt und schon 1996 in den Ruhestand versetzt.[104]

Im Unterschied zu den bisher erwähnten Hochschulen gestaltete sich die Entwicklung der Alten Geschichte an den beiden Ostseeuniversitäten, der Ernst- Moritz-Arndt-Universität Greifswald[105] und der Wilhelm-Pieck-Universität Rostock,[106] ziemlich unbefriedigend. In beiden Fällen kam es nicht zur langfristigen Betreuung des Faches durch erfahrene und qualifizierte Gelehrte. In Greifswald wirkten zwar, wie schon erwähnt, jeweils einige Jahre H.-J. Diesner (1951–1956) und G. Schrot (1963–1966), später dann H.-J. Herrmann[107] als Assistent. – In Rostock leitete W. Hering[108] einige Zeit das «Institut für Altertumswissenschaften»; nach ihm vertrat H.-J. Kühne[109] als Oberassistent das Fach. Doch so groß die Bemühungen all dieser Vertreter auch waren, überregionale Bedeutung erlangten weder ihre Lehre noch ihre Forschungen.

An dieser Stelle ist es erforderlich, noch einmal auf die Sonderstellung der *Wissenschaftsgeschichte* im Rahmen der Althistorie der DDR zurückzukommen. Deren zwiespältiges Bild wurde bereits bei der Besprechung der Publikationen der besonders einflußreichen Persönlichkeiten (J. Irmscher,[110] E. Ch. Welskopf[111] und R. Günther[112]) deutlich. Schon dort zeigte sich als Priorität die Befassung mit wissenschaftsgeschichtlichen Elementen im Dienste aktueller politischer Intentionen.

Stand bei Irmscher die Legitimation der Altertumswissenschaft in der sozialistischen Gesellschaft im Vordergrund, der Versuch, eine Synthese zwischen bürgerlich-idealistischer Tradition und Historischem Materialismus herzustellen, so bei Frau Welskopf das Ziel, die konkreten Wertungen und Beiträge der marxistischen Klassiker zur Antike zu erfassen und für das moderne Geschichtsbild des Historischen Materialismus zu systematisieren. In ähnlicher Weise ging es auch bei nicht wenigen Tagungen[113] wie bei der Feier von Jubiläen[114] primär um die Bemächtigung einer Tradition, die sich zumindest im Sinne der speziellen marxistischen Fortschrittsideologie interpretieren ließ.

Wesentlich größere Bedeutung und einen höheren kulturpolitischen Stellenwert sollte indessen die andere Seite, der eigentliche Schwerpunkt der wissenschaftsgeschichtlichen Aktivität erlangen: die Konzentration auf die Geschichtswissenschaft in Faschismus und Bundesrepublik. Dafür ist vor allem Rigobert Günther repräsentativ. Denn wesentlich wichtiger als dessen punktuelle Skizzen althistorischer Klassiker[115] sind seine aggressiven Einschätzungen der althistorischen Darstellungen und Forschungen in der Bundesrepublik.

Im Rahmen eines Kapitels «Kritik der Geschichtsfälschungen in den Hauptthemen und Leitlinien des vorherrschenden Geschichtsbildes in der westdeutschen bürgerlichen Historiographie zur deutschen und allgemeinen Geschichte» eines weit verbreiteten, Ende der sechziger Jahre entstandenen Sammelwerkes lautete Günthers Gesamturteil: «‹Abendland›-theorie, Idealisierung des antiken Individualismus und Kosmopolitismus, Hervorhebung des Germanentums, Europazentrismus und Klerikalismus bestimmen im letzten Jahrzehnt den Inhalt der meisten althistorischen Publikationen. Damit unterstützen auch Althistoriker die reaktionäre politische Funktion der bürgerlichen Geschichtswissenschaft.»[116]

Günthers Zerrbild auf wenigen Seiten konzentrierte sich dabei auf die ersten Bände der Saeculum-Weltgeschichte, die Sklavereiforschungen der Mainzer Akademie, Joseph Vogt und seine Schule, A. Heuß, H. Bengtson, Alexander Schenk Graf von Stauffenberg. Selbst die «Opposition» des eigenen Lehrers, Franz Altheims, wurde relativiert.

Der Ermittlung der Fakten und der Tiefendimension der althistorischen Wissenschaftsgeschichte waren dagegen zunächst nur wenige Arbeiten gewidmet. An erster Stelle sind dabei die Untersuchungen von H. Schulz-Falkenthal,[117] daneben auch diejenigen von H.-J. Herrmann,[118] G. Katsch[119] und J. Wenzel[120] zu nennen. Auf breiterer Basis und höherem Niveau sollten Forschungen in diesem Bereich dann erst in der letzten, später zu besprechenden Phase der DDR-Althistorie vorgelegt werden. Im Rückblick auf die Entwicklung der DDR-Althistorie zwischen 1945 und 1970 ist eine zwiespältige Zwischenbilanz zu ziehen: Ungeachtet der konsequenten Durchsetzung ideologischer Prioritäten im Sinne des Historischen Materialismus wurde zunächst das verbliebene wissenschaftliche Potential bürgerlich-idealistischer Kräfte genutzt. Die Kontinuität international hochangesehener Großprojekte wurde aus Prestigegründen unterstützt und auch beibehalten. Doch daneben kam es zu einer immer schärferen Durchsetzung des marxistischen Monopols in Lehre und Forschung.

Dabei ist freilich zu betonen, daß die oft unterstellte innere Geschlossenheit und Einheitlichkeit eines nivellierten orthodox-marxistischen Geschichtsbildes *nicht* bestand. Die DDR-Althistoriker bildeten ebensowenig eine homogene Gruppe wie jene der Bundesrepublik. Allerdings dominierten theoretische Grundsatzdiskussionen innerhalb des Systems des Historischen Materialismus. Diese Kontroversen zwischen einzelnen Gelehrten, ihren Schülern und Abhängigen, somit Gruppenklientelen, absorbierten ohne Zweifel einen großen Teil der intellektuellen Energien. Deshalb wurden hier auch die wichtigsten Persönlichkeiten und die einflußreichsten Stimmführer der Disziplin besonders herausgestellt.

Es ist offenkundig, daß die systematische Übertragung planwirtschaftlicher ökonomischer Methoden auf einen speziellen, voraussetzungsreichen wissenschaftlichen Bereich zu einer immer konsequenteren Zentralisierung und Konzentration aller Kräfte sowie zur immer größeren Bedeutung bestimmter Vorgaben führen mußte. Der Weg führte dabei von «Leitinstituten» wie Leipzig zum Siebenjahrplan 1959–1965, dem Leipziger «Institutsplan», schließlich zum «Zentralinstitut für Alte Geschichte und Archäologie» (ZIAGA). Verbunden war diese Entwicklung mit denkbar hohem Leistungs- und Publikationsdruck, für den die Dominanz von Kollektivarbeiten gegenüber großen Individualleistungen charakteristisch ist. Dieser Preis des organisatorischen Fortschritts und der Mobilisierung aller Kräfte für allenfalls mittelfristige Projekte wird nur selten gesehen.

In thematischer Hinsicht lagen die Schwerpunkte der DDR-Altgeschichtsforschung auf den Feldern der Gesellschafts- und Wirtschaftsgeschichte, dabei nicht zuletzt auf dem Sektor der antiken Sklaverei. Doch auch auf diesem Gebiet halten die Aktivitäten der DDR-Althistoriker dem Vergleich mit den «Forschungen zur Antiken Sklaverei» der Mainzer Akademie der Wissenschaften und der Literatur nicht stand.[121]

Daß auch dort eine Reihe «Übersetzungen ausländischer Arbeiten zur Antiken Sklaverei» existierte, in der vor allem die Studien sowjetischer Spezialisten einem weiteren Interessentenkreis zugänglich gemacht wurden, ist in der DDR selten erwähnt worden. Dort begnügte man sich, wie Rigobert Günther, mit Pauschalkritik an Joseph Vogt. Entscheidend war indessen, daß die DDR-Althistorie über keinen Gelehrten vom intellektuellen Rang Jürgen Kuczynskis verfügte.

Im Hinblick auf die thematischen Schwerpunkte ist schließlich noch die starke Anziehungskraft des Feldes der Spätantike hervorzuheben, dem sich Rigobert Günther ebenso widmete wie Hans-Joachim Diesner und Wolfgang Seyfarth. Wie sich die Akzente hier veränderten, soll später behandelt werden.

IX DIE ENTWICKLUNG BIS ZUR GEGENWART (1970–2005)

Einleitung

Wie in der ersten Phase der Nachkriegszeit so wurden auch im letzten Drittel des 20. Jahrhunderts die Entwicklungen in der deutschen Althistorie in hohem Maße durch politische Veränderungen mitbestimmt. Schon Reinhold Bichler[1] hat auf die Bedeutung der in den sechziger Jahren einsetzenden Zäsur hingewiesen.

Die Sonderstellung der innerdeutschen Verhältnisse ist zunächst nach wie vor durch den Fortgang der Auseinandersetzungen mit den Positionen des Historischen Materialismus diktiert worden, einer Auseinandersetzung, die erst mit der Wiedervereinigung der beiden deutschen Staaten im Jahre 1989 ihre Priorität verlor. Bei der Beurteilung dieser Konfrontation ist aus dem Rückblick freilich zu betonen, daß deren Auswirkungen im Raum der bundesrepublikanischen Althistorie für den engeren theoretischen Bereich sehr viel geringer waren als im Gesamtbereich der Sozial- und Wirtschaftsgeschichte, zu deren Forcierung sie nicht wenig beitrug.

Ein zweiter Hauptentwicklungsstrang wurde durch die Ausbildung spezieller geschichtswissenschaftlicher Richtungen ausgelöst: Es fehlte nicht an einzelnen Versuchen, die nun modisch werdenden Perspektiven der Struktur-, Begriffs-, Mentalitäts-, Frauen-, Alltags- oder Minderheitengeschichte, der Historischen Anthropologie, der Vergleichenden Geschichtswissenschaft sowie weiterer Neuakzentuierungen[2] auch für die Alte Geschichte fruchtbar zu machen. Da hier indessen die Grundlagen einer historischen Quellenkritik nicht zu umgehen waren, blieb der Radius solcher Versuche beschränkt, obwohl nicht zu bestreiten ist, daß sie in einzelnen Fällen zu innovativen Beiträgen führten.[3]

Die sprunghaft ansteigende Frequenz wissenschaftsgeschichtlicher Arbeiten sollte innerhalb der deutschen Althistorie bis in die Gegenwart anhalten, die anfängliche Reserve in diesem Sektor einem wachsenden Interesse weichen. Allerdings ist dabei zu betonen, daß diese Tendenz innerhalb der Gesamtproduktion des Faches noch immer einen relativ bescheidenen Umfang einnimmt.[4]

Bezeichnend für die innerdisziplinäre Entwicklung in den letzten Jahrzehnten sind die Kontinuität der Formenvielfalt einerseits, die Veränderung der Grundstrukturen andererseits. Generell überwiegt jedoch nach wie vor die persönlichkeitsbezogene Einzelforschung.[5] Dabei wurden nur sehr selten größere Biographien gewagt, die Editionen von Briefwechseln und Aktenauswertungen dagegen fortgesetzt. Die großen Nekrologe im Stile der «Bursian»-Serien mit ihren vollständigen Bibliographien liefen aus; kürzere Nachrufe, wie sie im «Gnomon» zu finden waren, dominierten.

Einen gewissen Ersatz für die nun nicht mehr gewagten umfassenden Biographien boten künftig die zunächst insbesondere von Momigliano und Calder III stimulierten Kolloquien, deren Sammelpublikationen mitunter eine starke Resonanz erzielten. Den Höhepunkt erlangte dabei die unten näher zu besprechende, von Beat Näf initiierte große Züricher Faschismustagung des Jahres 1998.

Die weit überwiegende Mehrzahl der Gelehrtenstudien wurde indessen noch immer in der Form von Spezialuntersuchungen den «Klassikern» der Disziplin gewidmet, wobei Gedenktage – wie zum Beispiel der 100. Todestag Theodor Mommsens im Jahre 2003 – zusätzliche Akzente setzten. Parallel hierzu liefen die Selbstdarstellungen der althistorischen Seminare und Institutionen, die nicht selten ebenfalls aus Anlaß von Jubiläen vorgelegt wurden.

Ein neues Strukturelement stellten daneben jene althistorischen Zentren dar, die besonders starke wissenschaftsgeschichtliche Impulse gaben und die wenigstens teilweise mit den «Leitinstituten» der DDR zu vergleichen sind. Dazu zählen insbesondere die Seminare in Marburg, Innsbruck und Graz, zuletzt auch diejenigen der Berliner Hochschulen, in bescheidenerem Rahmen die Seminare in Basel und Zürich.

Um ein adäquates Gesamtbild in diesem Bereich zu erzielen, ist es erforderlich, auch die weiteren, vor allem thematischen Schwerpunkte der Sparte ins Bewußtsein zu führen. Während die Felder von Theorie und Methodik – im Unterschied zur DDR – in der wissenschaftsgeschichtlichen Forschung der Bundesrepublik nur selten berührt wurden, lag ein Schwerpunkt ihrer Arbeiten auf Überblicken über das wechselnde Verständnis der traditionellen historischen Epochen und Themenkreise, so zum Beispiel auf Sparta, der athenischen Demokratie, Alexander dem Großen, dem Hellenismus, dem Zeitalter des römischen Imperialismus und der Römischen Revolution, Augustus und dem Fall Roms. Die Beurteilung des Judentums und die Bewertung der Leistungen jüdischer Gelehrter im Rahmen der deutschen Althistorie sind nur in wenigen Fällen untersucht worden, dagegen nahm die Beschäftigung mit der nationalsozialistischen Epoche seit den siebziger Jahren deutlich zu – und dies zumeist in durchaus überzeugenden Formen. Die realistische Analyse der DDR-Althistorie steht dagegen erst in ihren Anfängen, dasselbe gilt für deren «Evaluation» und für die Veränderungen in den «neuen Bundesländern».

A. D. Momigliano

Auch für den zu behandelnden Zeitraum kommt es darauf an, die starken außerdeutschen Impulse zu berücksichtigen, die weiterhin zu einem erheblichen Teil die deutsche Entwicklung bestimmen sollten. An erster Stelle ist dabei noch einmal A. D. Momigliano[6] zu nennen, dessen Wirken und Resonanz nun ihren Höhepunkt erreichten. Seine Informationsmöglichkeiten über die Entwicklungen der internationalen historischen und altertumswissenschaftlichen Forschungen wurden singulär – und Momigliano verstand es, sie zu nutzen und in zahllosen Rezensionen zu ihnen Stellung zu nehmen.

Da sich Momiglianos wissenschaftliche Untersuchungen zum weitaus größten Teil in speziellen Einzelstudien niedergeschlagen hatten, wirkte er schon früh einer drohenden Zersplitterung der zahlreichen Aufsätze aus den verschiedensten Themenkreisen durch Zusammenfassungen seiner Arbeiten entgegen. Neben die lange Reihe seiner «Contributi alla storia degli studi classici e del mondo antico» (1955ff.)[7] traten nun vor allem in seinem letzten Lebensjahrzehnt meist von Freunden und Kollegen herausgegebene Sammlungen, insbesondere zu den Bereichen antike und moderne Historiographie,[8] Religionsgeschichte[9] und Geschichte des Judentums.[10]

Im deutschen Sprachraum war die Resonanz von Momiglianos Arbeiten dagegen zunächst wesentlich bescheidener. Der hohe Rang seiner Studien wurde zwar von Spezialisten anerkannt, doch in deutscher Übersetzung erschienen einzelne mit beträchtlicher Verzögerung.[11] Erst im Jahre 1979 erreichte seine Monographie «Hochkulturen im Hellenismus. Die Begegnung der Griechen mit Kelten, Römern, Juden und Persern» ein breiteres Publikum; zwei Jahre später wurde dann Momiglianos origineller Beitrag über die griechische Geschichtsschreibung im Rahmen von E. Vogts Handbuch gebührend beachtet.[12]

Posthum kamen schließlich die kleinen Bände «Die Juden in der Alten Welt» (1988) und «Wege in die Alte Welt» (1991) heraus. Es ist das Verdienst von G. W. Most, W. Nippel und A. Grafton, in den Jahren zwischen

1998 und 2000 eine dreibändige Sammlung «Ausgewählte Schriften zur Geschichte und Geschichtsschreibung» herausgegeben zu haben, eine Sammlung, welche die wichtigsten Elemente von Momiglianos Werk erschloß.

Auf Grund der gemeinsamen wissenschaftsgeschichtlichen Interessen hatte sich zuletzt eine engere Verbindung zwischen Momigliano und der Philipps-Universität Marburg ergeben. 1986 verlieh der Fachbereich Geschichtswissenschaften dieser Hochschule Momigliano ein Ehrendoktorat.[13] Ein Jahr später erreichte der Kontakt dann seinen Höhepunkt in dem Trienter italienisch-deutschen, von Momigliano und dem Verfasser dieser Untersuchung geleiteten Seminar «L'Antichità nell' Ottocento in Italia e Germania» (Publikation 1988). Zwei weitere italienisch-deutsche Seminare in Marburg und Pavia sollten folgen (E. Gabba–K. Christ [Hrsg.], Römische Geschichte und Zeitgeschichte in der deutschen und italienischen Altertumswissenschaft während des 19. und 20. Jahrhunderts. 1989. 1991). Daß auch sie in Momiglianos Tradition standen, ist evident.[14]

Am Ende bleibt festzuhalten, daß es sich bei Momiglianos Impulsen zur Alten Geschichte und Historiographie nicht um esoterische Erörterungen antiker Probleme handelte, sondern um passionierte Studien zentraler Fragen.[15] In einem Augenblick, da der Alten Geschichte die Gefahr drohte, daß die vertrauten Felder Griechenlands und Roms noch weiter parzelliert und abgeschottet würden, sprengte Momigliano die starren Grenzen zwischen den einzelnen Disziplinen wie die inneren Abgrenzungen der Altertumswissenschaften auf.

Er zeigte, daß es darauf ankommt, die Spannungen zwischen den antiken mediterranen Kulturen und jenen des Alten Orients, nicht zuletzt denjenigen des Judentums, gleichermaßen zu berücksichtigen. Vor allem aber drang er auf die präzise Erfassung der Beziehungen zwischen den antiken Phänomenen und Quellen wie deren modernen Bewertungen.

Aus dem eigenen Erleben erwuchsen seine Leitfragen, die Fragen nach den Begegnungen der Kulturen und Religionen der antiken Welt, nach der Problematik von Freiheit und Toleranz, speziell der geistigen Freiheit des Individuums in der Geschichte und nicht zuletzt nach der Freiheit des Historikers. In all dem war er ein Mann von höchsten moralischen Ansprüchen.

W. M. Calder III

Neben und nach Momigliano sollte W. M. Calder III (geb. 1932)[16] zu einem der bedeutendsten Anreger und Vermittler der deutschen Wissenschaftsgeschichte der Altertumswissenschaften werden. Wie oben schon erwähnt wurde, hatte Calder zunächst als durchaus konventioneller klassischer Philologe begonnen; seine Hauptinteressen galten Sophokles und Seneca. Die nahezu ausschließliche Hinwendung zu Ulrich von Wilamowitz-Moellendorff und dessen weitgespanntem Lebens- und Wirkungskreis sollte erst im Jahre 1970 erfolgen, als er drei Wilamowitzbriefe erwerben und publizieren konnte.[17]

Damit kam es zu einer Zäsur in Calders Leben. Er hat kürzlich selbst beschrieben,[18] wie ihn eine Reihe von Zufällen und Begegnungen immer tiefer in Wilamowitz' Umfeld verstrickte, wie er sich mit dessen Familie, Kollegen und Schülerkreis vertraut machte, seinen Werdegang von der Schulzeit in Schulpforta aus verfolgte und dabei immer neue Wilamowitz-Quellen entdecken und veröffentlichen konnte.

In den Mittelpunkt seiner Aktivitäten rückte dabei zunächst die Edition von Wilamowitz' umfangreichem und weit verstreutem Briefwechsel. Häufig zusammen mit verschiedenen Kollegen und Mitarbeitern konnte Calder eine lange Reihe von kommentierten Briefbänden herausgeben, so die Briefwechsel mit William Abbott Oldfather,[19] Eduard Fraenkel,[20] Werner Jaeger,[21] einen Auswahlband,[22] Wilamowitz' Korrespondenz mit Eduard Schwartz,[23] Friedrich Leo,[24] Gilbert Murray,[25] M. P. Nilsson,[26] Hermann Usener,[27] Hermann Diels,[28] Eduard Norden,[29] Max Fränkel,[30] Paul Friedländer[31] und manch anderen mehr.

Der unbestrittene Höhepunkt dieser ganzen Serie von Editionen aber liegt in der Publikation der Korrespondenz zwischen Wilamowitz und seinem Schwiegervater Theodor Mommsen,[32] die implizit zu einem Gelehrtenhandbuch deutscher Altertumswissenschaft im letzten Drittel des 19. Jahrhunderts geworden ist. Die Briefe führen tief in die Eigenart und Kompetenz der Partner ein. Sie sind zugleich auch in menschlicher Hinsicht unvergleichliche Dokumente.

Das zweite Hauptelement von Calders wissenschaftsgeschichtlichem Wirken bildeten die von ihm gemeinsam mit anderen Spezialisten durchgeführten Tagungen. Am Beginn ihrer Kette steht dabei die anläßlich des 50. Todestages von Wilamowitz im Jahre 1981 durchgeführte Veranstaltung, deren internationale Referate dann 1985 unter dem Titel «Wilamowitz nach 50 Jahren»[33] publiziert wurden. Für Calder ist der Titel seines eigenen Beitrags bezeichnend: «Ecce homo. The Autobiographical in Wilamowitz' Scholarly Writings».[34]

Wiederum folgte eine längere Reihe ähnlicher Symposien, so über Friedrich Gottlieb Welcker,[35] Eduard Meyer,[36] Heinrich Schliemann,[37] Otto Jahn,[38] «The Cambridge Ritualists»,[39] Werner Jaeger,[40] George Grote,[41] Karl Otfried Müller,[42] Wilamowitz in Greifswald[43] und schließlich «Wilamowitz und kein Ende».[44] Für den Gesamtbereich der Wissenschaftsgeschichte waren daneben die von Calder herausgegebenen Hilfsmittel, Bibliographien und seine Enzyklopädie[45] von ähnlich grundlegender Bedeutung. Umrankt aber wurden diese zentralen Kerne seiner Arbeiten von einer Vielzahl spezieller Studien zu den wichtigsten Themenkreisen der Altertumswissenschaft sowie durch Hunderte von Rezensionen.[46]

So vielfältig seine Beiträge, Anregungen und sein Wirken für die Wissenschaftsgeschichte der deutschen Altertumswissenschaft waren, so wenig kümmerten Calder theoretische und abstrakte Fragen. Wissenschaftsgeschichte war für ihn in erster Linie Wissenschaftlergeschichte; Ideen waren ihm gleichgültig.[47] Natürlich standen diese Grunddispositionen in denkbar engstem Zusammenhang mit seiner eigenen Persönlichkeit, seiner Vitalität und Unbekümmertheit, seinem persönlichen Stil, für den es keine akademischen Idole, sondern lediglich Menschen gab.

Calders Arbeitsweise wird schließlich dadurch gekennzeichnet, daß es ihm immer wieder von neuem gelang, hochqualifizierte Mitarbeiter und Kollegen an sich zu ziehen, sie für seine Pläne zu mobilisieren, Anregungen sowohl zu geben als auch zu akzeptieren und dank dieser Kooperation Projekte innerhalb denkbar kurzer Frist auch abzuschließen. Gerade der relativ rasche Wechsel solcher Mitwirkender, ohne die seine Leistungen undenkbar waren, erklärt die Intensität von Calders Forschungen auf so vielen Feldern. Daß der beste Wilamowitzkenner unserer Zeit sich bisher jedoch weigerte, eine Biographie des Mannes zu schreiben, in dessen Dienst er Jahrzehnte hindurch stand,[48] bleibt, bei allem Verständnis für Calders Prioritäten, gleichwohl bedauerlich.

Neben Chicago, wo Momigliano gelehrt hatte, und Calders Urbana sollte seit den neunziger Jahren des 20. Jahrhunderts auch Boston zu einem amerikanischen Zentrum für die Erforschung der Wissenschaftsgeschichte in den Altertumswissenschaften werden. Das von W. Haase und M. Reinhold geleitete dortige Institute for the Classical Tradition entfaltete in unserem Bereich rasch eine bemerkenswerte Aktivität.

Von dort aus wurde die «International Society for the Classical Tradition» organisiert, deren Versammlungen ein wichtiges Forum für die wissenschaftlichen Diskussionen der Disziplin darstellen sollten, dort auch das «International Journal of the Classical Tradition» und dessen «Analytical Bibliography of the Classical Tradition» herausgegeben. Dort wurde schließlich das mehrbändige Sammelwerk «The Classical Tradition and the Americas» in Angriff genommen.[49]

Auch für den anglo-amerikanischen Bereich ist daneben die Edition von Sammelwerken charakteristisch. Hervorzuheben sind hier insbesondere diejenigen von R. R. Polgar,[50] G. W. Clarke,[51] G. Iggers–J. M. Powell,[52] K. J. Dover,[53] A. C. Dionisotti u. a.,[54] M. H. Crawford.[55] Von nicht geringerem Einfluß aber wurden bedeutende Monographien, so vor allem jene von G. W. Bowersock,[56] P. Brown,[57] M. H. Crawford,[58] A. Grafton,[59] J. T. Roberts[60] und S. L. Marchand,[61] insgesamt eine imponierende Galerie, zu der es im deutschsprachigen Bereich zunächst kein Pendant gab.

Um den Ring der äußeren Impulse zu schließen, ist es notwendig, noch einmal auf die italienischen Forschungen zurückzukommen. Dabei ist zunächst zu betonen, daß der Tod eines Gelehrten kaum je eine so vielfältige und tiefe Resonanz ausgelöst hat wie im Falle Arnaldo Momiglianos, wo die Reihe der Gedenkveranstaltungen und -schriften erst nach langer Zeit abbrach.[62] Daß sich dabei ältere Studienfreunde und Kollegen wie Carlo Dionisotti[63] und Ricardo Di Donato[64] und auch Emilio Gabba,[65] der ihm zuletzt wohl am nächsten stand, besonders engagierten, war naheliegend. Doch daneben beteiligten sich in diesem Chor auch L. Cracco Ruggini[66] und G. Cambiano.[67]

Zum weiteren Kreis wissenschaftsgeschichtlicher Aktivitäten trugen L. Polverini,[68] S. Accame,[69] G. Arrigoni,[70] E. Lepore[71] und A. Marcone[72] wichtige Studien bei. Ein ausgesprochener Schwerpunkt zeichnete sich in jenem Rahmen in Neapel ab, wo von verschiedenen Seiten her weitere Impulse erfolgten. Dabei ragen insbesondere die Aktivitäten des dortigen Ordinarius für Geschichte der Philosophie Fulvio Tessitore hervor, des großen Spezialisten des Historismus, der zugleich auch die geistige Welt von Humboldt, Ranke und Meinecke in Italien vermittelt hat.[73]

Aktiv blieben freilich auch Momiglianos alte Kontrahenten wie P. Treves[74] und L. Canfora.[75] Erfreulich war vor allem jedoch die Tatsache, daß gleichzeitig eine ganze Reihe jüngerer Gelehrter[76] kritische Einzeluntersuchungen zu den verschiedensten Themen vorlegten, so daß die Fortsetzung dieser großen Tradition gesichert ist.

Es dürfte sich gezeigt haben, daß die Berücksichtigung des breiten internationalen Rahmens der Wissenschaftsgeschichte auf diesem Felde unumgänglich ist. Für den deutschsprachigen Bereich waren ihre Impulse lange Zeit unentbehrlich. Als ebenso konstitutiv erwies sich die Ausbildung eines neuen Strukturelements, die Ausbildung von

Zentren wissenschaftsgeschichtlicher Forschung im deutschen Sprachraum.

Philipps-Universität Marburg: Sensibilisiert durch die grundsätzlichen politischen und ideologischen Auseinandersetzungen seit den sechziger Jahren kam es in der mittelgroßen hessischen Hochschule unter den Kultusministern Schütte und von Friedeburg zu besonders scharfen Konflikten zwischen konservativen Historikern und marxistischen Politologen und Soziologen. Als Konsequenz dieser Lage ergab sich im Bereich der Alten Geschichte die Notwendigkeit zur kritischen Klärung der eigenen wissenschaftlichen Tradition, ihrer Methoden wie ihrer Leistungen, aber auch zur konkreten Information über und zur Einschätzung der DDR-Althistorie.

Die Verbindung traditioneller Quellenkritik mit den Methoden der «History of Historiography» Arnaldo Momiglianos war dabei naheliegend und wurde vom Autor dieser Untersuchung und dessen Schülerinnen und Schülern realisiert. Zusätzlich kamen die Verpflichtungen im Zusammenhang mit dem 450-Jahr-Jubiläum der Philipps-Universität im Jahre 1977 hinzu. Der wissenschaftsgeschichtliche Ansatz Marburgs mußte mit sehr bescheidenen Mitteln in Angriff genommen werden; er wurde weder von dem «fortschrittlichen» hessischen Kultusministerium noch von der Deutschen Forschungsgemeinschaft unterstützt.[77]

Nach dem schon erwähnten Beginn von Frau Freitag[78] und eigenen, begrenzten Spezialuntersuchungen[79] standen zunächst die Erstellung von Materialsammlungen und bibliographischen Hilfsmitteln im Vordergrund.[80] Neben der Integration jeweils spezieller wissenschaftsgeschichtlicher Abschnitte in Vorlesungen und anderen Lehrveranstaltungen setzte sich der Verfasser selbst mittelfristig zwei größere Aufgaben: Einmal sollten zwei Sammlungen von Kurzbiographien die internationalen «Klassiker» unserer Disziplin vermitteln,[81] zum andern zwei spezielle Übersichten die Leistungen der deutschen Althistorie auf den Gebieten der römischen und griechischen Geschichte vergegenwärtigen.[82]

Die erstrebte Parallelität traditioneller und wissenschaftsgeschichtlicher Forschung läßt sich besonders klar bei einem Überblick über die vom Autor betreuten Marburger althistorischen Dissertationen verdeutlichen: Der Bogen der zunächst dominierenden konventionellen Themen spannt sich dabei von den frühen griechischen Tyrannen[83] bis zu den Siegernamen der römischen Kaiser.[84] Spezielle wissenschaftliche Schwerpunkte lagen dabei auf der Römischen Republik,[85] Frauenthemen[86] und auch wirtschaftlichen Fragen.[87] Auf Grund persönlicher Interessen der Doktoranden wurden auch die Histrionen und Chatten behandelt.[88]

Auch bei den wissenschaftsgeschichtlichen Themen überwog die bewußt gewählte Vielfalt. Nach der frühen Studie von G. Freitag setzten sie erst zehn Jahre später mit der Dissertation von Volker Losemann[89] wieder ein, einer Arbeit, auf die unten ausführlicher einzugehen ist. Nach der preisgekrönten Jubiläumsschrift von Gisela Wirth[90] folgten Klassikerstudien über Jacob Burckhardt[91] und Eduard Meyer[92] ebenso wie Auseinandersetzungen mit den marxistischen Positionen,[93] wobei die große DDR-Studie von Matthias Willing[94] eine Sonderstellung einnahm und bis heute noch nicht übertroffen ist.

Es folgten jedoch auch Untersuchungen, welche dem wechselnden Verständnis einzelner Herrscher, sowohl des Augustus[95] als auch des Septimius Severus,[96] gewidmet waren, zuletzt schließlich Dissertationen, welche methodisch besonders bedeutsame Gestalten des anglo-amerikanischen Bereichs[97] untersuchten. Daneben wurden weitere wissenschaftsgeschichtliche Beiträge durch Marburger Festschriften stimuliert.[98]

Von all dem erzielte die auch als Monographie gedruckte Arbeit «Nationalsozialismus und Antike. Studien zur Entwicklung des Faches Alte Geschichte 1933–1945» (1977)[99] von V. Losemann die stärkste Wirkung. Die von dem in der NS-Problematik überzeugend ausgewiesenen Neuhistoriker Hellmut Seier[100] und dem Verfasser betreute Dissertation eröffnete die speziellen Forschungen auf diesem Felde und zeichnete sich durch ihre auf intensiver Aktenforschung beruhende Fundierung ebenso aus wie durch ihre intensiven Erörterungen.

In einem allgemeinen Teil wurden dabei erstmals in systematischer Form die personellen Veränderungen in der Althistorie der nationalsozialistischen Ära erfaßt, die Erinnerung an die Opfer der «Säuberungen» ebenso festgehalten wie die Begünstigten der neuen Lehrstuhlbesetzungen und die im nationalsozialistischen Sinne besonders einflußreichen Gelehrten beim Namen genannt.[101] Nicht weniger konkret und anhand zahlreicher Gutachten belegt war die Analyse des Einflusses der verschiedenen Ministerien und Parteiorganisationen auf die Gesamtentwicklung der Disziplin sowie jene der neuen organisatorischen Lenkungsformen, der «Lagerarbeit»[102] und des «Kriegseinsatzes» der deutschen Altertumswissenschaft.[103]

In einem speziellen Teil ging Losemann dann auf die «Neuansätze altertumswissenschaftlicher Arbeit außerhalb der Universitäten»[104] ein und untersuchte dabei vor allem die Mitwirkung von Franz Altheim an der Lehr- und Forschungsgemeinschaft der SS «Das Ahnenerbe»[105] und von Richard Harder an der «Hohen Schule» Alfred Rosenbergs.[106]

Die nach Jahrzehnten in ihrer Bedeutung allgemein anerkannte Arbeit[107] wurde nach ihrer Fertigstellung zum Objekt eines «Gutachterstreits»,[108] der als Zeugnis sui generis die prinzipiellen Einstellungen der damaligen Spezialisten gegenüber wissenschaftsgeschichtlichen Arbeiten dieser Art erkennen läßt.

Es verdient Anerkennung, daß sich Losemann durch diese Schwierigkeiten nicht aufhalten ließ, sondern seine Studien zum einmal gewählten Problemkreis fortsetzte. Sie galten künftig sowohl einer Vielzahl allgemeiner[109] wie lokaler,[110] speziell althistorischer[111] wie neuer Fragenbündel, der Germanenideologie und speziell Arminius[112] sowie den Doriern und Sparta.[113]

Zuletzt gab er auch selbst einen Forschungsbericht über diesen Bereich, einen Überblick, der noch die Debatten des Frankfurter Historikertags von 1998 miteinbezog. Auf umfassender Materialkenntnis fußend, skizzierte er dort die einzelnen Entwicklungsphasen in seinem Bereich: die Phasen des Verschweigens, der Minimalisierung, der Behinderung, der Ideologisierung, die Entwicklung von der konsequenten Ablehnung der ersten Ansätze bis zur Radikalisierung im letzten Jahrzehnt.[114]

Am Ende seiner Studie über den «Fall Helmut Berve» hat Stefan Rebenich folgende allgemeine Richtlinie wissenschaftsgeschichtlicher Arbeit unterstrichen: «Eine kritische Geschichte der Disziplin kann ... nicht beim Nachweis persönlicher Verstrickung stehenbleiben, sondern hat die zeitbedingten Faktoren der Geschichtsschreibung als notwendiges Korrektiv der aktuellen Forschung und zur Selbstvergewisserung des Faches zu ermitteln. Dabei sollte sich der Historiker nicht die Rolle des Strafrichters anmaßen, sondern sich mit der des Untersuchungsrichters bescheiden.»[115]

Die wissenschaftlichen Aktivitäten der Althistorie an der Philipps-Universität lassen sich gewiß nicht mit den starken Impulsen von A. D. Momigliano und W. M. Calder III vergleichen. Doch die Beteiligten dürfen für sich in Anspruch nehmen, daß sie versuchten, die bescheidenen lokalen Möglichkeiten auszufüllen. Rebenichs Einstellung war auch die ihre.

Leopold-Franzens-Universität Innsbruck / Karl-Franzens-Universität Graz: Die althistorischen Seminare Tirols[116] und der Steiermark[117] standen in der Epoche nach dem II. Weltkrieg in denkbar engem Zusammenhang, eine Tatsache, die auf das Wirken von *Franz Hampl* (1910–2000)[118] und dessen Schülerkreis zurückzuführen ist. Hampls Vater, ein österreichischer Generalstabshauptmann, war schon 1914 gefallen. Wie eng Franz Hampls Beziehung zu seinem Onkel, dem Philosophen und Begründer des kritischen Vitalismus Hans Driesch, der zwischen 1922 und 1933 als Ordinarius in Leipzig wirkte, im einzelnen gewesen ist, läßt sich nicht mit Sicherheit klären. Es mag sein, daß es auf dessen Einfluß zurückgeht, wenn der schon früh für die Alte Geschichte begeisterte Schüler schließlich Leipzig als Studienort wählte, wo er sich eng an Helmut Berve[119] anschloß.

Der Förderung durch Berve verdankte Hampl ein gesichertes, intensiv betreutes Studium der Altertumswissenschaften und schließlich auch den Zugang zur wissenschaftlichen Laufbahn. Mochte Hampl dann später seine eigenen Wege gehen, er hat seinem Lehrer doch, allen Gegensätzen zum Trotz, bis zuletzt die Treue gehalten.

Sowohl Hampls Dissertation «Der König der Makedonen»[120] als auch seine Habilitationsschrift über «Die griechischen Staatsverträge des 4. Jahrhunderts v. Chr.»[121] fanden eine sehr positive Aufnahme. Auch in anderen frühen Studien überwogen verfassungsgeschichtliche Fragestellungen. Der Kriegsdienst unterbrach jedoch diese vielversprechenden Anfänge; wie sein Vater stieg auch Hampl zum Hauptmann auf und wurde durch seine militärischen Erfahrungen stark beeindruckt.[122]

Eine Berufung nach Gießen konnte nach Kriegsende nicht realisiert werden, immerhin folgte Hampl aber 1946/47 dem Ruf auf den Mainzer Lehrstuhl. Noch 1947 übernahm er dann das Innsbrucker Ordinariat, das er bis zum Jahre 1981 verwalten sollte.

Der Beginn der Innsbrucker Lehrtätigkeit, die Hampl zunächst zur Ausarbeitung eines umfassenden Lehrprogramms zwang, ging mit einer tiefen Zäsur seines Geschichtsbildes einher, doch ebenso mit der Entfaltung einer leidenschaftlichen Vermittlungsfunktion. Nur wer einmal einen Vortrag von Franz Hampl gehört hat, kann ermessen, wie suggestiv dieser glänzende Redner auf seine großen Auditorien wirkte. Dies wie die von ihm provozierten Diskussionen «haben Franz Hampl zeitweilig geradezu zu einem Lehrer mit charismatischen Zügen werden lassen».[123] Es war für Hampl selbstverständlich, daß er gleichzeitig mehrere Jahre hindurch auch in Graz wirkte und daß er sich nach seiner Emeritierung noch

15 Jahre hindurch in Seminaren und Exkursionen der Lehrerfortbildung widmete.[124]

In ihrer Bedeutung und Tragweite kaum zu überschätzen sind schließlich Hampls zahlreiche große Reisen und Exkursionen, Unternehmungen, deren Radius eben nicht nur den traditionellen Mittelmeerraum, sondern auch den Nahen und Fernen Osten, Süd- und Zentralasien, Mittel- und Südamerika sowie die berühmtesten Museen der Welt umfaßte.[125]

Hampls langjähriger Mitarbeiter und späterer Kollege Ingomar Weiler hielt deshalb fest: «Solche Reiseerfahrungen, kombiniert mit intensivem Literatur- und Quellenstudium, haben das Fundament für jene Vergleichende Geschichtswissenschaft gelegt, wie sie am Innsbrucker Institut für Alte Geschichte von Franz Hampl und seinen Mitarbeitern in Lehrveranstaltungen und Publikationen kultiviert wird.»[126] Es ist wohl verständlich, daß diese Aktivitäten, neben seinem weiter anwachsenden wissenschaftlichen Werk, Hampls Stellung in Innsbruck entscheidend förderten. Schon 1951 wurde er zum Senator, 1952 zum Dekan der Philosophischen Fakultät, zehn Jahre später zum Rektor seiner Hochschule gewählt.

Die Tiefe von Hampls Innsbrucker Zäsur wird bei einem Vergleich seiner beiden profilierten Schüler Fritz Gschnitzer (geb. 1929), des späteren Heidelberger Ordinarius, und Ingomar Weiler (geb. 1938), der sich ebenfalls bei Hampl habilitierte und schließlich in Graz wirkte, besonders deutlich. *Fritz Gschnitzer*, einer von Hampls ersten Innsbrucker Doktoranden, setzte gleichsam die Tradition von dessen früheren Leipziger Arbeiten fort. Sowohl in seiner Dissertation über «Die Gemeinden Vorderasiens zur Achaimenidenzeit» (1951) als auch in seiner Habilitationsschrift «Abhängige Orte im griechischen Altertum» (1956)[127] sowie in seinen Studien über die Prytanen[128] sind die Einflüsse Hampls unverkennbar. Die späteren methodischen Prioritäten des Lehrers teilte Gschnitzer dagegen nicht; er stellte vielmehr sprachwissenschaftliche sowie verfassungs-, staats- und sozialgeschichtliche Studien in den Mittelpunkt seiner Aktivitäten. Vor allem aber beteiligte er sich dann an den Sklavenforschungen der Mainzer Akademie.[129]

Ingomar Weiler[130] hatte seine wissenschaftliche Laufbahn dagegen in Graz bei dem Althistoriker Erich Swoboda begonnen; er konzentrierte sich zunächst auf das Gebiet der Provinzialgeschichte, speziell Pannoniens.[131] In mehreren Spezialstudien konnte er damals seine Beherrschung der numismatischen und archäologischen Quelleninterpretation beweisen.[132] Da Weiler neben Geschichte auch Sport studiert hatte, setzten schon früh auch Publikationen zur Sportgeschichte ein.[133] Doch entscheidend für seine intellektuelle Entwicklung sollte die Begegnung mit Franz Hampl werden, als dieser nach Swobodas Tod den Grazer Lehrstuhl mitverwaltete, Weilers Qualifikation erkannte und ihm 1967 in Innsbruck eine Assistentenstelle anbot. In Innsbruck hat sich Weiler sogleich völlig mit Hampls damaligen Prioritäten, einer kritischen, vergleichenden und universalhistorisch orientierten Geschichtswissenschaft identifiziert, wie seine Habilitationsschrift «Der Agon im Mythos» (1971)[134] überzeugend dokumentiert.

Auf Grund seines organisatorischen Talents, seines Willens, wissenschaftliche Leistungen und methodische Innovationen auch zur Geltung zu bringen, und nicht zuletzt seines Einsatzes gelang es Weiler, die Konzeptionen Hampls und dessen Innsbrucker Schüler zusammenzufassen, zu veröffentlichen und ihnen eine breite Resonanz zu sichern. Es ist unbestreitbar, daß erst der effiziente Herausgeber Ingomar Weiler die typischen Innsbrucker Impulse zur vollen Geltung brachte. Die von ihm gemeinsam mit Hampl edierten, in rascher Folge erschienenen Bände «Kritische und vergleichende Studien zur Alten Geschichte und Universalgeschichte» (1974); «Geschichte als kritische Wissenschaft» (3 Bde. 1975–1979) und «Vergleichende Geschichtswissenschaft. Methode, Ertrag und ihr Beitrag zur Universalgeschichte» (1978) besaßen eine programmatische Funktion und gaben zugleich der damaligen Innsbrucker Althistorie ihr scharfes, unverwechselbares Profil, das Weiler noch jüngst in einer großen eigenen Studie realisierte.[135] Für Hampls Verständnis der Geschichtswissenschaft war die kritische Disposition grundlegend. Diese Kritik richtete sich in Innsbruck von Anfang an sowohl gegen die Positionen der damals besonders diskutierten Geschichtsphilosophen und -theoretiker als auch gegen zentrale Auffassungen der communis opinio jener Jahre. Für den ersten Bereich kommt dabei, wie schon früh gesehen wurde,[136] seiner Auseinandersetzung mit A. J. Toynbee große Bedeutung zu. Denn Hampl zeigte darin sein besonderes Interesse an Fragen der Kulturentwicklung und des Kulturverfalls, auch an der Theorie von Geschichtswissenschaft und Universalgeschichte. Doch Toynbees Konzeption lehnte er entschieden ab, da er sich selbst zu jenen Forschern zählte, «für die begriffliche Klarheit, methodische Sauberkeit, Folgerichtigkeit in der Durchführung der Gedanken und strikter Verzicht auf Betrachtungen rein phantastischen Inhaltes die selbstverständlichen Voraussetzungen für alles wissenschaftliche Arbeiten bilden».[137]

Mit derselben Entschiedenheit kritisierte er, zunächst in seinen Vorlesungen, später auch in Einzelstudien, Methodenprobleme und grundsätzliche Fragen der modernen Geschichtswissenschaft,[138] die Perspektiven neuerer deutscher Geschichtsdenker, dies in stupender Literaturkenntnis,[139] die Gedanken Teilhard de Chardins,[140] die Konzeption der Diffusionstheorie[141] und des Kulturverfalls,[142] um nur wichtigste Aspekte zu nennen.[143]

Doch mit gleicher Konsequenz richtete sich Hampls Kritik in den fünfziger und sechziger Jahren des 20. Jahrhunderts gegen zentrale Positionen der Disziplin. Dabei befaßte er sich in der Regel nicht mit speziellen Kontroversen der internationalen Forschung, sondern überwiegend mit grundsätzlichen Problemen der griechischen und römischen Geschichte sowie deren Nachbarräumen. Seine historischen Kernfragen standen dabei zudem in noch größeren Zusammenhängen: Die Relation von Mythos und Geschichte wurde ebenso aufgegriffen wie jene von Kontinuität, Diskontinuität und Periodisierung, nicht zuletzt aber die Einschätzung der großen Persönlichkeiten in der Universalgeschichte.

In umstrittenen, nach Hampls Ansicht von den Fachkollegen nicht hinreichend gewürdigten Studien ging es dabei in der frühgriechischen Geschichte einerseits um «Die Chronologie der Einwanderung der griechischen Stämme und das Problem der Nationalität der mykenischen Kultur»,[144] andererseits um seine programmatische Überzeugung: «Die Ilias ist kein Geschichtsbuch.»[145]

Während er in der ersten Arbeit unter Einbeziehung der wissenschaftsgeschichtlichen Dimension, speziell der Forschungen von Fr. Dümmler, F. Studnitzka und anderer Archäologen[146] der Vorstellung einer Kontinuität zwischen der mykenischen Welt und den griechischen «Dark Ages» den Boden entzog und die Annahme einer griechischen Einwanderung zu Beginn des 2. Jahrtausends v. Chr. bestritt, ging es in der zweiten Studie um das adäquate Verständnis der homerischen Epen, um eine Enthistorisierung des Epos ebenso wie um die Klärung der Definitionen und der Zusammenhänge von Mythos, Sage, Märchen und Geschichte,[147] damit um traditionelle Kontroversen, welche auch im Rahmen der jüngsten Troja-Debatte[148] nichts von ihrer Bedeutung verloren haben.

Denselben Rang und dieselbe generelle Tragweite dürfen Franz Hampls Alexander-Studien für sich in Anspruch nehmen.[149] In immer schärferer Ausprägung, aber auch Differenzierung seiner Wertungen kritisierte er einseitige Idealisierungskonzeptionen wie moderne Rationalisierungen.[150] Hampl anerkannte durchaus Alexanders herausragende Qualifikationen und Leistungen, unterstrich jedoch insbesondere das «Dämonische» seines Wesens. Daß er ihn zu den ‹Großen› der Weltgeschichte zählte, die sich um eine «ideale Gestaltung ihrer Herrschertätigkeit» bemühten, steht außer Frage.

Doch gerade am Beispiel Alexanders zeigt sich auch Hampls universalhistorische und vergleichende Grundkonzeption. Denn in eine Reihe mit ihm stellte er eine größere Zahl anderer Persönlichkeiten: «Der große athenische Reformer Solon hat hier ebenso seinen Platz wie Kaiser Ashoka und der von Ashoka zwar fast durch eineinhalb Jahrtausende getrennte und doch ihm in vieler Hinsicht verwandte Jayavarman VII. Auch Kaiser Shi Huang Ti, die großen Adoptivkaiser von Hadrian bis Mark Aurel, Friedrich II. von Hohenstaufen, Heinrich IV. von Frankreich-Navarra, Cromwell, Peter der Große von Rußland, Kaiser Meji und sein großer Helfer Ito dürfen hier vielleicht genannt werden.»[151]

Gleichzeitig erinnerte Hampl jedoch auch an eine andere «Art von historischer Größe, die Größe von Männern, die kraft entsprechender Anlagen zu neuen Konzeptionen auf dem Gebiete des Geistes, der Sittlichkeit, des Rechtes und der Kunst gelangten und eben damit die kulturelle Entwicklung vorwärtstrieben».[152]

Einen speziellen Aspekt im Wirken «großer Männer» behandelte Hampl schließlich im Rahmen seines Spätwerks in der Studie «‹Denkwürdigkeiten› und ‹Tatenberichte› aus der Alten Welt als historische Dokumente».[153] Ausgehend von einer Kritik an den modernen Auffassungen der commentarii Caesars und der res gestae divi Augusti stellte er mit diesen Texten Dareios I. Inschrift von Behistun, die zugleich mit den Angaben Herodots verglichen wurde,[154] und die Memoiren Napoleons in eine Reihe, um mit dieser vergleichenden Methode die generelle Problematik der Selbstdarstellung großer Feldherrn in universalhistorischer Perspektive zu erfassen.

Parallel zur Ergänzung seines Vorlesungszyklus und zur Vertiefung seiner sonstigen Aktivitäten wandte sich Hampl seit dem Anfang der fünfziger Jahre dann auch den Problemen der römischen Geschichte zu.[155] Der Radius seiner Untersuchungen umfaßt dabei die Gesamtentwicklung von der Frühen Republik bis zur Epochengrenze der Spätantike. Ausgesprochene Schwerpunkte liegen im Bereich des sogenannten Sittenverfalls,[156] der im Zusammenhang mit der Toynbee-Kritik, den kulturhistorischen Vorstellungen und der Universalhistorie[157] näher erörtert wurde, desgleichen in der Analyse des römischen Imperialismus,[158] endlich auch in Spezialstudien zur römischen Historiographie[159] und Religion.[160] Trotz seiner zahlreichen Italien-Exkursionen kommt diesen Arbeiten im Rahmen von Hampls Gesamtwerk jedoch längst nicht dieselbe Bedeutung zu wie jenen zur griechischen Geschichte. Auch Zahl und Thematik der einschlägigen Dissertationen[161] bestätigen den Gesamteindruck.

Eine kritische Grundeinstellung gegenüber Fakten, Personen, Überlieferung und Forschung ist gewiß für jeden Historiker grundlegend. Doch für Franz Hampl war sie von existentieller Bedeutung. Sie stand im Zentrum seines Wesens wie seiner wissenschaftlichen Produktion und deren Stils. Ein besonders klares Indiz dafür bieten einmal seine wie seiner Schüler und Kollegen Ablehnung einer ungeprüften Übernahme und Verwendung von Abstraktionen, Begriffen und «Gemeinplätzen»,[162] zum andern die Vielzahl von Rezensionen, in denen sich seine Kritik der aktuellen Forschung, insbesondere im Innsbrucker «Anzeiger für die Altertumswissenschaft», entfaltete.

«Vergleichende Geschichtswissenschaft» war das zweite Kernelement von Hampls Geschichtskonzeption, wie schon aus den Titeln der Sammelwerke von 1974 und 1978 ebenso hervorgeht wie aus der Umbenennung des Innsbrucker althistorischen Seminars im Jahre 1973.[163]

Tatsächlich war dieses Element für Hampls gesamtes Wirken konstitutiv. Er blieb von der Fruchtbarkeit des Ansatzes tief überzeugt, dies auch deshalb, weil er es gestattete, die traditionellen Perspektiven einer eng gefaßten und isolierten griechischen und römischen Geschichte ebenso zu überwinden wie jene der konventionellen Nationalgeschichte. Daß die Auseinandersetzung mit den Geschichtsstrukturen Spenglers und Toynbees wesentlich zur konsequenten Herausbildung der eigenen Konzeption beitrug, ist dabei evident.

Die komparatistische Konzeption wurde alsbald auf die verschiedensten Spezialbereiche und Themenkreise übertragen, dies nicht zuletzt deshalb, weil es Hampl gelang, seine Hörer und Schüler von deren Vorzügen zu überzeugen. In dem schon mehrfach erwähnten, von Fr. Hampl und I. Weiler herausgegebenen Sammelband «Vergleichende Geschichtswissenschaft. Methode, Ertrag und ihr Beitrag zur Universalgeschichte» (1978) war Hampl zum Beispiel mit Beiträgen zur Vergleichenden Sagenforschung (132–169) und zur Vergleichenden Kunstgeschichte (204–242) vertreten, während R. Bichler «die theoretische Einschätzung des Vergleiches in der Geschichtswissenschaft» (1–86) beisteuerte, I. Weiler über «Vergleich und vergleichende Aspekte in der Wirtschafts- und Sozialgeschichte» (243–283) referierte und auf diesem Sektor auch konkrete, große Untersuchungen vorlegen sollte.[164] Von den vielfältigen Realisierungen der Methode seien daneben lediglich diejenigen von Godehard Kipp (geb. 1939),[165] G. Lorenz (geb. 1942),[166] H. Aigner (geb. 1943)[167] P. Haider (geb. 1946)[168] und Chr. Ulf[169] hervorgehoben.

Indessen sollte man die Reaktionen auch nicht zu einseitig und zu positiv sehen. Schon R. Bichler äußerte im Jahre 1985 seine grundsätzlichen Bedenken: «Aber natürlich fragt sich schon im Hinblick auf die thematische Reichweite all der nun vorgestellten Arbeiten, ob denn diese vielbeschworene universalhistorische Betrachtungsweise ihrerseits einen klaren und methodisch tragfähigen Weg zu historischer Erkenntnis weisen kann oder ob sie nicht vielmehr – gerade beim heutigen Entwicklungsstand der einzelnen Fachdisziplinen – zu Dilettantismus führen muß.»[170] Für die weitere Entwicklung ist es denn auch charakteristisch, daß das Innsbrukker Althistorische Seminar inzwischen als «Institut für Alte Geschichte und Altorientalistik» firmiert.

Für *Ingomar Weilers* Entwicklung brachte die Berufung auf den Grazer Lehrstuhl für Alte Geschichte im Jahre 1976 die Chance, zwar einerseits an den Innsbrucker Methoden im Sinne Hampls festzuhalten, andererseits jedoch auch eigene Prioritäten zu realisieren. Es gelang ihm, die Spannungen dieser Dialektik für seine wissenschaftliche Arbeit fruchtbar zu machen: Tiefe Heimatverbundenheit[171] prägte ihn ebenso wie universelle, komparative Weltläufigkeit,[172] die ‹Hampl›-Tradition wie die Dynamik seines forcierten Engagements in Sport- und Sozialgeschichte, die Verbindung von Theorie, Praxis und Didaktik, Gegenwartsimpulse wie die beständige Berücksichtigung der Wissenschaftsgeschichte.

Weiler wirkte als unermüdlicher Individualforscher, dessen Fragestellungen sich durch ihre Originalität auszeichneten, ebenso wie als Leiter fruchtbarer Teamarbeit und als effizienter Organisator und Herausgeber, der sich jedoch stets auch für die Projekte seiner Kollegen als Mitarbeiter zur Verfügung stellte.

Bestimmend blieb für ihn eine grundsätzlich anti-klassizistische[173] Auffassung der Antike, die sich in seiner realistischen Wendung gegen die Ideologisierung und Politisierung Olympias[174] ebenso widerspiegelte wie in seinem Studium der Randgruppen der antiken Gesellschaft.[175] Weiler verlor sich nicht in den so lange schon strapazierten prosopographischen Verflechtungen der antiken Führungsschichten, für ihn war es ein existentieller Zwang, endlich das Los der Unterprivilegierten des Altertums, der sozialen Randgruppen,[176] Witwen, Waisen,[177] Behinderten[178] und Außenseiter[179] ins Bewußtsein zu führen.

Die wissenschaftliche Verbindung von Sport und Alter Geschichte ist äußerst selten. Ingomar Weiler hatte sie schon während seiner Innsbrucker Jahre nicht zuletzt unter wissenschaftsgeschichtlichen Aspekten[180] aktiv betrieben und bis in die Gegenwart fortgeführt. Dabei zeichneten sich im Laufe der Jahre eine ganze Reihe für ihn charakteristischer Schwerpunkte ab: Dazu gehörten insbesondere die Probleme um den Ursprung des Sports,[181] die Olympia-Kritik,[182] das Studium von «Verfalls»-Erscheinungen,[183] Zuschauerverhalten,[184] Phänomene römischer Zeit[185] und schließlich auch die didaktischen Aufgaben.[186]

Ähnlich weitgefächert sind Weilers Studien zur Wissenschafts- und Rezeptionsgeschichte. Neben einer allgemeineren Kritik der Beurteilungen des antiken Sports und seiner Praxis,[187] wiederum erneut vor allem am Beispiel Olympias,[188] finden sich hier auch personenbezogene Untersuchungen, so zu Lafitau,[189] Coubertin,[190] Jüthner,[191] der Zeit des Nationalsozialismus,[192] Strohmeyer.[193]

Hinzu kommen die großen Verdienste, die sich Weiler in diesem Sektor als Herausgeber und Mitherausgeber von Sammelwerken[194] und Zeitschriften[195] erworben hat. Eine Sonderstellung nimmt schließlich sein Überblick: «Alte Geschichte, Klassische Archäologie und Altertumskunde» im Rahmen der von K. Acham herausgegebenen Geschichte der Österreichischen Humanwissenschaften ein.[196]

Im Kontext der bereits erwähnten sozialgeschichtlichen Spezialstudien wie in seiner «Griechischen Geschichte» (1976. 1988²) ging Weiler wiederholt auch auf die Lage der antiken Sklaven ein. Doch erst seit dem Beginn der neunziger Jahre des letzten Jahrhunderts zeichnete sich dann eine intensivere Beschäftigung mit dem Problem der Sklavenfreilassung[197] ab, die schließlich zu seinem wissenschaftlichen Hauptwerk über «Die Beendigung des Sklavenstatus im Altertum»[198] führen sollte, einer Monographie, die ausdrücklich als «Beitrag zur vergleichenden Sozialgeschichte» gekennzeichnet war.

Diese große Synthese vereinigte in sich die Kernelemente der Innsbrucker althistorischen Forschung; zugleich besprach Weiler dort in einem theoretischen Hauptteil alle wesentlichen Aspekte moderner Sklavenforschung. Er griff dabei die Impulse des Soziologen O. Patterson ebenso auf wie diejenigen der einschlägigen althistorischen Untersuchungen[199] und beleuchtete zugleich die extremen Diskrepanzen in den modernen Definitionen der «Sklavengesellschaften». In weiteren Abschnitten wurden sodann in umfassender Weise die verschiedenen Formen, wie der Sklavenstatus abgelegt werden konnte, erörtert, wobei auch die vielschichtigen Phänomene der Sklavenflucht gebührende Beachtung fanden. Insgesamt stellt Weilers Werk ohne Zweifel einen der wichtigsten Beiträge innerhalb der «Forschungen zur Antiken Sklaverei» der Mainzer Akademie der Wissenschaften und der Literatur dar. Es ist erfreulich, daß der Verfasser auch weiterhin auf diesem zentralen Bereich vergleichender Sozialgeschichte arbeiten wird.[200]

Nachdem Ingomar Weiler 1982 den Innsbrucker Ruf nicht angenommen hatte, konnte ein anderer Hampl-Schüler, *Reinhold Bichler* (geb. 1947), die Professur übernehmen. Damit sollten im Rahmen der Innsbrucker Konzeption neue Akzente gesetzt werden. Ein erster Arbeitsschwerpunkt Bichlers lag zunächst im Bereich der Schulbuchkritik, die damals auch bildungspolitisches Interesse beanspruchen konnte.[201] Es folgten eine Reihe von theoretischen und methodischen Untersuchungen, welche die Tradition der Innsbrucker Schule aufnahmen und vertieften,[202] danach die überarbeitete Fassung der Habilitationsschrift des Jahres 1980.[203] Auch sie griff in ihrer Problematisierung des Epochenbegriffs «Hellenismus» eine schon für Hampl typische Fragestellung[204] auf.

Mit seiner Monographie «Von der Insel der Seligen zu Platons Staat»[205] eröffnete Bichler dann eine ganze Reihe von Untersuchungen zur griechischen Utopie,[206] die von mehreren Herodot-Studien[207] begleitet wurden. Denn im Rahmen der leitenden Innsbrucker Interessen mußte Herodot naturgemäß besondere Beachtung finden. Dies galt für Hampl[208] wie für Bichler.

Für sein großes Werk «Herodots Welt»[209] wählte dieser dann eine sehr sinnvolle Struktur: Ausgehend von Herodots Verbindung geographischer, ethnographischer und historischer Kriterien wagte er, ein Gesamtbild von Herodots Welt- und Geschichtskonzeption zu rekonstruieren. Auf Grund von Skizzen der äußeren wie der inneren Zonen der «Randvölkerwelt» zeichnete Bichler zunächst Herodots Vorstellungen der «Völker zwischen Wildheit und Zivilisation» nach.

Eingehender wurden dann die «Kulturwelt des Vorderen Orients», besonders ausführlich das Bild des alten Ägypten, endlich die Machtbildungen der Lyder, Meder und Perser vermittelt. Die Expansionspolitik des Achämenidenreiches und deren Scheitern im Kampf gegen die «freie hellenische Welt» sind im letzten Drittel des Buches ausführlich erörtert. Höhepunkte der vielfältigen Einzelheiten, in denen mythische und phantastische Elemente nicht fehlen, bilden in Bichlers Akzentuierung die Welt der Skythen, Babylon, Ägypten und das Persische Reich.

So wechselvoll das Mosaik der behandelten Elemente ist, Bichler unterstrich zu Recht, daß Herodot zugleich einheitliche historische Erfahrungen hervorhob. Wie er an anderer Stelle schrieb: «Verlockung und Gefahr der Herrschaft, wie sich die Großen dieser Welt darin verstricken und dabei das rechte Maß zur Bewahrung ihrer Macht verlieren und an welchen Gegnern sie scheitern, das bildet die zentrale Thematik im Geschehen der Historien.»[210] Allein über die Tragweite seiner rationalen historischen Erkenntnisse gab sich schon Herodot selbst keinen Illusionen hin: «Und der schlimmste von allen Schmerzen ist der, große Einsicht zu haben, aber keine Macht.» (IX,16)

Parallel zu diesen Hauptlinien von Reinhold Bichlers wissenschaftlicher Produktion verlief eine weitere Kette wissenschaftsgeschichtlicher Arbeiten. Hervorgehoben seien hier vor allem die Studie «Neuorientierung in der Alten Geschichte?»,[211] die Edition des Innsbrucker Jubiläumsbandes[212] und die Untersuchung «Alexander der Große und das NS-Geschichtsbild».[213]

Durch zahlreiche Aktivitäten zeichnete sich in Innsbruck auch *Christoph Ulf* aus. Schon seine Dissertation über den «Luperkalienritus in der Sicht der Vergleichenden Geschichtswissenschaft» (1978)[214] zeigte eine enge Bindung an die dortigen Prioritäten. Danach arbeitete Ulf einige Zeit besonders eng mit Ingomar Weiler zusammen,[215] dokumentierte seine starken wissenschaftsgeschichtlichen Interessen dann aber auch in der Monographie «Griechische Antike und deutsche Geschichtswissenschaft in biographischen und bibliographischen Daten»[216] sowie in weiteren einschlägigen Einzelstudien.[217]

Seit seiner Habilitationsschrift über «Die homerische Gesellschaft» (1990) bildete dann die griechische Archaik einen Schwerpunkt seiner Studien.[218] Daneben griff Ulf aktuelle Methoden und Fragestellungen auf, wandte sich den Bereichen von Ethnographie, Ethnogenese, Mentalitäts- und Geschlechtergeschichte zu, Gebieten, in denen er sich – zumeist gemeinsam mit R. Rollinger – auch als Herausgeber engagierte.[219] Daß er im Jahre 2002 durch eine Innsbrucker Professur ausgezeichnet wurde, war naheliegend.

Der Überblick über die sich im Schatten von Franz Hampls Wirken vollziehenden Entwicklungen der Althistorie an den Universitäten Innsbruck und Graz dürfte deren Sonderstellung erwiesen haben. Kennzeichnend für die sich über ein halbes Jahrhundert erstreckende, ungewöhnlich fruchtbare Forschungsrichtung waren einerseits das Festhalten an einer gemeinsamen intellektuellen Basis, andererseits die unbehinderte Entfaltung individueller Schwerpunkte und Fragestellungen. Das Ergebnis war jedenfalls ein ganzes Bündel von Innovationen, die sich bewährten.

Deutsche Demokratische Republik: Mit der Gründung des «Zentralinstituts für Alte Geschichte und Archäologie» (ZIAGA) im Rahmen der Akademie der Wissenschaften der DDR erfolgte im Jahre 1969, wie schon erwähnt wurde, eine grundlegende Neustrukturierung und Organisation der dortigen Altertumswissenschaften.[220] Die Zusammenfassung der Wissenschaftsbereiche Ur- und Frühgeschichte, Alter Orient, Griechisch-Römische Geschichte und Griechisch-Römische Kulturgeschichte in einem hierarchisch straff strukturierten und bewußt koordinierten wissenschaftlichen Großinstitut verlagerte die wichtigsten Forschungsaktivitäten von den Hochschulen auf die neue Institution der Akademie.

Entscheidend dafür war das Ziel, in diesem Sektor die Vorgaben der SED-Wissenschaftspolitik umzusetzen, eine höhere Effizienz des Forschungspotentials zu gewährleisten, die Koordination der beteiligten Disziplinen zu verbessern, aber auch mit Hilfe eines speziellen «Rates» sowie weisungsbefugter Direktoren auf Instituts- wie Wissenschaftsbereichsebene die Kontrolle aller Aktivitäten zu sichern.

Die in sich konsistente, rational und theoretisch durchaus vertretbare Organisationsstruktur war zudem mit einem umfassenden Revirement verbunden. Als Direktor des Gesamtinstituts fungierte zwischen 1969 und 1991 der Ur- und Frühgeschichtler *Joachim Herrmann* (geb. 1932),[221] eine ebenso organisatorisch effiziente wie selbst wissenschaftlich aktive Persönlichkeit, die ihren gestellten Aufgaben zweifellos gerecht wurde. Als Stellvertreterin Herrmanns wirkte zwischen 1969 und 1981 die Ethnologin Irmgard Sellnow,[222] die vor allem die Einheitlichkeit der Leitung sicherte; nach ihr war für den altertumswissenschaftlichen Bereich der Philosoph Reimar Müller[223] zuständig.

Als Wissenschaftsbereichdirektoren amtierten für die Griechisch-Römische Geschichte von 1969 bis 1971 W. Seyfarth, danach bis 1980 H. Kreißig, 1980–1984 H. Köpstein, seit 1985 schließlich G. Audring.[224] Die Griechisch-Römische Kulturgeschichte leitete bis 1985 Johannes Irmscher, dessen Einfluß jedoch insgesamt schwächer geworden war, danach Reimar Müller.

Da im Zentrum der wissenschaftlichen Planungen des ZIAGA mittelfristige Projekte standen, die von Autorenkollektiven zu realisieren waren, kam es zu einem neuen System von Leitungsebenen, dem der einzelne Gelehrte unterworfen war. Auf die Dauer konnten sich dem Zwang zur aktiven Mitarbeit an solchen Projekten nur sehr wenige Personen entziehen. Faktisch war es kaum mehr möglich, eine völlig selbständige, langfristige Individualforschung zu betreiben, allenfalls zumindest in Anlehnung an schon bestehende Forschungseinheiten. Dies galt insbesondere für die aktiven Mitarbeiter an den alten, international gesicherten Corpora und Arbeitsvorhaben.

Die Stellung der Alten Geschichte im Rahmen dieses Organisationssystems war ausgesprochen schwach. Dies ergibt sich in gleicher Weise aus der Anzahl und dem Einfluß der beteiligten Personen wie aus der Qualität der mit besonderem Vorrang betriebenen Projekte. Von den insgesamt 135 Personalstellen, über die das ZIAGA verfügte, waren lediglich 22 für die Griechisch-Römische Geschichte, 25 für die Griechisch-Römische Kulturgeschichte bestimmt.

Das wichtigste Publikationsorgan des Instituts, die «Veröffentlichungen des Zentralinstituts für Alte Geschichte und Archäologie», dokumentiert, wie gering der Anteil althistorischer Themenkreise innerhalb der mittelfristigen Kollektivproduktion gewesen ist: Von den insgesamt 21 Titeln, die in dieser Serie zwischen 1973 und 1990 erschienen sind, berührten lediglich drei den engeren Bereich der Alten Geschichte: 1. «Die Römer an Rhein und Donau». 1975. Leitung R. Günther und H. Köpstein; 2. «Kulturgeschichte der Antike». 2 Bde. 1976–1978. Leitung R. Müller; 3. «Germanen erobern Rom». 1986. Leitung R. Günther und A. R. Korsunskij.

Hinzu kommt als besonders wichtiges Element die Mitwirkung einer ganzen Reihe von Althistorikern unter der Leitung von H. Kreißig an dem schwerpunktmäßig realisierten Projekt «Weltgeschichte bis zur Herausbildung des Feudalismus».[225] Das unter der Verantwortung von I. Sellnow edierte Werk stand in engem Zusammenhang mit dem schon zwei Jahre zuvor, im Hinblick auf den XIV. Internationalen Historikerkongreß in San Francisco von J. Herrmann und I. Sellnow herausgegebenen Band «Die Rolle der Volksmassen in der Geschichte der vorkapitalistischen Gesellschaftsformationen» (1975). Wie M. Willing wohl zu Recht vermutet, wird man in Herrmann «den eigentlichen Schöpfer des ‹Volksmassenideologems› in der DDR erblicken können, das seit den 70er Jahren die ZIAGA-Großprojekte wie ein roter Faden durchzog».[226]

Neben den «Veröffentlichungen» des Zentralinstituts, die den Publikationen der Autorenkollektive dienten, bot eine zweite umfangreiche Reihe («Schriften zur Geschichte und Kultur der Antike») die Möglichkeit, individuelle Untersuchungen zu veröffentlichen, wobei es sich meistens um Autoren handelte, welche dem Institut nahestanden.[227] Auch dadurch wurde dessen führende Rolle sichtlich gestärkt.

So umfassend der Arbeitsbereich des ZIAGA war, so sollte sich doch im Laufe der Jahre erweisen, daß die weitere Zugehörigkeit der Arbeitsstelle

«Wirtschaftsgeschichte des Altertums» zum Institut für Wirtschaftsgeschichte der Akademie der Wissenschaften der DDR unbefriedigend blieb. Zwar traten die dortigen Mitarbeiter P. Musiolek und H. Fischer auch weiterhin mit wichtigen Untersuchungen hervor,[228] doch ergriff das ZIAGA seit Mitte der achtziger Jahre nun auch auf diesem Gebiet eigene Initiativen: Nach dem Perspektivplan für das letzte Jahrfünft der DDR sollte ein von K.-P. Johne geleitetes Kollektiv «Studien zur Gesellschaft und Wirtschaft im Römischen Reich im 3. Jh. u. Z.» vorlegen. Noch wichtiger war ein zweites Unternehmen: Ein weiteres Kollektiv unter G. Audring war der «Ökonomie der Antike» gewidmet.[229] Während das erste Projekt 1993 abgeschlossen werden konnte, gelang dies im zweiten Falle nicht mehr.

Zusammenfassend ist festzuhalten, daß sich die Konzentration der wissenschaftlichen Forschung im Bereich der Alten Geschichte durch deren zentrale Lenkung im ZIAGA in qualitativer Hinsicht nicht bewährte. Die dabei dominierenden Niveauunterschiede entsprechen jenen zwischen den neu geschaffenen Hochschullehrbüchern. In Qualität und Ertrag reichten die Kollektivprojekte bei weitem nicht an die von E. Ch. Welskopf initiierten internationalen Großprojekte heran.[230]

Insbesondere aber wirkte sich die Zentralisierung der althistorischen Forschung auf jene in den Hochschulen eindeutig negativ aus, wo allein schon der Rückgang des Latein- und Griechischunterrichts an den Oberschulen bedenkliche Folgen zeitigte. Die Betreuung der Alten Geschichte an der Humboldt-Universität war ebenso unzulänglich (A. Jähne; M. Njammasch) wie jene an der Universität Halle-Wittenberg nach H.-J. Diesners «Invalidisierung». Als einzige selbständige Ausbildungs- und Forschungsinstitution auf universitärer Ebene hob sich das Institut für Altertumswissenschaften der Universität Jena ab, wo D. Lotze das Fach vertrat. Auch an der Universität Leipzig kam es zu einem Bedeutungsrückgang der Disziplin, als R. Günther zwischen 1982 und 1987 die Sektion Geschichte zu leiten hatte und gleichzeitig lediglich noch Diplomarbeiten in Alter Geschichte erstellt werden konnten. In Rostock, Greifswald und Potsdam herrschten ebenso Stagnation, Vertretungen, Aushilfen und Mittelmaß.

Die verschiedenen Themenkreise, in denen sich die DDR-Althistorie betätigte, wurden bereits genannt. Auffallend ist dabei insbesondere die kontinuierliche Konzentration auf die Spätantike (W. Seyfarth, H.-J. Diesner, R. Günther); anerkennenswert bleibt die Weiterführung der traditionellen Grundlagenforschung der Berliner Akademie, vor allem in den Bereichen der Epigraphik, Numismatik und sonstigen Geschichtsquellen der Antike.

Hervorzuheben ist schließlich auch das stärkere Interesse an den Problemen der Wissenschaftsgeschichte. Die Impulse auf diesem Sektor gehen nicht zuletzt auf den einzigen Inhaber eines Lehrstuhls für Geschichte der Geschichtswissenschaft im deutschen Sprachraum, Werner Berthold (Leipzig),[231] zurück, die in dessen zweibändigem Abriß «Zur Geschichte der Geschichtswissenschaften vom Altertum bis zum 20. Jahrhundert» (1989/90) sowie in zahlreichen Einzelstudien gipfeln sollten.[232]

Seit dem Ende der siebziger Jahre setzten diese verstärkten Aktivitäten ein und schlugen sich in den von H. Gericke herausgegebenen «Beiträgen zur bewußtseinsbildenden Funktion der Altertumswissenschaft in Vergangenheit und Gegenwart»[233] in gleicher Weise nieder wie in Studien zum 18. Jahrhundert,[234] in Arbeiten über Böckh[235] und Mommsen[236] wie über Adolf von Harnack[237] und Gelehrte des 20. Jahrhunderts.[238] Daran schloß sich die oben schon erwähnte scharfe Kritik an den BRD-Althistorikern an, eine Polemik, die von dem Bewußtsein getragen wurde, allein über das fortschrittliche historisch-materialistische Geschichtsbild zu verfügen.

Das Ende der DDR-Althistorie war schließlich nicht weniger politisch bedingt als deren Beginn. Mit Ausnahme der Auflösung des ZIAGA[239] sind die Einzelheiten der «Evaluierung» wie deren Konsequenzen im einzelnen noch nicht erforscht. Daß es sich dabei um äußerst problematische Vorgänge handelte, steht indessen schon heute fest.

Berlin, Freie Universität: Als *Alexander Demandt* (geb. 1937)[240] im Jahre 1974 seinen Berliner Lehrstuhl übernahm, waren seine Forschungen schon damals durch ihre Vielfalt charakterisiert.[241] Zwar standen sehr unterschiedliche Arbeiten zur Spätantike im Vordergrund,[242] doch daneben lagen auch archäologische Spezialuntersuchungen über den Iran,[243] eine ungewöhnliche Akademieabhandlung über «Verformungstendenzen in der Überlieferung antiker Sonnen- und Mondfinsternisse»,[244] schließlich eine wissenschaftsgeschichtliche Studie über das moderne Alexanderbild[245] und die eigenwillige Konstanzer Universitätsrede «Geschichte als Argument»[246] vor.

Bei dieser Breite der Interessen, Originalität und Unbekümmertheit der Fragestellungen sollte es bleiben: Lokalgeschichte[247] stand neben Weltgeschichte,[248] das Studium der Metaphern für Geschichte[249] neben allgemeinen Reflexionen über «Zeit»[250] und «Geschichte»,[251] geschichtsphilosophischen Überlegungen verschiedenster Art,[252] kulturgeschichtlichen Beiträgen über Gärten[253] und Wald,[254] endlich wissenschaftsgeschichtlichen Bemühungen weitesten Umfangs.

Sie galten Schliemann,[255] Spengler,[256] Eduard Meyer,[257] Carl Schmitt,[258] vor allem aber, auch zufallsbedingt,[259] Theodor Mommsen,[260] dem er immer wieder von neuem seinen Tribut entrichtete und für dessen Werk er, zusammen mit seiner Frau, Barbara Demandt, in einem Jahrzehnt angespannter Forschungsarbeit eine entscheidende Kenntniserweiterung erzielen sollte.[261]

Ein weiteres Specificum von Demandts wissenschaftlichem Werk liegt darin, daß es in den verschiedensten Formen publiziert wurde. Die Bandbreite erstreckt sich hier von dem kleinen Beitrag zu Sammelwerken über die Feuilletonseite und die Rezension, von Vorträgen, Aufsätzen und Abhandlungen verschiedensten Umfangs bis zu separaten kleineren Schriften, von der Mitwirkung an Ringvorlesungen, die sich in Sammelbänden niederschlug, bis zu den größeren Werken, die im folgenden im Mittelpunkt stehen werden.[262]

Demandts erstes thematisch überraschendes, großes Buch war «Metaphern für Geschichte. Sprachbilder und Gleichnisse im historisch-politischen Denken»[263] gewidmet. Die umfangreiche Untersuchung ging dabei von der Frage aus, «wie Geschehen sich in Vorstellung verwandelt, und wie Vorstellungen dann auf das Geschehen selbst zurückwirken» (V), für deutsche Althistoriker gewiß eine völlig unkonventionelle Thematik.

Das Werk bot den auf vieljähriger Materialsammlung beruhenden Versuch, erstmals die Geschichte und die Bedeutung von Metaphern von Homer und den Propheten bis zur Gegenwart zu erfassen. Aussagewert und Funktion organischer Metaphern, solcher aus dem Bereich der Jahres- und Tageszeiten, Bewegung, Technik und Theater wurden hier auf Grundlage einer überwältigenden Quellenbasis interpretiert.

Daneben blieb die Spätantike, eine der anspruchsvollsten und schwierigsten Epochen des Altertums überhaupt, auch weiterhin ein bevorzugtes Arbeitsfeld Demandts. Neben zahlreichen kleineren Einzelstudien, darunter auch zur römisch-germanischen Konfrontation in der Spätantike,[264] konzentrierte er sich dabei zunächst auf die Thematik von «Decline and Fall of the Roman Empire», zu der in den siebziger Jahren wichtige Studien und Vorarbeiten vorgelegt worden waren.[265]

In seinem Werk «Der Fall Roms» (1984) ging es Demandt «um die Vorstellungen, die sich die Menschen vom Fall Roms als ganzem gemacht haben: wie, wann und weshalb er ins historische Bewußtsein getreten oder aus diesem verdrängt worden ist, wie er bewertet und erklärt, gewichtet und gerichtet wurde». Dabei sollte seine Analyse zugleich «Einsicht in das Urteilsvermögen der Historie» (9) geben.

Das Buch, das insgesamt nicht weniger als 210 Faktoren für den Untergang Roms besprach, wurde zu einem der wertvollsten wissenschaftsgeschichtlichen Beiträge im Felde der deutschen Altertumswissenschaften. Daß Demandt in gleicher Intensität auch die Quellen jener Epoche beherrschte, dokumentierte fünf Jahre später sein Handbuch «Die Spätantike. Römische Geschichte von Diokletian bis Justinian, 284–565 n. Chr.», eine Darstellung von höchstem Informationswert, ein unentbehrliches Arsenal zur Welt der Spätantike.

Alexander Demandt selbst hat, an allerdings entlegener Stelle,[266] geschildert, wie er 1980 die Hensel-Nachschriften von Mommsens Kaiserzeit-Vorlesungen und 1991 das sogenannte Akademie-Fragment entdeckte. Beides waren wissenschaftsgeschichtliche Sensationen, die denn auch sogleich in der Tagespresse starke Beachtung fanden. Über ein Jahrzehnt hindurch unterzog sich das Ehepaar Demandt der zeitraubenden und diffizilen Aufgabe, nicht nur auf Grund der eigenen Funde, sondern auch auf der Grundlage der insgesamt rund 20 bekannten Nachschriften, soweit sie ihm zugänglich wurden, einen konsistenten, lesbaren Text von Mommsens Kaiserzeit- und Spätantike-Vorlesungen zu rekonstruieren und zur Edition[267] vorzubereiten.

Die eigentliche Leistung der Demandts liegt jedoch darin, daß sie, neben der mühevollen Entzifferung und Publikation der Texte, die von Mommsen und den Hensels nicht genannten Quellenbelege, einschließlich der Inschriften, ermittelten, eine langwierige und diffizile Arbeit, die man den lakonischen Zitaten nicht immer ansieht. Und es bleibt dabei: «Noch durch die Verwässerung der nachgeschriebenen Kollegien und durch die Glättung der Herausgeber blitzen immer wieder die eigenwilligen, oft souveränen Gedanken, die persönlichen Wertungen und Formulierungen unseres Klassikers hervor. Etwas vom Glanz seines Wesens und Geistes, vom hohen Ernst seines Wissenschaftsverständnisses bewahrt auch dieses Buch.»[268]

Nach dem Höhepunkt des Mommsen-Werkes brach der Fluß von Demandts Publikationen keineswegs ab. Zu den alten Hauptthemen, wie Mommsen,[269] Spengler,[270] der Berliner Althistorie,[271] der Spätantike,[272] Endzeit-Reflexionen,[273] traten neue hinzu: die politischen Theorien der Antike,[274] die Kelten,[275] Pilatus,[276] das Privatleben der römischen Kaiser,[277] Ranke,[278], Vandalismus,[279] die Universitäten,[280] schließlich auch «Hitler und die Antike»[281] – um nur die wichtigsten zu nennen. Dazu kamen Sammelbände über Spengler,[282] das Attentat in der Geschichte,[283] das Ende der Weltreiche[284] und manches andere mehr.[285] Daß auch Demandts Schüler und Mitarbeiter ihr Interesse an wissenschaftsgeschichtlichen Fragen bekundeten, war naheliegend.[286]

Berlin, Humboldt-Universität: Nach der Wiedervereinigung sollte *Wilfried Nippel* (geb. 1950) zum bekanntesten Althistoriker der Humboldt-Universität werden. Nippel war als Student und wissenschaftlicher Mitarbeiter in vielfacher Hinsicht von Christian Meier beeinflußt worden und nach Aufenthalten in London und Cambridge insbesondere auch mit der anglo-amerikanischen Fachliteratur vertraut. Zwischen 1983 und 1992 wirkte er als Althistoriker in Bielefeld, ehe er den Ruf nach Berlin annahm, der ihn vor eine besonders schwierige Aufgabe stellte.

In seinem wissenschaftlichen Werk war Nippel schon früh durch anspruchsvolle, weit ausgreifende und originelle Fragestellungen hervorgetreten;[287] schon früh zeigte er auch sein besonderes Interesse an den Problemen der «Disziplingeschichte», insbesondere vor allem an den Werken von Max Weber[288] und Eduard Meyer.[289] Seiner Berliner Antrittsvorlesung «Max Weber und die Althistorie seiner Zeit» (1993), in der es speziell um die wechselseitigen Beziehungen zwischen diesen beiden Gelehrten ging, kam daher auch programmatische Bedeutung zu. Daß er daneben auch die Eduard-Meyer-Forschungen seiner Kollegen tatkräftig unterstützte,[290] verstand sich danach von selbst. Die Humboldt-Universität sollte zur führenden Institution in diesem Felde werden.

Weitere wichtige Arbeiten Nippels im Sektor der Wissenschaftsgeschichte folgten: Als besonders nützlich erwies sich das Taschenbuch «Über das Studium der Alten Geschichte» (1993), das eine Auswahl grundlegender, methodisch bedeutsamer Texte zur Althistorie von Wilhelm von Humboldt bis zu Christian Meier mit Einführungen und wertvollen Spezialbibliographien zusammenfaßte.

Nicht weniger verdienstvoll waren die Herausgabe des ersten Bandes der deutschen Ausgabe von Momiglianos kleineren Schriften[291] sowie die kenntnisreiche Einleitung in eine neue deutsche Übersetzung von Edward Gibbons klassischem Werk.[292] Neben all dem hat sich Nippel noch durch weitere Initiativen, so zu Mommsen[293] und in anderen Spezialthemen,[294] als Übersetzer[295] und Herausgeber[296] und durch zahlreiche Vorträge und Rezensionen hervorgetan. Der rhetorisch beeindruckende Meister der kleinen Form zählt gewiß zu den regsten Vertretern der Althistorie und der Wissenschaftsgeschichte in der Gegenwart.

Die Humboldt-Universität war nach der «Wende» in besonderer Weise mit dem Schicksal der früheren DDR-Althistoriker konfrontiert. Während

Klaus-Peter Johne (geb. 1941)[297] dort im gleichen Jahr wie Nippel eine Professur übernehmen und seine bisherigen Forschungen fortsetzen konnte, mußte sich *Gert Audring* (geb. 1944)[298] mit der Edition von Briefwechseln Eduard Meyers[299] und der Tätigkeit innerhalb eines Projektes der Deutschen Forschungsgemeinschaft begnügen. «Abgewickelt» wurde dagegen *Armin Jähne* (geb. 1941),[300] der zwischen 1970 und 1992 das Seminar für Alte Geschichte der Humboldt-Universität geleitet hatte. Der Spezialist der Geschichte des ptolemäischen Ägyptens und Alexandrias hatte sich seit 1987 wiederholt auch mit wissenschaftsgeschichtlichen Themen befaßt.[301] Zuletzt betätigte auch er sich ebenfalls in der Projektforschung.

Einzelforschung Die skizzierten Zentren wissenschaftsgeschichtlicher Forschung im deutschen Sprachraum stellen nach wie vor die Ausnahmen in diesem Sektor dar. Es dominiert vielmehr eine besonders stark zersplitterte Einzelforschung, die zudem sehr häufig mit traditionellen Schwerpunkten, Methoden und Quellenstudien verbunden ist. Aus diesem weiten Bereich können im folgenden lediglich diejenigen Gelehrten hervorgehoben werden, die in unserem Zusammenhang größere Bedeutung erlangten. Für alle übrigen Fälle muß auf die Zusammenstellungen der Zeittafel verwiesen werden.

Géza Alföldy (geb. 1935)[302] ist einer der international angesehensten Epigraphiker und Althistoriker, die in der Bundesrepublik wirken. In seinem komplexen wissenschaftlichen Werk hat er sich speziell um die Publikation und Auswertung der lateinischen Inschriften Spaniens sowie um die Bereiche der Provinzial- und Heeresgeschichte verdient gemacht. Gleichwohl beschäftigte er sich daneben auch mit Fragen der Wissenschaftsgeschichte, wobei Themen, die im Zusammenhang mit Heidelberg standen, im Mittelpunkt seiner Interessen blieben.

Alföldys bedeutendster Schüler, *Manfred Clauss* (geb. 1945),[303] wandte sich ungewöhnlich breiten und sehr persönlich gewählten Arbeitsfeldern zu. Er begann zunächst mit durchaus traditionellen, ebenfalls auf der Interpretation epigraphischer Quellen beruhenden Untersuchungen zur Heeres- und Verwaltungsgeschichte der römischen Kaiserzeit und der Spätantike und entrichtete auch dem propädeutischen Genos seinen Tribut.

Doch singulär war die Clauss auszeichnende enge Verbindung zwischen den Problemen der Religion, Theologie und Alten Geschichte, wobei größere Arbeiten zur Geschichte des Mithras- und des Kaiserkultes wie zu jener Israels, Ägyptens und nicht zuletzt Alexandrias im Zentrum standen.

Der unermüdliche Herausgeber legte zwar keine eigenen speziellen wissenschaftsgeschichtlichen Studien vor, berücksichtigte indessen deren Perspektiven. Der universalhistorische Zug seiner Arbeiten ist ebenso unverkennbar wie die bewußte oder unbewußte Nähe zu Eduard Meyer.

Als Schüler Hermann Bengtsons war der Trierer Ordinarius *Heinz Heinen* (geb. 1941) zunächst als Spezialist für die Geschichte der Ptolemäer hervorgetreten,[304] hatte sich dann jedoch vor allem jener des antiken Trier zugewandt.[305] Zuletzt übernahm er von Heinz Bellen die Leitung des einst von Joseph Vogt begründeten Unternehmens der Mainzer Akademie zur Erforschung der antiken Sklaverei.[306] Bereits zuvor konzentrierte sich Heinen auf die Vermittlung der russischen wie der sowjetischen Althistorie.[307] Besondere Verdienste erwarb er sich dabei durch seine Bemühungen um das Werk von M. I. Rostovtzeff.[308]

Der lange Zeit in Bremen wirkende *Hans Kloft* (geb. 1939) hatte sich zunächst durch seine Mitwirkung an dem weitverbreiteten propädeutischen Werk «Grundlagen des Studiums der Geschichte» (1973. 1994^5) sowie durch die Edition des Sammelbandes «Ideologie und Herrschaft in der Antike» (1979) profiliert, dann jedoch vor allem der antiken Wirtschaftsgeschichte zugewandt.[309] Die Edition des Briefwechsels Adolf Ermans (1982), eine eindringliche Studie zu Ludwig Quidde[310] und eine Arbeit über Max Weber,[311] um nur die wichtigsten Belege zu nennen, dokumentieren darüber hinaus seine starken wissenschaftsgeschichtlichen Interessen.[312]

Hans-Joachim Drexhage (geb. 1948) ist seit langem ebenfalls primär wirtschaftsgeschichtlich orientiert,[313] hatte sich daneben jedoch schon in seiner Münsteraner Zeit durch wissenschaftsgeschichtliche Beiträge hervorgetan,[314] so wie *Hans-Georg Gundel*[315] sich um die Gießener, *Edgar Pack* (geb. 1951) um die Kölner[316] und *Eckhard Wirbelauer* (geb. 1961) um die Freiburger Entwicklungen,[317] zuletzt jedoch aber auch um die Grabungs- und Forschungsgeschichte in der Heimat des Odysseus[318] verdient gemacht hatten.

Eine Sonderstellung im wissenschaftsgeschichtlichen Sektor der deutschen Althistorie nimmt der Kieler Iran-Spezialist[319] *Josef Wiesehöfer* (geb. 1951) ein. Zusammen mit A. Kneppe und H.-J. Drexhage hatte er sich schon früh durch die Erinnerung an Friedrich Münzer hervorgetan,[320] sich dann vor allem um die Klärung des Achämenidenbildes unter dem Nationalsozialismus[321] und um die Begriffsgeschichte von «Arier» und «Arisch» in der Neuzeit[322] bemüht. Als Herausgeber gelang es ihm zusammen mit St. Conermann, Carsten Niebuhr wieder in Erinnerung zu rufen.[323] Ebenso verdienstvoll ist seine Initative zum Mommsengedenken (2005).

Der Freiburger Althistoriker *Hans-Joachim Gehrke* (geb. 1945), ein Schüler von Alfred Heuß, an den er wiederholt erinnert hatte,[324] darf als einer der einflußreichsten deutschen Althistoriker der Gegenwart gelten. Von allgemeiner Bedeutung für die Lage der Disziplin in der jüngsten Vergangenheit ist seine «Standortbestimmung der Alten Geschichte» im Rahmen der Mommsen-Gesellschaft gewesen.[325] Seine spezielleren wissenschaftsgeschichtlichen Studien galten insbesondere der historischen Landeskunde Griechenlands und deren Erforschung.[326] Der früher in Essen lehrende *Justus Cobet* (geb. 1939), ebenfalls ein Spezialist der griechischen Geschichte und Archäologie, zugleich ein Althistoriker mit besonders starkem didaktischen Engagement, hat vor allem Heinrich Schliemann näher untersucht. Nach einem gemeinsam mit W. M. Calder III herausgegebenen Sammelband[327] trat er durch eine sehr kritische Schliemann-Biographie[328] hervor.

Einen Höhepunkt der derzeitigen deutschen wissenschaftsgeschichtlichen Aktivitäten markiert das Œuvre von *Stefan Rebenich* (geb. 1961). Der Schüler des Mannheimer Althistorikers Heinrich Chantraine, der selbst wichtige Beiträge zu diesem Bereich geliefert hatte,[329] qualifizierte sich anfangs durch traditionelle althistorische Arbeiten über Hieronymus und über die Verfassung der Spartaner.[330] Seit Ende der neunziger Jahre standen dann jedoch seine Bemühungen um Theodor Mommsen und Adolf von Harnack[331] im Mittelpunkt einer breit angelegten wissenschaftsgeschichtlichen Aktivität, die sich zuletzt auch mit Helmut Berve,[332] Alfred Heuß[333] und der Leonidaslegende[334] befaßte. Seine kenntnisreiche Mommsen-Biographie[335] machte den jetzt in Bern Lehrenden auch in weiteren Kreisen bekannt.

«Großwissenschaft»: Von «Großwissenschaft», wie sie Theodor Mommsen in seiner berühmten Akademierede vom 3.7.1890[336] gefordert hatte, kann im Bereich der wissenschaftsgeschichtlichen Erforschung der Althistorie im deutschen Bereich bisher keine Rede sein. Zwar sind wichtige Forschungsbeiträge im Rahmen der Akademieschriften erschienen, zwar liegen auch einschlägige Studien zur Geschichte des Deutschen Archäologischen Instituts[337] und anderer Organisationen[338] vor, doch die Kommission für Alte Geschichte und Epigraphik in München und das Max-Planck-Institut für Wissenschaftsgeschichte in Berlin konzentrierten sich auf andere Schwerpunkte; ein Analogon zu dem Institute for the Classical Tradition der Universität Boston existiert nicht. Das Defizit ist evident, ebenso die provozierende Diskrepanz zwischen den vorhandenen,

auszuwertenden Quellen und Materialien einerseits, den für langfristige Untersuchungen erforderlichen institutionellen Voraussetzungen andererseits.

Sehr unterschiedlich war auch der Anteil wissenschaftsgeschichtlicher Studien im Rahmen der nach dem II. Weltkrieg begonnenen größeren allgemeinen Forschungsprojekte. An der Spitze liegt hier mit weitem Abstand die von *Joseph Vogt* im Rahmen der Mainzer Akademie der Wissenschaften und der Literatur begründete internationale Erforschung der *Antiken Sklaverei.* Vogt selbst hat schon in seinen ersten Studien zu diesem Bereich auf die wissenschaftsgeschichtliche Dimension dieses Unternehmens hingewiesen und in seinen Beiträgen über «Die antike Sklaverei als Forschungsproblem – von Humboldt bis heute» und «Die Humanisten und die Sklaverei»[339] an die Tradition solcher Bemühungen erinnert.

Welches Ausmaß den einschlägigen Untersuchungen zukommt, dürfte konkret aus dem Umfang des Abschnitts «Sklaverei als Forschungsproblem» im Rahmen der von H. Bellen und H. Heinen herausgegebenen «Bibliographie zur Antiken Sklaverei» (I. 2003, 3–101) hervorgehen. Von nicht geringerer Bedeutung sind die speziellen Arbeiten von S. Riccardi und J. Deissler,[340] aber auch die wissenschaftsgeschichtlichen Elemente vieler weiterer Studien,[341] schließlich diejenigen im Rahmen der «Übersetzungen ausländischer Arbeiten zur antiken Sklaverei».[342]

Ein wesentlich geringeres Ausmaß kam der wissenschaftsgeschichtlichen Perspektive in den übrigen «großwissenschaftlichen» Projekten zu, so der von J. Straub forcierten Historia-Augusta-Forschung[343] und der einst von Fr. Vittinghoff geplanten,[344] aber nicht realisierten umfassenden Untersuchung der römischen Kolonien. Daß die großen alten Projekte der Grundlagenforschung, sei es in den Bereichen der Epigraphik und Numismatik oder anderen Spezialgebieten, nach wie vor mit ihren Fortschritten und Defiziten im Jahrbuch des Deutschen Archäologischen Instituts sowie in weiteren speziellen Publikationen berücksichtigt wurden,[345] verstand sich von selbst.

Österreich: In seinem Gesamtüberblick über die Entwicklung der neuzeitlichen österreichischen Altertumswissenschaften, der der folgenden Darstellung zugrunde liegt, hob *Ingomar Weiler* die Bedeutung der sogenannten Wiener Schule für die Schwerpunkte in der Althistorie Österreichs hervor. Diese Schwerpunkte definierte er so: «Im Kern geht es dabei um ein Verständnis der Alten Geschichte, das zum einen in institutionell und sachlich enger, ja engster Beziehung zur klassischen Archäologie steht, zum anderen der römischen Provinzialgeschichte und Limesforschung besondere Aufmerksamkeit zukommen läßt.»[346]

Gleichzeitig betonte Weiler den hohen Standard der Grundwissenschaften Epigraphik und Numismatik und anderer Spezialgebiete, deren Standard bis in das 20. Jahrhundert anhielt, und schließlich die Tatsache, daß in Wien «die Impulse der Österreichischen Akademie der Wissenschaften und des Österreichischen Archäologischen Instituts wichtiger (sind) als diejenigen der Universität».[347]

Vor diesem Hintergrund kommt dem Wiener Wirken des schon mehrfach erwähnten *Fritz Schachermeyr* (1895–1987; Wiener Lehrstuhlinhaber 1952–1965) und seiner Schüler besondere Bedeutung zu.[348] Wie bereits berichtet,[349] lagen bei Schachermeyr nach dem Krieg die entscheidenden Prioritäten auf der griechischen Geschichte, insbesondere auf deren frühesten, damals vieldiskutierten Problemen,[350] Aktivitäten, welche sich nicht zuletzt in der Gründung der «Mykenischen Kommission»[351] niederschlugen.

Wissenschaftsgeschichte besaß in diesem Bereich zunächst lediglich sekundären Rang. Sie wurde erst aktuell, als an Schachermeyrs nationalsozialistische Phase und an dessen Alexanderbild kritisch erinnert wurde,[352] Äußerungen, welche verständlicherweise auch Apologien hervorriefen.[353] Insbesondere Schachermeyrs Schüler und Nachfolger *Gerhard Dobesch* (geb. 1939),[354] dessen Arbeitsfeld sehr viel breiter war als dasjenige seines Lehrers, erfüllte sein nobile officium. Gleichzeitig wirkte er auch aktiv an den verschiedenen, damals aktuellen Centenarschriften im Bereich von Akademie und Altertumswissenschaft sowie an ähnlichen Sammelbänden als Herausgeber mit.

Ein besonderes Verdienst der wissenschaftsgeschichtlich orientierten Wiener Althistoriker liegt darin, daß sie eine enge, äußerst erfolgreiche Zusammenarbeit mit dem Seminarium historiae antiquae et philologiae classicae des Institutum Historiae Universitatis Bohemiae Meridionalis in *České Budějovice* (Budweis) organisieren konnten. Als Autor, Initiator und Herausgeber entfaltete dort der Dozent Dr. *Igor Lisový* (geb. 1944)[355] ganz ungewöhnliche Aktivitäten sowohl in der Vermittlung der antiken Kultur und Geschichte in seiner Heimat als auch zwischen der internationalen und der tschechischen Forschung, nicht zuletzt im Sektor der Wissenschaftsgeschichte. Der Verfasser mehrerer wichtiger Monographien, der zugleich als verantwortlicher Redaktor der wertvollen Relationes Budvicenses wirkt, verdient für seine Forcierung der internationalen wissenschaftlichen Kontakte in den Altertumswissenschaften hohe Anerkennung.

Auch für die Entwicklungen in Graz[356] wie für die Neuanfänge an den anderen österreichischen Hochschulen[357] hat sich Weiler, zum Teil aus eigener Erfahrung, als wohlinformierter Kenner erwiesen. So unterschiedlich die Disposition zu wissenschaftsgeschichtlichen Studien dort jeweils war, es bleibt dabei: An die ausführlich geschilderten Innsbrucker Aktivitäten reichten diejenigen keiner anderen österreichischen Hochschule heran.

Schweiz: Von den schweizerischen Initiativen zur Wissenschaftsgeschichte[358] sollten in den letzten drei Jahrzehnten diejenigen an den Universitäten Basel und Zürich am wichtigsten werden. In Basel geht der entscheidende Impuls dabei auf *Jürgen von Ungern-Sternberg* (geb. 1940) zurück, einen Spezialisten der Geschichte der Römischen Republik,[359] der sich im Felde der Wissenschaftsgeschichte insbesondere auf die deutsch-französischen Beziehungen[360], aber auch auf andere Spezialthemen[361] konzentrierte.

Daneben gelang es ihm, seine Schülerin *Diemuth Königs* für dieses Arbeitsfeld zu interessieren, eine Historikerin, die nach einer Studie über die Basler Alte Geschichte vor allem durch eine stark beachtete und umstrittene Dissertation über Joseph Vogt[362] hervortrat. – Den Züricher althistorischen Lehrstuhl hatte nach dem Ausscheiden von Ernst Meyer (1898–1975)[363] schließlich Franz Georg Maier (geb. 1926) übernommen (1972). Als Ausgräber von Paphos war er durch seine enge Verbindung mit der Archäologie weithin bekannt geworden,[364] weniger durch seine starken wissenschaftsgeschichtlichen Interessen, die sich meist in kleineren Beiträgen niederschlugen.[365]

Durch ihn war jedoch vor allem auch sein Schüler *Beat Näf*[366] (geb. 1957) für wissenschaftsgeschichtliche Fragen sensibilisiert worden, der 2004 Maiers Nachfolger werden sollte. Für Näf ist von Anfang an ein denkbar breites, sehr persönliches Interessenfeld charakteristisch. Innerhalb dieses Rahmens wandte er sich jedoch schon früh auch wissenschaftsgeschichtlichen Themen zu. So dokumentierte bereits seine Dissertation mit dem provozierenden Titel «Von Perikles zu Hitler?» (1986) seine kritische Grundhaltung in diesem Felde; dasselbe gilt für weitere Spezialstudien.[367]

Näfs bisher größtes Verdienst liegt indessen in der erfolgreichen Durchführung und Publikation des internationalen Kolloquiums, das vom 14. bis 17. Oktober 1998 an der Universität Zürich über das Thema *«Antike und Altertumswissenschaft in der Zeit von Faschismus und Nationalsozialismus»* stattfand. Die Veranstaltung, die eine starke Resonanz fand, markiert den Diskussionshöhepunkt auf diesem Felde während des 20. Jahrhunderts. Der 2001 erschienene Tagungsband mit seinen umfangreichen Forschungsberichten und Bibliographien, darunter vor allem jenen von Beat Näf selbst und Volker Losemann,[368] erfüllt geradezu die Funktion eines Handbuchs zu diesem Fragenkreis.

Von den insgesamt 24 Beiträgen des Kolloquiums seien neben den beiden schon erwähnten forschungsgeschichtlichen Referaten einige wenige hervorgehoben, um wenigstens die Themenvielfalt zu skizzieren: So für den italienischen Bereich die Studien von Antonio La Penna[369] und Leandro Polverini,[370] für den anglo-amerikanischen Rassismus W. M. Calder III.[371] Stefan Rebenich analysierte die Haltung der Berliner Akademie der Wissenschaften in der nationalsozialistischen Epoche,[372] Ingomar Weiler die Rolle des griechischen Sports im Rahmen der deutschen Ideengeschichte,[373] Christian Ulf ideologische Elemente.[374]

Spezielleren Fragen der Althistorie widmeten sich Reinhold Bichler,[375] Hans Kloft,[376] Jürgen von Ungern-Sternberg[377] und Ursula Wolf.[378] Matthias Wiegert[379] untersuchte den ur- und frühgeschichtlichen Sektor, Klaus Junker das Deutsche Archäologische Institut,[380] Stefan Altekamp die italienische Kolonialarchäologie,[381] Wolfgang Kinzig schließlich die evangelische Patristik und die christliche Archäologie.[382] Die großen Fortschritte, die in diesem Gesambereich zuletzt erzielt worden waren,[383] traten auf diese Weise markant hervor.

X. EPILOG

In der Einleitung von Oswald Spenglers epochalem Werk über den «Untergang des Abendlandes» finden sich die folgenden Sätze:

> «In der Tat haben sich unsere besten Geister ohne Ausnahme (Idealisten wie Materialisten) vor dem Bilde der Antike in Ehrfurcht gebeugt und in diesem einzigen Falle der schrankenlosen Kritik entsagt. Die Untersuchung des Altertums ist immer durch eine gewisse, fast religiöse Scheu in ihrer Freiheit und Stärke gehemmt und in ihren Ergebnissen verdunkelt worden. … wir haben in unser Bild von den Griechen und Römern das hineingelegt, *hineingefühlt,* was wir in der Tiefe der eigenen Seele entbehrten oder erhofften.
> Eines Tages wird uns ein geistreicher Psychologe die Geschichte dieser verhängnisvollen Illusion, die Geschichte dessen erzählen, was wir seit den Tagen der Gotik jedesmal als antik verehrt haben. Es gibt wenige Aufgaben, die für das innerliche Verstehen der abendländischen Seele von Kaiser Otto III., dem ersten, bis zu Nietzsche, dem letzten Opfer des Südens, lehrreicher wären.»[1]

Wie unsere Bilanz gezeigt hat, ist an die Stelle des «geistreichen Psychologen» die moderne Wissenschaftsgeschichte getreten, welche sich der «lehrreichen» Aufgabe annahm. Die Bestandsaufnahme der Gegenwart dürfte die Komplexität dieses Arbeitsfeldes erwiesen haben, das seit dem I. Weltkrieg immer stärkere Beachtung fand.

Der hier vorgelegte Überblick verfolgte drei Hauptziele: In seinem ersten Drittel bemühte er sich um eine aktualisierte Bestandsaufnahme jener neueren Arbeiten, die den Klassikern unserer Disziplin, den großen, lange nachwirkenden Gelehrten des 19. und des frühen 20. Jahrhunderts gewidmet waren. Ihre Persönlichkeiten und ihre Werke standen daher im Vordergrund. In einem zweiten Hauptteil ging es dann um eine differenzierte, durch entsprechende Zitate konkret belegte Analyse der deutschen Althistorie in der nationalsozialistischen Epoche.

Ein Perspektivenwechsel ist danach für die dritte Partie der Untersuchung charakteristisch: Die Bilanz der Entfaltung der wissenschaftsgeschichtlichen Studien sowohl in deren Zentren als auch in dem vielfältigen Bereich der Individualforschung nötigte dazu, von den Ansätzen und Resultaten der Studien selbst auszugehen.

Insgesamt aber stand die Aufgabe kritischer Information im Vordergrund. Daraus ergab sich der relativ breite Umfang der bibliographischen Partien sowohl in den Anmerkungen als auch in der diese ergänzenden Zeittafel, die zugleich eine rasche allgemeine Orientierung erleichtern soll.

Am Ende erwies sich, daß der hier behandelte, rund zwei Jahrhunderte umspannende Gesamtprozeß in klar abgrenzbare historische Epochen aufzugliedern ist. Am Beginn steht, chronologisch sich bis in die wilhelminische Zeit erstreckend, primär der Wille zur Vergegenwärtigung einer großen, als vorbildlich eingeschätzten, wissenschaftlichen Tradition, der die Disziplin ihren hohen Rang im deutschen Geschichtsbild wie im humanistischen Bildungsbereich verdankte. Für jene Generationen galt im Hinblick auf ihre Klassiker Daniels Prophetie: «Die Lehrer aber werden leuchten wie des Himmels Glanz.»[2] Freilich fehlte es zugleich nicht an ersten exempla der Entheroisierung.

Den Jahren der Weimarer Republik kam dann eine wichtige Sonderstellung als Übergangsepoche zu. Die zeitbedingte Nötigung zur Distanz von den obsoleten klassizistischen Wertungen der Vergangenheit führte zu den verschiedenartigsten Ansätzen und Perspektiven bewußter Innovation, zu einer Phase neuer Aufgeschlossenheit, deren Tendenzen die sich nun entwickelnde NS-Ideologie zum Teil integrieren konnte.

Schon mit der nationalsozialistischen Ära begann dann jene Epoche der wissenschaftlichen Ideologisierung und Politisierung, die in den verschiedensten Formen und Prioritäten die folgenden Jahrzehnte bestimmen sollte. Mit der zunehmenden Schärfe und Konsequenz der ideologischen Auseinandersetzungen waren zugleich, in vorher nie gekanntem Maße, existentielle Folgen verbunden, die über diejenigen früherer wissenschaftlicher Kontroversen weit hinausreichten. Deren Ende läßt die Rückkehr zu einer Versachlichung der Gegensätze erhoffen.

In methodischer Hinsicht sind vor allem zwei Kategorien wissenschaftsgeschichtlicher Studien zu unterscheiden. Die erste, von W. M. Calder III als «Wissenschaftlergeschichte» definierte Arbeitsrichtung dominiert in unserem Bereich nach wie vor. Die in vielfältigen Formen zu beobachtende Tendenz hat gewiß zu beachtlichen Leistungen in breitem Spektrum geführt: Oft kommentierte Neuausgaben klassischer Geschichtswerke, die Edition wichtiger Briefwechsel und anderer Materialien werden ihr ebenso verdankt wie eine ganze Reihe von Biographien und kleinere Porträts anspruchsvollen Niveaus. Dennoch sind die Einseitigkeit und die Grenzen dieser Betrachtungsweise evident.

Den Gegenpol zu den primär persönlichkeitsbezogenen Arbeiten dieser Art bilden jene Untersuchungen, die sich auf eine bestimmte Thematik sowie deren Beurteilung und Relevanz in den verschiedenen Zeitabschnitten des Mittelalters und der Neuzeit konzentrieren. Ob es dabei um zentrale Phänomene – wie Sklaverei, Tyrannis, Demokratie – oder andere grundlegende antike Begriffe und Elemente geht oder um die sich wandelnden Beurteilungen weiterer Studienfelder –, sie zeigen in erster Linie die konkreten Rückwirkungen politischer wie geistiger, religiöser wie ideologischer Strömungen auf, die Rolle, welche antike Vorbilder für Denken und Handeln einer jeweiligen Gegenwart spielten, und nicht zuletzt die bewußte Mobilisierung oder Distanzierung von Traditionen.

Nach ihrem modernen Selbstverständnis bildet die Wissenschaftsgeschichte weder einen isolierten Vorhof der methodisch innovativen, aktuellen Spezialforschungen noch eine dunkle Ahnengalerie, welche immer wieder ähnliche Porträts in lediglich wechselnden Kostümierungen zeigt, noch eine düstere Halle voller Antiquitäten und verstaubten Folianten, die es rasch zu durcheilen gilt, um baldmöglichst in das strahlende Licht fortschrittlicher moderner Studien zu gelangen.

Wissenschaftsgeschichte und aktuelle Forschung sollten vielmehr in einem ständigen, wechselseitigen, dialektischen Verhältnis stehen. Wird einer der beiden Pole nicht berücksichtigt und isoliert, so werden die jeweiligen Erkenntnisgrenzen a limine verengt.

Zwangsläufig zwingt die Wissenschaftsgeschichte die Althistoriker daneben zur Erschließung neuer Quellen, zum Gang in die Archive und Antiquariate, zum Studium von Nachlässen, Briefwechseln, Aktenbeständen, wo immer dies möglich ist. Dabei haben die Erfahrungen der Gegenwart gezeigt, daß solche Recherchen keineswegs immer unterstützt werden. Doch die jüngsten Impulse lehrten, welch bedeutende Funde hierbei zu bergen und auszuwerten sind. Insgesamt gesehen ist es beschämend, welche erstrangigen Zeugnisse selbst unserer Klassiker so lange Zeit im Dunkeln blieben.

Wenn man vom historiographischen Genos der Biographie absieht, so gibt es kein anderes Spezialgebiet der Geschichtswissenschaften, in dem die Rolle der einzelnen *Persönlichkeiten* und die Beziehungen zu ihnen so große Bedeutung besitzen wie in der Wissenschaftsgeschichte. Ungeachtet aller Bemühungen um Einheitlichkeit der Maßstäbe und Wertungen lebt diese doch von der Passion und Vitalität ihrer Erforscher. Das «vornehme Garnichts», das Droysen so abstieß, ist gerade hier nicht angebracht.

Doch nicht das voreilige Verdikt, sondern die behutsame, ausgewogene Analyse sind zunächst ebenso nötig wie das Vermeiden von Stilisierung, Einseitigkeit, Beschönigung oder bewußtem Verschweigen. Stets gilt es, Distanz oder Nähe, Sympathie oder Antipathie, Abhängigkeit oder Unabhängigkeit der jeweiligen Autoren gegenüber den von ihnen untersuchten Gelehrten in Rechnung zu stellen. Doch sollten Zustimmung oder Widerwillen gegenüber Stil, Konzeption, Wertungen, Ablehnung und Verdikt dort ihre Grenze finden, wo die elementare persönliche Würde eines Autors tangiert wird.

Dazu tritt eine weitere Forderung: Das Ziel, die Einheit von Werk und Mensch zu erfassen, führt notwendig dazu, auch persönlich im allgemeinen weniger ansprechende Besonderheiten, Eigenschaften, Verhaltensweisen und Urteile der behandelten Autoren zu berücksichtigen. Doch auch hier gibt es eine Grenze zwischen Enthüllungsjournalismus und wissenschaftlicher Erfassung von Persönlichkeiten. Die intensive biographische Analyse führt in der Regel ohnehin zu Ernüchterung und Relativierung, selten genug zu neuer Anerkennung, ja Bewunderung vergessener oder verdrängter, angeblich «obsoleter» Personen und Werke.

Die Wissenschaftsgeschichte bedarf weder einer aparten Theorie noch einer speziellen Historik. Für ihre Kriterien, ihre Wertungen und ihr Ziel gelten im Grunde sowohl antike als auch moderne Anforderungen. Auch sie steht unter jenem Diktat der «Wahrheitsforschung», das Theodor Mommsen in seinem Nachruf auf Otto Jahn so definierte: «die rücksichtslos ehrliche, im großen wie im kleinen vor keiner Mühe scheuende, keinem Zweifel ausbiegende, keine Lücke der Überlieferung oder des eigenen Wissens übertünchende, immer sich selbst und andern Rechenschaft legende Wahrheitsforschung».[3]

Doch nicht weniger gelten für sie Ciceros knappe Sätze aus seiner Schrift de oratore: «Nam quis nescit primam esse historiae legem, ne quid falsi dicere audeat? Deinde ne quid veri non audeat.» (Denn wer wüßte nicht, daß es das erste Gesetz der Historie ist, daß sie nichts Falsches auszusagen wage. Danach, daß sie nichts Wahres auszusprechen nicht wage.)[4] – Vielleicht ist der zweite kleine Satz im Zeichen von political wie historical correctness heute noch beachtenswerter als der erste.

Am Ende dieser Erörterungen soll ein kurzer, allgemeiner *Rückblick* auf die Leistungen und Resultate der wissenschaftsgeschichtlichen Arbeiten zur deutschsprachigen Althistorie stehen. In der Gesamtbilanz überwiegen dabei die speziellen Erkenntnisse der Einzelforschung, die Fortschritte in der Erschließung der Darstellungen und Studien der Althistoriker sowie im schärferen Verständnis der einzelnen Autoren. Damit wurden zugleich neue Einsichten in die Vielfalt der Geschichtsbilder und des allgemeinen Geschichtsverständnisses der einzelnen historischen Epochen gewonnen und gleichzeitig die Abhängigkeiten historischer Wertungen von den allgemeinen politischen, geisteswissenschaftlichen und ideologischen Dominanten der jeweiligen Entwicklungsphasen ins Bewußtsein gerufen.

Die damit erzielten konkreten Erkenntnisfortschritte führten zugleich, über alle einzelnen Entdeckungen und Analysen hinaus, zur Erkenntnis der Unverzichtbarkeit einer historischen Dimension der Historie selbst. Erst die Einsicht in die Paradoxie, daß nur das Bewußtsein der Geschichte der Geschichte zum vollen Verständnis ihrer Relativität wie ihrer Grenzen, zum beständigen Wandel Klios und damit ihres Wesenskerns anleiten kann, läßt das elementare Bedingungsgeflecht von Geschichtswissenschaft und Wissenschaftsgeschichte verständlich werden. Erst auf diese Weise treten die teils historisch, teils zeitgenössisch bedingten Antagonismen der verschiedenen Geschichtsbilder samt ihrer Interdependenzen klar hervor. Zu dieser Erkenntnis von «Klios Wandlungen» sollte hier ein Beitrag geleistet werden.

ANHANG

ABKÜRZUNGEN

AAntHung. Acta Antiqua Scientiarum Universitatis Hungariae

AdW. Akademie der Wissenschaften

Briggs–Calder W. W. Briggs–W. M. Calder III (Hrsg.), Classical Scholarship. A Biographical Encyclopedia. New York 1990

Calder, Wissenschaftlergeschichte W. M. Calder III, Wissenschaftlergeschichte als Wissenschaftsgeschichte, Das Altertum 42, 1997, 245–256

Calder–Kirstein «Aus dem Freund ein Sohn». Theodor Mommsen und Ulrich von Wilamowitz-Moellendorff. Briefwechsel 1872–1903. Herausgegeben und kommentiert von W. M. Calder III und R. Kirstein. 2 Bde. Hildesheim 2003

Christ, Gibbon K. Christ, Von Gibbon zu Rostovtzeff. Darmstadt 1989[3]

Christ, Hellas K. Christ, Hellas. Griechische Geschichte und deutsche Geschichtswissenschaft. München 1999

Christ, Neue Profile K. Christ, Neue Profile der Alten Geschichte. Darmstadt 1990

Christ, RGdGW. K. Christ, Römische Geschichte und deutsche Geschichtswissenschaft. München 1982

Christ, RGWG. K. Christ, Römische Geschichte und Wissenschaftsgeschichte. 3 Bde. Darmstadt 1982–1983

Christ–Gabba K. Christ–E. Gabba (Hrsg.), Römische Geschichte und Zeitgeschichte in der deutschen und italienischen Altertumswissenschaft während des 19. und 20. Jahrhunderts. 2 Bde. Como 1989–1991

Christ–Momigliano K. Christ–A. Momigliano (Hrsg.), Die Antike im 19. Jahrhundert in Italien und Deutschland. Bologna 1988

Diss. Dissertation

DNP. Der Neue Pauly

Flashar H. Flashar (Hrsg.), Altertumswissenschaft in den 20er Jahren. Stuttgart 1995

Hatscher Chr. R. Hatscher, Alte Geschichte und Universalgeschichte. Stuttgart 2003

Heuß A. Heuß, Gesammelte Schriften in drei Bänden. Stuttgart 1995

Hrsg. Herausgeber

HZ. Historische Zeitschrift

Losemann V. Losemann, Nationalsozialismus und Antike. Hamburg 1977

Momigliano, A. S. A. Momigliano, Ausgewählte Schriften. 3 Bde. Hrsg. von G. W. Most u. a. Stuttgart 1998–2000

Momigliano, Contributi A. Momigliano, Contributi alla storia degli studi classici e del mondo antico. I.–IX. Roma 1955–1992

Näf B. Näf–T. Kammasch (Hrsg.), Antike und Altertumswissenschaft in der Zeit von Faschismus und Nationalsozialismus. Mandelbachtal 2001

NDr. Nachdruck

Nippel W. Nippel, Über das Studium der Alten Geschichte. München 1993
Sb. Sitzungsbericht
Seibert J. Seibert (Hrsg.), 100 Jahre Alte Geschichte an der Ludwig-Maximilians-Universität München (1901–2001). Berlin 2002
Willing M. Willing, Althistorische Forschung in der DDR. Berlin 1991
WZ. Wissenschaftliche Zeitschrift (der Universität ...)
ZfG. Zeitschrift für Geschichtswissenschaft

ANMERKUNGEN

Vorwort

1 Erwähnt seien lediglich: Von Gibbon zu Rostovtzeff. Darmstadt 1972. 1989[3]; Römische Geschichte und deutsche Geschichtswissenschaft. München 1982; Römische Geschichte und Wissenschaftsgeschichte. III. Darmstadt 1983; Neue Profile der Alten Geschichte. Darmstadt 1990; Geschichte und Existenz. Berlin 1991; Caesar. Annäherungen an einen Diktator. München 1994; Hellas. Griechische Geschichte und deutsche Geschichtswissenschaft. München 1999. Gesamtbibliographie: I. Lisový (Hrsg.), Professor Dr. Karl Christ: Vita et bibliographia. České Budějovice 2005.
Die vorliegende Arbeit knüpft in ihrer Thematik an folgende Untersuchungen an: Geschichte des Altertums, Wissenschaftsgeschichte, Ideologiekritik, in: H. Kalcyk u. a. (Hrsg.), Studien zur Alten Geschichte. I. Rom 1986, 107–128; Zur Geschichte der Historiographie, Historia 47, 1998, 234–252.

2 K. Christ, Laudatio Arnaldo Momigliano, in: J. Petersohn (Hrsg.), Prophetie und Geschichtsschreibung. Ehrenpromotion Arnaldo Momigliano. Marburg 1986 (1987), 7–12; Ders., Arnaldo Momigliano und das Judentum der Alten Welt, in: A. Momigliano, Die Juden in der Alten Welt. Berlin 1988, 7–17; Ders., Arnaldo Momigliano e la storia tedesca dell' antichità, Rivista Storica Italiana 100, 1988, 313–325; Ders., Arnaldo Momigliano und die Geschichte der römischen Kaiserzeit, Storia della Storiografia 1989, 16, 45–53; Ders., Arnaldo Momigliano, in: Ders., Neue Profile der Alten Geschichte. Darmstadt 1990, 248–294; Ders., Arnaldo Momigliano, in: W. W. Briggs–W. M. Calder III (Hrsg.), Classical Scholarship. A Biographical Encyclopedia. New York 1990, 277–284; Ders., Der Apologet der Geschichte, in: A. Momigliano, Wege in die Alte Welt. Berlin 1991, 7–18; Ders., Arnaldo Momigliano and the History of Historiography, in: M. P. Steinberg (Hrsg.), The Presence of the Historian: Essays in Memory of Arnaldo Momigliano. History and Theory, Beiheft 30. Middletown, Conn. 1991, 5–12; G. W. Most u. a. (Hrsg.), A. Momigliano, Ausgewählte Schriften zur Geschichte und Geschichtsschreibung. 3 Bde. Stuttgart 1998–2000.

3 L. Polverini (Hrsg.), Aspetti della storiografia di Giulio Beloch. Napoli 1990.

4 Siehe Christ, Hellas, 58 ff.

5 A. Momigliano, Prospettiva 1967 della Storia Greca, Rivista Storica Italiana 80, 1968, 5 = Ders., Quarto contributo. Rom 1969, 43. – Zur Entwicklung in den Vereinigten Staaten siehe B. L. Gildersleeve, Hellas and Hesperia or the Validity of Greek Studies in America. New York 1909; W. M. Calder III, Die Geschichte

der klassischen Philologie in den Vereinigten Staaten, Jahrbücher für Amerikastudien 11, 1966, 213–240; W. W. Briggs, jr. (Hrsg.), The Letters of Basil Lanneau Gildersleeve. Baltimore 1987; Ders. (Hrsg.), The Selected Classical Papers of Basil Lanneau Gildersleeve. Atlanta 1992.

6 Siehe K. Christ, Zur Geschichte der Historiographie, Historia 47, 1998, 234–252 – Zum Werk von Calder III: N. M. Moccia (Hrsg.), William M. Calder III, The Seventieth Birthday Bibliography (1955–2003). Urbana/Champaign 2002.

7 Vergleiche zur Ergänzung insbesondere die bibliographischen Angaben in: Briggs–Calder; W. M. Calder III–D. J. Kramer, An Introductionary Bibliography to the History of Classical Scholarship Chiefly in the XIXth and XXth-Centuries. Hildesheim 1992; Nippel; Chr. Ulf, Griechische Geschichte und deutsche Geschichtswissenschaft in biographischen und bibliographischen Daten. Von der Französischen Revolution 1789 bis zum 2. deutschen Kaiserreich 1871. Berlin 1995; W. M. Calder III–R. Scott Smith, A Supplementary Bibliography to the History of Classical Scholarship. Chiefly in the XIXth and XXth Centuries. Bari 2000.

I. Zu Definition und Aufgabe der Wissenschaftsgeschichte

1 Erinnert sei hier lediglich an die klassischen Sätze von U. von Wilamowitz–Moellendorff: «Die Aufgabe der Philologie ist, jenes vergangene Leben (sc. der griechisch-römischen Kultur) durch die Kraft der Wissenschaft wieder lebendig zu machen, das Lied des Dichters, den Gedanken des Philosophen und Gesetzgebers, die Heiligkeit des Gotteshauses und die Gefühle der Gläubigen und Ungläubigen, das bunte Getriebe auf dem Markte und im Hafen, Land und Meer und die Menschen in ihrer Arbeit und in ihrem Spiele. … Weil das Leben, um dessen Verständnis wir ringen, eine Einheit ist, ist unsere Wissenschaft eine Einheit. Die Sonderung der Disziplinen Philologie, Archäologie, Alte Geschichte, Epigraphik, Numismatik, neuerdings auch Papyrologie, hat lediglich in der Beschränktheit des menschlichen Könnens ihre Berechtigung und darf auch in dem Spezialisten das Bewußtsein des Ganzen nicht erstikken.» Geschichte der Philologie. NDr. der Erstausgabe (1921). Leipzig 1959,1.

2 Calder, Wissenschaftlergeschichte.

3 A. Henrichs, Philologie und Wissenschaftsgeschichte: Zur Krise eines Selbstverständnisses, in: Flashar, 430.

4 Vergleiche H. Cancik–H. Mohr, DNP. 15/2. Stuttgart 2002, 759–770 s. v. Rezeptionsformen.

5 Siehe zum Beispiel neuerdings R. Rollinger, in: R. Bichler–R. Rollinger, Herodot. Hildesheim 2000, 109 ff.

6 Essays in Ancient and Modern Historiography. Oxford 1977, 372 f.

7 Exemplarisch: Calder–Kirstein.

8 K. Christ, Geschichte des Altertums, Wissenschaftsgeschichte, Ideologiekritik, in: H. Kalcyk u. a. (Hrsg.), Studien zur Alten Geschichte. I. Rom 1986, 107–128.

9 Th. Mommsen, Reden und Aufsätze. Berlin 1912^3, 209.

10 H. Bellen–H. Heinen (Hrsg.), Fünfzig Jahre Forschungen zur antiken Sklaverei an der Mainzer Akademie. 1950–2000. Stuttgart 2001 (Forschungen zur antiken Sklaverei, 35).

II. Epochen und Schwerpunkte

1 Vergleiche hierzu die Beiträge in Christ–Gabba und Christ–Momigliano sowie: M. Landfester, Humanismus und Gesellschaft im 19. Jahrhundert. Darmstadt 1988; K. Strobel (Hrsg.), Die deutsche Universität im 20. Jahrhundert. Vierow 1994; K.-E. Jeismann, Das preußische Gymnasium in Staat und Gesellschaft. 2 Bde. Stuttgart 1996.

2 Zur Entwicklung: A. Heuß, Institutionalisierung der Alten Geschichte (1989), in: Heuß,III., 1938–1970.

3 St. Rebenich, Theodor Mommsen. München 2002, 135ff.

4 Als Beispiele seien erwähnt: W. Kroll, Die Altertumswissenschaft im letzten Vierteljahrhundert. Leipzig 1905; A. Michaelis, Die archäologischen Entdekkungen des 19. Jahrhunderts. Leipzig 1906; A. Gudeman, Grundriß der Geschichte der Klassischen Philologie. Leipzig 1909[2]; Ders., Imagines Philologorum. Leipzig 1911; K. J. Neumann, Entwicklung und Aufgaben der Alten Geschichte. Straßburg 1910.

5 D. Gerhard–W. Norvin, Die Briefe B. G. Niebuhrs. 2 Bde. Berlin 1926–1929; J. G. Droysen, Briefwechsel. 2 Bde. Hrsg. von R. Hübner. Leipzig 1929.

6 Zum Beispiel: W. Weber, Theodor Mommsen. Stuttgart 1929; J. G. Droysen, Geschichte Alexanders d. Gr. NDr. der 1. Auflage. Hrsg. von H. Berve. Leipzig 1932.

7 Zu Wilhelm Weber: Losemann, 76ff.; Christ, RGdGW., 210ff.; zu Fr. Taeger: Christ, Hellas, 254ff.; zu J. Vogt: Losemann, 183ff.; Christ, RGdGW., 231–240; 263ff.; 304ff.; zu H. Berve: Losemann, 80ff.; Christ, Hellas, 202ff.; 246ff.; St. Rebenich, Alte Geschichte in Demokratie und Diktatur: Der Fall Helmut Berve, Chiron 31, 2001, 457–496.

8 Chr. Hoffmann, Juden und Judentum im Werk deutscher Althistoriker des 19. und 20. Jahrhunderts. Leiden 1988, 87ff.

9 H. Berve, Zur Kulturgeschichte des Alten Orients, Archiv für Kulturgeschichte 25, 1935, 216–230; Christ, Neue Profile, 168f.

10 Eduard Meyers Geschichte des Altertums, HZ. 161, 1940, 309–324; Hatscher, 80ff.

11 Studien über griechische Geschichte in Italien 1913–1933, Italienische Kulturberichte 1, 1934/5; 2.1.1935 = Contributi l, Rom 1955, 299–326.

12 Genesi storica e funzione attuale del concetto di ellenismo, Giornale Critica della Filosofia Italiana 16, 1935, 10–37; Momigliano, A. S. III., 113–142.

13 La formazione della moderna storiografia sull' impero romano, Rivista Storica Italiana 48, 1936, 1, 35–60; 2, 19–48. Separat: Turin 1938.

14 K. Christ, Arnaldo Momigliano und die deutsche Geschichts- und Altertums-

wissenschaft, in: Ders., Griechische Geschichte und Wissenschaftsgeschichte. Stuttgart 1996, 171–182.

15 I. Stahlmann, Imperator Caesar Augustus. Darmstadt 1988, 130–180.

16 Die personelle Kontinuität wies überzeugend R. Bichler nach: Neuorientierung in der Alten Geschichte?, in: E. Schulin (Hrsg.), Deutsche Geschichtswissenschaft nach dem Zweiten Weltkrieg (1945–1965). München 1989, 63–86. Zur Entwicklung in der DDR.: Willing.

17 W. Berthold u. a. (Hrsg.), Kritik der bürgerlichen Geschichtsschreibung. Köln 1970; Christ, RGdGW., 311–330; Christ, Hellas, 362–374; M. Willing, Die DDR-Althistorie im historischen Kontext, Quaderni di storia 52, 2000, 245–275.

18 Die Einzelnachweise bei Christ, Hellas, 362 ff.

19 M. Tschirner, Moses I. Finley, Studien zu Leben, Werk und Rezeption. Diss. Marburg 1994.

20 Zutreffend Gerrit Walther, FAZ. 22.3.2004, S. 36: «... die einheimische ‹Wissenschaftsgeschichte› konzentriert sich ganz darauf, möglichst alle deutschen Gelehrten vor 1970 des Antisemitismus zu überführen.»

21 H. Berve, Gestaltende Kräfte der Antike. München 1949; Ders., Griechische Geschichte. 2 Bde. Freiburg 1950–1952^2; – Fr. Schachermeyr, Alexander der Große. Ingenium und Macht. Wien 1949. – J. Vogt, Constantin der Große und sein Jahrhundert. München 1949; Ders., Die römische Republik. Freiburg 1951^2 – Fr. Taeger, Das Altertum. Stuttgart 1950^4; 1953^5; 1958^6.

22 K. Christ, Geschichte und Existenz. Berlin 1991, 51 ff. – Eine Ausnahme bildeten lediglich die Werke von V. Ehrenberg: Sophokles und Perikles. München 1956; Der Staat der Griechen. 2 Bde. Leipzig 1957/8^2 –; Darmstadt 1960; Zürich 1965^3; Polis und Imperium. Zürich 1965; Aristophanes und das Volk von Athen. Zürich 1968.

23 G. Alföldy (Hrsg.), Eugen Täubler, Ausgewählte Schriften zur Alten Geschichte. Stuttgart 1987. – Siehe auch Anm. 30 und 40. H. Scharbaum, Zwischen zwei Welten. Wissenschaft und Lebenswelt am Beispiel des deutsch-jüdischen Historikers Eugen Täubler (1879–1953). Münster 2000.

24 K. Brodersen (Hrsg.), Richard Laqueur, Diodors Geschichtswerk – Die Überlieferung von Buch I–V. Frankfurt 1992.

25 H. Chantraine, Die Leistung der Juden für die Alte Geschichte im deutschen Sprachraum, Jahrbuch des Instituts für Deutsche Geschichte (Tel Aviv). Beiheft 10, 1986, 113–145.

26 Christ, RGdGW., 164–195; Ders., Geschichte und Existenz. Berlin 1991; Ders., Hellas, 271 ff.

27 P. R. Franke, Victor Ehrenberg. Ein deutsches Gelehrtenschicksal 1891–1976, in: R. Schneider (Hrsg.), Juden in Deutschland. St. Ingbert 1994, 309–331. Siehe auch Anm. 37 und 39 sowie K. Ehling, «Vielleicht werde ich auch einmal wieder Deutschland besuchen können.» Ein Brief Victor Ehrenbergs vom 20. Februar 1947, Historia 53, 2004, 121–128.

28 M. Gelzer, Friedrich Münzer in memoriam, Historia 2, 1953, 378–380 = Ders., Kleine Schriften.3. Wiesbaden 1964, 345–348.

29 H. G. Gundel, Richard Laqueur (1881–1959), Althistoriker, in: Gießener Gelehrte in der ersten Hälfte des 20. Jahrhunderts. Marburg 1982, 590–601.
30 A. Heuß, Eugen Täubler Postumus, HZ. 248, 1989, 265–303.
31 Chr. Hoffmann, Juden und Judentum im Werk deutscher Althistoriker des 19. und 20. Jahrhunderts. Leiden 1988.
32 A. Kneppe–J. Wiesehöfer–H.-J. Drexhage, Friedrich Münzer. Bonn 1983.
33 V. Losemann, Nationalsozialismus und Antike. Hamburg 1977.
34 B. Näf, Von Perikles zu Hitler? Die athenische Demokratie und die deutsche Althistorie bis 1945. Bern 1986.
35 E. Pack, Johannes Hasebroek und die Anfänge der Alten Geschichte in Köln, Geschichte in Köln 21, 1987, 5–42; Ders., Johannes Hasebroek, in: Briggs–Calder, 142–151.
36 H. Schachenmayer, Arthur Rosenberg als Vertreter des historischen Materialismus. Wiesbaden 1964; M. Kessler, Arthur Rosenberg. Ein Historiker im Zeitalter der Katastrophen (1859–1943). Köln 2003.
37 H. Schaefer, Victor Ehrenbergs Beitrag zur historischen Erforschung des Griechentums, Historia 10, 1961, 387–399.
38 W. Schmitthenner–R. Zoepffel (Hrsg.), H. Strasburger, Studien zur Alten Geschichte. 3 Bde. Hildesheim 1982–1990.
39 K. F. Stroheker–A. J. Graham (Hrsg.), V. Ehrenberg, Polis und Imperium. Zürich 1965.
40 J. von Ungern-Sternberg (Hrsg.), E. Täubler, Der römische Staat. Stuttgart 1985.
41 E. Gabba–R. Smith (Hrsg.), E. J. Bickermann, Religions and Politics in the Hellenistic and Roman Periods. Como 1985.
42 Das Werk von E. Stein, Geschichte des spätrömischen Reiches. I. Vom römischen zum byzantinischen Staate (284–476). Wien 1928 konnte in seiner vollständigen Fassung nur durch die Hilfe von J.-R. Palanque erscheinen: Histoire du Bas Empire. Brüssel II. 1949; I. 1959.
43 Siehe dazu die Einzelbelege bei K. Christ, Arnaldo Momigliano und die deutsche Geschichts- und Altertumswissenschaft, in: Ders., Griechische Geschichte und Wissenschaftsgeschichte. Stuttgart 1996, 171–182 sowie in Ders., Zur Geschichte der Historiographie. Zehn Jahre nach Momigliano, Historia 47, 1998, 234–252.
44 Übersicht und Einzelnachweise bei Christ, Neue Profile, 288 f.
45 L. Polverini (Hrsg.), Aspetti de la storiografia di Giuseppe Beloch. Neapel 1990; Ders. (Hrsg.), Lo studio del mondo antico nella cultura italiana del Ottocento. Neapel 1993.
46 Hervorgehoben seien lediglich: H. Flashar u. a. (Hrsg.), Philologie und Hermeneutik im 19. Jahrhundert. I. Göttingen 1979; M. Bollak u. a. (Hrsg.), II. Göttingen 1983 – M. Fuhrmann, Die Antike und ihre Vermittler. Konstanz 1969; Ders., Brechungen. Wirkungsgeschichtliche Studien zur antik-europäischen Bildungstradition. Stuttgart 1982; R. Pfeiffer, Die Klassische Philologie von Petrarca bis Mommsen. München 1982; E. Mensching, Über einen verfolgten deutschen Altphilologen, Paul Maas. Berlin 1987; Ders., Nugae zur Philologiegeschichte. 9 Bde. Berlin 1987–1996.

47 Siehe zu seinem Wirken: A. Henrichs, Philologie und Wissenschaftsgeschichte: Zur Krise eines Selbstverständnisses, in: Flashar, 423–457.

48 Vergleiche M. Mülke (Hrsg.), Wilamowitz und kein Ende. Wissenschaftsgeschichtliches Kolloquium Fondation Hardt, 9. bis 13. September 2002. William M. Calder III zum 70. Geburtstag von Freunden und Schülern. Hildesheim 2003.

49 Erwähnt seien: W. M. Calder III (Hrsg.), U. von Wilamowitz-Moellendorff. Selected Correspondence 1869–1932. Neapel 1983; W. M. Calder III–R. L. Fowler, The Preserved Letters of Ulrich von Wilamowitz-Moellendorff to Eduard Schwartz. München 1986 (Sb. Bayer. AdW., Phil.-hist. Kl. 1986, 1); A. Bierl–W. M. Calder III–R. L. Fowler (Hrsg.), Ulrich von Wilamowitz-Moellendorff, The Prussian and the Poet. The Letters of U. von Wilamowitz-Moellendorff to Gilbert Murray (1894–1930). Hildesheim 1991; W. M. Calder III (Hrsg.), Further Letters of Ulrich von Wilamowitz-Moellendorff. Hildesheim 1994; Usener und Wilamowitz. Ein Briefwechsel 1870–1905. Mit einem Nachwort und Indices von W. M. Calder III. Stuttgart 1994[2]; «Lieber Prinz». Der Briefwechsel zwischen Hermann Diels und Ulrich von Wilamowitz-Moellendorff (1869–1921). Herausgegeben und kommentiert von M. Braun, W. M. Calder III und D. Ehlers. Hildesheim 1995; «Sed serviendum officio …». The Correspondence between Ulrich von Wilamowitz-Moellendorff and Eduard Norden (1892–1931). Edited with a Commentary by W. M. Calder III and Bernhard Huss. Hildesheim 1997; ‹The Wilamowitz in Me›. 100 Letters between Ulrich von Wilamowitz-Moellendorff and Paul Friedländer (1904–1931). Edited by W. M. Calder III and B. Huss. Los Angeles 1999; «Der geniale Wildling». Ulrich von Wilamowitz-Moellendorff und Max Fränkel. Briefwechsel 1874–1878; 1900–1903. Herausgegeben mit Kommentar von W. M. Calder III und R. Kirstein. Göttingen 1999 (Nachrichten AdW. Göttingen.I. Philol.-hist. Kl. 1999, 5); «Aus dem Freund ein Sohn». Theodor Mommsen und Ulrich von Wilamowitz-Moellendorff. Briefwechsel 1872–1903. Herausgegeben und kommentiert von William M. Calder III und Robert Kirstein. 2 Bde. Hildesheim 2003.

50 U. von Wilamowitz-Moellendorff. Wilamowitz-Bibliographie 1867–1990. Revised and expanded after Friedrich Freiherr Hiller von Gaertringen and Günther Klaffenbach by M. Armstrong, W. Buchwald, W. M. Calder III. Hildesheim 1991. – Vergleiche auch die zum Vorwort, Anm. 7 genannten Bibliographien.

51 W. M. Calder III–A. Köhnken–W. Kullmann–G. Pflug (Hrsg.), Friedrich Gottlieb Welcker. Werk und Wirkung. Stuttgart 1986 (Hermes, Einzelschr., 49); W. M. Calder III u. a. (Hrsg.), Otto Jahn (1813–1869). Stuttgart 1991; W. M. Calder III (Hrsg.), The Cambridge Ritualists Reconsidered. Illinois Studies in the History of Classical Scholarship,1. 1991.

52 W. M. Calder III–R. Schlesier (Hrsg.), Zwischen Rationalismus und Romantik. Karl Otfried Müller und die antike Kultur. Hildesheim 1998.

53 W. M. Calder III–St. Trzaskowa (Hrsg.), George Grote Reconsidered. Hildesheim 1996.

54 W. M. Calder III–H. Flashar–Th. Lindken (Hrsg.), Wilamowitz nach 50 Jahren. Darmstadt 1985.

55 W. M. Calder III–A. Demandt (Hrsg.), Eduard Meyer. Leben und Leistung eines Universalhistorikers. Leiden 1990.

56 W. M. Calder III (Hrsg.), Werner Jaeger Reconsidered. (Illinois Studies in the History of Classical Scholarship, 2). 1992.

57 W. M. Calder III–D. Traill, Myth, Scandal and History. The Heinrich Schliemann Controversy and a First Edition of the Mycenaean Diary. Detroit 1986; W. M. Calder III–J. Cobet (Hrsg.), Heinrich Schliemann nach hundert Jahren. Frankfurt/Main 1990.

58 M. H. Chambers, Georg Busolt. His Career in his Letters. Leiden 1990 (Supplements to Mnemosyne, 113). Vergleiche auch die Bibliographie in: R. Mellor–L. Tritle (Hrsg.), Text and Tradition. Studies in Greek History and Historiography in honor of Mortimer Chambers. Claremont, Cal. 1999[1], XXI–XXXI.

59 M. Reinhold, Historian of the Classic World: A Critique of Rostovtzeff, Science and Society 10, 1946, 361–391; C. Bradford Welles, Michael I. Rostovtzeff, in: Architects and Craftsmen in History. Festschrift für Abbott Payson Usher. Tübingen o. J. (um 1957), 55–73; H. W. Pleket, Afscheid van Rostovtzeff, Lampas 8, 1975, 267–284; M. A. Wes, Michael Rostovtzeff, Historian in Exile. Stuttgart 1990.

60 H. Heinen (Hrsg.), M. Rostowzew: Skythien und der Bosporus. II. Stuttgart 1993; Ders., Das hellenistische Ägypten im Werk M. I. Rostovtzeffs, in: Offenheit und Interesse. Amsterdam 1993, 237–269.

61 M. Reinhold, Classica Americana: The Greek and Roman Heritage in the United States. Detroit 1984.

62 K. Christ, Zur Geschichte der Historiographie, Historia 47, 1998, 242.

63 Als nützlich erwies sich hier besonders die frühe Zusammenfassung von Fr. Wagner, Geschichtswissenschaft. Freiburg 1951. Daneben sind hervorzuheben: H. von Srbik, Geist und Geschichte vom deutschen Humanismus bis zur Gegenwart. 2 Bde. München (1950) 1964[3]; G. P. Gooch, Geschichte und Geschichtsschreiber im 19. Jahrhundert. Frankfurt/Main 1964; U. Muhlack, Geschichtswissenschaft im Humanismus und in der Aufklärung. München 1991; N. Hammerstein (Hrsg.), Deutsche Geschichtswissenschaft um 1900. Stuttgart 1988.

64 M. Wegner, Altertumskunde. Freiburg 1951; H. Sichtermann, Kulturgeschichte der klassischen Archäologie. München 1996.

65 K. Schönwälder, Historiker und Politik. Geschichtswissenschaft im Nationalsozialismus. Frankfurt/Main 1992; U. Wolf, Litteris et Patriae. Das Janusgesicht der Historie. Stuttgart 1996.

66 A. Heuß, Max Webers Bedeutung für die Geschichte des griechisch-römischen Altertums, HZ. 201, 1965, 529–556 = Ders., III., 1835–1862.

67 J. Deininger (Hrsg.), M. Weber, Die römische Agrargeschichte in ihrer Bedeutung für das Staats- und Privatrecht (1891). Tübingen 1986 (Max Weber Gesamtausgabe I, 2); Ders., Die antike Welt in der Sicht Max Webers. München 1987.

68 W. Nippel, Max Weber und die Althistorie seiner Zeit. Berlin 1993. Siehe auch Nippel, 436–438.

69 Zum Beispiel: Chr. Meier (Hrsg.), Die okzidentale Stadt nach Max Weber. München 1994; Ch. R. Hatscher, Charisma und res publica. Max Webers Herrschaftssoziologie und die römische Republik. Stuttgart 2000.

70 Hier ist insbesondere die von Jürgen Bauer betreute Reihe «Wege der Forschung» innerhalb der Wissenschaftlichen Buchgesellschaft, Darmstadt hervorzuheben.

71 W. Schuller (Hrsg.), Die Antike in der Moderne. Konstanz 1985.

III. Die Klassiker des 19. Jahrhunderts – Von Niebuhr zu Burckhardt

1 Calder, Wissenschaftlergeschichte, 249.

2 W. Jaeger, Five Essays. Montreal 1966, 62.

3 Calder, Wissenschaftlergeschichte, 250 f.

4 H. Schaefer, Antrittsrede in der Heidelberger Akademie der Wissenschaften vom 10.2.1945, in: Ders., Probleme der Alten Geschichte. Hrsg. von U. Weidemann und W. Schmitthenner. Göttingen 1963, 441–443.

5 H. Strasburger, Antrittsrede in der Heidelberger Akademie der Wissenschaften, in: Ders., Studien zur Alten Geschichte. Hrsg. von W. Schmitthenner und R. Zoepffel. II. Hildesheim 1982, 959–962.

6 A. Heuß, De se ipse (1993), in: Heuß I., 777–827.

7 In: W. E. Böhm (Hrsg.), Forscher und Gelehrte. Stuttgart 1966, 82.

8 Vergleiche Fr. und D. Hiller von Gaertringen (Hrsg.), Mommsen und Wilamowitz. Briefwechsel 1872–1903. Berlin 1935 einerseits und Calder–Kirstein andererseits.

9 I. Berlin 1833^{4}; II. 1830^{2}; III. 1832.

10 Kleine historische und philologische Schriften. 2 Bde. Bonn 1828; Nachgelassene Schriften nichtphilologischen Inhalts. Hrsg. von M. Niebuhr. Hamburg 1842; Geschichte des Zeitalters der Revolution … Hrsg. von M. Niebuhr. Hamburg 1845; Vorträge über römische Geschichte … Hrsg. von M. Niebuhr. 3 Bde. Berlin 1846–1848; Vorträge über alte Geschichte … Hrsg. von M. Niebuhr. 3 Bde. Berlin 1847–1851; Vorträge über alte Länder- und Völkerkunde … Hrsg. von M. Isler. Berlin 1851; Vorträge über römische Altertümer. Hrsg. von M. Isler. Berlin 1858.

11 D. Hensler, Lebensnachrichten über B. G. Niebuhr aus Briefen desselben und aus Erinnerungen einiger seiner nächsten Freunde. 3 Bde. Hamburg 1838–1839. – Siehe dazu E. Rosenstock, Die Zuverlässigkeit der Lebensnachrichten über B. G. Niebuhr, HZ. 110, 1913, 566 ff.

12 A. Heuß, Niebuhr und Mommsen, Antike und Abendland 14, 1968, 1–18.

13 D. Gerhard–W. Norvin (Hrsg.), B. G. Niebuhr. Die Briefe Barthold Georg Niebuhrs. 1. 1776–1809. Berlin 1926; 2. 1809–1816. Berlin 1929.

14 E. Vischer (Hrsg.), B. G. Niebuhr. Briefe. Neue Folge 1816–1830. 4 Bde. Bern 1981–1984; Ders., Zur Geschichte der Geschichtsschreibung. Bern 1985.

15 Zur neueren Bibliographie siehe Nippel, 427f. – Einen lebendigen Forschungsbericht gibt A. Heuß, Barthold Georg Niebuhrs wissenschaftliche Anfänge. Untersuchungen und Mitteilungen über die Kopenhagener Manuscripte und zur europäischen Tradition der lex agraria (loi agraire). Abh.AdW. Göttingen, Phil.-hist. Kl. III,114. Göttingen 1981, 11–33.

16 J. Classen, Barthold Georg Niebuhr. Eine Gedächtnisschrift zu seinem hundertjährigen Geburtstage, den 27. August 1876. Gotha 1876; G. Wirth (Hrsg.), Barthold Georg Niebuhr, Historiker und Staatsmann. Vorträge bei dem anläßlich seines 150. Todestages in Bonn veranstalteten Kolloquiums 10.–12. November 1981. Bonn 1984.

17 G. Walther, Niebuhrs Forschung. Stuttgart 1993.

18 H. Bengtson, Barthold Georg Niebuhr und die Idee der Universalgeschichte des Altertums. Würzburg 1960 (Würzburger Universitätsreden, 26).

19 G. Kuentzel, Niebuhrs Römische Geschichte und ihr zeitgenössischer politischer Gehalt, in: Festgabe für Friedrich Clemens Ebrard. Frankfurt 1920, 175–190; C. Gaedeke, Geschichte und Revolution bei Niebuhr, Droysen und Mommsen. Diss. T. U. Berlin 1978.

20 S. Rytkönen, Barthold Georg Niebuhr als Politiker und Historiker. Zeitgeschehen und Zeitgeist in den geschichtlichen Beurteilungen von B. G. Niebuhr. Helsinki 1968 (Annales Academiae Scientiarum Fennicae, Ser. B, Tom. 156).

21 A. Heuß, a. O. (Anm. 15).

22 Die einschlägigen Spezialuntersuchungen sind zusammengefaßt in: J. Bleicken (Hrsg.), Heuß, III. Stuttgart 1995, 1608–1802.

23 B. C. Witte, Der preußische Tacitus. Aufstieg, Ruhm und Ende des Historikers Barthold Georg Niebuhr 1776–1831. Düsseldorf 1979.

24 Weitere Spezialstudien: K. Christ, Römische Geschichte und Universalgeschichte bei Barthold Georg Niebuhr, Saeculum 19, 1968, 172–196 = Ders., RGWG. 3. Darmstadt 1983, 1–25; J. Straub, Barthold Georg Niebuhr (1776–1831), in: Bonner Gelehrte. II. Bonn 1968, 49–78; K. Christ, Barthold Georg Niebuhr, in: H. U. Wehler (Hrsg.), Deutsche Historiker. 6. Göttingen 1980, 23–36; R. Werner, Barthold Georg Niebuhr und der Aufbau der frührömischen Chronologie, Chiron 12, 1982, 363–408; Christ, RGdGW., 35–43; M. Oehme, Die römische Villenwirtschaft. Untersuchungen zu den Agrarschriften Catos und Columellas und ihrer Darstellung bei Niebuhr und Mommsen. Bonn 1988; Christ, Gibbon, 26–48; J. Wiesehöfer–St. Conermann (Hrsg.), Carsten Niebuhr (1733–1815) und seine Zeit. Stuttgart 2002.

25 Wilamowitz hat dies durchaus anerkannt, wenn er zur «Staatshaushaltung» schrieb: «Als dies Werk zuerst erschien, war alles so neu, ging so weit über alles hinaus, was für irgendein Volk, irgendeine Zeit versucht war, daß die Bedeutung nur von ganz wenigen Philologen, vielleicht mehr außerhalb der zünftigen Kreise gewürdigt ward.» Geschichte der Philologie. Leipzig 1959 (NDr. der 3. Auflage von 1921), 54.

26 M. Hoffmann, August Boeckh, Lebensbeschreibung und Auswahl aus seinem wissenschaftlichen Briefwechsel. Leipzig 1901.

27 Erwähnt seien lediglich: E. Vogt, Der Methodenstreit zwischen Hermann und Böckh und seine Bedeutung für die Geschichte der Philologie, in: H. Flashar u. a. (Hrsg.), Philologie und Hermeneutik im 19. Jahrhundert. Göttingen 1979, 103–121; G. Hellrieger–A. Jähne (Hrsg.), A. Boeckh (1785–1867), Wissenschaftliche Zeitschrift der Humboldt-Universität, Gesellschaftswissenschaftliche Reihe 36, 1987, 1–78; A. Horstmann, Antike Theoria und moderne Wissenschaft. August Boeckhs Konzeption der Philologie, Philosophie und Geschichte der Wissenschaften. Bern 1992; E. Vogt, Das Werk August Boeckhs als Herausforderung für unsere Zeit – A. Horstmann, Wozu Geisteswissenschaften? Die Antwort August Boeckhs. Berlin 1998.

28 W. M. Calder III–R. Schlesier (Hrsg.), Zwischen Rationalismus und Romantik. Karl Otfried Müller und die antike Kultur. Hildesheim 1998, IX. – Eine knappe Einführung gab zuvor K. Nickau, Karl Otfried Müller, Professor der Klassischen Philologie 1819–1840, in: C. J. Classen (Hrsg.), Die klassischen Altertumswissenschaften an der Georg-August-Universität Göttingen. Göttingen 1989, 27–50.

29 Geschichte Hellenischer Stämme und Städte. 1. Orchomenos und die Minyer. 1820 (Breslau 1844^2). NDr. Graz 1969; 2.–3. Die Dorier. 1824 (Breslau 1844^2). NDr. Hildesheim 1989; Prolegomena zu einer wissenschaftlichen Mythologie. Göttingen 1825. NDr. Darmstadt 1970; Die Etrusker. 2 Bde. 1828 (Stuttgart 1877); Handbuch der Archaeologie der Kunst, 1830 (Breslau 1848^3). NDr. Stuttgart 1878; Geschichte der griechischen Literatur bis auf das Zeitalter Alexanders. 2 Bde. 1841 (Stuttgart 1882–1884^4); Kleine deutsche Schriften über Religion, Kunst, Sprache und Literatur, Leben und Geschichte des Alterthums. 2 Bde. Breslau 1847–1848. NDr. Hildesheim 1979; Kunstarchäologische Werke. 5 Bde. 1817–1840. Berlin 1873.

30 E. Müller, Biographische Erinnerungen an K. O. Müller, in: K. O. Müller, Kleine deutsche Schriften … (siehe Anm. 29), I., IX–LXXXVII; Briefwechsel zwischen August Boeckh und Karl Otfried Müller. Leipzig 1883; O. und E. Kern (Hrsg.), Carl Otfried Müller. Lebensbild in Briefen an seine Eltern mit dem Tagebuch seiner italienisch-griechischen Reise. Berlin 1908; S. Reiter (Hrsg.), Briefwechsel zwischen Karl Otfried Müller und Ludwig Schorn, Neue Jahrbücher für Pädagogik 13, 1910, 292–315; 340–360; 393–408; 506–514; O. Kern (Hrsg.), Aus dem amtlichen und wissenschaftlichen Briefwechsel von Carl Otfried Müller. Göttingen 1936; S. Reiter (Hrsg.), Carl Otfried Müller. Briefe aus einem Gelehrtenleben 1797–1840. 2 Bde. Berlin 1950.

31 W. Unte–H. Rohlfing, Quellen für eine Biographie Karl Otfried Müllers (1797–1840). Bibliographie und Nachlaß. Hildesheim 1997.

32 Annali della Scuola Normale Superiore di Pisa 3. XIV 1984, 805–909.

33 Siehe Anm. 28.

34 A. O., 313–348.

35 K. Christ, Jacob Burckhardts Weg zur «Griechischen Kulturgeschichte», Historia 49, 2000, 105.

36 Vergleiche dazu insbesondere W. F. Kümmel, Musikgeschichte und Geschichte. Marburger Studien zur Musikgeschichte 1. 1967, 230 ff.

37 Letzter Nachdruck in drei Bänden. Darmstadt 1998. – Zum «Hellenismus»-Begriff siehe J. Busche, Der Begriff Hellenismus als Epochenname. Frankfurt/Main 1974; R. Bichler, «Hellenismus». Darmstadt 1983; R. Kinsky (Hrsg.), Diorthoseis. Beiträge zur Geschichte des Hellenismus und zum Nachleben Alexanders des Großen. München 2004.

38 A. Momigliano, Per il centenario dell' «Alessandro Magno» di J. G. Droysen, Leonardo 4, 1933, 510–516 = Ders., Contributo 1., 263–273; J. Seibert, Alexander der Große. Darmstadt 1972, 61 ff.

39 R. Hübner (Hrsg.), Johann Gustav Droysen, Historik. Vorlesungen über Enzyklopädie und Methodologie der Geschichte. Darmstadt 1972[7]. – Dazu: J. Rüsen, Begriffene Geschichte. Genesis und Begründung der Geschichtstheorie bei J. G. Droysen. Paderborn 1969.

40 R. Hübner (Hrsg.), Johann Gustav Droysen, Briefwechsel. 2 Bde. Stuttgart 1929.

41 Dazu insbesondere: Fr. Meinecke, Johann Gustav Droysen. Sein Briefwechsel und seine Geschichtsschreibung, HZ. 141, 1929, 249–287.

42 R. Hübner, Verzeichnis von Johann Gustav Droysens Schriften zur alten Geschichte und zur griechischen und römischen Literatur, in: Ders. (Hrsg.), Kleine Schriften zur Alten Geschichte. II. Leipzig 1894, 444–448.

43 G. Droysen, Johann Gustav Droysen. Erster Teil: Bis zum Beginn der Frankfurter Tätigkeit. Leipzig 1910.

44 M. Duncker, J. G. Droysen, Preußische Jahrbücher 54, 1884, 134–167; O. Hintze, in: Allgemeine Deutsche Biographie 48, 1903, 82–114; B. Bravo, Philologie, Histoire, Philosophie de l'Histoire. Etude sur J. G. Droysen, historien de l' antiquité. Breslau 1968; H.-J. Gehrke, Johann Gustav Droysen, in: Berlinische Lebensbilder. 4. Berlin 1989, 127–142; Christ, Gibbon, 50–67; Chr. Wagner, Die Entwicklung Johann Gustav Droysens als Althistoriker. Bonn 1991; Christ, Hellas, 19–21.

45 3 Bde. Berlin 1857–1867. 1887–1889[6].

46 Selbst Wilamowitz, Geschichte der Philologie, a. O. (siehe Anm. 25), 69 gibt zu, daß ihn «persönlich jedermann ehren mußte.»

47 Siehe dazu die Belege in: K. Christ, Ernst Curtius und Jacob Burckhardt. Zur Rezeption der griechischen Geschichte im 19. Jahrhundert, in: Ders., Griechische Geschichte und Wissenschaftsgeschichte. Stuttgart 1996, 124 f.; Chr. Ulf, Die Instrumentalisierung der griechischen Frühzeit. Interdependenzen zwischen Epochencharakteristik und politischer Überzeugung bei Ernst Curtius und Jacob Burckhardt, in: R. Rollinger–Chr. Ulf (Hrsg.), Griechische Archaik. Innere Entwicklungen – Externe Impulse. Berlin 2004, 51–103; E. S. Sünderhauf, Griechensehnsucht und Kulturkritik. Die deutsche Rezeption von Winckelmanns Antikenideal 1840–1945. Berlin 2005.

48 K. J. Beloch, in: Die Geschichtswissenschaft der Gegenwart in Selbstdarstellungen. II. Leipzig 1926, 16.

49 Fr. Curtius (Hrsg.), Ernst Curtius. Ein Lebensbild in Briefen. Berlin 1903.

50 G. Heres, Ernst Curtius als Archäologe, Forschungen und Berichte der Staat-

lichen Museen zu Berlin 16, 1974, 129–148; A. H. Borbein, Ernst Curtius, Alexander Conze, Reinhard Kekulé. Probleme und Perspektiven der Klassischen Archäologie zwischen Romantik und Positivismus, in: Christ–Momigliano, 275–302; Ders., Ernst Curtius, in: Berlinische Lebensbilder. 4. Berlin 1989, 157–174; Christ, Gibbon, 68–83; M. Chambers, Ernst Curtius, in: Briggs–Calder, 37–42; S. L. Marchand, Down from Olympus. Archaeology and Philhellenism in Germany 1750–1970. Princeton 1999, 77–91; Christ, Hellas, 32–42; Chr. Bachhiesl, Ein ‹deutsches› Griechenland. Zum Bild der Griechen bei Ernst Curtius. Diplomarbeit Universität Graz. Graz 2001; U. Sinn, Das antike Olympia. München 2004, 44 ff.

51 Hildesheim 2000.

52 A. Heuß, Theodor Mommsen über sich selbst. Zur Testamentsklausel von 1899, Antike und Abendland 6, 1957, 105–117 = Heuß, III., 1717–1729.

53 L. M. Hartmann, Theodor Mommsen. Eine biographische Skizze. Gotha 1908. – Zu ihm: W. Filla u. a. (Hrsg.), Aufklärer und Organisator. Der Wissenschaftler, Volksbildner und Politiker Ludo Moritz Hartmann. Wien 1992; V. Herholt, Ludo Moritz Hartmann. Alte Geschichte zwischen Darwin, Marx und Mommsen. Berlin 1999.

54 Kiel 1956; Ders., Niebuhr und Mommsen, Antike und Abendland 14, 1968, 1–18; Ders.; Theodor Mommsen und die revolutionäre Struktur des römischen Kaisertums, in: Aufstieg und Niedergang der römischen Welt. II, 1. Berlin 1974, 77–90; Ders., Theodor Mommsen als Geschichtsschreiber, in: N. Hammerstein (Hrsg.), Deutsche Geschichtswissenschaft um 1900. Stuttgart 1988, 37–95.

55 L. Wickert, Theodor Mommsen. Eine Biographie. 4 Bde. Frankfurt/Main 1959–1980. Dazu: A. Heuß, Gnomon 43, 1971, 772–801; 56, 1984, 633–637 = Ders., III., 2574–2603; 2604–2608; K. Christ, Theodor Mommsen und sein Biograph, HZ. 223, 1981, 363–370. – L. Wickert (Hrsg.), Theodor Mommsen–Otto Jahn. Frankfurt/Main 1962; Ders., Drei Vorträge über Theodor Mommsen. Frankfurt/Main 1970.

56 St. Rebenich, Theodor Mommsen. Eine Biographie. München 2002.

57 St. Rebenich, Theodor Mommsen und Adolf Harnack. Berlin 1997. Die Edition des Briefwechsels mit Althoff befindet sich in Vorbereitung.

58 Calder–Kirstein.

59 Die Altertumswissenschaften und die Kirchenväterkommission an der Akademie, in: J. Kocka u. a. (Hrsg.), Die Königlich Preußische Akademie der Wissenschaften zu Berlin im Kaiserreich. Berlin 1999, 199–233.

60 Siehe Anm. 52.

61 Siehe Anm. 55.

62 Th. Mommsen, Römische Kaisergeschichte. Nach den Vorlesungs-Mitschriften von Sebastian und Paul Hensel 1882–1886 herausgegeben von B. und A. Demandt. München 1992. Dazu: K. Christ, Göttingische Gelehrte Anzeigen 245, 1993, 201–236. – Th. Mommsen, A History of Rome under the Emperors. Based on the Lecture Notes of Sebastian and Paul Hensel, 1882–6. German

Edition by B. and A. Demandt. English Translation by C. Krojzl. Ed. with the Addition of a New Chapter by Th. Wiedemann. London 1996.

63 Bibliographische Übersichten der neueren Forschung finden sich in Nippel, 430–432 sowie in St. Rebenich, a. O. (Anm. 56, 236–264). – Meine eigenen Beiträge: Theodor Mommsen, in: Gibbon, 84–118; Theodor Mommsen und die Römische Geschichte (1976), in: RGWG. 3., 26–73; RGdGW., 58–78; «die schwere Ungerechtigkeit gegen Augustus»: Augustus, Mommsen und Wilamowitz, in: E. Gabba (Hrsg.), Tria Corda. Scritti in onore di Arnaldo Momigliano. Como 1983, 89–100. – Zu Mommsens Rolle im «Berliner Antisemitismusstreit» siehe nun: K. Krieger (Hrsg.), Der «Berliner Antisemitismusstreit». 1879–1881. 2 Bde. München 2003. – Zu moderner marxistischer Sicht: Theodor Mommsen 1817–1903. AdW. der DDR. Institut für Theorie, Geschichte und Organisation der Wissenschaften. Kolloquien, 40. Berlin 1964; J. Kuczynski, Theodor Mommsen. Porträt eines Gesellschaftswissenschaftlers. Berlin 1978; R. Müller, Mommsen und die altertumswissenschaftliche Forschung der Berliner Akademie, Sb. der Leibniz-Sozietät 59, 2003, 3, 125–135.

64 A. Demandt–A. Goltz–H. Schlange-Schöningen (Hrsg.), Theodor Mommsen. Wissenschaft und Politik im 19. Jahrhundert. Berlin 2005.

65 Theodor Mommsen. Internationales Symposium. Berlin 6.–8.11.2003. Veranstaltet von der Berlin-Brandenburgischen AdW., der F. U. und der Humboldt-Universität zu Berlin sowie der Mommsengesellschaft.

66 Hinweis von A. Demandt.

67 H.-M. von Kaenel u. a. (Hrsg.), Geldgeschichte vs. Numismatik. Theodor Mommsen und die antike Münze. Berlin 2004.

68 Zur Resonanz des «Constantin»: K. Christ, Nachwort, in: J. Burckhardt, Die Zeit Constantins des Großen. Ausgabe München 1982, 363 ff. Zur Beurteilung der «Griechischen Kulturgeschichte»: W. Kaegi, Jacob Burckhardt. Eine Biographie. VII. Basel 1982, 98 ff.

69 Vorwort (28.8.1899), Griechische Tragödien. II. Berlin 1899.

70 Siehe die Zusammenstellung bei Nippel, 438 f. – Aus der Vielzahl der jüngsten Spezialuntersuchungen seien erwähnt: P. H. von Blanckenhagen, Jacob Burckhardts Griechische Kulturgeschichte – hundert Jahre danach, Basler Zeitschrift für Geschichte und Altertumskunde 83, 1983, 5–26; N. Röthlin, Burckhardts Stellung in der Kulturgeschichtsschreibung des 19. Jahrhunderts, Archiv für Kulturgeschichte 69, 1987, 389–406; I. Siebert, Zum Problem der Kulturgeschichtsschreibung bei Jacob Burckhardt, in: Christ–Momigliano, 249–273; Dies., Jacob Burckhardt. Basel 1991; Dies. (Hrsg.), Jacob Burckhardt, Aesthetik der Bildenden Kunst. Darmstadt 1992; H. R. Guggisberg (Hrsg.), Umgang mit Jacob Burckhardt. Basel 1994; R. Stepper, Leiden an der Geschichte. Ein zentrales Motiv in der Griechischen Kulturgeschichte Jacob Burckhardts und seine Bedeutung in der altertumswissenschaftlichen Geschichtsschreibung des 19. und 20. Jahrhunderts. Bodenheim 1997; P. Betthausen–M. Kunze (Hrsg.), Jacob Burckhardt und die Antike. Mainz 1998; K. Christ, Jacob Burckhardts

Weg zur «Griechischen Kulturgeschichte», Historia 49, 2000, 101–125; I. Siebert, Jacob Burckhardts Konzeption einer historisch fundierten Kunstgeschichtsschreibung, Archiv für Kulturgeschichte 85, 2003, 593–607.

71 J. Burckhardt, Werke. Kritische Gesamtausgabe. München–Basel 2000 ff.

72 W. Kaegi, Jacob Burckhardt. Eine Biographie. 7 Bde. Basel 1947–1982.

73 M. Burckhardt (Hrsg.), Jacob Burckhardt, Briefe. 10 Bde. Basel 1949–1986.

74 Siehe zu ihm Christ, Hellas, 58 ff.

75 Vergleiche zu diesem Bereich auch A. Holm, Das alte Catania. Lübeck 1873 sowie Ders. zusammen mit F. S. und C. Cavallari, Topografia archeologica di Siracusa. 2 Bde. Palermo 1883. Deutsche Bearbeitung von B. Lupus. Straßburg 1887.

76 Insbesondere im 3. Band der «Geschichte Siciliens im Altertum. Leipzig 1898.

77 Leipzig 1896⁴, 1–160.

78 Es ist das Verdienst von Herrn Staatsrat i. R. Hans Mestern, daß das Manuskript zugänglich wurde. Es ist in Christ, Hellas, 58 ff. ausgewertet worden.

79 Fr. von Duhn, Adolf Holm, Bursians Biographisches Jahrbuch der Altertumskunde 24, 1901, 49–112 (mit Bibliographie). Siehe auch K. Christ, Griechische Geschichte zwischen Adolf Holm und Ettore Lepore, in: Ders., Griechische Geschichte und Wissenschaftsgeschichte. Stuttgart 1996, 144–156.

80 K. Boysen–B. Niese, Bursians Jahresbericht der classischen Altertumswissenschaft 164, 1913, 41–64; K. Christ, Zur Entwicklung der althistorischen Lehre und Forschung an der Philipps-Universität im Zeitraum 1870–1976, in: W. Heinemeyer u. a. (Hrsg.), Academia Marburgensis. Marburg 1977, 244, 260 f.; Ders., Hellas, 65.

81 Siehe Calder–Kirstein, 58, Anm. 177.

82 Calder–Kirstein, 75.

83 Calder–Kirstein, 85.

84 Calder–Kirstein, 58.

85 Christ, Hellas, 65.

86 Zu ihm vor allem: M. H. Chambers, Georg Busolt: his career in his letters. Leiden 1990. Daneben auch Christ, Hellas, 52 ff.

87 I. Bis zur Begründung der athenischen Seehegemonie. Leipzig 1878 (mehr nicht erschienen. NDr. Aalen 1980). Kritisch dazu: B. Niese, HZ. 43, 1880, 385–410.

88 I. Breslau 1880 (mehr nicht erschienen). Eine vernichtende Kritik von U. von Wilamowitz-Moellendorff in DLZ. 2, 1881, 971–973.

89 Griechische Geschichte bis zur Schlacht bei Chaironeia.
I. Bis zu den Perserkriegen. Gotha 1885.I². 1893.
I.² Bis zur Begründung des peloponnesischen Bundes. NDr. Hildesheim 1967.
II. Die Perserkriege und das attische Reich. Gotha 1888.
II.² 1895.
II.² Die ältere attische Geschichte und die Perserkriege. NDr. Hildesheim 1967.
III,1. Die Pentekontaetie. Gotha 1897. NDr. Hildesheim 1967.
III,2. Der peloponnesische Krieg. Gotha 1904. NDr. Hildesheim 1967.

90 Die Staatsaltertümer, in: Die griechischen Staats-, Kriegs- und Privataltertümer. München 1887, 1–222. Die griechischen Staats- und Rechtsaltertümer. München 1892².

Griechische Staatskunde. 3. neugestaltete Auflage der griechischen Staats- und Rechtsaltertümer. I. Hauptteil. Allgemeine Darstellung des griechischen Staates. München 1920.

II. Hauptteil. Darstellung einzelner Staaten und der zwischenstaatlichen Beziehungen. Bearbeitet von H. Swoboda. München 1926.

91 Zitiert nach M. H. Chambers (Anm. 86), 95.

92 Siehe Anm. 86.

IV. Zwischen Kontinuität und Innovation – Die deutsche Althistorie zu Beginn des 20. Jahrhunderts

1 Siehe für den allgemeinen Rahmen zusammenfassend Christ, RGdGW., 102 ff.; Ders., Hellas, 151 ff.

2 Zu Person und Werk: U. Wilcken, Nekrolog, in: Jahrbuch der Bayerischen AdW. 1915, 146–150; J. Kaerst, R. von Pöhlmann, Historische Vierteljahrsschrift 18, 1918, 236–238; H. Berve, R. von Pöhlmann und W. Otto, in: Geist und Gestalt. Biographische Beiträge zur Geschichte der Bayerischen AdW. vornehmlich im 2. Jahrhundert ihres Bestehens. I. Geisteswissenschaften. München 1959. 186–190. R. von Pöhlmann, Geschichte der sozialen Frage und des Sozialismus in der antiken Welt. Mit einer Einleitung zur Neuausgabe von K. Christ. 2 Bde. Darmstadt 1984,V–XVI; Christ, Gibbon, 201–247; Ders., RGdGW., 104 f.; Ders., Hellas, 125–148; J.-U. Krause, Robert von Pöhlmann, Professor in München 1.4.1901–27.9.1914, in: Seibert, 40–45.

3 Die Übervölkerung der antiken Großstädte im Zusammenhange mit der Gesamtentwicklung städtischer Civilisation. Preisschrift der Fürstlich Jablonowski'schen Gesellschaft, 24. 1884.

4 Besonders in: Sokrates und sein Volk. Ein Beitrag zur Geschichte der Lehrfreiheit. München 1899 (Historische Bibliothek, 8).

5 Aus Altertum und Gegenwart. München 1911², 1.

6 Hellenentum und Geistesfreiheit, in: Die Geisteswissenschaften, Oktober 1913, 5–8. Siehe dazu und zum Folgenden: J.-U. Krause, a. O. (Anm. 1), 44.

7 «Freier Volksstaat» und Kulturstaat, in: Süddeutsche Monatshefte 10, I. 1912/3, 581–609 und Ders., Zur Erklärung Friedrich Naumanns in Sachen «Volksstaat und Kulturstaat», a. O., 10, II. 1913, 142–151.

8 Dies bereits in der frühen Untersuchung «Die Anfänge Roms». Erlangen 1881.

9 HZ. 113, 1914, 102.

10 Siehe dazu Christ, Gibbon, 246.

11 Die folgende Skizze fußt auf Christ, Gibbon, 248–285 und Ders., Hellas, 81–99.

12 Vergleiche zum Folgenden die Belege in: Christ, Gibbon, 249; 281 ff.

13 Bei den Reichstagswahlen des Jahres 1893 trat Beloch im Wahlkreis Stral-

sund–Rügen als Kandidat der Fortschrittspartei an, scheiterte jedoch. – Nach einer Mitteilung U. Kahrstedts (Geschäftliche Nachrichten der Gött. AdW. 1928/9, 81) wollte Beloch zur Zeit der Weimarer Republik «mit einem Programm des Hasses gegen Franzosen, Juden und Sozialisten Minister» werden.

14 In: Die Geschichtswissenschaft der Gegenwart in Selbstdarstellungen. Herausgegeben von S. Steinberg. II. Leipzig 1926, 127.

15 In seiner Autobiographie, 13 hob Beloch Evaristo Breccia, Giuseppe Cardinali, Vincenzo Costanzi, Gaetano De Sanctis, Federigo Halbherr, Luigi Pareti, Roberto Paribeni, Giorgio Pasquali und Luigi Pernier hervor. Er konnte darüber hinaus behaupten: «Es gibt kaum eine einigermaßen bedeutende Stadt in Italien, wo nicht Schüler von mir zu finden wären.»

16 Bevölkerungsgeschichte Italiens. 3 Bde. Berlin 1937–1961.

17 A. Momigliano, Karl Julius Beloch, Dizionario Biografico degli Italiani 8, 1966, 3–16 = Ders., Terzo Contributo. Rom 1966, 239–265.

18 L. Polverini, Bibliografia degli scritti di Giulio Beloch, Annali della Scuola Normale Superiore di Pisa III., 9, 1979, 1429–1462; 11, 1981, 25–27; Ders. (Hrsg.), Aspetti della storiografia di Giulio Beloch. Neapel 1990.

19 Vorläufig: L. Polverini, Il carteggio Beloch-Meyer, in: Christ–Momigliano, 199–219.

20 Siehe Anm. 11.

21 Zu ihm: E. Gabba, La «Storia di Roma» di Ruggero Bonghi, in: Christ–Momigliano, 179–198.

22 Vergleiche Christ, Gibbon, 251.

23 Hierzu im einzelnen: Christ, Gibbon, 282 f.

24 A. Russi, Il primo Lavoro scientifico di Giulio Beloch: Surrenthum im Alterthum, Miscellanea Greca e Romana 16, 1991, 1–84; Campanien. Topographie, Geschichte und Leben der Umgebung Neapels im Alterthum. Berlin 1879. Breslau 1890²; Der italische Bund unter Roms Hegemonie. Staatsrechtliche und statistische Forschungen. Leipzig 1880. NDr. Rom 1964.

25 Griechische Geschichte. I.–III. Straßburg 1893–1904. – 2. Auflage: I.²–IV.² Berlin 1912–1927.

26 Autobiographie, 16.

27 Autobiographie, 16 f.

28 Griechische Geschichte. I,1² . Berlin 1912, 93.

29 Belege in: Christ, Gibbon, 265, Anm. 65.

30 Siehe zum Beispiel: Ed. Meyer, Literarisches Centralblatt 1894, Nr. 4, Sp. 109; H. Berve, Gnomon 4, 1928, 469. – Zu Belochs moderner Einordnung: H. Kloft, Politische Geschichte versus Wirtschaftsgeschichte. Von Beloch zu Berve: ein Paradigmenwechsel?, in: Näf, 379–394.

31 Christ, Gibbon, 256 ff.

32 HZ. 111, 1913, 325.

33 Siehe oben, Anm. 16.

34 Grundlegend: H. Marohl, Eduard Meyer. Bibliographie. Mit einer autobiographischen Skizze Meyers und der Gedächtnisrede von Ulrich Wilcken. Stutt-

gart 1941. Briefwechsel: G. Audring u. a. (Hrsg.), Eduard Meyer–Victor Ehrenberg. Ein Briefwechsel 1914–1930. Berlin 1990; G. Audring (Hrsg.), Ulrich Wilcken. Briefe an Eduard Meyer 1889–1930. Konstanz 1994; G. Audring (Hrsg.), Gelehrtenalltag. Der Briefwechsel zwischen Eduard Meyer und Georg Wissowa (1890–1927). Hildesheim 2000.

Spezialstudien: Christ, RGdGW., 93–101; Ders., Gibbon, 286–333; G. A. Lehmann, Eduard Meyer, in: Berlinische Lebensbilder. 4. Berlin 1989, 269–285; W. M. Calder III–A. Demandt (Hrsg.), Eduard Meyer. Leben und Leistung eines Universalhistorikers. Leiden 1990; S. Giammuso (Hrsg.), Eduard Meyer. Storia e antropologia. Neapel 1990; J. Jantsch, Die Entstehung des Christentums bei Adolf von Harnack und Eduard Meyer. Bonn 1990; Eduard Meyer (1855–1930). Zu Werk und Zeit. Wiss. Zeitschrift der Humboldt-Universität zu Berlin. Geistes- und Sozialwissenschaften 9/1991; L. Canfora, Politische Philologie. Stuttgart 1995, 45–60; Christ, Hellas, 98–125; A. Momigliano, Vorbemerkungen zu einer Diskussion über Eduard Meyer, in: Ders., A. S. 3. Stuttgart 2000, 255–272; B. Meißner, Der Universalhistoriker Eduard Meyer, in: W. Freitag (Hrsg.), Halle und die deutsche Geschichtswissenschaft um 1900. Halle 2002, 136–157.

35 Ed. Meyer, Geschichte des wissenschaftlichen Vereins von 1817 an der Gelehrtenschule des Johanneums zu Hamburg. Festschrift zur Feier seines hundertjährigen Bestehens. Halle 1923.

36 Chr. Hoffmann, Die Selbsterziehung des Historikers. Zur intellektuellen Entwicklung des jungen Eduard Meyer 1855–1879, in: Calder–Demandt (Hrsg.), a. O. (Anm. 34), 208–254.

37 Christ, Gibbon, 288 f.

38 K. Christ, Eduard Meyer (1855–1930), Geschichte des Altertums, in: V. Reinhardt (Hrsg.), Hauptwerke der Geschichtsschreibung. Stuttgart 1997, 427–430.

39 Ed. Meyer, Zur Theorie und Methodik der Geschichte, in: Ders., Kleine Schriften. I². 1924, 41. – Vergleiche auch Ders., Geschichte des Altertums. I,1. 1907², 199: «Alle Geschichte, die wirklich ihr Ziel erreichen will, muß ihrer Betrachtungsweise und Tendenz nach notwendig universalistisch sein, sei es, daß sie das Gesamtgebiet behandelt, sei es, daß sie ein Einzelobjekt mit dieser inneren Beziehung auf das Ganze darstellt.»

40 Zunächst separat: Halle 1902. Darnach in: Kleine Schriften. I.¹ 1910, 1–78 und I,1², 1924, 1–78. Dazu die Kritik von Max Weber, Kritische Studien auf dem Gebiet der kulturwissenschaftlichen Logik, Archiv für Sozialwissenschaften und Sozialpolitik 22, 1906, 143 ff. Vergleiche dazu auch F. H. Tenbruck, Max Weber und Eduard Meyer, in: W. J. Mommsen–W. Schwentker (Hrsg.), Max Weber und seine Zeitgenossen. Göttingen 1988, 337–379.

41 M. I. Finley, The Bücher–Meyer Controversy. New York 1979. Hierzu: M. Tschirner, Moses I. Finley, Studien zu Leben, Werk und Rezeption. Diss. Marburg 1994, 37 ff.; 69 ff.

42 Calder–Kirstein, 630.

43 Geschichte von Troas. Leipzig 1877; Geschichte des Königreichs Pontos. Leipzig 1879; Reich und Kultur der Chetiter. Berlin 1914.

44 Geschichte des alten Ägyptens. Berlin 1887; Ägyptische Chronologie. Berlin 1904; Der Papyrusfund von Elephantine. Leipzig 1912.

45 Die Entstehung des Judentums. 1896; Julius Wellhausen und seine Schrift Die Entstehung des Judenthums. Eine Erwiderung. Halle/Saale 1897; Die Israeliten und ihre Nachbarstämme. Halle/Saale 1906.

46 Ursprung und Anfänge des Christentums. 3 Bde. Stuttgart 1921–1923.

47 Ursprung und Geschichte der Mormonen. Mit Exkursen über die Anfänge des Islams und des Christentums. Halle/Saale 1912.

48 Alexander der Große und die absolute Monarchie, in: Kleine Schriften. I.^{2} Halle/Saale 1924, 265–314.

49 Blüte und Niedergang des Hellenismus in Asien. Berlin 1925.

50 J. von Ungern-Sternberg, Der Althistoriker Eduard Meyer im Ersten Weltkrieg, in: Calder–Demandt, a. O. (Anm. 34), 484–504.

51 England. Seine staatliche und politische Entwicklung und der Krieg gegen Deutschland. Stuttgart 1915. Dazu: Christ, Gibbon, 327 f.; Nordamerika und Deutschland. Berlin 1915; Der amerikanische Kongreß und der Weltkrieg. Berlin 1917; Weltgeschichte und Weltkrieg. Stuttgart u. Berlin 1916; Die Vereinigten Staaten von Amerika. Geschichte, Kultur, Verfassung und Politik. Frankfurt/Main 1920.

52 England. 1915, 213.

53 A. Demandt, Eduard Meyer und Oswald Spengler, in: Calder–Demandt, a. O. (Anm. 34), 159–181.

54 Christ, Hellas, 274 ff.

55 Hatscher, 77 ff.

56 Hatscher, 80 ff.

57 Christ, Hellas, 202 ff.; 246 ff.

V. Vom Wilhelminischen Deutschland zur Weimarer Republik

1 Siehe dazu Flashar.

2 Grundlegend: M. Gelzer, Ernst Fabricius †, Gnomon 18, 1942, 238–240. Daneben: P. Goessler, Ernst Fabricius (1857–1942), Badische Fundberichte 17, 1941–1947, 12 ff.; K. Stade, Ernst Fabricius zum Gedächtnis, Ber. RGK. 32, 1942 (1950), 225 ff.; Christ, RGdGW., 119 f.

3 Siehe dazu E. Schallmayer–W. Schmidt, DNP. 15/1. Stuttgart 2001, 164.

4 E. Fabricius, Vorwort, in: Ders.–F. Hettner–O. von Sarwey, Der Obergermanisch-Raetische Limes des Römerreiches. Abt. A, Bd. 1, Strecken 1–2. Berlin u. a. 1936, I–XIII.

5 A. Heuß, Ernst Kornemann †, Gnomon 23, 1951, 290–292 = Ders., I., 739–741; H. Bengtson, Gedenkblatt für Ernst Kornemann (1972), in: Ders., Kleine Schriften zur Alten Geschichte. München 1974, 639–642; H. G. Gundel, Althistoriker in Gießen, Gießener Universitätsblätter 10, 1977, 2, 97–99; Christ, RGdGW., 133–144.

6 E. Kornemann, Gestalten und Reiche. Leipzig 1943, 433.
7 Christ, RGdGW., 134, Anm. 88.
8 So für die RE-Artikel collegium (IV, 380–480 [1900] und coloniae (IV, 511–588 [1900] wie für den großen Aufsatz Zur Geschichte der antiken Herrscherkulte, Klio 1, 1901, 51–146. – Die weiteren frühen Studien sind bei Christ, RGdGW., 135 aufgeführt.
9 Vergleiche Christ, RGdGW., 135, Anm. 92.
10 RE XVI, 211–232 s. v. Monumentum Ancyranum (1933); Augustus. Der Mann und sein Werk im Lichte der deutschen Forschung. Breslau 1937; Zum Augustusjahr, Klio 31, 1938, 81–91; Augustus, in: Gestalten und Reiche. Leipzig 1943, 225–244.
11 R. von Scheliha, Die Wassergrenzen im Altertum. Breslau 1931; J. Klose, Römische Klientelrandstaaten am Rhein und an der Donau. Diss. Breslau 1934; E. Kornemann, Die unsichtbaren Grenzen des Römerreiches, in: Ders., Gestalten und Reiche. Leipzig 1943, 323 ff.
12 Die Stellung der Frau in der vorgriechischen Mittelmeerkultur. Heidelberg 1927; Staaten, Völker, Männer. Leipzig 1934; Große Frauen des Altertums. Leipzig 1942. NDr. Birsfelden 1979; Gestalten und Reiche. Leipzig 1943. – Hervorzuheben ist auch Kornemanns dichte Einführung in die römische Kaiserzeit in: J. Vogt–E. Kornemann, Römische Geschichte, in: Gercke–Norden, Einleitung in die Altertumswissenschaft. III, 2/3. Leipzig 1933.
13 E. Kornemann, Tiberius. Stuttgart 1960.
14 Siehe A. Heuß, a. O. (Anm. 5), 292 = 741.
15 Auszugehen ist nach wie vor von H. Volkmann, Anton Ritter von Premerstein, Bursians Jb. 262, II. Nekrologe. 1938, 73–99. Siehe daneben auch K. Christ, Anton Ritter von Premerstein, in: L. Schnack (Hrsg.), Marburger Gelehrte in der ersten Hälfte des 20. Jahrhunderts. Marburg 1977, 390–402 = Christ, RGWG. III., 115–127; Ders., Zur Entwicklung der althistorischen Lehre und Forschung an der Philipps-Universität im Zeitraum 1870–1976, in: W. Heinemeyer u. a. (Hrsg.), Academia Marburgensis. Marburg 1977, 241–301; Ders., RGdGW., 128–133.
16 Die Reisen fanden ihren Niederschlag in den mit J. Keil herausgegebenen Berichten: 1. Bericht über eine Reise in Lydien und der südlichen Aiolis, Denkschriften Wiener AdW., Phil.-hist. Kl., 52, Wien 1908, 2;
2. Bericht über eine zweite Reise in Lydien, a. O., 54, 1910, 2.
3. Bericht über die dritte Reise in Lydien und den angrenzenden Gebieten Joniens, a. O., 57, 1914,1.
17 Die Inschriften wurden in CIL. III Suppl. I, S. 1737 ff. publiziert. Zusammen mit S. Rutar gab von Premerstein schon früh (Wien 1899) eine Monographie Römische Straßen und Befestigungen in Krain heraus. Auch die Habilitationsschrift Die Anfänge der Provinz Moesien, Jahreshefte des Österreichischen Archäologischen Instituts 1, 1898, Beibl., 145 ff. und spätere Arbeiten zur Kaiserzeit galten den Problemen des Donauraums der Kaiserzeit im weiteren Sinne.

18 Mit C. Wessely und J. Mantuani, De codicis Dioscuridei Aniciae Julianae nunc Vindob. med. Gr I historia forma scriptura picturis. Leiden 1906.

19 Siehe zu den Einzelheiten die Bibliographie von H. Volkmann, a. O. (Anm. 15), 94–99.

20 Die wichtigsten größeren Arbeiten: Das Attentat der Konsulare auf Hadrian im Jahre 118 n. Chr. Klio-Beiheft 8. 1908; Untersuchungen zur Geschichte des Kaisers Marcus, I. Klio 11, 1911, 355–366; II. Klio 12, 1912, 139–178; III. Klio 13, 1913, 70–104; Der Daker- und Germanensieger M. Vinicius (Cos. 19 v. Chr.) und sein Enkel (cos. 30 und 45 n. Chr.), Jahreshefte des Österreichischen Archäologischen Instituts 28, 1933, 140–163; 29, 1934, 60–81; C. Iulius Quadratus Bassus, Klient des jüngeren Plinius und General Trajans. Sb. Bayer. AdW., Phil.-hist. Kl. 1934, 3.

21 Zu den sogenannten alexandrinischen Märtyrerakten. Philologus Supplementband 16, Heft 2. Leipzig 1923; Alexandrinische Geronten vor Kaiser Gaius. Ein neues Bruchstück der sogenannten alexandrinischen Märtyrerakten. Mitteilungen aus der Papyrussammlung der Gießener Universitätsbibliothek, V.

22 Zur Aufzeichnung der Res gestae Divi Augusti im pisidischen Antiochia, Hermes 59, 1924, 95–107.

23 Klio Beiheft 19. Leipzig 1927. – Eine vergleichbar akribische Quelleninterpretation galt auch kyrenischen Neufunden: Die fünf neugefundenen Edikte des Augustus von Kyrene, Zeitschrift der Savigny-Stiftung für Rechtsgeschichte, Romanistische Abteilung 48, 1928, 419–531 sowie Zu den kyrenäischen Edikten des Augustus, Literaturbericht und Nachträge, a. O., 51, 1931, 431–459.

24 Abhandlungen der Bayerischen AdW., Neue Folge 15. München 1937.

25 Siehe M. Gelzer, Friedrich Münzer in memoriam, Historia 2, 1953, 378–380.

26 Die Nobilität der römischen Republik. Leipzig 1912. – Englische Übersetzung: The Roman Nobility. Oxford 1969.

27 Wiener Blätter für die Freunde der Antike 2, 1923, 94. Das Vortragsreferat ist abgedruckt in: Christ, RGdGW, 130, Anm. 67.

28 Siehe zu dieser Problematik P. Herrmann, Der römische Kaisereid. Göttingen 1968.

29 R. Syme, The Roman Revolution. Oxford 1939, VIII.

30 Grundlegend sind die Beiträge des über 40 Jahre hindurch mit Gelzer eng befreundeten Hermann Strasburger: Nachruf auf Matthias Gelzer, Gnomon 47, 1975, 817–824; W. Schmitthenner–R. Zoepffel (Hrsg.), Hermann Strasburger, Studien zur Alten Geschichte. III. Hildesheim 1990, 1–8; M. Gelzer und die großen Persönlichkeiten der ausgehenden römischen Republik, in: J. Bleicken–Chr. Meier–H. Strasburger, Matthias Gelzer und die römische Geschichte. Kallmünz 1977 (Frankfurter Althistorische Studien, 9), 57–96 = Schmitthenner–Zoepffel, III, 129–168; J. Bleicken, Sb. der Wissenschaftlichen Gesellschaft an der Goethe-Universität Frankfurt/Main 12, 1975, 157–164; Christ, RGdGW., 113–116; 120–128; 207 ff.; 292 f. Bibliographie: Chr. Meier, Verzeichnis der Veröffentlichungen Matthias Gelzers, in: M. Gelzer, Kleine Schriften. I. Wiesbaden 1962, 3–14.

31 Siehe dazu die ausführliche Übersicht von H. Strasburger, M. Gelzer und die großen Persönlichkeiten ... a. O., 75 ff. = 147 ff.

32 M. Gelzer, Gedenkrede auf Ulrich Wilcken, in: Jahrbuch der Deutschen AdW. zu Berlin 1946–1949. Berlin 1949, 244–252 = Ders., Kleine Schriften. III. Wiesbaden 1964, 336–344.

33 Die römische Gesellschaft zur Zeit Ciceros, Neue Jahrbücher für das klassische Altertum 23, 1920, 6 = Kleine Schriften. I. Wiesbaden 1962, 14.

34 Strasburger, Nachruf, 821 = Ders., Studien. III., 5.

35 RE X, 381–423 (1917).

36 RE X, 435–458 (1917).

37 RE X, 478–536 (1917).

38 RE X, 973–1020 (1917).

39 Caesar, der Politiker und Staatsmann. Stuttgart 1921. München 1940[2]. 1941[3]. 1942[4]. 1943[5]. Wiesbaden 1960[6] (mit Anmerkungen).

40 In: E. Marcks–K. A. Müller (Hrsg.), Meister der Politik. I. 1922, 119–170.

41 In: H. von Arnim (Hrsg.), Kämpfer. Großes Menschentum aller Zeiten. I. 1923, 35–45.

42 A. O., 47–59.

43 RE II A, 1693–1711 (1923).

44 RE XIII, 295–311 (1926).

45 RE XIII, 376–414 (1926).

46 Antike 10, 1934, 59–91.

47 M. Tullius Cicero als Politiker, RE VII A, 827–1091; Cicero. Ein biographischer Versuch. Wiesbaden 1969.

48 München 1944; 1949[2]. 1959[3]; Paperback Ausgabe 1973. Nachdruck ergänzt um den Nachlaß von Matthias Gelzer. Durchgesehen und mit einer Bibliographie ausgestattet von E. Herrmann-Otto.

49 RE XXII, 108–145 (1953).

50 RE VIII A, 981–1008.

51 H. Strasburger, Persönlichkeiten, a. O. (Anm. 30), 823–7.

52 M. Gelzer, Gedenkrede auf Ulrich Wilcken. A. O. (Anm. 32); Tradition und Fortschritt in der deutschen Altertumswissenschaft des 19. und 20. Jahrhunderts. Materialien eines Kolloquiums zu Ehren des 100. Geburtstages von Ulrich Wilcken. In: Wissenschaftliche Zeitschrift der Karl-Marx-Universität Leipzig 12, 1963, Gesellschafts- und Sprachwissenschaftliche Reihe, H. 2, 541–557; G. Audring (Hrsg.), Ulrich Wilckens Briefe an Eduard Meyer 1889–1930. Konstanz 1994; M. A. Wes, Ulrich Wilcken, de Mittwochs-Gesellschaft, en de ‹Atem der Geschichte›, Lampas 30, 1997, 213–244; Christ, Hellas, 176–184; J. Seibert, Ulrich Wilcken, Professor in München 1.10.1915–1.10.1917, in: Seibert, 46–49.

53 Siehe dazu H.-A. Rupprecht, Kleine Einführung in die Papyruskunde. Darmstadt 1994, 14 ff.

54 Observationes ad historiam Aegypti provinciae Romanae. Diss. Berlin 1885; Griechische Ostraka aus Ägypten und Nubien. Ein Beitrag zur antiken Wirtschaftsgeschichte. 2 Bde. Leipzig 1899; mit L. Mitteis, Grundzüge und Chres-

thomatie der Papyruskunde. 4 Bde. Leipzig 1912; Urkunden der Ptolemaierzeit. 2 Bde. 1927–1956; Berliner Akademieschriften zur Alten Geschichte und Papyruskunde. 2 Teile. Leipzig 1970. – Seit 1899 gab Wilcken daneben das «Archiv für Papyrusforschung und verwandte Gebiete» heraus, in dem er selbst kontinuierlich das «Urkundenreferat» übernahm, wohl den wichtigsten Sektor der Publikation überhaupt.

55 München 1924; 1962. NDr. 1973.

56 Leipzig 1931.

57 Christ, Hellas, 176 ff. – Zum hellenistischen Bereich siehe die kritische Literaturbeschreibung in U. Wilcken, Griechische Geschichte im Rahmen der Altertumsgeschichte. München 1962[9], 353 ff.

58 L. Wenger, Walter Otto. Ein Nachruf, in: Almanach der AdW. zu Wien 92, 1942, 286–313; H. Bengtson, Walter Otto, in: Bursians Jahresberichte 284 (Nekrologe), 1944, 22–48; Ders., Kleine Schriften zur Alten Geschichte. München 1974, 599–618; H. Berve, Robert von Pöhlmann und Walter Otto, in: Geist und Gestalt. Biographische Beiträge zur Geschichte der Bayerischen AdW. vornehmlich im zweiten Jahrhundert ihres Bestehens. 1. Geisteswissenschaften. München 1959, 186–195; Christ, Hellas, 189–191; J. Seibert, Walter Otto, Professor in München 1.4.1918–1.11.1941, in: Seibert, 50–68; Hatscher, 80–83.

59 Siehe hierzu insbesondere die Beiträge von Berve und Seibert.

60 RE Suppl. II,1–205 (1913); Herodes. Stuttgart 1913.

61 Die Nobilität der römischen Kaiserzeit, Hermes 51, 1916, 73–88.

62 Zur Lebensgeschichte des jüngeren Plinius, Sb. Bayer. AdW. Phil.-hist. Kl. 1919, 10; Zur Prätur des jüngeren Plinius, a. O., 1923, 4.

63 So geht Ottos Studie Eine antike Kriegsschuldfrage. Die Vorgeschichte des 2. Punischen Krieges, HZ. 145, 1932, 489–515 = K. Christ (Hrsg.), Hannibal. Darmstadt 1974, 77–108 auf die Diskussionen um die deutsche «Kriegsschuld» am I. Weltkrieg zurück, zu denen Otto in seiner Schrift «Deutschlands' Schuld und Recht». Marburg 1919 Stellung genommen hatte.

64 Eine Aufstellung gibt Seibert, 55. Ausführlicher Bengtson, a. O. (Anm. 58, 605 ff.).

65 Bengtson, 614.

66 Bengtson, 602 f.

67 Bengtson, 610 f.; Hatscher, 80 ff.

68 Christ, Hellas, 246 ff.; 300 ff.; Hatscher, 80 ff.

69 Siehe unten S. 62 – Die wichtigsten einschlägigen Arbeiten Ottos sind bei Seibert, 55 aufgeführt.

70 Bengtson, 600; 616.

71 Bengtson, 616; Seibert, 63.

72 Seibert, 64 ff.

73 K. A. von Müller, Im Wandel einer Welt. München 1966, 173.

74 W. Volkert, Die Kommission für bayerische Landesgeschichte bei der Bayerischen AdW, in: Ders.–W. Ziegler (Hrsg.), Im Dienst der bayerischen Geschichte. München 1998, 62 – zitiert nach Seibert, 66.

75 Seibert, 56 f.

76 H. Berve, Nachruf auf Walter Otto, Gnomon 18, 1942, 126; Bengtson, 599 f.; Fr. J. Strauß, Die Erinnerungen. München 1989², 34; Seibert, 57. Dort auch ein Verzeichnis der Themen von Vorlesungen und Seminaren.

77 T. S. Scheer, Fritz Rudolf Wüst, Dozent und apl. Professor in München 1944–1962, in: Seibert, 129–136.

78 Ottos Verhalten gegenüber Bengtson in dessen Habilitationsverfahren ist von Seibert, 60 ff. aufgedeckt worden. Es spricht für sich selbst.

79 J. Vogt (Hrsg.), Universalgeschichte. Abhandlungen von Julius Kaerst. Mit Gedächtnisrede und Schriftenverzeichnis. Stuttgart 1930; H. Bengtson, Der Hellenismus in alter und neuer Sicht: Von Kaerst zu Rostovtzeff, HZ. 185, 1958, 88–95 = Ders., Kleine Schriften zur Alten Geschichte. München 1974, 267–273; Christ, Hellas, 184–189; Hatscher, 77–80.

80 J. Kaerst, Die universalgeschichtliche Auffassung in ihrer besonderen Anwendung auf die Geschichte des Altertums, in: Ders., Universalgeschichte (Anm. 79), 3.

81 J. Kaerst, Die universalgeschichtliche Auffassung in ihrer besonderen Anwendung auf die Geschichte des Altertums, HZ. 83, 1899, 193–225; Ders., Die Geschichte des Altertums im Zusammenhange der allgemeinen Entwicklung der modernen historischen Forschung, Neue Jahrbücher für das klassische Altertum 9, 1902, 32–53; Ders., Studien zur Entwicklung und Bedeutung der universalgeschichtlichen Anschauung (mit besonderer Berücksichtigung der Geschichte des Altertums), I. HZ. 106, 1911, 473–534; II. HZ. 111, 1913, 253–320; Ders., Rezension von Eduard Meyer, Spenglers Untergang des Abendlandes (1925), in: Universalgeschichte (a. O., Anm. 79), 221–229.

82 Hatscher, 78.

83 Ernst Meyer, Nachruf, Gnomon 34, 1962, 428–431; A. Heuß, Nachruf der Georg-August-Universität Göttingen, 1962 = Ders., I., 742–744; Christ, RGdGW., 150–154; B. Näf, Von Perikles zu Hitler? Bern 1986, 244–250; C. Wegeler, Das Institut für Altertumskunde der Universität Göttingen 1921–1962, in: H. Becker u. a. (Hrsg.), Die Universität Göttingen unter dem Nationalsozialismus. Wien 1987, 246–271; A. Russi, Ulrich Kahrstedt fra Cultura e Politica, Miscellanea greca e romana 14, 1989, 19–85; C. Wegeler, «... wir sagen ab der internationalen Gelehrtenrepublik». Altertumswissenschaft und Nationalsozialismus. Das Göttinger Institut für Altertumskunde 1921–1962. Wien 1996, 89 ff. passim (mit wichtigen Dokumenten zu Kahrstedts politischem Wirken); Christ, Hellas, 191 f.

84 Forschungen zur Geschichte des ausgehenden fünften und des vierten Jahrhunderts v. Chr. Berlin 1910, 1–154.

85 O. Meltzer–U. Kahrstedt, Geschichte der Karthager. III. Berlin 1913; U. Kahrstedt, Die Annalistik von Livius Buch 31–45. Berlin 1913.

86 Kulturgeschichte der Römischen Kaiserzeit. München 1944; Bern 1958²; Geschichte des griechisch-römischen Altertums. München 1948; 1952².

87 Ausführliche Belege bei Christ, RGdGW., 152.

88 Zeitweilig dachte er an eine Emigration in die Vereinigten Staaten.

89 Griechisches Staatsrecht. I. Göttingen 1922; Untersuchungen zum öffentlichen Recht Athens. 2 Bde. 1933–1936. – Die Spezialuntersuchungen: Christ, Hellas, 460, Anm. 98.

90 Syrische Territorien in hellenistischer Zeit. Berlin 1926; Christ, Hellas, 192.

91 M. Rostovtzeff, Gesellschaft und Wirtschaft im römischen Kaiserreich. 2 Bde. Leipzig o. J. (1929).

92 Das wirtschaftliche Gesicht Griechenlands in der Kaiserzeit. Bern 1954; Die wirtschaftliche Lage Großgriechenlands in der Kaiserzeit. Wiesbaden 1960.

93 Die Einzelheiten bei Christ, RGdGW., 150.

94 Siehe Ernst Meyer, a. O. (Anm. 83), 431.

95 W. Schuchhardt, Gnomon 19, 1943, 284–286.

96 Siehe unten S. 108 f.

97 E. Braun, Gnomon 36, 1964, 521–524.

98 Vergleiche die Gedächtnisschrift O. Th. Schulz, Sonderheft der Wissenschaftlichen Zeitschrift Leipzig 1958; Christ, RGdGW., 154–156.

99 Christ, a. O., 154 ff.

100 H. Braunert, Gnomon 48, 1976, 97–100; Christ, RGdGW., 157–159; Ders., Hellas, 232 ff.

101 H. Braunert–E. Olshausen, Verzeichnis der Schriften von Fr. Oertel, in: Studien zur Papyrologie und antiken Wirtschaftsgeschichte. Bonn 1964, 1 ff.

102 CAH. X. 1934, 382–424; CAH. XII. 1939, 232–281.

103 H. Braunert (Hrsg.), Fr. Oertel, Kleine Schriften zur Wirtschafts- und Sozialgeschichte des Altertums. Bonn 1975.

104 A. Lippold, Gnomon 37, 1965, 637–639; Christ, RGdGW., 148–150.

105 Cambridge 1939, 57–95; 126–137; 352–382; 383–408.

106 Zusammenstellung in: RGdGW., 149, Anm. 188.

107 Übersicht, a. O., 149.

108 Theoderich der Große. München 1947. 1959².

109 Christ, RGdGW., 145–148.

110 E. Hohl (Hrsg.), Scriptores historiae Augustae. 2 Bde. Leipzig 1927; 1955². Historia Augusta. Eingeleitet und übersetzt von E. Hohl. 2 Bde. Zürich 1976.

111 Siehe zum Beispiel die Rezension von Kahrstedts Geschichte des griechisch-römischen Altertums (München 1948) in: Gnomon 21, 1949, 172 f.

112 A. Heuß, Gnomon 43, 1971, 772–801; 56, 1984, 633–637.

113 M. Canci, Der Einfluß Nietzsches auf klassische Philologen in Deutschland bis 1945, in: Flashar, 381–402; P. L. Schmidt, DNP. 15/2, Stuttgart 2002, 308 ff. – A. Demandt–J. Farrenkopf (Hrsg.), Der Fall Spengler. Eine kritische Bilanz. Köln 1994.

114 W. Jaeger, Die geistige Gegenwart der Antike. Berlin 1928; Ders., Das Problem des Klassischen und die Antike. Leipzig 1931. NDr. 1961; W. Schadewaldt, Gedenkrede auf Werner Jaeger 30. Juli 1888–19. Oktober 1961, in: Ders., Hellas und Hesperien. II. Zürich 1970², 707–722; W. M. Calder III (Hrsg.), Werner Jaeger Reconsidered. Atlanta 1992 (Illinois Classical Studies, Suppl. 3).

115 W. A. Schröder, Der Altertumswissenschaftler Eduard Norden (1868–1942). Hildesheim 1999.

116 Siehe unten S. 58 ff.

VI. Die Epoche des Nationalsozialismus

1 Ergänzend zu berücksichtigen sind auch dessen Spezialstudien: Programme deutscher Althistoriker in der Machtergreifungsphase, Quaderni di storia 11, 1980, 35–105; Zur Konzeption der NS-Dozentenlager, in: M. Heinemann (Hrsg.), Erziehung und Schulung im Dritten Reich. Stuttgart 1980, 87–109; Rassenideologien und antisemitische Publizistik, in: Th. Klein–V. Losemann–G. Mai (Hrsg.), Judentum und Antisemitismus von der Antike bis zur Gegenwart. Düsseldorf 1984, 137–159 (= W. Benz–W. Bergmann [Hrsg.], Vorurteil und Völkermord. Entwicklungslinien des Antisemitismus. Freiburg 1997, 204–227); Nationalsozialistische Weltanschauung und Herrschaftspraxis (1933–1935), in: K. Malettke (Hrsg.), Der Nationalsozialismus an der Macht. Göttingen 1984, 9–52; Reformprojekte der NS-Hochschulpolitik, in: K. Strobel (Hrsg.), Die deutsche Universität im 20. Jahrhundert. Vierow 1994, 97–115; Auf dem Wege zur «Alternativ-Universität». Die «Hohe Schule» Alfred Rosenbergs und die «Wissenschaftsarbeit» der NSV in Marburg, in: W. Speitkamp (Hrsg.), Staat, Gesellschaft, Wissenschaft. Beiträge zur modernen hessischen Geschichte. Marburg 1994, 365–386; Die Altertumswissenschaften in der Zeit des Nationalsozialismus, in: Die Philipps-Universität im Nationalsozialismus. Marburg 1996, 67–72; The Nazi concept of Rome, in: C. Edwards (Hrsg.), Roman Presences. Receptions of Rome in European Culture. 1789–1945. Cambridge 1999, 221–235; Nationalsozialismus und Antike – Bemerkungen zur Forschungsgeschichte, in: Näf, 71–88; Nationalsozialismus I., DNP. 15, 2001, 713–745; Aspekte der Standortbestimmung der Altertumswissenschaften in «Umbruchszeiten», in: R. vom Bruch–B. Kaderas (Hrsg.), Wissenschaften und Wissenschaftspolitik. Stuttgart 2002, 310–323. – Die Arbeiten zu Sparta und zur römisch-germanischen Auseinandersetzung sind unten in den jeweiligen Zusammenhängen aufgeführt.

2 F.-L. Kroll, Geschichte und Politik im Weltreich Hitlers, Vierteljahrshefte für Zeitgeschichte 44, 1996, 327–353; St. Lorenz, Hitler und die Antike, Archiv für Kulturgeschichte 82, 2000, 407–431; eine gute Gesamtübersicht mit reichhaltiger Bibliographie in: V. Losemann–H.-E. Mittig, Nationalsozialismus, in: DNP. 15, 2001, 713–767; A. Demandt, Hitler und die Antike, in: B. Seidensticker–M. Vöhler (Hrsg.), Urgeschichten der Moderne. Die Antike im 20. Jahrhundert. Stuttgart 2002, 136–157.

– R. W. Darré, Das Bauerntum als Lebensquell der Nordischen Rasse. München 1929, 157 ff. (1937^{6}). Vergleiche auch Th. Meier, Das Wesen der spartanischen Staatsordnung, nach ihren lebensgesetzlichen und bodenrechtlichen Voraussetzungen. Leipzig 1939; H. Lüdemann, Sparta. Lebensordnung und

Schicksal. Leipzig 1939; H. John, Vom Werden des spartanischen Staatsgedankens. Breslau 1939 – dazu kritisch H. Berve, Gnomon 17, 1941, 1–11; Losemann, 23 ff.

– Neuere Analysen bei: M. Eisenbenz, «Blut und Boden». Zur Funktion und Genese der Metaphern des Agrarismus und Biologismus in der nationalsozialistischen Bauernpropaganda R. W. Darrés. Bern 1993; G. Corni–H. Gies, «Blut und Boden». Rassenideologie und Agrarpolitik im Staat Hitlers. Idstein 1994; A. D'Onofrio, Ruralismo e storia nel Terzo Reich. Il caso «Odal». Neapel 1997.

– K. von See, Deutsche Germanen-Ideologie vom Humanismus bis zur Gegenwart. Frankfurt/Main 1970; H.-J. Lutzhöft, Der Nordische Gedanken in Deutschland 1920–1940. Stuttgart 1971; W. Oberkrome, Volksgeschichte. Methodische Innovation und völkische Ideologisierung in der deutschen Geschichtswissenschaft 1918–1945. Göttingen 1993; A. A. Lund, Germanenideologie im Nationalsozialismus. Zur Rezeption der «Germania» des Tacitus im «Dritten Reich». Heidelberg 1995.

3 Momigliano, Terzo Contributo, 699–708; Losemann, 80 ff.; H. Bellen, Nachruf auf Helmut Berve, Jahrbuch der AdW. Mainz 1979, 80 f.; H. Bengtson, Nachruf auf Helmut Berve, Jahrbuch der Bayerischen AdW. München 1979, 251–256; Fr. Hampl, Nachruf auf H. Berve, Gnomon 51, 1979, 413–415; A. Heuß, Nekrolog Helmut Berve, HZ. 230, 1980, 779–787; Momigliano, Sesto Contributo. Rom 1980, 837–840; B. Näf, Von Perikles zu Hitler? Bern 1986, 146–159; Christ, RGdGW., 244–246; Christ, Neue Profile, 125–187; L. Canfora, Politische Philologie. Altertumswissenschaften und moderne Staatsideologien. Stuttgart 1995, 126–178; Christ, Hellas, 202–221; 246–251; 300–302; H. Kloft, Politische Geschichte versus Wirtschaftsgeschichte. Von Beloch zu Berve: ein Paradigmenwechsel?, in: Näf, 379–394; St. Rebenich, Alte Geschichte in Demokratie und Diktatur. Der Fall Helmut Berve, Chiron 31, 2001, 457–496; L.-M. Günther, Helmut Berve, Professor in München 1943–1945, in: Seibert, 69–105;

4 F.-R. Hausmann, «Deutsche Geisteswissenschaft» im Zweiten Weltkrieg. Die «Aktion Ritterbusch» (1940–1945). Zweite, erweiterte Auflage. Dresden 2002, 143–157.

5 A. O. (Anm. 3).

6 Siehe zu diesen Zusammenhängen H. Cancik–H. Cancik-Lindemaier, Philolog und Kultfigur. Friedrich Nietzsche und seine Antike in Deutschland. Stuttgart 1999; E. Aschheim, Nietzsche und die Deutschen. Stuttgart 2000, 130 ff.; V. Gerhardt–R. Reschke (Hrsg.), Antike und Romantik bei Nietzsche. Berlin 2004.

7 Nachdruck in: «Gestaltende Kräfte der Antike». München 1966², 42–57.

8 Historische Vierteljahrsschrift 25, 1931, 1–22. NDr. in: K. Christ (Hrsg.), Sparta. Darmstadt 1986, 195–216. Zu Berves Spartabild siehe auch K. Christ Spartaforschung und Spartabild, a. O., 50 ff.

9 Griechische Geschichte. Freiburg I¹. 1931; II¹. 1933; I². 1951; II². 1952. – Taschenbuchausgabe in drei Bänden 1959/60 mit zwei weiteren Nachdrucken. – Eine ausführliche Würdigung in Christ, Neue Profile, 135–150.

10 Die Antike 12, 1936, 1–28 = Gestaltende Kräfte der Antike. München 1966², 232–267.
11 Miltiades. Studien zur Geschichte des Mannes und seiner Zeit. Berlin 1937 (Hermes Einzelschriften, 2).
12 Sparta. Leipzig 1937. 1944² = Gestaltende Kräfte ..., 58–207.
13 Thukydides. Frankfurt/Main 1938.
14 Gestaltende Kräfte ..., 268–289. Dazu B. Näf, a. O. (Anm. 3), 163.
15 1931. NDr. in: Gestaltende Kräfte, 375–395.
16 Hermes 64, 1929, 199–227.
17 Kaiser Augustus. 1934 = Gestaltende Kräfte, 396–447.
18 Zum Monumentum Ancyranum, Hermes 71, 1936, 241–253. NDr. in: W. Schmitthenner (Hrsg.), Augustus. Darmstadt 1969, 100–117.
19 Leipzig 1943 = Gestaltende Kräfte ..., 448–466.
20 Gnomon 7, 1931, 65–74.
21 Zur Kulturgeschichte des Alten Orients, Archiv für Kulturgeschichte 25, 1935, 216–230.
22 A. O., 219 f.
23 A. O., 229 f. – Die Gegenpositionen verteidigten W. F. Albright, How well can we know the Ancient East, Journal of the American Oriental Society 56, 1936, 121–144; W. Otto, Eduard Meyers Geschichte des Altertums, HZ. 161, 1940, 309–324.
24 V. Ehrenberg, Ost und West. Brünn 1935. Rezension in: Philologische Wochenschrift 12.6.1937, 650–655.
25 Wille und Macht 2, 1934, Heft 5/6, 4–9.
26 Vergangenheit und Gegenwart 24, 1934, 257–272.
27 Was ist von der griechischen Geschichte lebendig?, Süddeutsche Monatshefte 33, 1936, 720–727; Staat und Staatsgesinnung der Griechen, Einleitung zu der von H. Berve als Mitherausgeber geleiteten Zeitschrift «Neue Jahrbücher für Antike und deutsche Bildung» 1, 1938, 3–15.
28 Christ, Neue Profile, 174 ff.
29 Fr.-R. Hausmann, «Deutsche Geisteswissenschaft» im Zweiten Weltkrieg. Die «Aktion Ritterbusch» (1940–1945). Zweite, erweiterte Auflage. Dresden 2002, 143 ff.
30 A. O., 149 f.
31 Die genauen Daten und Orte bei St. Rebenich, a. O. (Anm. 3); Siehe auch L.-M. Günther, a. O. (Anm. 3), 77 f.
32 L.-M. Günther, a. O.
33 Durch einen Luftangriff auf München hatte Berve seine Bibliothek und einen Teil seiner Möbel verloren (2./3.10.1943); am 12.7.1944 wurde seine Wohnung durch einen weiteren Angriff völlig zerstört. Ein letzter Rest seines Eigentums ist im Mai 1945 durch französisches Militär geplündert worden. Die Belege bei Günther, a. O., 86 f.
34 Die Einzelheiten bei Günther, 92 f.
35 Eine knappe Darstellung von Berves Erlanger Jahren gibt R. Urban, Alte Ge-

schichte in Erlangen von Robert von Pöhlmann bis Helmut Berve, in: H. Neuhaus (Hrsg.), Geschichtswissenschaft in Erlangen. Erlangen 2000, 45–70.

36 Siehe E. Buchner, 25 Jahre Kommission für Alte Geschichte und Epigraphik, Chiron 6, 1976, VII–VIII.

37 Die Herrschaft des Agathokles. Sb. Bayer. AdW., Phil.-hist. Kl. 1952, 5; Dion. Abh. AdW. Mainz 1956, 10; König Hieron II. Abh. Bayer. AdW., Phil.-hist. Kl. 47, 1959.

38 Wesenszüge der griechischen Tyrannis, HZ. 177, 1954, 1–20 = Gestaltende Kräfte ..., 208–231. (Nach letzterem ist hier zitiert.)

39 J. Monnerodt, Sociologie du Communisme. Paris 1948[8], 365 ff.

40 Grundlagen bilden Fr. Schachermeyr, Ein Leben zwischen Wissenschaft und Kunst. Herausgegeben von G. Dobesch und H. Schachermeyr. Wien 1984 und G. Dobesch, Nachruf Fritz Schachermeyr, Almanach der Österreichischen AdW. 138, 1988, 419–436; E. Badian, In Memory of Fritz Schachermeyr, American Journal of Ancient History 13, 1988 (1996/7), 1–13. – Daneben Losemann, 47 f.; 98 ff.; B. Näf, Der Althistoriker Fritz Schachermeyr und seine Geschichtsauffassung im wissenschaftsgeschichtlichen Rückblick, Storia della Storiografia 26, 1994, 83–100; Christ, Hellas, 251 ff.; 302 ff.; Bibliographie: G. Dobesch, in: Fr. Schachermeyr, Forschungen und Betrachtungen zur griechischen und römischen Geschichte. Wien 1974, 447–453.

41 Losemann, 206, Anm. 4.

42 Die nordische Führerpersönlichkeit, Völkischer Beobachter 13.4.1933 = Humanistische Bildung im nationalsozialistischen Staate. Leipzig 1933 (Neue Wege zur Antike 1, 9), 36–43; Die Aufgaben der Alten Geschichte im Rahmen der nordischen Weltgeschichte, Vergangenheit und Gegenwart 23, 1933, 589–600; Zur Rasse und Kultur im minoischen Kreta. Heidelberg 1939; Karthago in rassengeschichtlicher Betrachtung, in: J. Vogt (Hrsg.), Rom und Karthago. Leipzig 1943, 9–43.

43 Losemann, 98 ff.

44 «Geschichte der nordisch-indogermanischen Völker im Altertum» war der Titel einer 1934 begonnenen Vorlesungsfolge.

45 A. Schenk Graf von Stauffenberg, Macht und Recht in der Geschichte am Beispiel Alexanders des Großen, Philosophisches Jahrbuch der Görresgesellschaft 62, 1953, 46–59 = Ders., Macht und Geist. Herausgegeben von S. Lauffer. München 1972, 140–157.

46 Genannt seien lediglich die größeren Arbeiten, so: Alexander in Babylon und die Reichsordnung nach seinem Tode. Sb. Österreichische AdW., Phil.-hist. Kl. 268, 3. Wien 1970; Alexander der Große. Das Problem seiner Persönlichkeit und seines Wirkens. A. O. 285. Wien 1973; Alexander und die unterworfenen Nationen, in: Alexandre le Grand. Image et Réalité. Entretiens Fondation Hardt. Genf 1976, 47–79; Alexanders Weg in die Zukunft, in: Megas Alexandros. Thessaloniki 1980, 1–19. – Vergleiche dazu A. B. Bosworth, Ingenium und Macht. Fritz Schachermeyr and Alexander the Great, American Journal of Ancient History 13, 1988 (1996/7), 56–78.

47 RE XXII, 1350–1548 (1954).

48 Darin: Fr. Schachermeyr, Die ägäische Frühzeit. Sb. österr. AdW., Phil.-hist. Kl. 303, 309, 335, 372, 387 (Wien 1976, 1976, 1979, 1980, 1982); Die griechische Rückerinnerung im Lichte neuer Forschungen. Sb. a. O., 404 (Wien 1983); Griechische Frühgeschichte. Ein Versuch, frühe Geschichte wenigstens in Umrissen verständlich zu machen. Sb. a. O., 425 (Wien 1984); Mykene und das Hethiterreich. Sb. a. O., 472 (Wien 1986).

49 Die ältesten Kulturen Griechenlands. Stuttgart 1955.

50 Stuttgart 1969^2. Taschenbuchausgabe München 1978.

51 Ausführliche Besprechung des Werkes in Christ, Hellas, 305 ff.

52 Die frühe Klassik der Griechen. Stuttgart 1966; Perikles. Stuttgart 1969; Geistesgeschichte der Perikleischen Zeit. Stuttgart 1971; Die Sieger der Perserkriege. Göttingen 1974.
– In ein anderes Genos gehört die Veröffentlichung: Die Tragik der Voll-Endung. Stirb und Werde in der Vergangenheit.
– Europa im Würgegriff der Gegenwart. Wien 1981.

53 Auszugehen ist von Losemann, 101 f.; Chr. Ulf, Franz Miltner, in: R. Bichler (Hrsg.), 100 Jahre Alte Geschichte in Innsbruck. Innsbruck 1985, 47–59; E. M. Pyrker–Chr. Ulf, Schriftenverzeichnis Franz Miltner, a. O., 104–106; Christ, Hellas, 268 f.; I. Weiler, Alte Geschichte, in: K. Acham (Hrsg.), Geschichte der österreichischen Humanwissenschaften. IV. Wien 2002, 114 f.

54 RE Suppl. V, 864–962 (1931).

55 Der taktische Aufbau der Schlacht bei Salamis, Jahrbuch des Österreichischen Archäologischen Instituts 26, 1930, 115–128; Die Meerengenfrage in der griechischen Geschichte, Klio 28, 1935, 1–15; Des Themistokles Strategie, Klio 31, 1938, 219–243; Der Geist des antiken Seekampfes, Neue Jahrbücher für Antike und deutsche Bildung 3, 1940, 48–56; Landkrieg und Seekrieg im Altertum, in: E. Zechlin (Hrsg.), Völker und Meere. Leipzig 1944, 62–102.

56 Die dorische Wanderung, Klio 27, 1934, 54–68.

57 Pro Leonida, Klio 28, 1935, 228–241; Sparta. Vorbild und Mahnung, Die Antike 19, 1943, 1–29.

58 RE XIX, 748–790 (1937).

59 Siehe das Schriftenverzeichnis (Anm. 53), 104 ff. Hervorzuheben: Die Antike als Einheit in der Geschichte, in: H. Berve (Hrsg.), Das Neue Bild der Antike. 2. Leipzig 1942, 433–455.

60 Die Einzelheiten erschloß Losemann, 132 ff.

61 Fr. Miltner, Ephesos. Stadt der Artemis und des Johannes. Wien 1958. – Vergleiche auch: Österr. AdW. (Hrsg.), Hundert Jahre österreichische Forschungen in Ephesos. Wien 1999.

62 Eine umfassende wissenschaftsgeschichtliche Untersuchung Wilhelm Webers fehlt noch immer. Vorläufig: J. Vogt, Gnomon 21, 1949, 176–179; Losemann, besonders 77 ff. und öfter: A. Demandt, Alte Geschichte an der Berliner Universität 1810–1960, in: Berlin und die Antike. Berlin 1979, 92; Christ, RGdGW., 210–225; Christ, Hellas, 271.

63 Sb. Heidelberger AdW., Phil.-hist. Kl. 1910, 7.

64 Heidelberg 1911.

65 J. Vogt, Expedition Ernst von Sieglin II,2: Die griechisch-ägyptische Sammlung Ernst von Sieglin. Terrakotten. Leipzig 1924.

66 Josephus und Vespasian. Untersuchungen zu dem Jüdischen Krieg des Flavius Josephus. Berlin 1921; «nec nostri saeculi est ...», in: Festgabe für K. Müller. Stuttgart 1922, 24–45; Der Prophet und sein Gott. Eine Studie zur vierten Ekloge Vergils. Leipzig 1925; Studien zur Chronik des Malalas, in: Festgabe für A. Deissmann. Tübingen 1927, 20–66; Römische Kaisergeschichte und Kirchengeschichte. Stuttgart 1929; Die Vereinheitlichung der religiösen Welt, in: Probleme der Spätantike. Stuttgart 1930, 67–100.

67 Die Staatenwelt des Mittelmeers in der Frühzeit des Griechentums. Stuttgart 1925; Der Siegeszug des Hellenismus in Asien, Die Antike 1, 1925, 101–145; Harmonie. Eine Norm des Lebens im klassischen Griechentum, Mitteilungen des Vereins der Freunde des humanistischen Gymnasiums Wien 29/30, 1931, 93–112.

68 A. Piganiol, Journal des Savants 1937, 150–166; J. Béranger, Revue des Etudes Latines 1937, 213–215; E. Hohl, Philologische Wochenschrift 1937, 574–585; M. Hammond, Classical Philology 1938, 229–231; E. Kornemann, Gnomon 1938, 489–507; W. Kolbe, Göttingische Gelehrte Anzeigen 1939, 152–169.

69 Das Römische Weltreich und der Eintritt der Germanen in die Weltgeschichte, in: K. A. von Müller–P. R. Rohden (Hrsg.), Knaurs Weltgeschichte. Berlin 1935, 219–280.

70 Römische Geschichte bis zum Zerfall des Weltreichs, in: W. Andreas (Hrsg.), Die Neue Propyläen-Weltgeschichte. I. Berlin 1940, 273–372.

71 Die Belege bei Christ, RGdGW., 219.

72 Losemann, 207, Anm. 14.

73 Vom Neuen Reich der Deutschen. Rede gehalten bei der Feier der Reichsgründung und der Erneuerung des Reichs durch den Führer am 30. Januar 1935. Berlin 1935.

74 H. Schaefer, Victor Ehrenbergs Beitrag zur historischen Erforschung des Griechentums, Historia 10, 1961, 387–399 (= U. Weidemann–W. Schmitthenner (Hrsg.), H. Schaefer, Probleme der Alten Geschichte. Göttingen 1963, 428–440); E. Ehrenberg, Sehnsucht – mein geliebtes Kind. Bekenntnisse und Erinnerungen. Oberursel 1963; J. Vogt, Nachruf, Gnomon 48, 1976, 423–426; K. Christ, Geschichte und Existenz. Berlin 1991, 74–83; Christ, Hellas, 271 ff; 313 f. – Bibliographie: R. B. Onians u. a. (Hrsg.), A List of Writings of Victor Ehrenberg. London 1962; Ancient Society and Institutions. Studies presented to V. Ehrenberg. Oxford 1966, XI ff.

75 K. Christ (Hrsg.), Gedenkblatt für Fritz Taeger. Stuttgart 1963; Ders., Fritz Taeger (1894–1960), in: I. Schnack (Hrsg.), Marburger Gelehrte in der ersten Hälfte des 20. Jahrhunderts (Lebensbilder aus Hessen, 1). Marburg 1977, 544–552 = Ders., RGWG. III., 128–136; Ders., RGdGW., 224 ff.; 274 f.; Ders., Hellas, 254–268; 331 ff.

76 V. Ehrenberg, Joseph Vogt. Beilage zu H. Temporini (Hrsg.), Aufstieg und Niedergang der römischen Welt. I., 1. Berlin 1970; K. Christ, Joseph Vogt und die Geschichte des Altertums, Saeculum 21, 1970, 106–150; Ders., RGdGW., 224 ff.; 231 ff.; 263 ff.; Ders., Joseph Vogt, in: Neue Profile, 63–124.

77 Christ, Hellas, 195 ff.; 271 ff. – Siehe auch Anm. 74.

78 Das Altertum. 2 Bde. Stuttgart 1939[1]; 1940[2]; 1942[3]; 1950[4]; 1953[5]; 1958[6]. NDr. In einer einbändigen Studienausgabe.

79 Charisma. Studien zur Geschichte des antiken Herscherkultes. 2 Bde. Stuttgart 1957; 1960.

80 Vergleiche Anm. 75.

81 Die alexandrinischen Münzen. Grundlegung einer alexandrinischen Kaisergeschichte. 2 Bde. Stuttgart 1924.

82 Untersuchungen zur römischen Reichsprägung des 2. Jahrhunderts. Stuttgart. 1. Die Reichsprägung zur Zeit des Trajan. 1931; 2. Die Reichsprägung zur Zeit des Hadrian. 1933; 3. Die Reichsprägung zur Zeit des Antoninus Pius. 1937.

83 W. Wruck, Die syrische Provinzialprägung von Augustus bis Traian. Stuttgart 1931.

84 Die kleinasiatischen Münzen der römischen Kaiserzeit. Teil II. Einzeluntersuchungen. I. Bithynien. 1. Hälfte. Stuttgart 1935. (Mehr nicht erschienen.)

85 J. Vogt, Nachruf HZ. 199, 1964, 262–264; S. Lauffer, Nachruf, Gnomon 36, 1964, 845–847; G. Katsch, Alexander Graf Schenk von Stauffenberg. Eine historisch-biographische Untersuchung. Diss. Leipzig 1968; S. Lauffer, Nachwort, in: A. Schenk Graf von Stauffenberg, Macht und Geist. München 1972, 433–439; P. Hoffmann, Claus Schenk Graf von Stauffenberg und seine Brüder. Stuttgart 1992.

86 J. Straub, Vom Herrscherideal in der Spätantike. Stuttgart 1939. NDr. 1964.

87 K. Fr. Stroheker, Eurich, König der Westgoten. Diss. Berlin 1937; Ders., Der senatorische Adel im spätantiken Gallien. Habilschrift Tübingen 1943/4. Druck Tübingen 1948.

88 B. Rubin, Das Zeitalter Iustinians. I. Berlin 1960.

89 Vergleiche die in Anm. 74 genannte Literatur.

90 G. Audring u. a. (Hrsg.), Eduard Meyer–Victor Ehrenberg. Ein Briefwechsel 1914–1930. Berlin 1990.

91 Siehe K. Christ, Spartaforschung und Spartabild, in: Ders. (Hrsg.), Sparta. Darmstadt 1986, 47 ff.; Ders., Hellas, 271 ff.; 195 ff.

92 Hervorzuheben ist dabei sein Aufsatz Spartiaten und Lakedaimonier, Hermes 59, 1924, 22–76 (Nachdruck in Christ, Sparta (a. O., Anm. 91), 144–194.)

93 RE III A, 1383 s. v. Sparta (Geschichte). (1929).

94 V. Ehrenberg, Ein totalitärer Staat, in: K. Christ (Hrsg.), Sparta (siehe Anm. 91), 217–228. Das Zitat S. 228.

95 Erstveröffentlichung Leipzig 1932. Danach: Der Staat der Griechen. 2 Bde. Leipzig 1957/8 = Darmstadt 1960. Erweiterte Auflage Zürich 1965. Auch in englischer und italienischer Übersetzung. – Die Auseinandersetzung mit den Kritikern: V. Ehrenberg, Von den Grundformen griechischer Staatsordnung. Sb.

Heidelberger AdW., Phil.-hist. Kl. 1961, 3 = Ders., Polis und Imperium. Zürich 1965, 105–138.

96 Leipzig 1926 (Beihefte zum Alten Orient, 7) = Polis und Imperium, 399–448.

97 Leipzig 1927 (Morgenland, 14) = Polis und Imperium, 549–586.

98 Ost und West. Studien zur geschichtlichen Problematik der Antike. Brünn 1935.

99 Die Einzelheiten bei E. Ehrenberg, Sehnsucht – mein geliebtes Kind. Oberursel 1963, 52 ff.

100 Oxford 1951². New York 1962³. – Deutsche Edition: Aristophanes und das Volk von Athen. Zürich 1968.

101 Siehe Anm. 75, ferner: B. Näf, Von Perikles zu Hitler? Bern 1986, 210 ff.; U. Wolf, Litteris et Patriae. Stuttgart 1996, 204–230.

102 Fr. Taeger, Ergänzte Abschrift des dem Fragebogen beigefügten Lebenslaufes. Marburg 1946, 2.

103 Publiziert unter dem Titel Die Archäologie des Polybios. Stuttgart 1925.

104 Thukydides. Stuttgart 1925.

105 Alkibiades. Stuttgart 1925. München 1943².

106 Ed. Schwartz, Gnomon 2, 1926, 65 ff. – Dazu J. Vogt, Gnomon 32, 1960, 678.

107 Tiberius Gracchus. Stuttgart 1928; Der Friede von 362/1. Stuttgart 1930; Zur Schlacht bei Ilippa, Klio 24, 1931, 339–347; Ein Beitrag zur Geschichte der Pentekontaetie. Stuttgart 1932; Das römische Germanien und die Reichspolitik, Mitteilungen des Oberhessischen Geschichtsvereins N. F. 31, 1933, 1–22; Das Zeitalter der römischen Revolutionen, Nachrichten der Gießener Hochschulgesellschaft 9, 1934, 1–30; Orient und Occident in der Antike. Tübingen 1936.

108 Siehe Anm. 78.

109 Vergleiche dazu K. Christ (Hrsg.), Gedenkblatt für Fritz Taeger. Stuttgart 1963. – Ergänzende Veröffentlichungen liegen vor in: Das Römische und das Britische Weltreich. Marburg 1940 (Marburger Universitätsreden, 2) und Probleme der Livianischen Scipioüberlieferung. Padua 1942.

110 Das alte Rom. Köln 1940; Hellas. Köln 1940. 1953³; Grundzüge der Alten Geschichte. Oberursel 1948; Die Kultur der Antike. Köln 1949.

111 Siehe Anm. 79.

112 Christ, Hellas, 480, Anm. 36 und 42.

113 Erwähnt seien nur: Chr. Habicht, Gottmenschentum und griechische Städte. Göttingen 1970²; M. Clauss, Kaiser und Gott. Herrscherkult im römischen Reich. Stuttgart/Leipzig 1999.

114 Spruchkammer Marburg, Mst. 1157/46.

115 Dazu auch: K. Christ (Hrsg.), Gedenkblatt für Fritz Taeger. Stuttgart 1963 und Ders., RGWG. III. Darmstadt 1983, 134 f.

116 Besonders wichtig ist das Porträt seines Freundes Victor Ehrenberg, in: Beilage zu H. Temporini (Hrsg.), Aufstieg und Niedergang der Römischen Welt. I.,1. Berlin 1970; Daneben: K. Christ, Joseph Vogt und die Geschichte des Altertums, Saeculum 21, 1970, 106–150; Losemann, 113 f.; 183 ff.; 208 f. und öfter; Christ, RGdGW., 231 ff.; H. Bellen, in: AdW. Mainz, Jahrbuch 1986, 87–92;

F. G. Maier, Neue Zürcher Zeitung 19./20.7.1986, 33; H. Gräfin Vitzthum, Tübinger Blätter 73, 1986, 100; Christ, Neue Profile, 63–124; Ders., Homo novus. Zum 100. Geburtstag von Joseph Vogt, Historia 44, 1995, 504–507. – Zu der von J. Ungern-Sternberg betreuten Basler Dissertation von D. Königs, Joseph Vogt: Ein Althistoriker in der Weimarer Republik und im Dritten Reich. Basel 1995 siehe F. G. Maier, Neue Zürcher Zeitung 31.1.1996, 44 und J. Deininger, Gymnasium 104, 1997, 345–348.

117 Dazu und zum Folgenden ausführlicher: Christ, RGdGW., 231ff. und Ders., Neue Profile, 65ff. – Zu dem Problemkreis zuletzt: E. Gölitzer, Entstehung und Entwicklung des alexandrinischen Münzwesens von 30 v. Chr. bis zum Ende der julisch-claudischen Dynastie. Berlin 2004.

118 Siehe Anm. 65.

119 J. Vogt, Römische Politik in Ägypten. Leipzig 1924 (Beihefte zum Alten Orient, 2).

120 Herodot in Ägypten. Ein Kapitel zum griechischen Kulturbewußtsein, in: Genethliakon Wilhelm Schmid. Stuttgart 1929, 97–137 = Fr. Taeger–K. Christ (Hrsg.), Joseph Vogt, Orbis. Freiburg 1960, 11–46; Ägypten als Reichsprovinz im Wandel der Jahrtausende, Klio 31, 1938, 301–312 = J. Vogt, Gesetz und Handlungsfreiheit in der Geschichte. Studien zur historischen Wiederholung. Stuttgart 1955, 35–53.

121 Tacitus und die Unparteilichkeit des Historikers, Würzburger Studien zur Altertumswissenschaft 9, 1936, 1–20 = Orbis, 110–127 = V. Pöschl (Hrsg.), Tacitus. Darmstadt 1969, 39–59.

122 Das römische Geschichtsdenken und die Anschauung des Tacitus, in: R. Stadelmann (Hrsg.), Große Geschichtsdenker. Tübingen 1949, 37–56; Die Geschichtsschreibung des Tacitus, ihr Platz im römischen Geschichtsdenken und ihr Verständnis in der neueren Forschung, in: Tacitus, Annalen. Stuttgart 1957, XV–XLII = Orbis, 128–148.

123 Tacitus als Politiker, 9.

124 Stuttgart 1935 (Würzburger Studien zur Altertumswissenschaft, 6). NDr. Darmstadt 1963.

125 Frankfurt/Main 1938 (Auf dem Wege zum nationalpolitischen Gymnasium, 3). NDr. Darmstadt 1966.

126 J. Vogt, Homo novus. Ein Typus der römischen Republik. Stuttgart 1926. Überarbeitet in Ders., Gesetz und Handlungsfreiheit in der Geschichte. Stuttgart 1955, 81–106.

127 Orbis Romanus. Zur Terminologie des römischen Imperialismus. Tübingen 1929 (Philosophie und Geschichte, 22). Neubearbeitung in J. Vogt, Vom Reichsgedanken der Römer. Leipzig 1942, 170–207 = Orbis, 151–171.

128 Freiburg 1932.

129 1951²; 1955³; 1959⁴; 1973⁶ (auch als Heyne-Taschenbuch Geschichte, 31). Italienische Übersetzungen: Bari 1939; 1968.

130 Ausführlicher erfolgte dies ein Jahrzehnt später in: Raumauffassung und Raumordnung in der römischen Politik, in: H. Berve (Hrsg.), Das Neue Bild

der Antike. 2. Leipzig 1942, 100–132 = J. Vogt, Vom Reichsgedanken der Römer. Leipzig 1942, 35–82 = Orbis, 172–198.

131 Divide et impera – die angebliche Maxime des römischen Imperialismus, in: Das Reich. Idee und Gestalt. Festschrift für Johannes Haller. Stuttgart 1940, 21–44 = Vom Reichsgedanken der Römer. Leipzig 1942, 83–117 = Orbis, 199–218.

132 E. Hohl, Gnomon 9, 1933, 143–145.

133 J. Vogt, Römische Geschichte bis zum Ende der Republik, in: A. Gercke–Ed. Norden (Hrsg.), Einleitung in die Altertumswissenschaft. 11,2. Leipzig 1933, 1–54.

134 D. Königs, Joseph Vogt: Ein Althistoriker in der Weimarer Republik und im Dritten Reich. Diss. Basel 1995. – Es ist das Verdienst der Verfasserin, wichtige, bisher unbekannte Texte und Archivalien zu Vogts Verhalten und Äußerungen während der nationalsozialistischen Epoche erschlossen zu haben.
Königs geht dabei allerdings so weit, zu behaupten, daß sich Vogt mit seinem Buch über die römische Republik «zum Wegbereiter des Nationalsozialismus und zum Steigbügelhalter für Hitler» (287) gemacht habe. Sie wirft ihm vor: «Vogt hätte das geistige Rüstzeug gehabt, um schon früh zu erkennen, wohin der Nationalsozialismus führte». (288) Wie für die meisten seiner Zeitgenossen, so ist dieser Vorwurf auch für Vogt unhaltbar. So auch F. G. Maier, NZZ. 31.1.1996, 44. Folgen und Verbrechen des Nationalsozialismus waren nun einmal zu Beginn der dreißiger Jahre weder im universitären noch im militärischen Bereich vorauszusehen.
Auch J. Deininger, Die Schatten der Vergangenheit. Der Althistoriker Joseph Vogt in der NS-Zeit, Gymnasium 104, 1997, 346 kritisiert zu Recht, daß sie Vogts Veröffentlichungen einseitig als «antidemokratisch», «antirepublikanisch», «völkisch», «nationalistisch», «antisemitisch», «imperialistisch», «sexistisch» zu brandmarken sucht.

135 J. Vogt, Gnomon 11, 1935, 300 ff.; 12, 1936, 513 ff. – F. Altheim, Von den Ursachen der Größe Roms, Neue Rundschau 1937, 236 ff. – J. Vogt, Römischer Glaube und römisches Weltreich, in: Vom Reichsgedanken der Römer. Leipzig 1942, 119 f., Anm. 1.

136 Leipzig 1939 (Morgenland, 30).

137 Der Reichsgedanke der römischen Kaiserzeit, in: Vom Reichsgedanken der Römer. Leipzig 1942, 5–34. – Vergleiche dazu K. Christ, Reichsgedanke und Imperium Romanum in der nationalsozialistischen Ära, in: Christ–Gabba II. 1991, 17–42; J. von Ungern-Sternberg, Imperium Romanum vs. Europa. Gedanken zu einigen Vorträgen deutscher Althistoriker in den Jahren 1939 bis 1942, in: Näf, 395–418.

138 Die Bedeutung des Jahres 312 für die Reichspolitik Konstantins des Großen, Zeitschrift für Kirchengeschichte 61, 1942, 171–190; Streitfragen um Konstantin den Großen, Römische Mitteilungen 58, 1943, 190–203; Die Frage des christlichen Einflusses auf die Gesetzgebung Konstantins des Großen, in: Festschrift für Leopold Wenger. München 1945, 118–148; Constantin der Große und sein Jahrhundert. München 1949.

139 Bevölkerungsrückgang im römischen Reich, Vergangenheit und Gegenwart 25, 1935, 653–664; Rassenmischung im römischen Reich, a. O., 26, 1936, 1–11. – Es wird nicht immer gesehen, daß Vogt dabei erstmals konkret auf die gesellschaftlichen Probleme des Imperiums, insbesondere auch auf den für ihn später zentralen Untersuchungsgegenstand der Sklaverei einging.

140 D. Königs, Joseph Vogt: Ein Althistoriker in der Weimarer Republik und im Dritten Reich. Basel 1995, 172–186.

141 Breslau 1937 (110. Jahresbericht der Schlesischen Gesellschaft für vaterländische Cultur. Geisteswissenschaftliche Reihe, 3).

142 Näheres bei Christ, RGdGW., 207–209.

143 Das Puniertum und die Dynastie des Septimius Severus, a. O., 356 f.

144 Neue Jahrbücher für Antike und deutsche Bildung 3, 1940 = separat: Leipzig 1940 = Der altsprachliche Unterricht. Arbeitsheft 1955, 53–73 = Orbis, 89–109. – Zur Einordnung von Vogts Caesarbild insgesamt siehe K. Christ, Caesar. Annäherungen an einen Diktator. München 1994, 271, 287 ff.; Neuerdings: Y. Le Bohec, César. Chef de Guerre. César stratége et tacticien. Paris 2001.

145 Vergleiche auch Christ, RGdGW., 240 f. und Neue Profile, 95.

146 Auszugehen ist von Losemann, besonders 123–131; G. Sanders, Gnomon 50, 1978, 789–791; Christ, RGdGW., 246–254. – Bibliographien: E. Merkel, Franz Altheim. Bibliographie seiner Schriften. Frankfurt/Main 1958; Ders., Bibliographie Franz Altheim, in: R. Stiehl–H. E. Stier (Hrsg.), Beiträge zur Alten Geschichte und deren Nachleben. Berlin 1970, 390–426.

147 Losemann, 124 ff.

148 Losemann, a. O. und 235. – Vergleiche auch V. Losemann, Die «Krise der Alten Welt» und der Gegenwart. Franz Altheim und Karl Kerényi im Dialog, in: P. Kneißl–V. Losemann (Hrsg.), Imperium Romanum. Stuttgart 1998, 492–518; erweiterte ungarische Fassung in: J. Szilágyi (Hrsg.), Mitologia és humanitas. Budapest 1999, 111–144; Ders., «I Dioscuri»: F. Altheim e K. Kerényi – tape di una amicizia, in: L. Arcella (Hrsg.), K. Kerényi: in contro con il divino. Rom 1999, 17–28.

149 Griechische Götter im alten Rom. Gießen 1930; Terra Mater. Untersuchungen zur altitalischen Religionsgeschichte. Gießen 1931; Römische Religionsgeschichte. 3 Bde. Berlin 1931–1933; 2 Bde. Baden-Baden 1951–1953; 2 Bde. Berlin 1956. – A History of Roman Religion. Translated by H. Mattingly. New York 1938.

150 F. Altheim–E. Trautmann, Nordische und italische Felsbildkunst, Welt als Geschichte 3, 1937, 83–118; F. Altheim, Runen als Schildzeichen, Klio 31, 1938, 51–59; F. Altheim–E. Trautmann, Grundsätzliches zur Runen- und Felsbildforschung, Germanien 11, 1939, 449–456; Dies., Vom Ursprung der Runen. Frankfurt/Main 1939; Dies., Kimbern und Runen. Berlin 1942. – Zur Kritik der einschlägigen Arbeiten siehe Losemann, 236, Anm. 67.

151 Epochen der Römischen Geschichte. 2 Bde. Frankfurt/Main 1934/5. – Dazu die Kritik J. Vogts in Gnomon 11, 1935, 300–308 und 12, 1936, 513–527 sowie Altheims Replik in Welt als Geschichte 2, 1936, 595–599. – Die «Epochen» stehen in denk-

bar enger Beziehung zu Altheims, Italien und Rom. 2 Bde. Amsterdam 1941; 1942^2; 1944^3. Erweitert als Römische Geschichte. Frankfurt/Main 1951–1953.

152 Vergleiche daneben auch die spezielleren Untersuchungen: F. Altheim, Lex Sacrata. Die Anfänge der plebeischen Organisation. Amsterdam 1940; F. Altheim–E. Trautmann, Italien und die Dorische Wanderung. Amsterdam 1940; F. Altheim, Rom und der Hellenismus. Amsterdam 1942.

153 Christ, a. O., 247 f.

154 Fr. Altheim, Epochen der Römischen Geschichte. I. Frankfurt/Main 1934, 10 f.

155 Fr. Altheim, Die Soldatenkaiser. Frankfurt/Main 1939. – Dazu: W. Enßlin, Die Soldatenkaiser. Zu einem neuen Buch von Franz Altheim, Historisches Jahrbuch 61, 1941, 266–274; E. Hohl, Die «gotische Abkunft» des Kaisers Maximinus Thrax, Klio 34, 1942, 264–289; A. Momigliano, Journal of Roman Studies 35, 1945, 129–131. – Modifiziert erschien das Werk später unter den folgenden Titeln: Die Krise der Alten Welt im 3. Jahrhundert n. Zw. und ihre Ursachen. Bde. 1 und 3 (2 nicht erschienen). Berlin 1943 und Der Niedergang der Alten Welt. Eine Untersuchung der Ursachen. 2 Bde. Frankfurt/Main 1952.

156 Soldatenkaiser, 11 f.

157 Soldatenkaiser, 19.

158 Soldatenkaiser, 13.

159 Siehe Anm. 151 und 155.

160 Hierzu M. H. Kater, Das «Ahnenerbe» der SS 1935–1945. Stuttgart 1974 und genauer Losemann, 123 ff.

161 Zu Altheims Hallenser Zeit: B. Meißner, Forschung, Lehre und Organisation des Lehrstuhls für Alte Geschichte der Universität Halle im 20. Jahrhundert, in: H.-J. Rupieper (Hrsg.), Beiträge zur Geschichte der Martin-Luther-Universität Halle-Wittenberg 1502–2002. Halle 2002, 236 f.

162 Siehe die «Besetzung althistorischer Lehrstühle im Deutschen Reich von 1933–1945» bei Losemann, 183–185.

163 H. Hommel, Gymnasium 56, 1949, 77–79; Losemann, 223 f.; B. Näf, Von Perikles zu Hitler? Die athenische Demokratie und die deutsche Althistorie bis 1945. Bern 1986, 229 ff.; Christ, Hellas, 221 f. 270.

164 Zu ihm: Näf, a. O., 239 ff.; Christ, Hellas, 276–278.

165 Dazu H. Berve, DLZ. 1934, 1324–1330.

166 Bogner erhielt Rufe auf Lehrstühle in Freiburg (1937) und Straßburg (1941); er wurde in den Beirat von Walter Franks «Reichsinstitut für Geschichte des neuen Deutschland» gewählt. – Zu Bogners Wirken siehe J. Malitz, Römertum im «Dritten Reich»: Hans Oppermann, in: P. Kneißl–V. Losemann (Hrsg.), Imperium Romanum. Stuttgart 1998, 519–543.
Bogners wichtigste einschlägige Schriften: Die Behandlung der Antike im nationalsozialistischen Geschichtsunterricht, in: R. Edelmann (Hrsg.), Vorträge der ersten Geschichtstagung des NS-Lehrerbundes. Leipzig 1935, 13–25; Platon im Unterricht. Frankfurt/Main 1937; Thukydides und das Wesen der altgriechischen Geschichtsschreibung. Hamburg 1937. Weitere Titel bei Christ, Hellas, 475.

167 Der Seelenbegriff der griechischen Frühzeit. Hamburg 1939; Der tragische Gegensatz. Heidelberg 1946.

168 B. Näf, Von Perikles zu Hitler? Die athenische Demokratie und die deutsche Althistorie bis 1945. Bern 1986, 239 ff.; Christ, Hellas, 276–278. Ein Nachdruck von «Staat und Mensch in Hellas» erschien Darmstadt 1964. Siehe auch B. Knauss, Leidenschaft und Maß. Aufsätze zur Antike. Augsburg 1947.

169 Vergleiche R. Stiehl–G. A. Lehmann (Hrsg.), Antike und Universalgeschichte. Festschrift H. E. Stier. Münster 1972. Dort: B. Haller, Bibliographie Hans Erich Stier, 443–464; P. Funke–G. A. Lehmann (Hrsg.), H. E. Stier, Kleine Schriften. Meisenheim 1979; Gedenkfeier zu Ehren des am 26.1.1979 verstorbenen em. ord. Prof. der Alten Geschichte Dr. phil. Hans Erich Stier am 7. Dezember 1979. Münster 1980; Christ, RGdGW., 256; 290 f.; Christ, Hellas, 274 f.; 338 f.

170 Nómos basileús. Studien zur Geschichte der nómos-Idee, vornehmlich im 5. und 4. Jh. v. Chr. Diss. Berlin 1927; Die panhellenische Idee des Isokrates. Habilitationsschrift Berlin; Alter Orient und klassisches Griechenland, in: K. A. von Müller–P. R. Rohden (Hrsg.), Knaurs Weltgeschichte. Berlin 1935, 94–154; Geschichte Griechenlands und des Hellenismus, in: W. Andreas (Hrsg.), Die Neue Propyläen-Weltgeschichte. I. Berlin 1940, 175–271.

171 Christ, RGdGW., 256.

172 Bericht über den VI. Internationalen Kongreß für Archäologie. Berlin 1940, 282–291.

173 Christ, Hellas, 339.

174 Christ, Hellas, 273 f.; 339 ff.; W. Günther, Alexander Schenk Graf von Stauffenberg, Professor in München 1948–1964, in: Seibert, 107–127.

175 Caesar bei Malalas. Stuttgart 1930; Die römische Kaisergeschichte bei Malalas. Griechischer Text der Bücher IX–XII und Untersuchungen. Stuttgart 1931.

176 Stuttgart 1933. – NDr. in: S. Lauffer (Hrsg.), Alexander Schenk Graf von Stauffenberg, Macht und Geist. München 1972, 158–248.

177 Christ, Hellas, 274.

178 Die Germanen im römischen Reich. Welt als Geschichte 1, 1935, 72–100; 2, 1936, 117–168; 3, 1937, 345–361. NDr. in: A. von Stauffenberg, Imperium und Völkerwanderung. München 1947, 7–106; 212–230; Macht und Geist, 301–405; Der Reichsgedanke Konstantins, in: H. Dannenbauer–F. Ernst (Hrsg.), Das Reich. Idee und Gestalt. Festschrift für Johannes Haller. Stuttgart 1940, 70–94. NDr. in: Imperium und Völkerwanderung, 107–127; Macht und Geist, 280–300.

179 Veröffentlicht in: R. Herbig (Hrsg.), Würzburger Festgabe für Heinrich Bulle. Stuttgart 1938, 111–129. NDr.: Imperium und Völkerwanderung, 128–142 und Macht und Geist, 406–419. – Zur Rezeption siehe Losemann, 88.

180 Die Welt als Geschichte 7, 1941, 331–359. Vergleiche dazu W. Günther, a. O. (Anm. 174), 110, Anm. 16.

181 Dazu zuletzt Günther, 113 f.

182 Zur Frage seiner Kenntnis der Verschwörung siehe Günther, 113, Anm. 27.

183 Günther, 111 f.

184 So in: Der Tod des Meisters. Überlingen 1948. Besonders wichtig ist die erst posthum erschienene Gedichtsammlung Denkmal. Düsseldorf 1964.

185 R. Bichler (Hrsg.), 100 Jahre Alte Geschichte in Innsbruck. Innsbruck 1985; P. W. Haider–R. Rollinger (Hrsg.), Althistorische Studien im Spannungsfeld zwischen Universal- und Wissenschaftsgeschichte. Stuttgart 2001.

186 Christ, Hellas, 269 f.

187 Siehe unten S. 68 f.

188 Christ, RGdGW., 255 ff.

189 St. Rebenich, Die Berliner Akademie der Wissenschaften von 1933 bis 1945, in: Näf, 233.

190 H. Bellen (Hrsg.), H. Volkmann, Endoxos Duleia. Kleine Schriften zur Alten Geschichte. Berlin 1975. Dort 324–337 Bibliographie H. Volkmann von G. Biegel; H. Bellen, Hans Volkmann, Gnomon 48, 1976, 426–431.

191 Habilitationsschrift: H. Volkmann, Zur Rechtsprechung im Principat des Augustus. München 1935; 2., erweiterte Auflage 1969. – Res gestae divi Augusti. Teil I. Kritische Textausgabe. Bursians Jb., Suppl. Bd. 276. Leipzig 1942; II. Besprechung des Schrifttums der Jahre 1914–1941. Bursians Jb. 279, 1943, 1–94.

192 H. Chantraine, Würdigung des wissenschaftlichen Werkes, in: Johannes-Gutenberg-Universität Mainz (Hrsg.), Hans Ulrich Instinsky 1907–1973. Mainz 1974, 7–22. Dort auch W. Hoben, Verzeichnis der wissenschaftlichen Arbeiten, 32–47. W. Schmitthenner, HZ. 218, 1974, 781–784.

193 Losemann, 82 ff.; E. Wirbelauer, Zur Situation der Alten Geschichte zwischen 1945 und 1948. Materialien aus dem Freiburger Universitätsarchiv, II., Freiburger Universitätsblätter 154, 2001, 119–162.

194 Christ, RGdGW., 257.

195 CIL. XVI. Diplomata militaria. Berlin 1936.

196 Consensus universorum, Hermes 75, 1940, 265–278; Kaiser und Ewigkeit, Hermes 77, 1942, 313–355.

197 Abh. Preuß. AdW., Phil.-hist. Kl. 1938, 2.

198 Den derzeit besten wissenschaftsgeschichtlichen Gesamtüberblick über die Entwicklung der Altertumswissenschaften im Nationalsozialismus bietet die Beat Näf zu verdankende Publikation des von ihm auch initiierten Kolloquiums an der Universität Zürich (14.–17. Oktober 1998): Antike und Altertumswissenschaft in der Zeit von Faschismus und Nationalsozialismus. Mandelbachtal–Cambridge 2001.

199 Losemann, 94–108.

VII. Ansätze althistorischer Wissenschaftsgeschichte im deutschen Sprachraum zwischen 1945 und 1970

1 Aus der großen Zahl der vor allem seit den siebziger Jahren des 20. Jahrhunderts vorgelegten Veröffentlichungen seien hier lediglich hervorgehoben: G. Schulz (Hrsg.), Geschichte heute. Göttingen 1973; B. Faulenbach (Hrsg.), Geschichts-

wissenschaft in Deutschland. München 1974; H. Flashar u. a. (Hrsg.), Geisteswissenschaft als Aufgabe. Berlin 1978; G. G. Iggers, Neue Geschichtswissenschaft. München 1978; G. Heydemann, Geschichtswissenschaft im geteilten Deutschland. Frankfurt/Main 1980; E. Schulin (Hrsg.), Deutsche Geschichtswissenschaft nach dem Zweiten Weltkrieg (1945–1965). München 1989; W. Hardtwig, Geschichtskultur. München 1990; A. Fischer–G. Heydemann (Hrsg.), Geschichtswissenschaften in der DDR. 2 Bde. Berlin 1990; W. Schulze, Deutsche Geschichtswissenschaft nach 1945. München 1993; R. Hohls–K. Jarausch (Hrsg.), Versäumte Fragen. Deutsche Historiker im Schatten des Nationalsozialismus. Stuttgart 2000.

2 Als der einige Jahre von seinem Lehrstuhl entfernte Tübinger Mediävist und Johannes-Haller-Schüler Heinz Dannenbauer seine Lehrtätigkeit wiederaufnehmen konnte, wurde er von den Tübinger Historikern nicht weniger begeistert begrüßt als der ehemalige Emigrant Hans Rothfels.

3 Exempli gratia: S. Winkler, Führende Althistoriker an westdeutschen Universitäten als Ideologen der klerikalmilitaristischen Herrschaft in Westdeutschland (Fritz Taeger, Marburg), Wissenschaftliche Zeitschrift der Karl-Marx-Universität Leipzig, Gesellschafts- und Sprachwissenschaftliche Reihe 11, 1962, 153–156.

4 Für den althistorischen Problemkreis ist auszugehen von Willing. Siehe auch Ders., Die DDR-Althistorie im historischen Kontext, Quaderni di Storia 52, 2000, 245–275.

5 R. Bichler, Neuorientierung in der Alten Geschichte?, in: E. Schulin unter Mitarbeit von E. Müller-Luckner (Hrsg.), Deutsche Geschichtswissenschaft nach dem Zweiten Weltkrieg (1945–1965). München 1989, 63–86. Vergleiche daneben nach wie vor: Losemann; Christ, RGdGW., 261 ff.; J. Bleicken, Gedanken zum Fach Alte Geschichte und ihren Vertretern (1996), in: Ders., Gesammelte Schriften. Herausgegeben von F. Goldmann u. a. II. Stuttgart 1998, 1149–1162; Christ, Hellas, 299 ff.

6 Bezeichnend ist die Kritik von A. Momigliano an der italienischen Übersetzung der 2. Auflage von Berves «Griechischer Geschichte»: Terzo Contributo, Rom 1966, 707 f.

7 A. Heuß, De se ipse (1993), in: J. Bleicken (Hrsg.), Colloquium aus Anlaß des 80. Geburtstages von Alfred Heuß. Kallmünz 1993, 171–221 = Ders., I. 1995, 777–827.

8 Die wichtigste Quelle: J. Bleicken, Zum Tode von Alfred Heuß, HZ. 262, 1996, 337–356.

9 Siehe oben, Anm. 169 ff.

10 Gütersloh 1947.

11 Die klassische Demokratie. Köln 1954; Der Untergang der klassischen Demokratie. Opladen 1971; Welteroberung und Weltfriede im Wirken Alexanders d. Gr. Opladen 1973; Roms Aufstieg zur Weltmacht und die griechische Welt. Köln 1957; Das Friedensreich des Kaisers Augustus. Bremen 1950.

12 Nationalsozialismus und Altertumswissenschaft, Aufbau 3, 1947, H. 7, 29–32. –

Zu Th. Herrle siehe A. Heuß, Zum 75. Geburtstag von Theo Herrle (1963), in: Ders., I., 732–734.

13 Mit Band VII. Basel 1982.

14 S. Reiter (Hrsg.), Carl Otfried Müller. Briefe aus einem Gelehrtenleben. 2 Bde. Berlin 1950.

15 Die bisher genaueste Übersicht über Leben und Werk gibt P. Brown, Arnaldo Dante Momigliano (1908–1987), Proceedings of the British Academy 74, 1988, 405–442. Daneben sind aus der reichhaltigen Literatur hervorzuheben: E. Gabba, Aspetti della storiografia di Arnaldo Momigliano, Rivista Storica Italiana 100, 1988, 361–380; University of Chicago (Hrsg.), Arnaldo Dante Momigliano 1908–1987. Chicago 1988; C. Dionisotti, Ricordo di Arnaldo Momigliano. Bologna 1989; K. Christ, Arnaldo Momigliano (1908–1987), in: Ders., Neue Profile, 249–294; Ders., Arnaldo Momigliano und die deutsche Geschichts- und Altertumswissenschaft, in: Ders., Griechische Geschichte und Wissenschaftsgeschichte. Stuttgart 1996, 171–182; Ders., Zur Geschichte der Historiographie. Zehn Jahre nach Momigliano, Historia 47, 1998, 234–252.

16 Eine vollständige Bibliographie findet sich in: Quarto Contributo. Rom 1969, 667–727; Sesto Contributo. Rom 1980, 843–860; Ottavo Contributo. Rom 1987, 433–448.

17 In: Italienische Kulturberichte. Herausgegeben vom Romanischen Seminar der Universität Leipzig 1, 1934, 163–195; 2, 1, 1935, 1 f.

18 Filippo il Macedone. Saggi sulla storia greca del IV secolo A. C. 1934. NDr. Mailand 1979.

19 Giornale Critico della Filosofia Italiana 16, 1935, 10–37.

20 Dazu im einzelnen: K. Christ, Arnaldo Momigliano und die deutsche Geschichts- und Altertumswissenschaft (siehe Anm. 15), 175 ff.

21 Siehe P. Brown, a. O. (Anm. 15).

22 Vergleiche den Gesamtüberblick bei Christ, Neue Profile, 256 ff.

23 Journal of the Warburg and Courtauld Institutes 9, 1946, 152–163.

24 Journal of the Warburg and Courtauld Institutes 13, 1950, 285–315.

25 London 1952.

26 G. C. Lewis, Niebuhr e la critica delle fonti, Rivista Storica Italiana 64, 1952, 208–221; Perizonius, Niebuhr and the Character of Early Roman Tradition, Journal of Roman Studies 47, 1957, 104–114.

27 Hundert Jahre nach Ranke, Diogenes 2, 1954/5, 925–932.

28 Introduzione alla Griechische Kulturgeschichte di Jacob Burckhardt, Secondo Contributo. Rom 1960, 283–298.

29 Karl Julius Beloch, Dizionario Biografico degli Italiani 8, 1966, 32–45.

30 Jacob Bernays, Meded. K. Nederl. Academie van Wetenschappen, Afd. Letterkunde 32, 5, Amsterdam 1969, 151–178.

31 Max Weber and Eduard Meyer apropos of City and Country in Antiquity, Sesto Contributo. Rom 1980, 285–293.

32 I. Rom 1955–IX. Rom 1992 (edito a cura di R. Di Donato).

33 Premesse per una discussione su Wilamowitz, Rivista Storica Italiana 84, 1972, 746–755.
34 Premesse ... Karl Reinhardt, a. O., 87, 1975, 311–318.
35 Premesse ... Eduard Schwartz, a. O., 90, 1978, 617–626.
36 Premesse ... Eduard Meyer, a. O., 93, 1981, 384–398.
37 Premesse ... Hermann Usener, Rivista Storica Italiana 94, 1982, 191–203.
38 Premesse ... K. O. Müller, Annali della Scuola Normale Superiore di Pisa 3. XIV. 1984, 895–909.
39 Journal of Roman Studies 30, 1940, 75–80.
40 Essays in Ancient and Modern Historiography. Oxford 1977, 373.
41 Siehe hierzu K. Christ, Geschichte des Altertums, Wissenschaftsgeschichte und Ideologiekritik, in: Ders., RGWG. 3. Darmstadt 1983, 228–243.
42 Vergleiche zum Folgenden K. Christ, Joseph Vogt und die Geschichte des Altertums, in: Ders., RGWG. 3. Darmstadt 1983, 178–184; Ders., Neue Profile, 107–111.
43 Constantin der Große und sein Jahrhundert. München 1949; Der Niedergang Roms. Zürich 1965.
44 Zur Religiosität der Christenverfolger im römischen Reich, Sb. Heidelberger AdW., Phil.-hist. Kl. 1962, 1; Ammianus Marcellinus als erzählender Geschichtsschreiber der Spätzeit. Abh. Mainz 1963, 8; Kulturwelt und Barbaren. Zum Menschheitsbild der spätantiken Gesellschaft. Abh. AdW. Mainz 1967, 1; Toleranz und Intoleranz im constantinischen Zeitalter: der Weg der lateinischen Apologetik, Saeculum 19, 1968, 344–361; Ecce ancilla domini. Eine Untersuchung zum sozialen Motiv des antiken Marienbildes, Vigiliae Christianae 23, 1969, 241–263; Begegnung mit Synesios, dem Philosophen, Priester und Feldherrn. Gesammelte Beiträge. Darmstadt 1985.
45 Siehe unten S. 159.
46 Zwischen Mommsen und Treitschke. Zum 100. Geburtstag des Historikers Freiherrn von Gutschmid, Deutsche Allgemeine Zeitung 2.7.1931; Forschung, Zunft und Politik. Neues über den Historiker Alfred von Gutschmid, Schwäbisches Tagblatt, Tübingen 26.5.1954.
47 Universalgeschichte. Abhandlungen von Julius Kaerst. Mit Gedächtnisrede und Schriftenverzeichnis hrsg. von Joseph Vogt. Stuttgart 1930.
48 Saeculum 2, 1951, 557–574 = Ders., Orbis. Freiburg 1960, 340–361.
49 Wiesbaden 1957 (Institut für Europäische Geschichte, Mainz, Vorträge, 24) = Orbis, 362–379.
50 Stuttgart 1961.
51 Saeculum 14, 1963, 41–59.
52 Saeculum 19, 1968, 1 ff.
53 Saeculum 14, 1963, 59.
54 Theologische Quartalschrift Tübingen 155, 1975, 3, 175–186.
55 Fr. Wagner, Geschichtswissenschaft. Freiburg 1951.
56 M. Wegner, Altertumskunde. Freiburg 1951. – Siehe auch M. Platnauer, Fifty Years of Classical Scholarship. Oxford 1954.
57 Vergleiche insbesondere die oben und in der Zeittafel aufgeführten Arbeiten

von A. Momigliano sowie E. Kessel, Rankes Idee der Universalhistorie, HZ. 178, 1954, 269–308.

58 Das Institut für griechisch-römische Altertumskunde. Protokoll der Eröffnungstagung vom 23. bis 26. Oktober 1955. Berlin 1957.

59 De se ipse, in: J. Bleicken (Hrsg.), Colloquium aus Anlaß des 80. Geburtstages von Alfred Heuß. Kallmünz 1993, 171–221 = Heuß, I. 1995, 777–827; J. Bleicken, Zum Tode von Alfred Heuß, HZ. 262, 1996, 337–356; A. Marcone, Alfred Heuß e il disagio dello storico, Storica 9, 1997, 157–172. Zu H.-J. Gehrke (Hrsg.), Alfred Heuß – Ansichten seines Lebenswerkes. Stuttgart 1998 siehe die wertvolle Besprechung von St. Rebenich mit einem Anhang: Alfred Heuß im Dritten Reich, HZ. 271, 2000, 661–673.

60 Chr. Ulf, Die Vorstellung des Staates bei Helmut Berve und seinen Habilitanden in Leipzig: Hans Schaefer, Alfred Heuß, Wilhelm Hoffmann, Franz Hampl, Hans Rudolph, in: P. W. Haider–R. Rollinger (Hrsg.), Althistorische Studien im Spannungsfeld zwischen Universal- und Wissenschaftsgeschichte, Festschrift für Franz Hampl. Stuttgart 2001, 378–454.

61 Die völkerrechtlichen Grundlagen der römischen Außenpolitik in republikanischer Zeit. Leipzig 1933 (Klio Beiheft, 31).

62 Abschluß und Beurkundung des griechischen und römischen Staatsvertrages, Klio 27, 1934, 14–53; 218–257. NDr. Darmstadt 1967 (Libelli, 188); Aufnahme in die Völkerrechtsgemeinschaft und völkerrechtliche Anerkennung von Staaten, Zeitschrift für Völkerrecht 18, 1934, 37–89; Zum Problem juristischer Unterscheidung völkerrechtlicher Anerkennungsarten, Zeitschrift für Völkerrecht 19, 1935, 1–38.

63 Stadt und Herrscher des Hellenismus in ihren staats- und völkerrechtlichen Beziehungen. Leipzig 1937 (Klio Beiheft, 39). NDr. Darmstadt 1963.

64 Theodor Mommsen und das 19. Jahrhundert. Kiel 1956. NDr. Stuttgart 1996.

65 Siehe Theodor Mommsen und das 19. Jahrhundert, 239.

66 De se ipse, 188 f.; 200. – Vergleiche auch J. Bleicken, Zum Tode von Alfred Heuß, HZ. 262, 1996, 341.

67 Barthold Georg Niebuhrs wissenschaftliche Anfänge. Untersuchungen und Mitteilungen über die Kopenhagener Manuscripte und zur europäischen Tradition der lex agraria (loi agraire). Abh. AdW. Göttingen, Phil.-hist. Kl. 3, 114. Göttingen 1981.

68 Barthold Georg Niebuhr, 1776–1831, in: Die großen Deutschen 5. Berlin 1956, 208–219.

69 Theodor Mommsen über sich selbst. Zur Testamentsklausel von 1899, Antike und Abendland 6, 1957, 105–117; Niebuhr und Mommsen. Zur wissenschaftsgeschichtlichen Stellung Theodor Mommsens, Antike und Abendland 14, 1968, 1–18; Theodor Mommsen und die revolutionäre Struktur des römischen Kaisertums, Aufstieg und Niedergang der römischen Welt. Herausgegeben von H. Temporini. II, 1. Berlin 1974, 77–90; Theodor Mommsen als Geschichtsschreiber, in: N. Hammerstein (Hrsg.), Deutsche Geschichtswissenschaft um 1900. Stuttgart 1988, 37–95.

70 Gli inizi scientifici di Niebuhr, Enciclopedia Italiana 1978/9 (Gibbon-Niebuhr-Ferrabino), 249–254; Näheres zu Niebuhr. Zur 150. Wiederkehr seines Todestages am 2. Januar 1831, Antike und Abendland 27, 1981, 1–33; Vom Ursprung Niebuhrscher Geschichtsschreibung, in: G. Wirth (Hrsg.), Barthold Georg Niebuhr. Historiker und Staatsmann. Bonn 1984, 9–27; B. G. Niebuhr. Von der «Rezeption» zur Wissenschaft, in: W. Schuller (Hrsg.), Antike in der Moderne. Konstanz 1985, 105–126.

71 Gnomon 43, 1971, 772–801; 56, 1984, 633–637. – Eine eingehende Würdigung von A. Heuß als Rezensent steht noch aus.

72 HZ. 201, 1965, 529–556 = Heuß, III., 1835–1862.

73 Heuß, III., 1863–1890.

74 J. Deininger, Die politischen Strukturen des mittelmeerisch-vorderorientalischen Altertums bei Max Weber, in: W. Schluchter (Hrsg.), Max Webers Sicht des antiken Christentums. Frankfurt/Main 1985, 72–110; Ders. (Hrsg.), M. Weber, Die römische Agrargeschichte in ihrer Bedeutung für das Staats- und Privatrecht (1891). Tübingen 1986 (Max Weber Gesamtausgabe I, 2); Ders., Die antike Welt in der Sicht Max Webers. München 1987; Ders., «Die sozialen Gründe des Untergangs der antiken Kultur». Bemerkungen zu Max Webers Vortrag von 1896, in: P. Kneißl–V. Losemann (Hrsg.), Alte Geschichte und Wissenschaftsgeschichte. Darmstadt 1988, 95–112; Die antike Stadt als Typus bei Max Weber, in: W. Dahlheim u. a. (Hrsg.), Festschrift für Robert Werner. Konstanz 1989, 269–289.

75 Chr. Meier, Max Weber und die Antike, in: Ch. Gneuss–J. Kocka (Hrsg.), Max Weber. Ein Symposium. München 1988, 11–24; Ders. (Hrsg.), Die Okzidentale Stadt nach Max Weber. München 1994.

76 W. Nippel, Methodenentwicklung und Zeitbezüge im althistorischen Werk Max Webers, Geschichte und Gesellschaft 16, 1990, 355–374; Ders., Max Weber und die Althistorie seiner Zeit. Berlin 1993; Ders., Vom Nutzen und Nachteil Max Webers für die Althistorie, Antike und Abendland 40, 1994, 169–180; Ders., Max Weber zwischen Althistorie und Universalgeschichte: Synoikismos und Verbrüderung, in: Chr. Meier (Hrsg.), Die Okzidentale Stadt nach Max Weber. München 1994, 35–57; Ders., Max Weber, «Nationalökonom und Politiker», Geschichte und Gesellschaft 20, 1994, 274–299; Ders. (Hrsg.), Max Weber, Wirtschaft und Gesellschaft. Teilband 5: Die Stadt. Tübingen 1999 (Max Weber Gesamtausgabe, I/22–5); Ders. (Herausgegeben mit H. Bruhn), Max Weber und die Stadt im Kulturvergleich. Göttingen 2000.

77 St. Breuer, Max Weber und die evolutionäre Bedeutung der Antike, Saeculum 33, 1982, 174–192; W. J. Mommsen, Max Webers Begriff der Universalgeschichte, in: J. Kocka (Hrsg.), Max Weber, der Historiker. Göttingen 1986, 51–72; Fr. Tenbruck, Max Weber und Eduard Meyer, in: W. J. Mommsen (Hrsg.), Max Weber und seine Zeitgenossen. Göttingen 1988, 337–379; Chr. R. Hatscher, Charisma und Res Publica: Max Webers Herrschaftssoziologie und die Römische Republik. Stuttgart 2000.

78 A. Heuß, Möglichkeiten einer Weltgeschichte heute, Saeculum 19, 1968, 3–16;

Ders., Zur Theorie der Weltgeschichte. Berlin 1968; Ders., Über die Schwierigkeit, Weltgeschichte zu schreiben, Saeculum 27, 1976, 1–35.

79 A. Heuß, Verlust der Geschichte. Göttingen 1959; Ders., «Ideologiekritik». Ihre theoretischen und praktischen Aspekte. Berlin 1975; Ders., Versagen und Verhängnis. Vom Ruin deutscher Geschichte und ihres Verständnisses. Berlin 1984.

80 Calder–Kirstein, 67–72.

81 A. Heuß, in: Propyläen-Weltgeschichte. III. Hellas. Die archaische Zeit. Die klassische Zeit. Berlin 1962, 69–400; Ders., Römische Geschichte. Braunschweig 1960. 1983[5]; Ders., in: Propyläen-Weltgeschichte. IV. Das Zeitalter der Revolution. Berlin 1963, 175–316.

82 H. H. Schmitt, Hermann Bengtson 2.7.1909–2.11.1989, in: J. Seibert (Hrsg.), Hellenistische Studien. Gedenkschrift für Hermann Bengtson. München 1991, 9–16; Ders., Hermann Bengtson, Professor in München 1.3.1966–30.9.1977, in: Seibert, 160–173.

83 H. Bengtson, Walter Otto, in: Ders., Kleine Schriften zur Alten Geschichte. München 1974, 599–618 sowie oben S. 48 ff.

84 Siehe die Bibliographien in H. Bengtson, Kleine Schriften, 649–658 und J. Seibert (Hrsg.), Hellenistische Studien, a. O. (Anm. 82), 159–163.

85 Siehe Anm. 84.

86 1962 wurde Bengtson zum Mitglied der Kgl. Wissenschaftlichen Gesellschaft in Lund, 1965 der Kgl. Akademie der Wissenschaften, Literatur und Schönen Künste von Belgien, 1968 der Bayerischen AdW., 1970 des Deutschen Archäologischen Instituts, 1973 zum Ehrenmitglied der Society for the Promotion of Hellenic Studies in London ernannt. 1971 ist er mit dem Bayerischen Verdienstorden ausgezeichnet worden.

87 Eine Liste der Doktoranden in den Hellenistischen Studien, 165 f. – Zu den Habilitanden: J. Seibert, Hermann Bengtson, a. O. (Anm. 82), 171 f.

88 Siehe die Zusammenstellung bei Seibert, a. O., 167, Anm. 14.

89 Kleine Schriften zur Alten Geschichte. München 1974, 115–131.

90 Wie Anm. 89, 26–42.

91 A. O., 32.

92 A. O., 30 f.

93 A. O., 32.

94 Grundriß der Römischen Geschichte mit Quellenkunde. München 1982[3], VIII.

95 H. Bengtson, Zum Problem der Universalgeschichte des Altertums. Rede zum 200jährigen Jubiläum des Beck Verlages, 9.9.1963, in: Ders., Kleine Schriften, 59.

96 Hatscher.

97 Neben den oben genannten Titeln seien hervorgehoben: Fr. Hampl, Geschichte als kritische Wissenschaft. I. Theorie der Geschichtswissenschaft und Universalgeschichte. Darmstadt 1963. 1975[2]; O. Seel, Pompeius Trogus und das Problem der Universalgeschichte (1969), in: Aufstieg und Niedergang der römischen Welt. II. 30,2. Berlin 1982, 1363–1423. Zu Heuß: Hatscher, 129.

98 Christ, RGdGW., 257 f.; 296 f.; 301 f.; J. Martin, Herbert Nesselhauf zum Ge-

denken, Freiburger Universitätsblätter 127, 1995, 192f.; G. Alföldy, Herbert Nesselhauf, 26.5.1909–2.1.1995, Jahrbuch der Heidelberger AdW. für 1995, 113–116. Vergleiche auch Anm. 102.

99 Siehe oben, S. 108 f. – Hervorzuheben ist insbesondere seine Edition der Militärdiplome sowie die kontinuierliche Veröffentlichung der inschriftlichen Neufunde aus den germanischen Provinzen.

100 Am wichtigsten: Tacitus und Domitian, Hermes 80, 1952, 222–245; Die Adoption der römischen Kaiser, Hermes 83, 1955, 477–495.

101 Die spätrömische Verwaltung der gallisch-germanischen Länder. Abh. Preuß. AdW., Phil.-hist. Kl. 1938,1; Umriß einer Geschichte des obergermanischen Heeres, Jahrbuch des Römisch-Germanischen Zentralmuseums 7, 1960, 151–179.

102 E. Wirbelauer, Zur Situation der Alten Geschichte zwischen 1945 und 1948, Materialien aus dem Freiburger Universitätsarchiv II., Freiburger Universitätsblätter 154, 2002, 119–162.

103 Christ, RGdGW., 333f.; 336; M. Weinmann-Walser (Hrsg.), Historische Interpretationen. Stuttgart 1995. – Walser wirkte zwischen 1953 und 1980 als Lehrstuhlinhaber in Bern, danach in Basel und arbeitete nach seiner Emeritierung wieder an der Universität Freiburg, der er auch seine Arbeitsbibliothek vermachte.

104 Caesar und die Germanen. Wiesbaden 1956; Rom, das Reich und die fremden Völker in der Geschichtsschreibung der frühen Kaiserzeit. Baden-Baden 1957; Bellum Helveticum. Studien zum Beginn der römischen Eroberung von Gallien. Stuttgart 1998.

105 Der Briefwechsel des L. Munatius Plancus mit Cicero. Basel 1957; (Hrsg.), Th. Mommsen, Die Schweiz in römischer Zeit. Zürich 1969[2]; Römische Inschriften der Schweiz. 3 Bde. Bern 1979/80.

106 Römische Inschriftenkunst. Stuttgart 1993[3]; siehe auch Anm. 105.

107 (Hrsg.), Itinera Romana. Bern 1967ff.; CIL. XVII, 2. Miliaria Imperii Romani. Berlin 1985.

108 (Hrsg.), Neuere Hethiterforschung. Wiesbaden 1964. – Zum iranischen Bereich die Monographie über Die Völkerschaften auf den Reliefs von Persepolis (1966); die Edition von Herzfelds The Persian Empire (1968) und der Beiträge zur Achämenidengeschichte (1972) und des Bandes Persepolis (1980).

109 Siehe oben S. 21 ff.

110 Ms. Diss. Marburg 1966. – Die von dem Ranke-Spezialisten Fritz Wagner und dem Verfasser betreuten Untersuchungen fußten auf den Materialien, die damals in der Staatsbibliothek der Stiftung Preußischer Kulturbesitz in Marburg sowie in der Universitätsbibliothek Tübingen zugänglich waren. Eduard Meyers Polemik gegen Ranke wurden durch sie endgültig widerlegt (9ff.). Leider fand die in schlichter Form veröffentlichte Studie nicht die ihr gebührende Beachtung. Siehe auch Christ, RGdGW., 84ff.

111 A. O., 44ff.

112 1,13.

113 Gnomon 43, 1971, 772–801; 56, 1984, 633–637 = Ders., III., 2574–2608.
114 A. O., 2577.
115 A. O., 2580.
116 Die Einzelbelege in: K. Christ, Theodor Mommsen und sein Biograph, HZ. 233, 1981, 363–370.
117 Heuß, a. O., 2602; 2592; 2594. – Zum modernen Mommsenbild siehe St. Rebenich, Theodor Mommsen. Eine Biographie. München 2002.
118 J. Rüsen, Begriffene Geschichte. Genesis und Begründung der Geschichtstheorie J. G. Droysens. Paderborn 1969.
119 K. Christ, Jacob Burckhardt und die römische Geschichte, Saeculum 14, 1963, 82–122 (= Ders., RGWG. III. Darmstadt 1983, 74–114). Wie so viele andere Historiker konnte sich auch der Verfasser von Burckhardt nicht mehr lösen: Siehe J. Burckhardt, in: Ders., Gibbon, 119–158; Nachwort und bibliographische Hinweise in: J. Burckhardt, Die Zeit Constantins des Großen. München 1982, 355–399; Ernst Curtius und Jacob Burckhardt. Zur deutschen Rezeption der griechischen Geschichte im 19. Jahrhundert, in: Christ–Momigliano, 221–248; Jacob Burckhardts Weg zur «Griechischen Kulturgeschichte», Historia 49, 2000, 101–125.
120 A. Heuß, Max Webers Bedeutung für die Geschichte des griechisch-römischen Altertums, HZ. 201, 1965, 529–556.
121 H. Berve, R. von Pöhlmann und W. Otto, in: Geist und Gestalt. Biographische Beiträge zur Geschichte der Bayerischen AdW. vornehmlich im zweiten Jahrhundert ihres Bestehens. I. Geisteswissenschaften. München 1959, 186–190.
122 Siehe das bewegende Gedenken von W. Schmitthenner, Ein einschneidendes Ereignis in der Geschichte des Heidelberger Seminars für Alte Geschichte: Erinnerung an Hans Schaefer, Jacques Moreau und die anderen Toten des Unglücks von 1961, in: G. Alföldy (Hrsg.), Vom frühen Griechentum bis zur römischen Kaiserzeit. Gedenk- und Jubiläumsvorträge am Heidelberger Seminar für Alte Geschichte (Heidelberger Althistorische Beiträge und Epigraphische Studien, 6). Stuttgart 1989, 7–22.
123 H. U. Instinsky, Hans Schaefer †, Gnomon 33, 1961, 844–848; V. Ehrenberg, Nachruf auf H. Schaefer, Jahresheft der Heidelberger AdW. 1961/2, 91–95; U. Weidemann–W. Schmitthenner (Hrsg.), H. Schaefer, Probleme der Alten Geschichte. Gesammelte Abhandlungen und Vorträge. Göttingen 1963; W. Schmitthenner, Hans Schaefer. Heidelberg 1968 (Privatdruck).
124 W. Schmitthenner (Hrsg.), Jacques Moreau. Scripta Minora. Heidelberg 1964.
125 M. Friedenthal, Sejan: Eine Studie zur Regierung des Tiberius. Ms. Diss. Heidelberg 1957.
126 L. Teutsch, Das Städtewesen in Nordafrika in der Zeit von C. Gracchus bis zum Tode des Kaisers Augustus. Berlin 1962.
127 P. Sattler, Augustus und der Senat. Untersuchungen zur römischen Innenpolitik zwischen 30 und 17 v. Chr. Göttingen 1960; Ders., Studien aus dem Gebiet der Alten Geschichte. Wiesbaden 1962.
128 Ch.-M. Bulst, Tacitus und die Provinzen. Ms. Diss. Heidelberg 1959.

129 H.-H. Rohrbach, Kolonie und Orakel. Ms. Diss. Heidelberg 1960.

130 W. Schmitthenner, a. O. (Anm. 122), 19.

131 Die folgende Skizze fußt auf dem Nachruf von J. Malitz, Walter Schmitthenner †, Gnomon 71, 1999, 174–180.

132 Schmitthenner diente zuletzt der Freiburger Friedensgemeinde als Prädikant.

133 Er wurde an der Ostfront mehrfach verwundet und stieg bis zum Oberleutnant auf.

134 1949 Promotion mit der Dissertation Octavian und das Testament Caesars; 1959 Habilitation: Augustus' frühe auswärtige Unternehmungen. Studien zur Begründung des Principats.

135 The Armies of the Triumviral Period. Ms. Diss. Oxford 1958.

136 Über eine Formveränderung der Monarchie seit Alexander dem Großen, Saeculum 19, 1968, 31–46; Rome and India, Journal of Roman Studies 69, 1979, 90–106.

137 Maria Krehbiel-Darmstädter. Briefe aus Gurs und Limonest 1940–1943. Ausgewählt, erläutert und herausgegeben von W. Schmitthenner. Heidelberg 1970.

138 Die deutsche Widerstandsbewegung gegen Hitler. Überlegungen zu ihrer Behandlung im Unterricht, GWU. 3, 1952, 462–479; W. Schmitthenner–H. Buchheim (Hrsg.), Der deutsche Widerstand gegen Hitler. Köln 1966. – Weiteres zum zeitgeschichtlichen Bereich bei Malitz, a. O. (Anm. 131), 177 ff.

139 W. Schmitthenner, Zur Geschichte des althistorischen Seminars der Universität Freiburg anläßlich seines hundertjährigen Bestehens, Freiburger Universitätsblätter 111, 1991, 83–95.

140 H. Strasburger, Studien zur Alten Geschichte. Herausgegeben von W. Schmitthenner und R. Zoepffel. 3 Bde. Hildesheim 1982–1990.

141 Schmitthenner wirkte von 1961 bis 1967 als Ordinarius für Alte Geschichte in Saarbrücken, von 1967 bis 1984 in Freiburg, wo er seine Lehrtätigkeit bis zum Jahre 1991 fortsetzen konnte. – Es ist bedauerlich, daß das wissenschaftliche Werk des Gelehrten, der so viel für die Präsenz Anderer getan hat, nicht geschlossen in deutscher Sprache vorliegt.

142 Fr. Taeger–K. Christ (Hrsg.), Joseph Vogt, Orbis. Freiburg 1960.

143 H. Schaefer, Victor Ehrenbergs Beitrag zur historischen Erforschung des Griechentums, Historia 10, 1961, 387–399.

144 K. Christ, Gedenkblatt für Fritz Taeger. Stuttgart 1963.

145 K. Christ, Einleitung, in: H. Delbrück, Geschichte der Kriegskunst im Rahmen der politischen Geschichte. I. NDr. der 3. Auflage. Berlin 1964, III–XX.

146 H. Schachenmeyer, Arthur Rosenberg als Vertreter des historischen Materialismus. Wiesbaden 1964. – Siehe jetzt M. Keßler, Arthur Rosenberg. Köln 2004.

147 G. Katsch, Alexander Graf Schenk von Stauffenberg. 2 Bde. Diss. Leipzig 1968. Insbesondere jedoch: S. Lauffer (Hrsg.), A. Schenk Graf von Stauffenberg, Macht und Geist. München 1972.

148 Saeculum 21, 1970, 2/3, 91–324. Darin: A. Toynbee, Die «Alte Geschichte» und die Universalgeschichte. Für Joseph Vogt, 91–105; K. Christ, Joseph Vogt und die Geschichte des Altertums. Eine Würdigung, 106–150.

149 Dies ist vor allem dem damaligen Lektor der Wissenschaftlichen Buchgesellschaft für dieses Gebiet, Herrn Jürgen Bauer, zu verdanken.

150 So zum Beispiel: W. Marg (Hrsg.), Herodot. Darmstadt 1962 und W. Schmitthenner (Hrsg.), Augustus. Darmstadt 1969.

151 Exempla: K. Christ, Der Untergang des römischen Reiches in antiker und moderner Sicht, in: Ders. (Hrsg.), Der Untergang des Römischen Reiches. Darmstadt 1970 (1986[2]), 1–31; Ders., Probleme um Hannibal, in: Ders. (Hrsg.), Hannibal. Darmstadt 1974, 3–39; Ders., Spartaforschung und Spartabild, in: Ders. (Hrsg.), Sparta. Darmstadt 1986, 1–72; R. Klein, Einleitung, in: Ders. (Hrsg.), Marc Aurel. Darmstadt 1979, 1–24; H. Kloft, Einleitung, in: Ders. (Hrsg.), Ideologie und Herrschaft in der Antike. Darmstadt 1979, 1–24.

152 H. Heinen, Hildegard Temporini Gräfin Vitzthum 1939–2004, Historia 54, 2005, II–IV.

153 O. Jurewcz, L'Antiquité Classique au Cours des 25 Années de la République Populaire de Pologne. Wroclaw 1974; W. B. Stanford, Ireland and the Classical Tradition. Dublin 1976; P. A. Hansen, A Bibliography of Danish Contributions to Classical Scholarship from the Sixteenth Century to 1970. Kopenhagen 1977; W. J. Henderson, Bibliographia Classica Austro-Africana. Johannesburg 1986; V. Bers–G. Nagy (Hrsg.), The Classics in East Europe. Essays on the Survival of a Humanistic Tradition. Worcester 1995.
– USA: E. A. Atwater, A History of Classical Scholarship in America. Diss. Pittsburgh 1938; M. Reinhold, Classica Americana. The Greek and Roman Heritage in the United States. Detroit 1984; W. L. Vance, America's Rome. I. Classical Rome. New Haven 1989.

154 Siehe oben S. 101 f. sowie Hatscher.

155 Hervorzuheben sind aus unserem Zeitraum lediglich: H. Heibert, Walter Frank und sein Reichsinstitut für Geschichte des neuen Deutschlands. Stuttgart 1966; K. D. Erdmann, Wissenschaft im Dritten Reich. Kiel 1967; R. Bollmus, Das Amt Rosenberg und seine Gegner. Stuttgart 1970.

VIII. Die Anfänge der Althistorie in der DDR

1 Für den folgenden Abschnitt ist die umfassende Arbeit von Willing grundlegend. Sie zeichnet sich durch eine stupende Literaturkenntnis und die Anwendung der Oral History ebenso aus wie durch ihr ausgewogenes und nüchternes Urteil, berücksichtigt die gesellschaftspolitischen, die Akademie- und Universitätsentwicklungen in gleicher Weise wie Tagungen, Kongresse, Publikationen, Großprojekte, Theorieentwicklung, aber auch die Rezensionen. Vergleiche zu ihr das faire Urteil von J. Irmscher, DLZ. 113, 1992, 694–696.
Siehe daneben Christ, RGdGW, 311–330; Ders., Hellas, 362–374; 489–492.
Allgemeine Studien: A. Timm, Das Fach Geschichte in Forschung und Lehre in der sowjetischen Besatzungszone seit 1945. Berlin 1961; G. Heydemann, Geschichtswissenschaft im geteilten Deutschland. Frankfurt/Main 1980; A. Fi-

scher–G. Heydemann (Hrsg.), Geschichtswissenschaft in der DDR. 2 Bde. Berlin 1988–1990; K. Jarausch u. a. (Hrsg.), Die DDR-Geschichtswissenschaft als Forschungsproblem. HZ. Beihefte. Neue Folge, 27. München 1998; M. Sabrow, Die Diktatur des Konsenses. Geschichtswissenschaft in der DDR 1945–1969. München 2001.

2 Siehe die Zusammenstellungen bei Willing, 30 und 77.

3 «Die Verbesserung der Forschung und Lehre in der Geschichtswissenschaft», Dokumente der SED 5, Berlin 1956, 337–363; Teilnachdruck ZfG. 3, 1955, 507–527. – Dazu R. Günther, Der Beschluß des ZK der SED «Die Verbesserung der Forschung und Lehre in der Geschichtswissenschaft der DDR» und das Studium der Alten Geschichte, ZfG. 3, 1955, 904–907.

4 Vergleiche Willing, 75 ff.

5 So H.-J. Diesner (Halle) und D. Lotze (Jena).

6 Zu J. Stroux: J. Irmscher, Johannes Stroux, Altertumsforscher, Wissenschaftsorganisator, Humanist. Sb. AdW. DDR. 1987, 5/g, 19–27; Humanismus – Ideal und Tat. Johannes Stroux zum 100. Geburtstag. Berlin 1987.

7 Werner Hartke war vor allem als Historia-Augusta-Forscher ausgewiesen. Er ist 1938 in Königsberg mit dem 1940 in Leipzig erschienenen Werk «Geschichte und Politik im spätantiken Rom» habilitiert worden und setzte seine einschlägigen Studien mit dem Buch «Römische Kinderkaiser. Eine Strukturanalyse römischen Denkens und Daseins». Berlin 1951 fort. Seit 1955 fungierte Hartke als 1. Direktor des Instituts für griechisch-römische Altertumskunde der Deutschen AdW., 1956–1958 als Rektor der Humboldt-Universität, 1958–1968 als Präsident der Deutschen AdW.

8 Zu J. Irmscher (1920–2000) siehe Kürschners Deutscher Gelehrten-Kalender 2001. 18. Ausgabe. München 2001. I., 1389 f.

9 B. Schweitzer, Die Universität Leipzig 1409–1959. Tübingen 1960 (Tübinger Universitätsreden, 7).

10 Zum 100. Geburtstag von Friedrich Zucker. Ausgewählte Vorträge der Friedrich-Schiller-Universität. Jena 1982. Bibliographie F. Zucker: Jahrbuch der Sächsischen AdW. 1973/4. Berlin 1976, 444–454.

11 Siehe Anm. 1.

12 Erwähnt seien nur Fr. Altheim, F. Dornseiff, E. Hohl, W. Peek. W. Schubart, O. Th. Schulz, J. Stroux, F. Zucker.

13 R. Günther–G. Schrot, Wirtschafts- und Sozialgeschichte des Altertums in der DDR, in: Historische Forschungen in der DDR. Analysen und Berichte. Zum XI. Internationalen Historikerkongreß in Stockholm August 1960 (ZfG. Sonderheft). Berlin 1960, 28.

14 H. Kreißig (Hrsg.), Griechische Geschichte bis 146 v. u. Z. Berlin 1978; H. Dieter–R. Günther (Hrsg.), Römische Geschichte bis 476. Berlin 1979. – Vergleiche Christ, Hellas, 367 ff.

15 J. Irmscher, Praktische Einführung in das Studium der Altertumswissenschaft. Berlin 1954; W. Hartke, Lehrbrief zum Studium der Geschichte des alten Griechenland. Berlin 1956/7.

16 Vergleiche zum Folgenden: G. Bockisch, Die Popularisierung der sowjetischen Altertumswissenschaft durch das Institut für griechisch-römische Altertumskunde der Deutschen AdW. zu Berlin, in: Oktoberrevolution und Wissenschaft. Berlin 1967, 159–169. – Geschichte des Alten Orients. Berlin 1953.

17 Geschichte des Alten Griechenlands. Berlin 1960.

18 Der Hellenismus und seine geschichtliche Rolle. Berlin 1958; Aufsätze zur Alten Geschichte. Berlin 1961.

19 Römische Geschichte. Berlin 1953; Zwischen Republik und Kaiserreich. Berlin 1954.

20 Der weltanschaulich-politische Kampf in Rom am Vorabend des Sturzes der Republik. Berlin 1956.

21 Spartacus. Berlin 1952.

22 Die Krise der Sklavenhalterordnung im Westen des römischen Reiches. Berlin 1964.

23 Geschichte der Kriegskunst. 2 Bde. Berlin 1959.

24 E. M. Shukow u. a. (Hrsg.), Weltgeschichte in zehn Bänden. II. Deutsche Gesamtredaktion R. Günther. Berlin 1962. – Dazu Christ, RGdGW., 322 ff.; Ders., Hellas, 364 ff.

25 Aischylos und Athen. Berlin 1957; Frühgeschichte Griechenlands und der Ägäis. Berlin 1960; Die Anfänge der griechischen Philosophie. Berlin 1961.

26 Zu deren Geschichte und Entwicklung: A. Harnack, Geschichte der Königlich Preußischen AdW. zu Berlin. 4 Bde. Berlin 1900. NDr. Hildesheim 1970; C. Grau u. a., Die Berliner AdW. in der Zeit des Imperialismus. 3 Bde. Berlin 1975–1979; W. Hartkopf, Die AdW. der DDR. Ein Beitrag zu ihrer Geschichte. Biographischer Index. Berlin 1983; Chr. Kirsten, Die Altertumswissenschaften an der Berliner Akademie. Berlin 1985.

27 J. Irmscher, Jakobos Triboles, Werke. Berlin 1956 (Berliner Byzantinische Arbeiten, 1).

28 H. Bengtson, Nachruf auf Günther Klaffenbach, Jahrbuch der Bayerischen AdW. 1972, 266–270.

29 Deutsche AdW. zu Berlin, Sektion Altertumswissenschaft, 1955–1970; Berliner Byzantinische Arbeiten, 1955–1968; Schriften und Quellen der Alten Welt, 1956–1968; Bibliotheca classica orientalis, 1956–1969; Bibliotheca Teubneriana, 1957–1968.

30 Auflistung in Kürschners Deutscher Gelehrten-Kalender 2001. 18. Ausgabe. I. München 2001, 1389.

31 Erwähnt seien lediglich: Karl Marx studiert Altertumswissenschaft, WZ Leipzig 3, 1953/4, 2/3, 207–215; Friedrich Engels studiert Altertumswissenschaft, Eirene 2, 1964, 7–42; Der Philhellenismus in Preußen als Forschungsanliegen. Berlin 1966; Situation und Perspektiven der Altertumswissenschaft in der DDR., Bibliotheca Classica Orientalis 12, 1967, 129–137; Johann Joachim Winckelmann und die Altertumswissenschaft heute. 1968; Die Kommission für griechisch-römische Altertumskunde der Berliner AdW. (1921–1955), Klio 52, 1970, 179–190.

32 Das Altertum, 1955–1969; Lebendiges Altertum, 1959–1966.

33 E. Hohl, Um Arminius. Biographie oder Legende? Sb. DAdW. 1951, Nr. 1 – G. 22 gegen: E. Bickel, Arminiusbiographie und Sagensiegfried. Bern 1949. – Im Mittelpunkt der SHA-Studien Hohls stand damals Caracalla. Siehe Willing, 45.

34 H. Kreißig, Elisabeth Charlotte Welskopf zur 70. Wiederkehr ihres Geburtstages, Jahrbuch für Wirtschaftsgeschichte 1971/II, 9–13; H. Fischer, Bibliographie der Schriften von Elisabeth Charlotte Welskopf, a. O., 211–213; G. Audring, Humanistin und Forscherin: Elisabeth Charlotte Welskopf, Das Altertum 33, 1987, 2, 121. – Siehe auch den Band von I. Stark (Hrsg.), 2005.

35 Willing, 70.

36 Druck: Probleme der Muße im Alten Hellas. Berlin 1962.

37 Einige Probleme der Sklaverei in der griechisch-römischen Welt, AAntHung 12, 1964, 311–358; Elitevorstellung und Elitebildung in der hellenischen Polis, Klio 43–45, 1965, 49–64; Zum Problem von Ethik und Moral in Ökonomie und Politik der Antike, Jahrbuch für Wirtschaftsgeschichte 1966/4, 75–95.

38 Zum Begriff des «antiken Abendlandes» heute, WZ, Berlin 9, 1959/60, 145–160; Antike Traditionen und das Bild der Antike in Geschichte und Geschichtsbild der deutschen Nation, ZfG. 11, 1963, 5, 902–914.

39 EAZ. 5, 1964, 97–110. – Weitere Titel bei Willing, 141 f.

40 Sb. DAdW. 1965, 2/6.

41 Hatscher, 96 f.; 100.

42 Willing, 114 ff.

43 Zur Organisationsstruktur des ZIAGA 1969–1989 siehe Willing, 172.

44 Hellenische Poleis. Krise–Wandlung–Wirkung. 4 Bde. Berlin 1973; Soziale Typenbegriffe im alten Griechenland und ihr Fortleben in den Sprachen der Welt. 7 Bde. Berlin 1981–1985.

45 Zu H. Kreißig: Willing 71, 149 f.; 178 ff.

46 H. Kreißig–H. Fischer, Aufgaben und Probleme der Wirtschaftsgeschichte des Altertums in der DDR., Jahrbuch für Wirtschaftsgeschichte 1, 1967, 270–284; H. Fischer, Bibliographie von Arbeiten zur Wirtschafts- und Sozialgeschichte des Altertums (1945–1966), JbWG. 2, 1968, I., 409–429; II., 425–434.

47 Druck: Berlin 1973 (Schriften zur Geschichte und Kultur des Alten Orients, 7).

48 Willing, 149 f.; zum Folgenden 178 ff.

49 Musiolek arbeitete schon seit 1955 als Mitarbeiter von E. Ch. Welskopf, wurde indessen erst 1972 mit einer Arbeit über «Probleme und Tendenzen der Warenproduktion in der Athenischen Polis am Ende des 5. und zu Anfang des 4. Jahrhunderts v. u. Z.» promoviert. Nach Kreißigs Aufstieg im ZIAGA leitete er die Abteilung «Wirtschaftsgeschichte des Altertums» im Institut für Wirtschaftsgeschichte der AdW. der DDR. Er wandte sich dabei insbesondere der Stadtforschung zu (siehe Willing, 203), gab auch zusammen mit H. Radant das Handbuch Wirtschaftsgeschichte (2 Bde. Berlin 1981) heraus, konnte jedoch nicht in die erste Reihe der DDR-Althistoriker vorstoßen.

50 Nach einem Studium der Klassischen Philologie und Geschichte an der Humboldt-Universität, insbesondere bei J. Stroux, hatte sich J. Mathwich zunächst

als Übersetzer von Maschkins «Römischer Geschichte» bewährt. Schon früh wirkte er als Lehrbeauftragter für Alte Geschichte, seit 1961 als Oberassistent. 1968 wurde er mit der von E. Ch. Welskopf betreuten Dissertation «Karl Marx, Schriften zur epikureischen, stoischen und skeptischen Philosophie» promoviert. Da er zugleich auch die kommissarische Leitung der althistorischen Abteilung der Humboldt-Universität übernehmen konnte, schien die akademische Karriere des zweifellos hochbegabten Gelehrten gesichert. Doch abrupt brach er diese ab und siedelte in die Bundesrepublik über. – Siehe Willing, 117.

51 L. Jakob–I. Ulmann, Wolfgang Seyfarth zum Gedenken, Ethnographisch-Archäologische Zeitschrift 27, 1986, 278–280; Willing, besonders 142 ff.; 238 ff.

52 Die Spätantike als Übergangszeit zwischen zwei Gesellschaftsformationen, ZfG. 15, 1967, 281–290; Der Begriff «Epoche sozialer Revolutionen» und die Spätantike, Klio 49, 1967, 271–282.

53 Der Codex Fuldensis und der Codex E des Ammianus Marcellinus. Zur Frage der handschriftlichen Überlieferung des Werkes des letzten römischen Geschichtsschreibers. Berlin 1962 (Abh. DAdW., Klasse für Sprache, Literatur und Kunst 1962,2); Neuausgabe der Scriptores Historiae Augustae. Ed. E. Hohl. Herausgegeben von W. Seyfarth und Ch. Dannberger. 2 Bde. Leipzig 1965; Ammianus Marcellinus, Römische Geschichte. 4 Bde. Herausgegeben und kommentiert von W. Seyfarth. Berlin 1968–1971 (Schriften und Quellen der Alten Welt, 21, 1–4).

– E. M. Staerman, Die Krise der Sklavenhalterordnung im Westen des römischen Reiches. Berlin 1964.

54 Neue sowjetische Beiträge zu einigen Problemen der alten Geschichte. Berlin 1960.

55 Willing, 142 ff.

56 G. Schrot, Forschung und Lehre zur Alten Geschichte an der Universität Leipzig, WZ. Leipzig 8, 1958/9, 2, 323–337.

57 Siehe oben S. 63

58 F. Zucker, Wilhelm Schubart †, Gnomon 33, 1961, 108 f.; G. Schrot, Wilhelm Schubart (1873–1960), in: M. Steinmetz (Hrsg.), Bedeutende Gelehrte in Leipzig. I. Leipzig 1965, 269–274. – In der Nachkriegszeit entstanden die folgenden Publikationen: Glaube und Bildung im Wandel der Zeiten. München 1947; Christentum und Abendland. München 1947; W. Schubart–H. Kortenbeutel, Die Papyri als Zeugen antiker Kultur. Berlin 1949; Griechische literarische Papyri. Sb. Sächsische AdW., Phil.-hist. Kl. 97, 1950, 5.

Zu Schubarts 75. Geburtstag gab S. Morenz die Festschrift Aus Antike und Orient (Leipzig 1950) heraus. Darin: H. Kortenbeutel–M. C. von Krause, Bibliographie W. Schubart, 7–24.

59 Zu O. Th. Schulz: H. Thierfelder, Zum Andenken von O. Th. Schulz, ZfG. 2, 1954, 2, 337 f.; H. Berve, Nekrolog, in: Gedächtnisschrift O. Th. Schulz. WZ. Leipzig. Sonderheft 1958, 1 f. Dort: G. Schrot, Bibliographie O. Th. Schulz, 2–4. – Siehe auch Christ, RGdGW., 154–156.

60 Die Arbeiten von H. Thierfelder, Regierungsprogramme und Propaganda auf

den Kaisermünzen im Zeitalter der Militärmonarchie (248–268) von Philippus Arabs bis Gallienus. Diss. Leipzig 1949 und H.-J. Diesner, Die römischen Kaisermünzen des ausgehenden Prinzipats (268–285) in ihrer Bedeutung für Regierungsprogrammatik und Publikationswesen. Diss. Leipzig 1955 schlossen sich in Perspektiven und Tenor eng an O. Th. Schulz, Die Rechtstitel und Regierungsprogramme auf römischen Kaisermünzen. Paderborn 1925 an.

61 W. Langhammer (geb. 1918) wurde 1954 mit der Dissertation «Germanicus. Sein Leben und Wirken» promoviert und zum Oberassistenten ernannt; H. Thierfelder habilitierte sich im selben Jahr mit der Schrift «Die römische Reichspolitik von Septimius Severus bis zum Senatskaisertum (193–238 n. Chr.) im Spiegel der Münzen (Vergleiche WZ.Leipzig 6, 1956/7, 3, 257–284) und leitete danach als Dozent die Abteilung «Hilfswissenschaften».

62 H. Hahn (geb. 1907) war 1957 mit der Dissertation Untersuchungen zur Autobiographie des Kaisers Augustus promoviert worden.

63 Siehe Willing, 74.

64 Christ, RGdGW., 311, 313 ff.; 324 f.; Willing, 75 ff. und passim; W. Berthold, Günthers Hosianna, ND 10./11.6., 2000.

65 Die Nahrungsmittelproduktion der Germanen – ein Beitrag zur Wirtschaftsgeschichte der Germanen, WZ. Leipzig 5, 1955/6, 3, 295–303; Die Verwendung des ager publicus in der Zeit der römischen Republik als Ausdruck patrizischer Wirtschaftspolitik, ZfG. 4, 1956, 1, 39–61; Wasserversorgung und Kanalisation im antiken Rom, WZ. Leipzig 6, 1956/7, 3, 285–294.

66 Unterkonsumption und Überproduktion im Altertum, WZ. Leipzig 8, 1958/9, 4, 709–725; Der Charakter der Wirtschaftskrisen im Altertum, AAntHung. 7, 1959, 1.3; 251–283.

67 ZfG. 4, 1956, 5, 990–1008.

68 Willing, 148 f.

69 G. Schrot, Forschung und Lehre zur Alten Geschichte an der Universität Leipzig, WZ. Leipzig 8, 1958/9, 2, 332.

70 Siehe oben Anm. 62.

71 Willing, 120 ff.

72 G. Härtel, Bemerkungen zu sozialökonomischen Fragen im Ptolemäischen Ägypten. Diss. Leipzig 1961 (Zusammenfassung WZ. Leipzig 11, 1962, 2, 421–424); Ders., Soziale Entwicklungstendenzen der Sklaverei und des Kolonats im 2. Jahrhundert und zu Beginn des 3. Jahrhunderts im Westen des römischen Reiches unter besonderer Berücksichtigung der antiken Rechtsquellen. Habilitationsschrift Leipzig 1966.

73 ZfG. 3, 1955, 6, 904–907.

74 Sklaverei, Wirtschaft und Ständekampf im ältesten Rom. (= Wirtschaftliche und soziale Differenzierung im ältesten Rom, WZ. Leipzig 7, 1957/8, 5, 593–612)

75 G. Prachner, Untersuchungen zu Überlieferungsproblemen der frührömischen Sklaverei und Schuldknechtschaft. Diss. Münster 1966.

76 Der politisch-weltanschauliche Kampf in der römischen Religion in den letz-

ten beiden Jahrhunderten v. u. Z. – Druck: Klio 42, 1964, 208–297. – 1961 hatte Günther zusammen mit G. Schrot auch den Sammelband «Sozialökonomische Verhältnisse im Alten Orient und im klassischen Altertum» herausgegeben.

77 Barthold Georg Niebuhr, in: J. Streisand (Hrsg.), Studien über die deutsche Geschichtswissenschaft. I. Berlin 1963, 105–112; Über die Geschichtskonzeption Ulrich Wilckens, WZ. Leipzig 12, 1963, 2, 548–550; Theodor Mommsen, in: Streisand II.Berlin 1965, 9–24; Johannes Kromayer, in: M. Steinmetz (Hrsg.), Bedeutende Gelehrte in Leipzig.I. Leipzig 1965, 173–175.

78 Willing, 145–148.

79 Willing, 211–213.

80 Die Römer an Rhein und Donau. Zur politischen, wirtschaftlichen und sozialen Entwicklung in den römischen Provinzen an Rhein, Mosel und oberer Donau im 3. und 4. Jahrhundert. Herausgegeben von einem Autorenkollektiv unter Leitung von R. Günther und H. Köpstein. Berlin 1975.

81 Willing, 233. – Von Günthers zahlreichen Publikationen der folgenden Jahrzehnte können hier lediglich die wichtigeren Monographien aufgeführt werden: Der Aufstand des Spartacus. Berlin 1979; Vom Untergang Westroms zum Reich der Merowinger. Berlin 1984; R. Günther–A. R. Korsunskij, Der Niedergang und Untergang des weströmischen Reiches und die Entstehung germanischer Königreiche bis zur Mitte des 6. Jahrhunderts u. Z. Berlin 1986; R. Günther–R. Müller, Sozialutopien in der Antike. Leipzig 1987 = Das Goldene Zeitalter. Stuttgart 1988; Die soziale Komponente im frühen Christentum bis zur Mitte des 2. Jahrhunderts, Sb. Sächsische AdW. 1987, 127, 7. – Am Ende der mannigfachen Beschäftigung mit dem frühen Christentum steht: Hosianna dem Sohn Davids. Kurze Geschichte des frühen Christentums. Leipzig 1999. – Die stärkste Resonanz dürfte Günther mit dem von ihm gemeinsam mit dem Potsdamer Althistoriker H. Dieter edierten Hochschullehrbuch «Römische Geschichte bis 476» (Berlin 1979) erzielt haben. Dazu Christ, RGdGW., 322 ff. In einem Brief an Pavel Oliva vom 15.1.1999 hat Günther das Ende seiner aktiven Tätigkeit wie folgt beschrieben: «Ich war noch bis Oktober 1992 an der Universität im Amt, war sogar noch Prodekan der philosophischen Fakultät, bis man dann nichts mehr von mir wissen wollte und mich ein halbes Jahr vor der Altersrente in den Ruhestand versetzte. Es war die Zeit der ‹Evaluierungen›, als westdeutsche Kollegen unsere Tätigkeit bewerteten. Meine Evaluierung war grauenhaft und ich weiß auch, wem ich sie zu verdanken habe …» Zitiert nach I. Lisový, Professor PhDr. Pavel Oliva, Dr. Sc.: Život, bibliografie (1997–2002) a korespondence. České Budějovice 1003, 101.

82 H. Schulz-Falkenthal, Zur Entwicklung des Faches Alte Geschichte an der Universität Halle, WZ. Halle, Gesellschafts-Sprachwissenschaftliche Reihe, 10, 1961, 4, 915–926; B. Meißner, Forschung, Lehre und Organisation des Lehrstuhles für Alte Geschichte der Universität Halle im 20. Jahrhundert: Profilsuche zwischen Orient und Abendland, Mangel und Fluktuation, in: H.-J. Rupieper (Hrsg.), Beiträge zur Geschichte der Martin-Luther-Universität 1502–2002. Halle 2002, 223–242, besonders 237 ff.

83 Willing, 88 ff.; 213 f.

84 Siehe Anm. 60.

85 Studien zur Gesellschaftslehre und sozialen Haltung Augustins. Halle 1954.

86 Vergleiche die Titel bei Willing, 89; 138 ff.

87 Spätantike Widerstandsbewegungen: Das Circumcellionentum, in: J. Irmscher (Hrsg.), Aus der byzantinistischen Arbeit der DDR. I. Berlin 1957, 106–112; Methodisches und Sachliches zum Circumcellionentum, WZ. Halle 8, 1958/9, 1009–1016.

88 Konservative Kolonen, Sklaven und Landarbeiter im Donatistenstreit, Forschungen und Fortschritte 36, 1962, 7, 214–219.

89 Das Buccellariertum von Stilicho und Sarus bis zu Aetius (454/455), Klio 54, 1972, 321–350.

90 Patrocinium, beneficium, stipendium, precarium im Westgotenreich, Zeitschrift für Archäologie 6, 1972, 57–63.

91 Wirtschaft und Gesellschaft bei Thukydides. Halle 1956; Griechische Tyrannis und griechische Tyrannen. Berlin 1960; Kirche und Staat im spätrömischen Reich. Berlin 1963; Der Untergang der römischen Herrschaft in Nordafrika. Weimar 1964; Das Vandalenreich. Leipzig 1966; Die Auswirkungen der Religionspolitik Thrasamunds und Hilderichs auf Ostgoten und Byzantiner. Sb. Sächsische AdW., Phil.-hist. Kl. 113, Berlin 1967; Kriege im Altertum. Berlin 1971; Die Völkerwanderung. Leipzig 1976; Isidor von Sevilla und das westgotische Spanien. Abh. Sächsische AdW., Phil.-hist. Kl. 67,3. Berlin 1977; Westgotische und langobardische Gefolgschaften und Untertanenverbände. Sb. Sächsische AdW., Phil.-hist. Kl. 120, 2. 1978. Berlin 1978; Politik und Ideologie im Westgotenreich von Toledo: Chindasvind. Sb. Sächsische AdW., Phil.-hist. Kl. 121, 2. 1979. Berlin 1979.

92 Fulgentius von Ruspe als Theologe und Kirchenpolitiker. Stuttgart 1966; Das Vandalenreich. Stuttgart 1966; Isidor von Sevilla und seine Zeit. Stuttgart 1973; Die Völkerwanderung. Gütersloh 1976; Fragen der Macht- und Herrschaftsstrukturen bei Beda. Abh. AdW. Mainz. 1980, 8. Wiesbaden 1980.

93 Autorenkollektiv Halle, Die Arbeitswelt der Antike. Leipzig 1983.

94 Dazu im einzelnen Willing, 119.

95 Römische und griechische Pädagogik in der Altertumswissenschaft und Geschichtsschreibung des 17. und 18. Jahrhunderts in Deutschland. 2 Bde. Diss. Ms. Halle 1960; Untersuchungen zur Entstehung, Entwicklung und gesellschaftspolitischen Bedeutung der römischen Handwerkerkollegien in der Republik und frühen Kaiserzeit (Prinzipat). Habilitationsschrift Ms. Halle 1969; H. Schulz-Falkenthal–J. Schulze–M. Blumentritt, Sklaverei in der griechisch-römischen Antike. Eine Bibliographie wissenschaftlicher Literatur vom ausgehenden 15. Jahrhundert bis zur Mitte des 19. Jahrhunderts. Halle 1985.

96 Historische Untersuchungen zu attischen Personennamen. Diss. Ms. Halle 1963.

97 B. Meißner, a. O. (Anm. 82), 237 f.

98 Zur Gesamtentwicklung: M. Simon, Abriß der Entwicklung der Altertumswis-

senschaften an der Friedrich-Schiller-Universität Jena von 1945 bis 1980, in: Alma mater Jenensis. Studien zur Hochschul- und Wissenschaftsgeschichte. I. 1983, 122–132.

99 Das Edikt des Tiberius Iulius Alexander. Diss. Leipzig 1951.

100 Die Tendenz in Quintilians Institutio oratoria. Diss. Jena 1951.

101 Metaxy eleutheron kai doulon. Studien zur Rechtsstellung unfreier Landbevölkerung in Griechenland bis zum 4. Jahrhundert v. Chr. Berlin 1959 (Schriften der Sektion für Altertumswissenschaft, 17).

102 Lysander und der Peloponnesische Krieg. Habilitationsschr. Jena 1961. Druck: Abh. Sächsische AdW., Phil.-hist. Kl. 57,1. Berlin 1964. Vergleiche auch: Selbstbewußtsein und Machtpolitik. Bemerkungen zur machtpolitischen Interpretation spartanischen Verhaltens in den Jahren 479–477 v. Chr., Klio 52, 1970, 255–275; Zu einigen Aspekten des spartanischen Agrarsystems, Jahrbuch für Wirtschaftsgeschichte 1971/2, 63–76.

103 Der gentilizisch-personale Grundzug der frühen Gemeinwesen als eine Voraussetzung der griechischen Sklaverei, Eirene 6, 1967, 5–15; Aktuelle Aspekte der antiken Demokratie, in: Die Antike in der sozialistischen Kultur. Wissenschaftliche Beiträge Jena 1974, 60–75; Zwischen Politen und Metöken, Klio 63, 1981, 159–178; Entwicklungslinien der athenischen Demokratie im 5. Jh. v. u. Z., Oikoumene 4, 1983, 9–24; Die Teilhabe des Bürgers an Regierung und Rechtsprechung in den Organen der direkten Demokratie des klassischen Athen, in: Kultur und Fortschritt in der Blütezeit der griechischen Polis. Berlin 1985, 52–76; Spielräume sozialer Mobilität in Athen und Sparta, Klio 72, 1990, 135–143.

104 Vergleiche daneben auch D. Lotze, Griechische Geschichte. Von den Anfängen bis zum Hellenismus. München 1995 (2004[6]) (Italienisch 1998) und Ders., Bürger und Unfreie im vorhellenistischen Griechenland. Ausgewählte Aufsätze. 1958–1997. Stuttgart 2000.

105 Willing, 71 f.; 118.

106 Th. Ammer, Universität zwischen Demokratie und Diktatur. Ein Beitrag zur Nachkriegsgeschichte der Universität Rostock. Köln 1969; P. Kretschmann, Universität Rostock. Köln 1969.

107 Studien über Usurpation und Krise im 3. Jahrhundert u. Z. unter besonderer Berücksichtigung ihrer Darstellung in der «Historia Augusta». 2 Bde. Diss. Greifswald 1964; Studien über Antikebild und Geschichtsschreibung im 19. Jahrhundert. Habilitationsschrift Ms. Greifswald 1982.

108 W. Hering, Strabo über die Dreiteilung Galliens. Diss. Rostock 1954; Die Recensio der Caesarhandschriften. Habil.schr. Berlin 1963 (Schriften der Sektion für Altertumswissenschaft, 41).

109 Appians historische Einsicht (untersucht an der Darstellung der Grundeigentumskämpfe in den Emphylia). Diss.Ms. Rostock 1968.

110 Siehe oben S. 115

111 Vergleiche S. 118 ff.

112 Dazu S. 122 ff.

113 Übersichten bei Willing, 125 ff.; 189 ff.; 247 ff.

114 Exemplarisch ist das anläßlich des 100. Geburtstages von Ulrich Wilcken veranstaltete Leipziger Kolloquium: Tradition und Fortschritt in der Deutschen Altertumswissenschaft des 19. und 20. Jahrhunderts, WZ. Leipzig 12, 1963, 2, 541–557.

115 Siehe oben S. 123

116 In: W. Berthold u. a. (Hrsg.), Unbewältigte Vergangenheit. Handbuch zur Auseinandersetzung mit der westdeutschen bürgerlichen Geschichtsschreibung. Berlin 1968 (1977^3) = Kritik der bürgerlichen Geschichtsschreibung. Handbuch. Köln 1970 (1977^4), 115–120. Die zitierte Stelle S. 115. – Siehe zum Gesamtwerk K. D. Bracher, Wer zeichnet ein ideologisches Zerrbild? FAZ 14.9.1972, 12.

117 Vergleiche Anm. 95, ferner: Der Fortschritt in der deutschen Geschichtswissenschaft im 17. und 18. Jahrhundert, WZ. Halle 10, 1961, 4, 933–940; Zum Nachleben der Antike, WZ. Halle 11, 1962, 10, 1339–1355; Die Einschätzung der antiken Erziehungspraktiker und -theoretiker zur Zeit der Aufklärung und des Neuhumanismus, Das Altertum 9, 1963, 2, 118–128. – Zwei Jahrzehnte später stand bei Schulz-Falkenthal die spartanische Helotie im Mittelpunkt seiner Interessen: Die spartanische Helotie als Gegenstand der Forschung vom Anfang des 16. bis zum Ende des 17. Jahrhunderts, WZ. Halle 35, 1986, 3, 96–107; Die spartanische Helotie als Gegenstand der Forschung im 18. Jahrhundert, WZ. Halle 36, 1987, 3, 112–117.

118 Zu Schillers Auffassung von der griechischen Geschichte, WZ. Greifswald 9, 1959/60, 4/5, 311–323.

119 Alexander Graf Schenk von Stauffenberg. Eine historiographisch-biographische Untersuchung. 2 Bde. Diss. Leipzig 1968.

120 Jacob Burckhardt und die Krise seiner Zeit. Leipzig 1966.

121 Den besten Überblick gibt der von H. Bellen und H. Heinen herausgegebene Band: Fünfzig Jahre Forschungen zur Antiken Sklaverei an der Mainzer Akademie 1950–2000. Stuttgart 2001 (Forschungen zur Antiken Sklaverei, 35).

IX. Die Entwicklung bis zur Gegenwart (1970–2005)

1 R. Bichler, Neuorientierung in der Alten Geschichte?, in: E. Schulin (Hrsg.), Deutsche Geschichtswissenschaft nach dem Zweiten Weltkrieg (1945–1965). München 1989, 63–86.

2 Vergleiche den Überblick von L. Raphael, Geschichtswissenschaft im Zeitalter der Extreme. Theorien, Methoden, Tendenzen von 1900 bis zur Gegenwart. München 2003.

3 Erwähnt sei lediglich I. Stahlmann, Der gefesselte Sexus. Berlin 1997.

4 Übersichten bei H.-J. Gehrke, Zwischen Altertumswissenschaft und Geschichte. Zur Standortbestimmung der Alten Geschichte am Ende des 20. Jahrhunderts, in: E.-R. Schwinge (Hrsg.), Die Wissenschaften vom Altertum am Ende des 2. Jahrtausends n. Chr. Stuttgart 1995, 160–196 sowie Christ, RGdGW. und Ders., Hellas.

5 Die Einzelbelege für die im folgenden genannten Fakten werden in relativ aus-

führlicher Form in den einzelnen Abschnitten dieser Partie gegeben. Die Feststellungen der Einleitung fußen auf jener Basis.

6 Siehe oben S. 9 ff. mit Anm. 16 ff.

7 Der Nono Contributo. Rom 1992 wurde von R. Di Donato herausgegeben.

8 Studies in Historiography. London 1966; Essays in Ancient and Modern Historiography. Oxford 1977; New Paths of Classicism in the Nineteenth Century. History and Theory, Beiheft 21. 1982; La Storiografia Greca. Turin 1982; Problèmes d' historiographie ancienne et moderne. Übersetzt von A. Tachet u. a. Paris 1983; Sui fondamenti della storia antica. Torino 1984; Tra Storia e Storicismo. Pisa 1985; Storia e storiografia antica. Ed. E. Gabba. Bologna 1987; The Classical Foundations of Modern Historiography. Ed. R. Di Donato und A. M. Meyer. Berkeley 1990; Wege in die Alte Welt. Berlin 1991; Studies on Modern Scholarship. Ed. G. W. Bowersock–T. J. Cornell. Berkeley 1994.

9 Saggi di storia della religione romana. Hrsg. von R. Di Donato. Brescia 1988.

10 Die Juden in der Alten Welt. Berlin 1989.

11 Perizonius, Niebuhr und der Charakter der frühen römischen Tradition, in: Römische Geschichtsschreibung. Darmstadt 1969, 312–339; Rezension von R. Syme, The Roman Revolution, in: Augustus. Darmstadt 1969, 140–152; Das Christentum und der Niedergang des Römischen Reiches, in: Der Untergang des Römischen Reiches. Darmstadt 1970, 404–425; Europa als politischer Begriff bei Isokrates und den Isokrateern, in: Isokrates. Darmstadt 1975, 128–138; Lebensideale in der Sophistik: Hippias und Kritias, in: Sophistik. Darmstadt 1976, 465–477.

12 Die Geschichtsschreibung, in: E. Vogt (Hrsg.), Neues Handbuch der Literaturwissenschaft. 2. Griechische Literatur. Wiesbaden 1981, 305–336.

13 J. Petersohn (Hrsg.), Prophetie und Geschichtsschreibung. Ehrenpromotion Arnaldo Momigliano. Marburg 1986 (1987).

14 Zu den Beziehungen zwischen A. Momigliano und E. Gabba: Fr. De Nicola, Le lettere di Arnaldo Momigliano a Emilio Gabba. Como 1998. – Zu den Reaktionen auf Momiglianos Tod: K. Christ, Zur Geschichte der Historiographie. Zehn Jahre nach Momiglianos Tod, Historia 47, 1998, 234–252 sowie Ders., Gnomon 60, 1988, 571–575.

15 Der folgende Schlußabschnitt nimmt Gedanken und Formulierungen wieder auf aus K. Christ, Die Augen der antiken Welt, FAZ. 3.11.1998, L 18.

16 Das Œuvre von W. M. Calder III wird erschlossen durch die von N. M. Moccia erstellte Seventieth Birthday Bibliography 1955–2003. Urbana/Champaign 2002.

17 Three Unpublished Letters of Ulrich von Wilamowitz-Moellendorff, Greek, Roman und Byzantine Studies 11, 1970, 139–166.

18 W. M. Calder III, Wilamowitz und kein Ende, in: M. Mülke (Hrsg.), Wilamowitz und kein Ende. Hildesheim 2003 (Spudasmata, 92), 1–9.

19 Ulrich von Wilamowitz-Moellendorff to William Abbott Oldfather. Three unpublished Letters, Classical Journal 72, 1976/7, 115–127.

20 Seventeen Letters of Ulrich von Wilamowitz-Moellendorff to Eduard Fraenkel, Harvard Studies in Classical Philology 81, 1977, 275–297.

21 The Correspondence of Ulrich von Wilamowitz-Moellendorff with Werner Jaeger, Harvard Studies in Classical Philology 82, 1978, 303–347.

22 W. M. Calder III (Hrsg.), Ulrich von Wilamowitz-Moellendorff: Selected Correspondence 1869–1931. Neapel 1983 (Antiqua, 23).

23 W. M. Calder III–R. L. Fowler, The Preserved Letters of Ulrich von Wilamowitz-Moellendorff to Eduard Schwartz. Bayerische AdW., Phil.-hist. Kl. 1986, 1.

24 Fünf Briefe von Ulrich von Wilamowitz-Moellendorff an Friedrich Leo, in: J. Dummer–M. Kunze (Hrsg.), Antikerezeption, Antikeverhältnis, Antikebegegnung in Vergangenheit und Gegenwart. III. Stendal 1988, 723–732.

25 A. Bierl–W. M. Calder III–R. L. Fowler (Hrsg.), The Prussian and the Poet. The Letters of Ulrich von Wilamowitz-Moellendorff to Gilbert Murray (1894–1930). Hildesheim 1991.

26 A. Bierl–W. M. Calder III, Instinct against Proof: The Correspondence between Ulrich von Wilamowitz-Moellendorff and Martin P. Nilsson on Religionsgeschichte (1920–1930), Eranos 89, 1991, 73–99.

27 W. M. Calder III (Hrsg.), H. Dieterich und Fr. von Hiller, Usener und Wilamowitz. Ein Briefwechsel (1870–1905). Leipzig 1994².

28 M. Braun–W. M. Calder III–D. Ehlers unter Mitarbeit von St. Trzaskoma, Lieber Prinz. Der Briefwechsel zwischen Hermann Diels und Ulrich von Wilamowitz-Moellendorff (1869–1921). Hildesheim 1995.

29 W. M. Calder III–B. Huß, «Sed serviendum officio ...»The Correspondence between Ulrich von Wilamowitz-Moellendorff and Eduard Norden (1892–1931). Hildesheim 1997.

30 W. M. Calder III–R. Kirstein, «Der geniale Wildling». Ulrich von Wilamowitz-Moellendorff und Max Fränkel. Briefwechsel 1874–1878. 1900–1903. Nachrichten AdW. Göttingen, Phil.-hist. Kl. 1999,5.

31 W. M. Calder III–B. Huß, «The Wilamowitz in Me.» 100 Letters between Ulrich von Wilamowitz-Moellendorff and Paul Friedländer (1904–1931). Los Angeles 1999 (Special Collections UCLA. Occasional Volume, 9).

32 W. M. Calder III–R. Kirstein, «Aus dem Freund ein Sohn». Theodor Mommsen und Ulrich von Wilamowitz-Moellendorff. Briefwechsel 1872–1903. 2 Bde. Hildesheim 2003. – Dazu nun ergänzend: C. W. Müller, Wilamowitz und Ferdinand Dümmler. Eine schlimme Geschichte. Abh. AdW. Mainz, Geistes- und sozialwissenschaftliche Kl. 2005,1.

33 W. M. Calder III–H. Flashar–Th. Lindken (Hrsg.), Wilamowitz nach 50 Jahren. Darmstadt 1985.

34 a. O., 80–110.

35 W. M. Calder III, A. Köhnken, W. Kullmann, G. Pflug (Hrsg.), Friedrich Gottlieb Welcker: Werk und Wirkung. Wiesbaden 1986 (Hermes Einzelschrift, 49).

36 W. M. Calder III–A. Demandt (Hrsg.), Eduard Meyer: Leben und Leistung eines Universalhistorikers. Leiden 1990.

37 W. M. Calder III–J. Cobet (Hrsg.), Heinrich Schliemann nach hundert Jahren. Frankfurt/Main 1990.

38 W. M. Calder III–H. Cancik–B. Kytzler (Hrsg.), Otto Jahn (1813–1869). Ein Geisteswissenschaftler zwischen Klassizismus und Historismus. Stuttgart 1991.

39 W. M. Calder III (Hrsg.), The Cambridge Ritualists Reconsidered. Illinois Classical Studies, Supplement Volume, 2. 1991.

40 W. M. Calder III (Hrsg.), Werner Jaeger Reconsidered. (a. O.,3). 1992.

41 W. M. Calder III–St. Trzaskoma (Hrsg.), George Grote Reconsidered. Hildesheim 1996.

42 W. M. Calder III–R. Schlesier (Hrsg.) unter Mitwirkung von S. Gödde, Zwischen Rationalismus und Romantik: Karl Otfried Müller und die antike Kultur. Darmstadt 1998.

43 W. M. Calder III–C. Dubischar–M. Hose–G. Voigt-Spira (Hrsg.), Wilamowitz in Greifswald. Hildesheim 2000 (Spudasmata 81).

44 M. Mülke (Hrsg.), Wilamowitz und kein Ende. Hildesheim 2003 (Spudasmata, 93).

45 W. W. Briggs Jr.–W. M. Calder III (Hrsg.), Classical Scholarship. A Biographical Encyclopedia. New York 1990; M. Armstrong–W. Buchwald–W. M. Calder III (Hrsg.), Ulrich von Wilamowitz-Moellendorff. Bibliography 1867–1990. Hildesheim 1991; W. M. Calder III–D. J. Kramer, An Introductory Bibliography to the History of Classical Scholarship Chiefly in the XIXth and XXth Centuries. Hildesheim 1992; W. M. Calder III–R. Scott Smith (Hrsg.), A Supplementary Bibliography to the History of Classical Scholarship Chiefly in the XIXth and XXth Centuries. Bari 2000.

46 Aufgelistet in der in Anm. 16 genannten Bibliographie.

47 Calder, Wissenschaftlergeschichte; Ders., Wissenschaftsgeschichte: The Pleasures and the Perils, Classical Views 17, 1998, 435–447.

48 Siehe W. M. Calder III, Wilamowitz und kein Ende, a. O.,8.

49 Berlin 1994 ff.

50 R. R. Bolgar (Hrsg.), Classical Influences on European Culture. 3 Bde. Cambridge 1971–1979.

51 G. W. Clarke (Hrsg.), Rediscovering Hellenism. The Hellenic Inheritance and the English Imagination. Cambridge 1989.

52 G. Iggers–J. M. Powell (Hrsg.), Leopold von Ranke and the Shaping of the Historical Discipline. Syracus, N. Y. 1990.

53 K. J. Dover (Hrsg.), Perceptions of the Ancient Greeks. Oxford 1992.

54 A. C. Dionisotti u. a. (Hrsg.), The Uses of Greek and Latin. London 1988.

55 M. H. Crawford u. a. (Hrsg.), Medals and Coins from Budé to Mommsen. London 1990.

56 G. W. Bowersock, Arnaldo Momigliano e la storiografia dell'antichità in USA, in: L. Cracco Ruggini (Hrsg.), Omaggio al Arnaldo Momigliano. Como 1989, 43–51.

57 P. Brown, Arnaldo Dante Momigliano, Proceedings of the British Academy 74, 1988, 405–442.

58 M. H. Crawford–C. R. Ligota (Hrsg.), Ancient History and the Antiquarian. London 1995; Ders. (Hrsg.), Antonin Augustin. Between Renaissance and Counterreform. London 1993.

59 A. Grafton, Man muß aus der Gegenwart heraufsteigen: History, Tradition, and Traditions of Historical Thought in F. A. Wolf, in: H. E. Bödeker u. a. (Hrsg.), Aufklärung und Geschichte. Göttingen 1987, 416–429; Ders., Forgers and Critics. Princeton 1990; Ders., Defenders of the Text. Cambridge, Mass. 1991; Ders., Germany and the West 1830–1900, in: K. J. Dover (Hrsg.), Perceptions of the Ancient Greeks. Oxford 1992, 225–245; Ders., New Worlds, Ancient Texts. Cambridge, Mass. 1992.

60 J. T. Roberts, Athens on Trial. Princeton 1994.

61 S. L. Marchand, Down from Olympus. Princeton 1996.

62 Siehe hierzu speziell K. Christ, Zur Geschichte der Historiographie. Zehn Jahre nach Momigliano, Historia 47, 1998, 234–252. Der folgende Abschnitt fußt auf jener Studie.

63 C. Dionisotti, Ricordo di Arnaldo Momigliano. Bologna 1989.

64 K. Christ, a. O. (Anm. 62), 237 und R. Di Donato, Per una antropologia storica del mondo antico. Florenz 1990.

65 Vergleiche A. Baroni, Emilio Gabba. Bibliografia 1949–1995. Como 1996; E. Gabba, Cultura classica e storiografia moderna. Bologna 1995. – Fr. De Nicola, Le lettere di Arnaldo Momigliano a Emilio Gabba. Riconstruzione di un rapporto culturale. Como 1998.

66 L. Cracco Ruggini (Hrsg.), Omaggio al Arnaldo Momigliano. Como 1989.

67 G. Cambiano, Momigliano e i seminari pisani di storia della storiografia, Storia della storiografia 16, 1989, 75–83; Ders., Il ritorno degli antichi. Rom 1988.

68 Erwähnt seien lediglich: L. Polverini (Hrsg.), Aspetti de la storiografia di Giulio Beloch. Neapel 1990; Ders. (Hrsg.), Lo studio del mondo antico nella cultura italiana del Ottocento. Neapel 1993.

69 S. Accame (Hrsg.), Gaetano De Sanctis, Il diario segreto (1917–1933). Florenz 1996.

70 G. Arrigoni, La fidatissima corrispondenza. Un ignoto reportage di Johann Jacob Bachofen da Roma nel periodo della Rivoluzione romana (1848–1849). Florenz 1996.

71 E. Lepore, La storia antica nella cultura storica italiana tra Otto e Novecento, in: G. Di Costanzo (Hrsg.), La cultura storica italiana fra Otto e Novecento. I. Neapel 1990, 9–49.

72 A. Marcone (Hrsg.), M. I. Rostovtzeff, Scripta Varia. Bari 1995.

73 I fondamenti della filosofia politica di Humboldt. Neapel 1965; Friedrich Meinecke storico delle idee. Firenze 1969; Dimensioni dello storicismo. Neapel 1971; Profilo dello storicismo politico. Turin 1972. 1981^2; Teoria del ‹Verstehen› e idee della Weltgeschichte in Ranke. Neapel 1978; Il senso della storia universale. Mailand 1987; Contributi alla storia e alla teoria dello storicismo. 5 Bde. Rom 1995–2000; Introduzione a Meinecke. Rom 1998; Introduzione allo storicismo. Rom 2000^4; Kritischer Historismus. Gesammelte Aufsätze. Köln 2005.

74 P. Treves, Ottocento italiano fra il nuove e l' antico. 3 Bde. Modena 1992; Tradizione classica e rinnovamento della storiografia. Mailand. 1992.

75 Zuletzt: L. Canfora, Politische Philologie. Stuttgart 1995.

76 A. Russi, Ulrich Kahrstedt fra Cultura e Politica, Miscellanea Greca e Romana 14, 1989, 19–95; S. Giammuso (Hrsg.), Eduard Meyer, Storia e antropologia. Neapel 1990; A. Russi, Il primo lavoro di Giulio Beloch: Surrentum im Altertum, Miscellanea ... 16, 1991, 1–84; G. Bonacina, Hegel, il mondo romano e la storiografia. Florenz 1991; G. D'Alessio, August Böckh: tra Filologia e Filosofia, Archivio di Storia della Cultura 5, 1992, 127–153; G. Maddoli (Hrsg.), L'Athenaion Politeia' di Aristotele 1891–1991. Per una bilancio di cento anni di studi. Neapel 1994; C. Ampolo, Storie greche. La formazione della moderna storiografia sulla antichi Greci. Turin 1997.

77 Die Vorgänge sind behandelt in V. Losemann, Nationalsozialismus und Antike – Bemerkungen zur Forschungsgeschichte, in: Näf, 79 f.

78 Siehe oben S. 217, Anm. 110.

79 Vergleiche I. Lisový (Hrsg.), Professor Dr. Dr. h. c. Karl Christ. Vita et bibliographia. České Budějovice 2005.

80 V. Losemann, a. O. (Anm. 77), 80.

81 Christ, Gibbon; Ders., Neue Profile.

82 Christ, RGdGW.; Ders., Hellas. – Daß daneben in die Trilogie zur Geschichte der späten Römischen Republik (Caesar. Annäherungen an einen Diktator. München 1994; Sulla. Eine römische Karriere. München 2002; Pompeius. Der Feldherr Roms. München 2004) und in Hannibal (Darmstadt 2003) umfangreiche wissenschaftsgeschichtliche Kapitel aufgenommen wurden, verstand sich von selbst.

83 Siehe die Gesamtübersicht in: P. Kneißl–V. Losemann (Hrsg.), Imperium Romanum. Studien zu Geschichte und Rezeption. Stuttgart 1998, 11 f. – G. Zörner, Kypselos und Pheidon von Argos. Untersuchungen zur frühen griechischen Tyrannis. Marburg 1971.

84 P. Kneißl, Die Siegestitulatur der römischen Kaiser. Untersuchungen zu den Siegerbeinamen des ersten und zweiten Jahrhunderts. Marburg 1968 (Göttingen 1969; Hypomnemata, 23); Habilschrift: Die Berufsangaben auf den Inschriften der gallischen und germanischen Provinzen. Beiträge zur Wirtschafts- und Sozialgeschichte der römischen Kaiserzeit. Marburg 1977 (Publiziert in Form von Einzelstudien); Ders.–V. Losemann (Hrsg.), Alte Geschichte und Wissenschaftsgeschichte. Darmstadt 1988; Dies. (Hrsg.), Imperium Romanum. Stuttgart 1998.

85 M. Elster, geb. Gaul, Studien zur Gesetzgebung der frühen römischen Republik – Gesetzesanhäufungen und -wiederholungen. Marburg 1975 (Europäische Hochschulschriften III, 71. 1976); Dies., Die Gesetze der mittleren römischen Republik. Darmstadt 2003.

H. Schneider, Wirtschaft und Politik. Untersuchungen zur Geschichte der späten römischen Republik. Marburg 1973 (Erlanger Studien, 3, 1974); Die Entstehung der römischen Militärdiktatur. Köln 1977; Das griechische Technikverständnis. Darmstadt 1989; zahlreiche weitere Veröffentlichungen zur Sozial-, Wirtschafts- und Technikgeschichte der Antike sowie zur Wissenschaftsgeschichte. Hrsg. mit H. Cancik, Der Neue Pauly. Stuttgart 1996–2002.

86 B. Kreck, Untersuchungen zur politischen und sozialen Rolle der Frau in der späten römischen Republik. Marburg 1975; D. Schürenbeck, Stellung und Bedeutung der Frau in der Geschichtsschreibung des Tacitus. Marburg 1975.

87 Siehe die Anm. 84 und 95 sowie M. Oehme, Die römische Villenwirtschaft. Marburg 1987 (Bonn 1988).

88 A. Becker, Rom und die Chatten. Marburg 1991 (Quellen und Forschungen zur hessischen Geschichte 88, 1992). Der Verfasser zeichnete sich danach als Ausgräber von Waldgirmes aus. Siehe: Ders., Lahnau-Waldgirmes. Eine augusteische Stadtgründung in Hessen, Historia 52, 2003, 337–350. – H. Leppin, Die soziale Stellung der Histrionen im Westen des Römischen Reiches zur Zeit der Republik und des Principats. Marburg 1990 (= Bonn 1992; Antiquitas 1, 41). – Ders., Von Constantin dem Großen zu Theodosius II. Habilitationsschrift FU Berlin 1995 (Göttingen 1996; Hypomnemata, 110); Thukydides und die Verfassung der Polis. Berlin 1999; Theodosius der Große. Darmstadt 2003.

89 Antike und Nationalsozialismus. Studien zur Entwicklung der althistorischen Disziplin. Diss. Marburg 1975. Druck unter dem Titel: Nationalsozialismus und Antike. Hamburg 1977 (Historische Perspektiven, 7).

90 Die Entwicklung der Alten Geschichte an der Philipps-Universität Marburg. Eine Untersuchung zu Entstehung, Inhalten und Funktion einer historischen Disziplin. Marburg 1976 (Druck: Marburg 1977. Academia Marburgensis, 2). – Die Dissertation behandelt den Zeitraum zwischen 1527 und 1815.

91 I. D. Siebert, Jacob Burckhardt. Untersuchungen zur Kunst und Kulturgeschichtsschreibung. Marburg 1988. Druck: Basel 1991. – Siehe auch Dies. (Hrsg.), Jacob Burckhardt, Aesthetik der Bildenden Kunst. Der Text der Vorlesung «Zur Einleitung in die Aesthetik der bildenden Kunst» aufgrund der Handschriften kommentiert und herausgegeben Darmstadt 1992 (Bibliothek klassischer Texte); Dies., Jacob Burckhardts Konzeption einer historisch fundierten Kunstgeschichtsschreibung, Archiv für Kulturgeschichte 85, 2003, 593–607.

92 J. Jantsch, Die Entstehung des Christentums bei Adolf von Harnack und Eduard Meyer. Marburg 1988 (Druck: Bonn 1990). Dies. (Hrsg.), Der Briefwechsel zwischen Adolf von Harnack und Martin Rade. Theologie auf dem öffentlichen Markt. Berlin 1996; Dies.–K. Christ (Hrsg.), Bernhard Hanssler, «Was ich geschrieben habe, habe ich geschrieben». Predigten, Vorträge, Kleine Schriften. Köln 1999.

93 P. Hassel, Der Untergang Westroms aus der Sicht neuerer marxistischer Forschungen im deutschen Sprachraum. Marburg 1980; K. Naumann, Historische Formationsanalyse und ökonomische Gesellschaftsformation. Marburg 1982 (Druck: Köln 1983. Hochschulschriften, 146); Ders., Probleme antiker Gesellschaftsformation. Wissenschaftsgeschichtliche Studien zur Geschichtsmethodologie. Budapest 1984.

94 Althistorische Forschung in der DDR. Eine wissenschaftsgeschichtliche Studie zur Entwicklung der Disziplin Alte Geschichte vom Ende des Zweiten Weltkrieges bis zur Gegenwart (1945–1989). Marburg 1990 (Druck: Berlin 1991; Historische Forschungen, 45). Siehe auch Ders., Das Ostberliner «Zentralinsti-

tut für Alte Geschichte und Archäologie» im deutschen Vereinigungsprozeß (1989–1992), Geschichte in Wissenschaft und Unterricht 7/8, 1996, 466–482; Ders., Die DDR-Althistorie im historischen Kontext, Quaderni di storia 52, 2000, 245–275. – Siehe auch Ders., Das Bewahrungsgesetz (1918–1967). Eine rechtshistorische Studie zur Geschichte der deutschen Fürsorge. Tübingen 2003 (Beiträge zur Rechtsgeschichte des 20. Jahrhunderts, 42) sowie zahlreiche Studien zu Menhiren und Ders., Zwischen Oikos und Kosmos. Frauen im antiken Sparta, Das Altertum 39, 1994, 251–268.

95 I. Stahlmann, Imperator Caesar Augustus. Studien zur Geschichte des Principatsverständnisses in der deutschen Altertumswissenschaft. Marburg 1986 (Druck: Darmstadt 1988); Vom Kaiser zum Gewaltherrscher. Das politologische Principatsverständnis der Schaefer-Schule, Archiv für Kulturgeschichte 72, 1990, 1–22; Von der Ideengeschichte zur Ideologiekritik. Lothar Wickerts Beitrag zum Verständnis des Augusteischen Principats. Abh. AdW. Mainz, Geistes- und sozialwiss. Kl. 1991, 9. Stuttgart 1991. – Habilitationsschrift FU Berlin: Der gefesselte Sexus. Weibliche Keuschheit und Askese im Westen des Römischen Reiches. Berlin 1997.

96 K. Schilling, Der neue Hannibal. Lucius Septimius Severus in der Sicht der deutschen Altertumswissenschaft. Marburg 1992.

97 Chr. Kunst, Römische Tradition und englische Politik, Studien zur Geschichte der Britannienrezeption zwischen William Camden und John Speed. Marburg 1991 (Druck: Hildesheim 1994, Spudasmata, 55); Römische Wohn- und Lebenswelten. Quellen zur Geschichte der römischen Stadt. Darmstadt 2000. – M. Tschirner, Moses I. Finley. Studien zu Leben, Werk und Rezeption. Marburg 1994.

98 Siehe Anm. 84.

99 Erschienen in der Hamburger Reihe Historische Perspektiven, 7. – Die Rezensionen bei Näf, 17. Hervorgehoben seien: W. M. Calder III, Classical Philology 76, 1981, 166–168; I. Weiler, Anzeiger für die Altertumswissenschaft 34, 1981, 188–191; Fr. G. Maier, Gnomon 53, 1981, 215 f.

100 H. Seier, Der Rektor als Führer. Zur Hochschulpolitik des Reichserziehungsministeriums 1934–1945, Vierteljahreshefte für Zeitgeschichte 12, 1964, 105–146; Ders., Niveaukritik und partielle Opposition. Zur Lage an den deutschen Hochschulen 1939/40, in: Festschrift Kluke. Frankfurt/Main 1968, 167–189.

101 A. O., 27–45; 74–115.

102 A. O., 94–108.

103 A. O., 108–115. Siehe dazu nun Fr.-R. Hausmann, «Deutsche Geisteswissenschaft» im Zweiten Weltkrieg. Die «Aktion Ritterbusch» (1940–1945). Dresden 2002^2, 143 ff.

104 A. O., 117 ff.

105 A. O., 123–132. Siehe dazu auch Ders., Die «Krise der Alten Welt» und der Gegenwart. Franz Altheim und Karl Kerényi im Dialog, in: P. Kneißl–V. Losemann (Hrsg.), Imperium Romanum. Stuttgart 1998, 492–518 (auch erweitert in Ungarisch und Italienisch).

106 A. O., 139–173.
107 Vergleiche Näf, 46 f.
108 Näf, 81 ff.
109 Siehe oben S. 58, Anm. 1.
110 Der Marburger Schloßplan 1927–1945. Zeitgeschichtliche Wandlungen eines Forschungsprojekts, in: W. Heinemeyer u. a. (Hrsg.), Academia Marburgensis. Marburg 1977, 353–405; Auf dem Wege zur «Alternativ-Universität». Die «Hohe Schule» Alfred Rosenbergs und die «Wissenschaftsarbeit» der NSV in Marburg, in: W. Speitkamp (Hrsg.), Staat, Gesellschaft, Wissenschaft. Beiträge zur modernen hessischen Geschichte. Marburg 1994, 365–386 (Veröffentlichungen der Historischen Kommission für Hessen, 55); Die Altertumswissenschaften in der Zeit des Nationalsozialismus, in: Die Philipps-Universität im Nationalsozialismus. Marburg 1996, 67–72.
111 Prgramme deutscher Althistoriker in der Machtergreifungsphase, Quaderni di storia 11, 1980, 35–105.
112 Aspekte der nationalsozialistischen Germanenideologie, in: P. Kneißl–V. Losemann (Hrsg.), Alte Geschichte und Wissenschaftsgeschichte. Darmstadt 1988, 256–284; Arminius und Augustus. Die römisch-germanische Auseinandersetzung im deutschen Geschichtsbild, in: K. Christ–E. Gabba, Caesar und Augustus. Como 1989, 129–163; «Varuskatastrophe» und «Befreiungstat des Arminius». Die Germanienpolitik des Augustus in antiker und moderner Sicht, in: Varusschlacht und Germanenmythus. Oldenburg 1994, 25–44; Nationalsozialistische Interpretationen der römisch-germanischen Auseinandersetzung, in: R. Wiegels–W. Woesler (Hrsg.), Arminius und die Varusschlacht. Paderborn 1995, 419–432.
113 Die Dorier im Deutschland der dreißiger und vierziger Jahre, in: W. M. Calder III–R. Schlesier (Hrsg.), Zwischen Rationalismus und Romantik. Hildesheim 1998, 313–348; Sparta I. Bild und Deutung, in: DNP. 15/3, 2003, 153–172.
114 Nationalsozialismus und Antike. Bemerkungen zur Forschungsgeschichte, in: Näf, 71–88.
115 St. Rebenich, Alte Geschichte in Demokratie und Diktatur. Der Fall Helmut Berve, Chiron 31, 2001, 457–496. Das Zitat S. 496 unter Hinweis auf U. Raulff, Ein Historiker im 20. Jahrhundert: Marc Bloch. Frankfurt/Main 1995, 184 ff.
116 R. Bichler (Hrsg.), 100 Jahre Alte Geschichte in Innsbruck. Innsbruck 1985 (Forschungen zur Innsbrucker Universitätsgeschichte, 13).
117 I. Weiler, Der Werdegang des Instituts für Geschichte des Altertums und Altertumskunde an der Universität Graz, Zeitschrift des Historischen Vereins für Steiermark 58, 1967, 13–21.
118 I. Weiler, Franz Hampl, in: R. Bichler, a. O. (Anm. 116), 61–74; R. Bichler, Franz Hampls Wirken und die jüngere Forschung am Innsbrucker Institut für Alte Geschichte, a. O., 75–89; Ders., Schriftenverzeichnis Franz Hampl und Schüler, a. O., 89–98; Christ, Hellas, 336 ff.; P. W. Haider–R. Rollinger (Hrsg.), Althistorische Studien im Spannungsfeld zwischen Universal- und Wissenschaftsgeschichte. Festschrift für Franz Hampl gedacht zum 90. Geburtstag am

8. Dezember 2000. Stuttgart 2001; R. Bichler, Franz Hampl †, Gnomon 73, 2001, 635–640.

119 Vergleiche I. Weiler, Franz Hampl, a. O. (Anm. 118), 62 ff. Zu Berve siehe Christ, Hellas, 202 ff.; 246 ff.; 300 ff.; St. Rebenich, a. O. (Anm. 115) sowie oben S. 59 ff.

120 Weida in Thüringen 1934. – Dazu: A. Momigliano, Re e popolo in Macedonia prima di Alessandro Magno, Athenaeum 13, 1935, 3–21.

121 Leipzig 1938. NDr. Rom 1966.

122 So hat er sich zum Beispiel einerseits mit der Lokalisierung der Schlacht von Noreia befaßt (Anzeiger für die Altertumswissenschaft 3, 1950, 187–192), andererseits die Dissertation von M. Wieser, Der Kleinkrieg in der Antike. Innsbruck 1976 betreut.

123 I. Weiler, Franz Hampl, a. O. (Anm. 118), 72. – Siehe auch N. Orthner, póthos élaben autón: Erinnerungen an Franz Hampls Vorlesungen, in: P. W. Haider–R. Rollinger (Hrsg.), a. O. (Anm. 118), 465–475.

124 R. und W. Rießner, Franz Hampls Wirken in der Lehrerfortbildung, in: P. W. Haider–R. Rollinger, a. O. (Anm. 118), 477–484.

125 I. Weiler, a. O. (Anm. 118), 70.

126 I. Weiler, a. O., 70.

127 München 1958 (Zetemata, 17).

128 Prytanen. Ein Beitrag zum geschichtlichen Verständnis griechischer «Staatsaltertümer», in: Fr. Hampl–I. Weiler (Hrsg.), Kritische und vergleichende Studien zur Alten Geschichte und Universalgeschichte. Innsbruck 1974, 75–88; RE Suppl. XIII, 730–816 (1973) s. v. Prytanis.

129 Fr. Gschnitzer, Studien zur griechischen Terminologie der Sklaverei. I. Grundzüge des vorhellenistischen Sprachgebrauchs. Abh. AdW. Mainz, Geistes- und sozialwiss. Kl. 1963, 13; II. Untersuchungen zur älteren, insbesondere homerischen Sklaventerminologie. Wiesbaden 1976 (Forschungen zur antiken Sklaverei, 7); Griechische Sozialgeschichte von der mykenischen bis zum Ausgang der klassischen Zeit. Wiesbaden 1981; Kleine Schriften zum griechischen und römischen Altertum. 2 Bde. Stuttgart 2001/02.

130 Siehe R. Bichler, Ingomar Weilers Werk und seine ‹Kleinen Schriften›, in: P. Mauritsch u. a. (Hrsg.), Ingomar Weiler, Die Gegenwart der Antike. Darmstadt 2004, 1–15.

131 Pannonien in diokletianischer Zeit. Diss. Graz 1962.

132 Vergleiche die Zusammenstellung bei R. Bichler (Hrsg.), 100 Jahre Alte Geschichte in Innsbruck. Innsbruck 1985, 95.

133 Agonales in den Wettkämpfen der griechischen Mythologie. Innsbruck 1969 (Veröffentlichungen der Universität Innsbruck, 19).

134 Darmstadt 1974.

135 Die Beendigung des Sklavenstatus im Altertum. Ein Beitrag zur Vergleichenden Sozialgeschichte. Stuttgart 2003 (Forschungen zur Antiken Sklaverei, 36).

136 I. Weiler, Franz Hampl, in: R. Bichler, a. O. (Anm. 132), 67; R. Bichler, a. O., 83 – Grundsätzliches zum Werke A. J. Toynbees, HZ. 173, 1952, 449–466.

137 Franz Hampl, a. O., 466.

138 Fr. Hampl, Grundsätzliches zur Frage der Methode der Geschichtswissenschaft, in: I. Weiler (Hrsg.), Franz Hampl, Geschichte als kritische Wissenschaft. I. Darmstadt 1975, 1–32; Universalhistorische Betrachtungsweise als Problem und Aufgabe. Ihre Bedeutung in Theorie und Praxis der modernen Geschichtswissenschaft, a. O., 132–181.

139 Neuere deutsche Geschichtsdenker in kritischer Sicht, a. O., 73–110. – Vergleiche dazu auch Fr. Hampl, Rückblick und Ausblick, in: I. Weiler (Hrsg.), a. O. III. Darmstadt 1979, 318–367.

140 Teilhard de Chardin als Geschichtsdenker, in: I. Weiler (Hrsg.), Franz Hampl, a. O. I.Darmstadt 1975, 111–131.

141 Universalgeschichte am Beispiel der Diffusionstheorie, a. O. (Anm. 140), 182–236.

142 Das Problem des Kulturverfalls in universalhistorischer Sicht, a. O., 252–298.

143 Vergleiche weiterhin Hampls in Anm. 139 genannten Epilog.

144 Museum Helveticum 17, 1960, 57–86. Erweitert in: Geschichte als kritische Wissenschaft. II. Darmstadt 1975, 100–198.

145 In: R. Muth (Hrsg.), Serta philologica Aenipontana. Innsbruck 1962, 37–63. – Ergänzt in a. O., 51–99.

146 Zur Herkunft der mykenischen Kultur, Athenische Mitteilungen 12, 1887, 1 ff.

147 Siehe dazu auch: ‹Mythos› – ‹Sage› – ‹Märchen›, in: Geschichte als kritische Wissenschaft. II. Darmstadt 1975, 1–50.

148 Chr. Ulf, Der neue Streit um Troia – Eine Bilanz. 2003. 2004^2; H.-J. Behr u. a. (Hrsg.), Troja. Traum und Wirklichkeit. Ein Mythos in Geschichte und Rezeption. Braunschweig 2003.

149 Alexanders des Großen Hypomnemata und letzte Pläne, in: Studies presented to D. M. Robinson. II. Washington 1953, 816–829 = G. T. Griffith (Hrsg.), Alexander the Great: The Main Problems. Cambridge 1966, 307–321; Alexander der Große und die Beurteilung geschichtlicher Persönlichkeiten in der modernen Historiographie, La Nouvelle Clio 6, 1954, 91–136; Alexander der Große. Göttingen 1958. 1965^2; Alexander der Große, in: Geschichte als kritische Wissenschaft. II. Darmstadt 1975, 202–232.

150 I. Weiler, Franz Hampl, in: R. Bichler (Hrsg.), a. O. (Anm. 132), 66 f.; Christ, Hellas, 336 f.

151 Fr. Hampl, Alexander der Große, in: Ders., Geschichte als kritische Wissenschaft. II. Darmstadt 1975, 225.

152 Fr. Hampl, a. O. (Anm. 151), 218. – Siehe zu diesem Problemkreis auch: R. Bichler, Die großen Männer und der historische Prozeß. Ein Essay über das Geschichtsbild im Schrifttum Franz Hampls, in: P. W. Haider–R. Rollinger (Hrsg.), a. O. (Anm. 118), 337–376.

153 Ein Beitrag zur Glaubwürdigkeit von Selbstdarstellungen geschichtlicher Persönlichkeiten, in: Fr. Hampl, Geschichte als kritische Wissenschaft (hinfort: GakW.). III. Darmstadt 1979, 167–220.

154 Siehe dazu auch G. Kipp, Franz Hampl, Herodot und die Thronbesteigung des Dareios, in: P. W. Haider–R. Rollinger (Hrsg.), a. O. (Anm. 118), 158–265.

155 Vergleiche zum Folgenden: I. Weiler, a. O. (Anm. 132), 67ff. und R. Bichler, a. O., 84f.

156 «Stoische Staatsethik» und frühes Rom, HZ. 184, 1957, 249–271 (= R. Klein (Hrsg.), Das Staatsdenken der Römer. Darmstadt 1966, 116–142 = GakW. III. 1979, 1–21); Römische Politik in republikanischer Zeit und das Problem des «Sittenverfalls», HZ. 188, 1959, 497–525 (= Klein, a. O., 143–177 = GakW. III, 1979, 22–47).

157 Universalhistorische Vergleiche und Perspektiven zum Problemkreis ‹Politik – Staatsethik – Sittenverfall› im republikanischen Rom, GakW. III. 1979, 120–158.

158 Zur Vorgeschichte des ersten und zweiten Punischen Krieges, in: Aufstieg und Niedergang der römischen Welt I,1. Herausgegeben von H. Temporini. Berlin 1972, 412–441; Das Problem des Aufstiegs Roms zur Weltmacht. Neue Bilanz unter methodisch-kritischen Aspekten, GakW. III. 1979, 48–119.

159 Beiträge zur Beurteilung des Historikers Tacitus, erweiterte Fassung in: GakW. III., 1979, 267–294.

160 Römische Religion, in: Propyläengeschichte der Literatur. I. Die Welt der Antike. Frankfurt/Main 1981, 321–342; Zum Ritus des Lebendigbegrabens von Vestalinnen, in: P. Händel–W. Meid (Hrsg.), Festschrift Robert Muth. Innsbruck 1983, 165–182.

161 Siehe die Zusammenstellung bei R. Bichler (Hrsg.), a. O. (Anm. 118), 93f.

162 Exemplarisch erwähnt seien lediglich: I. Weiler, Von ‹Wesen›, ‹Geist› und ‹Eigenart› der Völker der Alten Welt. Eine Anthologie altertumswissenschaftlicher Typisierungskunst, in: Fr. Hampl–I. Weiler (Hrsg.), Kritische und vergleichende Studien zur Alten Geschichte und Universalgeschichte. Innsbruck 1974, 243–291; R. Bichler, Über Klischee, Moral und weltanschauliche Tendenzen im Bild der Alten Welt in den Geschichtslehrbüchern der BRD, Internationales Jahrbuch für Geschichts- und Geographieunterricht 15, 1974, 97–131; Fr. Matthis, Gemeinplätze nicht nur in der Alten Geschichte, in: P. W. Haider – R. Rollinger (Hrsg.), a. O. (Anm. 152), 97–111.

163 Fr. Hampl–I. Weiler (Hrsg.), Kritische und vergleichende Studien zur Alten Geschichte und Universalgeschichte. Innsbruck 1974; Dies. (Hrsg.), Vergleichende Geschichtswissenschaft. Darmstadt 1978.

164 Siehe unten S. 145f.

165 G. Kipp, Studien zur frühgriechischen Kultpraxis unter besonderer Berücksichtigung methodischer Gesichtspunkte. Diss. Innsbruck 1973.

166 G. Lorenz, Die Einstellung der Griechen zum Tier. Ihre Entwicklung von Homer bis Theophrast (mit einem Ausblick auf das frühe Rom). Diss. Innsbruck 1972; Ders., Vergleichende Religionsgeschichte, in: Hampl–Weiler, a. O. (Anm. 163), 1978, 88–131; Ders., Vom interkulturellen Vergleich – Zur Weiterentwicklung eines Anliegens von Franz Hampl in Innsbruck, in: P. W. Haider–R. Rollinger (Hrsg.), a. O. (Anm. 152), 68–95.

167 H. Aigner (Habilitationsschrift): Der Selbstmord im Mythos. Betrachtungen über die Einstellung der Griechen zum Phänomen Suizid von der homerischen Zeit bis ins ausgehende 5. Jahrhundert v. Chr. Graz 1982.

168 P. Haider, Gefolgschaftsbestattungen in universalhistorischer Sicht. Ein Beitrag zur Vergleichenden Geschichtswissenschaft. Diss. Innsbruck 1974; Ders., Vergleichende Völkerkunde, in: Fr. Hampl–I. Weiler (Hrsg.), Vergleichende Geschichtswissenschaft. Darmstadt 1978, 170–202.

169 Chr. Ulf, Der Luperkalienritus in der Sicht der Vergleichenden Geschichtswissenschaft. Diss. Innsbruck 1978 = Das römische Lupercalienfest. Ein Modellfall für Methodenprobleme in der Altertumswissenschaft. Darmstadt 1982; Ders., Der Sport bei Naturvölkern, in: I. Weiler. Der Sport bei den Völkern der Alten Welt. Darmstadt 1981, 14–52.

170 R. Bichler, a. O. (Anm. 118), 81.

171 Zur Siedlungsgeschichte Liezens von den Anfängen bis zum Frühmittelalter, in: M. Raffler (Hrsg.), Liezen. Liezen 1997, 59–70.

172 Vergleiche Anm. 198.

173 Siehe R. Bichler, a. O. (Anm. 130), 7.

174 Die Olympischen Spiele, Realität und Ideologie. Einst und Jetzt. Überlegungen eines Historikers zum Aspekt ihrer Politisierung, in: H. Andrecs u. a. (Hrsg.), Texte zum Verständnis der Olympischen Idee. Wien 1986, 31–46; Das olympische Feuer. Das antike Olympia ein Leitbild für das 20. und 21. Jahrhundert?, in: M. Messing u. a. (Hrsg.), Blickpunkt Olympia. Sydney 2000, 9–31.

175 I. Weiler (Hrsg.), Soziale Randgruppen und Außenseiter im Altertum. Graz 1988.

176 Zur Geschichte sozialer Randgruppen in der Alten Welt, in: E. Weber–G. Dobesch (Hrsg.), Römische Geschichte, Altertumskunde und Epigraphik. Wien 1985, 659–672.

177 Zum Schicksal der Witwen und Waisen bei den Völkern der Alten Welt, Saeculum 31, 1980, 157–193.

178 Körperbehinderte aus der Sicht des Althistorikers, in: G. Fetka-Einsiedler–G. Förster (Hrsg.), Diskriminiert? Zur Situation der Behinderten in unserer Gesellschaft. Graz 1994, 7–12; Hic audax subit ordo pumilorum (Statius, silvae 1, 6, 57). Überlegungen zu Zwergen und Behinderten in der antiken Unterhaltungsliteratur, Grazer Beiträge 21, 1995, 121–145; Physiognomik und Kulturanthropologie. Überlegungen zu «behinderten» Gauklern, in: G. Dressel–B. Rathmayr (Hrsg.), Menschen – Gesellschaft – Wissenschaft. Innsbruck 1999, 191–210.

179 Siehe Anm. 175. – Besonders zahlreich sind die Untersuchungen zum «Fremden»-Thema. Erwähnt seien lediglich: Zur Xenophobie und ähnlichen Einstellungen gegenüber dem Fremden bei den Völkern der Alten Welt, in: W. Höflechner u. a. (Hrsg.), Domus Austriae. Graz 1983, 426–435; Fremde als stigmatisierte Randgruppe in Gesellschaftssystemen der Alten Welt, Klio 71, 1989, 51–59; Ethnozentrismus und Fremdenangst aus althistorischer Sicht, Ethica 1, 4, 1993, 377–398; Dass. II., in: H. Barta u. a. (Hrsg.), Wissenschaft und Verantwortlichkeit. Wien 1994, 188–218; Didaktische Überlegungen und Materialien zum Thema: Die Fremden in der griechisch-römischen Gesellschaft des Altertums, Latein-Forum 30, 1996, 25–49.

180 Geschichte der Leibesübungen und der Leibeserziehung, in: Lehrbehelfe der Bundesanstalt für Leibeserziehung Innsbruck, Band 15. Innsbruck 1973, 6–113; Sportgeschichte, in: Sportkunde I. Innsbruck 1975 (Lehr- und Lernbehelfe für den Theorieunterricht), 45–58.

181 Langzeitperspektiven zur Genese des Sports, Nikephoros 2, 1989, 7–26; Vom Sinn und Ursprung des Sports, in: W. Bauer (Hrsg.), Sport. Sinn und Wahn. Mürzzuschlag 1991, 101–110; Zu den Ursprungstheorien des Sports, in: Universitätssymposium Leoben 1992. Leoben 1992, 14–27; Die Anfänge von Leibesübungen. Sport in universalhistorischer Sicht (mit Berücksichtigung der Antike und ihres Nachlebens), in: E. Bruckmüller–H. Strohmeyer (Hrsg.), Turnen und Sport in der Geschichte Österreichs. Wien 1998, 6–19.

182 Siehe Anm. 174 und: Die Geschichte der antiken Olympischen Spiele als Argument in der modernen Sportkritik, in: N. Müller–M. Messing (Hrsg.), Olympische Studien. Niedernhausen/Taunus 1988, 39–59; Olympia – jenseits der Agonistik: Kultur und Spektakel, Nikephoros 10, 1997 (1998), 191–213.

183 Solidarität mit einem korrupten Athleten. Eine Verfallserscheinung aus sporthistorischer Sicht?, in: G. Bernhard (Hrsg.), Texte zum Verständnis der Olympischen Idee. Wien 1986, 88–103; Zu «Krise» und «Niedergang» der Agonistik im 3. nachchristlichen Jahrhundert, Wissenschaftliche Beiträge der Martin-Luther-Universität Halle-Wittenberg 1988, 112–119.

184 Zum Verhalten von Zuschauern bei Wettkämpfen in der Alten Welt, in: E. Kornexl (Hrsg.), Spektrum der Wissenschaften. Wien 1987, 43–59; Das antike Olympia als Festwiese – was gab es neben dem Sport? Überlegungen zu einer Soziologie der Olympiabesucher und Zuschauer, in: M. Messing u. a. (Hrsg.), Olympischer Dreiklang: Werte – Geschichte – Zeitgeist. Olympische Studien 6, 2004, 173–197.

185 «Du sollst nicht in den Circus gehen». Sport bei den Römern, in: H. Sarkowicz (Hrsg.), Schneller, Höher, Weiter. Eine Geschichte des Sports. Frankfurt/Main 1996, 42–53; Sport und Sportkritik in der Spätantike. Kaiser Julian als kynischer Außenseiter?, in: Ch. Ulf (Hrsg.), Ideologie – Sport – Außenseiter. Innsbruck 2000, 167–184.

186 Der antike Sport. Angebote zur Vermittlung, in: E. Erdmann–H. Kloft (Hrsg.), Mensch – Natur – Technik. Münster 2002, 275–323; Geschichtsdidaktische Überlegungen zu den antiken und modernen Olympischen Spielen, in: Informationen für Geschichtslehrer zur postuniversitären Fortbildung 2001/2 (2003), 26–36.

187 Antike und moderne Urteile über den Griechensport, Salzburger Beiträge zum Sport in unserer Zeit 7, 1979, 103–130; Der griechische Athlet – Modell eines zeitlosen männlichen Menschenbildes? Bemerkungen zur antiken Physiognomik und ihrer Rezeptionsgeschichte, in: M. Krüger (Hrsg.), Menschenbilder im Sport. Schorndorf 2003, 51–83.

188 Ch. Ulf, Der Ursprung der antiken Olympischen Spiele in der Forschung, Stadion 6, 1981, 1–38; I. Weiler., Der «Niedergang» und das Ende der antiken Olympischen Spiele in der Forschung, Grazer Beiträge 12/13, 1985/6, 235–263.

189 Joseph-François Lafitau (1681–1746) und die Anfänge einer komparativen Sportgeschichte, Nikephoros 6, 1993 (1994), 181–203.

190 The predecessors of the Olympic movement and Pierre de Coubertin, European Review 12, 2004, 427–443.

191 Julius Jüthners Beitrag zur Geschichte des antiken Sports, in: F. Fetz (Hrsg.), Festschrift Sport und Universität. Innsbruck 1972, 21–33.

192 Zur Rezeption des griechischen Sports im Nationalsozialismus. Kontinuität oder Diskontinuität in der deutschen Ideengeschichte, in: Näf, 267–284.

193 Hannes Strohmeyer und die österreichische Sporthistoriographie, in: H. Strohmeyer, Beiträge zur Geschichte des Sports in Österreich. Wien 1999, 11–26.

194 I. Weiler u. a. (Hrsg.), Grundbegriffe und Persönlichkeiten der Geschichte der Leibesübungen. Innsbruck 1975 (Studientexte zur Leibeserziehung, 15); Olympia – Sport und Spektakel. Die Olympischen Spiele im Altertum und ihre Rezeption im modernen Olympismus. Herausgegeben unter Mitwirkung von W. Petermandl und P. Mauritsch. Hildesheim 1998. Quellendokumentation zur Gymnastik und Agonistik im Altertum. Bd. 1–7. Wien 1991–2002; Gemeinsam mit W. Decker, Nikephoros Beihefte. Hildesheim 1993 ff.

195 Gemeinsam mit W. Decker u. a., Nikephoros. Zeitschrift für Sport und Kultur im Altertum. 1988 ff.; Gemeinsam mit H. Ebner u. a., Informationen für Geschichtslehrer zur postuniversitären Fortbildung. 1982 ff.

196 Band 4. Geschichte und fremde Kulturen. Wien 2002, 83–126.

197 Die Beendigung des Sklavereiverhältnisses unter komparativem Aspekt. Schenk dem Alternden Freiheit, mein Sohn …, in: H. Ebner u. a. (Hrsg.), Geschichtsforschung in Graz. Graz 1990, 127–135; Eine Sklavin wird frei. Zur Rolle des Geschlechts bei der Freilassung, in: H. Bellen–H. Heinen (Hrsg.), Fünfzig Jahre Forschungen zur antiken Sklaverei. Stuttgart 2001, 113–132.

198 Stuttgart 2003 (Forschungen zur Antiken Sklaverei, 36).

199 Slavery and Social Death. Cambridge, Mass. 1982; Freedom. I. London 1991. – Vergleiche auch die Gesamtbibliographie von H. Bellen–H. Heinen (Hrsg.), Bibliographie zur Antiken Sklaverei. 2 Bde. Stuttgart 2003 (Forschungen zur Antiken Sklaverei, Beiheft 4).

200 Sklaverei in der homerischen und altorientalischen Welt. Vergleichende Betrachtungen, in: R. Rollinger–Ch. Ulf (Hrsg.), Commerce and Monetary Systems in the Ancient World: Means of Transmission and Cultural Interaction. Stuttgart 2004, 270–291.

201 Kritische Beiträge zum Problem der Geschichtsdarstellung in Schulbüchern. Diss. Innsbruck 1973; Über Klischee, Moral und weltanschauliche Tendenzen im Bild der Alten Welt in den Geschichtslehrbüchern der BRD, Internationales Jahrbuch für Geschichts- und Geographieunterricht 15, 1974, 97–131; Über das Bild der Alten Welt in österreichischen Geschichtslehrbüchern, in: Fr. Hampl–I. Weiler (Hrsg.), Kritische und vergleichende Studien zur Alten Geschichte und Universalgeschichte. Innsbruck 1974, 47–74.

202 Erklären die Historiker geschichtliche Phänomene ohne Bezug auf Gesetze?, Conceptus 9, 1975, 46–65; ‹Intentionale Erklärungen›. Kritische Gedanken

zu Georg Henrik von Wrights Sicht der Erklärung, Grazer Philosophische Studien 2, 1976, 173–188; Die theoretische Einschätzung des Vergleichens in der Geschichtswissenschaft, in: Fr. Hampl–I. Weiler (Hrsg.), Vergleichende Geschichtswissenschaft. Darmstadt 1978, 1–86.

203 ‹Hellenismus›. Geschichte und Problematik eines Epochenbegriffs. Darmstadt 1983.

204 Gedanken zur Diskussion über die Grenzscheide zwischen Altertum und Mittelalter, in: O. Menghin–H. M. Ölberg (Hrsg.), Festschrift Leonhard C. Franz zum 70. Geburtstag. Innsbruck 1967, 133–141.

205 Geschichte der antiken Utopie. I. Wien 1995.

206 Politische Ordnung und fremde Kultur im Bild der hellenistischen Utopie, in: B. Funck (Hrsg.), Hellenismus. Berlin 1996, 629–652; Die Position von Atlantis in der Geschichte der Utopie, in: G. Pochat–B. Wagner (Hrsg.), Utopie. Gesellschaftsformen – Künstlerträume. Graz 1996, 32–44.

207 Herodot und die Macht des Geldes, in: F. Mathis–J. Riedmann (Hrsg.), Exportgewerbe und Außenhandel vor der Industriellen Revolution. Innsbruck 1984, 11–24; Die «Reichsträume» bei Herodot, Chiron 15, 1985, 125–147; Herodot als Dichter eines delphischen Versorakels (Zu Hdt. 1, 55, 2), Grazer Beiträge 15, 1988, 47–59.

208 Herodot. Ein kritischer Forschungsbericht nach methodischen Gesichtspunkten, Grazer Beiträge 4, 1974, 97–136.

209 Herodots Welt. Der Aufbau der Historie am Bild der fremden Länder und Völker, ihrer Zivilisation und ihrer Geschichte. Berlin 2000.

210 R. Bichler–R. Rollinger, Herodot. Hildesheim 2000, 16.

211 In: E. Schulin (Hrsg.), Deutsche Geschichtswissenschaft nach dem Zweiten Weltkrieg (1945–1965). München 1989, 63–86.

212 100 Jahre Alte Geschichte in Innsbruck. Innsbruck 1985.

213 In: Näf, 345–378.

214 Publikation: Das römische Lupercalienfest. Ein Modellfall für Methodenprobleme in der Altertumswissenschaft. Darmstadt 1982.

215 Chr. Ulf–I. Weiler, Der Ursprung der antiken Olympischen Spiele in der Forschung. Versuch eines kritischen Kommentars, Stadion 6, 1980, 1–38; Der Sport bei den Naturvölkern, in: I. Weiler, Der Sport bei den Völkern der Alten Welt. Darmstadt 1981, 14–52. Vergleiche auch Ders. (Hrsg.), Ideologie – Sport – Außenseiter. Aktuelle Aspekte einer Beschäftigung mit der antiken Gesellschaft. Innsbruck 2000.

216 Berlin 1995.

217 Die Vorstellungen des Staates bei Helmut Berve und seinen Habilitanden in Leipzig: Hans Schaefer, Alfred Heuß, Wilhelm Hofmann, Franz Hampl, Hans Rudolph, in: P. W. Haider–R. Rollinger (Hrsg.), Althistorische Studien im Spannungsfeld zwischen Universal- und Wissenschaftsgeschichte. Stuttgart 2001, 378–455; Ideologie als Grundlage für Abgrenzung und Spezifik der Antike bei Ed. Meyer, H. Berve, E. Kornemann, W. Jaeger und V. Ehrenberg, in: Näf, 305–343.

218 Chr. Ulf (Hrsg.), Wege zur Genese griechischer Identität. Die Bedeutung der früharchaischen Zeit. Berlin 1996; R. Rollinger–Chr. Ulf (Hrsg.), Griechische Archaik: interne Entwicklungen – externe Impulse. Berlin 2004.

219 R. Rollinger–Chr. Ulf (Hrsg.), Geschlechterrollen und Frauenbild in der Perspektive antiker Autoren. Innsbruck 2000; Dies. (Hrsg.), Commerce and Monetary Systems in the Ancient World: Means of Transmission and Cultural Interaction. Stuttgart 2004.

220 Grundlegend zum Folgenden sind M. Willing sowie das Werk von I. Stark (Hrsg.), Elisabeth Charlotte Welskopf und die Alte Geschichte in der DDR. Beiträge der Konferenz vom 21. bis 23. November 2002 in Halle/Saale. Stuttgart (2005). – Siehe daneben: Christ, RGdGW., 311–330 und Hellas, 362–374; M. Willing, Die DDR-Althistorie im historischen Kontext, Quaderni di storia 52, 2000, 245–275.

221 Die wichtigsten Angaben zu seiner Person finden sich in: Kürschners Deutscher Gelehrten-Kalender 2005. 20. Ausgabe. München 2005. I., 1333.

222 Siehe Willing, 177 f.

223 Zu Reimar Müller vergleiche Kürschner, a. O. II., 2382 f.

224 Willing, 179, 201 f.

225 Willing, 220 f.

226 Willing, 223.

227 Hervorzuheben sind aus dieser Reihe: H. Kreißig, Die sozialen Zusammenhänge des Judäischen Krieges. Berlin 1970 (Nr. 1); W. Held, Die Vertiefung der allgemeinen Krise im Westen des Römischen Reiches. Berlin 1974 (Nr. 10); K.-P. Johne, Kaiserbiographie und Senatsaristokratie. Berlin 1976 (Nr. 15); H. Kreißig, Wirtschaft und Gesellschaft im Seleukidenreich. Berlin 1979 (Nr. 16); K.-P. Johne–J. Köhn–V. Weber, Die Kolonen in Italien und den westlichen Provinzen des Römischen Reiches vom 2. Jh. v. u. Z. bis zu den Severern. Berlin 1983 (Nr. 21); E. Kluwe (Hrsg.), Kultur und Fortschritt in der entwickelten griechischen Polis. Berlin 1985 (Nr. 24); H. Kreißig–F. Kühnert (Hrsg.), Antike Abhängigkeitsformen in den griechischen Gebieten ohne Polisstruktur und den römischen Provinzen. Berlin 1985 (Nr. 25); G. Audring, Zur Struktur des Territoriums griechischer Poleis in archaischer Zeit. Berlin 1987 (Nr. 29).

228 Willing, 180; 240.

229 Willing, 235.

230 Hellenische Poleis. Krise – Wandlung – Wirkung. 4 Bde. Berlin 1974; Soziale Typenbegriffe im alten Griechenland und ihr Fortleben in den Sprachen der Welt. 7 Bde. Berlin 1981–1985.

231 Die wichtigsten Informationen in: Kürschners Deutscher Gelehrten-Kalender 2001. 18. Ausgabe. München 2001, I., 214.

232 Zum Problem einer umfassenden Geschichte der Geschichtswissenschaft und der antiken Geschichtswissenschaft in ihrem Rahmen, Klio 66, 1984, 366–379; Zur Geschichte der Geschichtswissenschaft der DDR. Vorgeschichte, Konfrontation und Kooperation, in: E. Schulin (Hrsg.), Deutsche Geschichtswis-

senschaft nach dem Zweiten Weltkrieg (1945–1965). München 1989, 39–51; Von Bochum 1990 nach Frankfurt a. M. 1998 – über das Verhältnis der Geschichtswissenschaft der Alt-BRD zur Geschichtswissenschaft der Ex-DDR, in: A. Loedau–H. Meier (Hrsg.), Zur Geschichte der Historiographie nach 1945. Berlin 2001, 33–60; Profaschistische Historiker der Alt-BRD und antifaschistische Historiker der Ex-DDR in totalitaristisch-egalisierender Sicht, in: M. Weißbecker (Hrsg.), Geschichtsschreibung in der DDR. Jena 2001, 225–246; Zum Problem Aktualität und Historizität aus historiographiehistorischer Sicht, in: K. Kinner (Hrsg.), Aktualität von Philosophiegeschichte. Leipzig 2005, 97–107.

– Neuere einschlägige Arbeiten: R. Hohls (Hrsg.), Versäumte Fragen. Deutsche Historiker im Schatten des Nationalsozialismus.Stuttgart 2000; J. Elvert–S. Krauß (Hrsg.), Historische Debatten und Kontroversen im 19. und 20. Jahrhundert. Stuttgart 2003; T. Kaiser u. a. (Hrsg.), Historisches Denken und gesellschaftlicher Wandel: Studien zwischen Kaiserreich und deutscher Zweistaatlichkeit. Berlin 2004.

233 4 Bde. Halle 1980.

234 H.-J. Herrmann, Der Untergang des Weströmischen Reiches in der historischen Literatur des 18. Jahrhunderts in Deutschland, Klio 60, 1978, 409–422; Ders., Studien über Antikebild und Geschichtsschreibung im 18. Jahrhundert. Habilitationsschrift Greifswald 1982; Ders., Zur Bewertung und Interpretation antiker Historiker im 18. Jahrhundert in Deutschland, Klio 67, 1985, 562–567.

235 J. Irmscher, Zur Antikerezeption August Boeckhs, in: Zum Problem der Geschichtlichkeit ästhetischer Normen. Sb. AdW. DDR –1986, 1. G., 194–200; Ders., Die griechisch-römische Altertumswissenschaft am Übergang vom Klassizismus zum Historismus. Sb. AdW. DDR. 1986, 4.

236 B. Rink–R. Witte, 21 wiederaufgefundene Briefe Mommsens an Jahn, Philologus 127, 1983, 262–283; A. Jähne, Römische Geschichte in der Sicht Theodor Mommsens, Das Altertum 33, 1987, 2, 91–98.

237 J. Irmscher, Adolf Harnack und der Fortschritt in der Altertumswissenschaft. Sb. AdW. DDR. 1980, 10/G.

238 Zum 100. Geburtstag von Friedrich Zucker. Jena 1982; Humanismus – Ideal und Tat. Johannes Stroux zum 100. Geburtstag. Berlin 1987; J. Irmscher, Johannes Stroux, Altertumsforscher – Wissenschaftsorganisator – Humanist. Sb. AdW. DDR. 1987, 5/G, 19–27.

239 M. Willing, Das Ostberliner «Zentralinstitut für Alte Geschichte und Archäologie» im deutschen Vereinigungsprozeß (1989–1991), Geschichte in Wissenschaft und Unterricht 47, 1996, 466–482.

240 K. Christ, Theodor Mommsen, i Cesari e Alexander Demandt, in: C. Nylander (Hrsg.), Theodor Mommsen, i Cesari e la decadenza di Roma. Rom 1995, 11–17; E. Herrmann–Otto, Laudatio auf den Preisträger des 6. Ausonius-Preises, Alexander Demandt, in: 6. Ausonius-Preisverleihung 2003. Trier 2004, 11–19. – Beachte besonders die Sammlung seiner Kleinen Schriften: A. Demandt, Historica Minora. I. Geschichte der Geschichte. Wissenschaftshistorische Es-

says. Köln 1997; II. Zeit und Unzeit. Geschichtsphilosophische Essays. Köln 2002; III. Sieben Siegel. Essays zur Kulturgeschichte. Köln 2005.

241 Vergleiche die Bibliographien in: Theodor Mommsen, i Cesari e la decadenza di Roma, 83–99 und 6. Ausonius-Preisverleihung, 45–54.

242 Zeitkritik und Geschichtsbild im Werk Ammians. Marburg 1965; magister militum, RE. Suppl. XII, 553–790 (1970).

243 Studien zur Kaaba-i-Zerdoscht, Archäologischer Anzeiger 1968, 520–540; zusammen mit Leo Trümpelmann, Ein Altar der Anahita, Mitteilungen aus Iran 2, 1969, 139–146.

244 Abh. AdW. Mainz, Geistes- und sozialwissens. Kl. 1970, 7.

245 Politische Aspekte im Alexanderbild der Neuzeit. Ein Beitrag zur historischen Methodenkritik, Archiv für Kulturgeschichte 54, 1972, 325–363.

246 Geschichte als Argument. Drei Formen politischen Zukunftsdenkens im Altertum. Konstanzer Universitätsreden, 46. 1972.

247 Zusammen mit K. E. Demandt, Lindheimer Chronik. Schriften der Altenstädter Gesellschaft für Geschichte und Kultur e. V. 1, 1975. 1984^2.

248 Kleine Weltgeschichte. München 2003.

249 Metaphern für Geschichte. Sprachbilder und Gleichnisse im historisch-politischen Denken. München 1978.

250 Technik und Zeit. München 1980 = R. Feig (Hrsg.), Zeit – Zeitlichkeit – Zeiterleben. Siegener Studien 39, 1986, 21–40; Zeitbegriff – Antikes in der Moderne, Trigon 6, 1997, 191–205; Zeit und Unzeit. Geschichtsphilosophische Essays. Köln 2002.

251 Was heißt «historisch denken»?, Geschichte in Wissenschaft und Unterricht 30, 1979, 463–478; Was ist Geschichte?, Neue Deutsche Hefte 183, 1984, 451–461; zusammen mit E. Topitsch, Heilsgeschehen und realistische Historie, in: O. Molden (Hrsg.), Geschichte und Gesetz. Wien 1989, 508–515.

252 Zeit und Unzeit. Siehe Anm. 250.

253 Der Garten als Metapher für Geschichte, in: Gartenlob. München 1997, 325–331.

254 Über allen Wipfeln. Der Baum in der Kulturgeschichte. Köln 2002.

255 Nihil velare. Heinrich Schliemann und Wolfgang Helbig, in: W. M. Calder III–J. Cobet (Hrsg.), Heinrich Schliemann nach hundert Jahren. Frankfurt/Main 1990, 206–224.

256 Spengler und die Spätantike, in: P. Ch. Ludz (Hrsg.), Spengler heute. München 1980, 25–48; Eduard Meyer und Oswald Spengler, in: W. M. Calder III–A. Demandt (Hrsg.), Eduard Meyer. Leben und Leistung eines Universalhistorikers. Leiden 1990, 159–181; Historische Apokalyptik, in: A. Demandt–J. Farrenkopf (Hrsg.), Der Fall Spengler. Köln 1994, 21–44.

257 Siehe Anm. 256.

258 Staatsform und Feindbild bei Carl Schmitt, Der Staat 27, 1988, 23–32.

259 Siehe A. Demandt, Mommsen e i Cesari. La scoperta della «Römische Kaisergeschichte», in: Theodor Mommsen, i Cesari e la decadenza di Roma. Rom 1995, 19–39.

260 Mommsens ungeschriebene Kaisergeschichte, Jahrbuch der Berliner Wissenschaftlichen Gesellschaft 1983, 147–161; Die Hensel-Nachschriften zu Mommsens Kaiserzeit-Vorlesung, Gymnasium 93, 1986, 497–519; Mommsen in Berlin, in: W. Ribbe (Hrsg.), Berlinische Lebensbilder. III. Berlin 1987, 149–173; Theodor Mommsen, 30. November 1817–1. November 1903, in: Briggs–Calder, 285–309.

261 Theodor Mommsen, Römische Kaisergeschichte. Nach den Vorlesungsmitschriften von Sebastian und Paul Hensel. Herausgegeben von Barbara und Alexander Demandt. München 1992. Siehe dazu K. Christ, Göttingische Gelehrte Anzeigen 245, 1993, 201–236. – Theodor Mommsen, A History of Rome under the Emperors. Herausgegeben und um ein Kapitel erweitert von Thomas Wiedemann. London 1996.

262 Siehe Anm. 241.

263 Vergleiche Anm. 249.

264 Die Anfänge der Staatenbildung bei den Germanen, HZ. 230, 1980, 265–291.

265 K. Christ (Hrsg.), Der Untergang des Römischen Reiches. Darmstadt 1970; Ders., Der Niedergang des Römischen Reiches aus der Sicht der neueren Geschichtsschreibung (1971), in: Christ, RGWG. II., 199–233; A. Momigliano, After Gibbon's Decline and Fall, Annali della Scuola Normale Superiore di Pisa III, 8. 1978, 435–454; E. Patlagean, Dans le miroir, à travers le miroir. Un siècle de déclin du monde antique, Entretiens sur l'antiquité classique 26, 1979, 209–235.

266 Siehe Anm. 259.

267 Vergleiche Anm. 261.

268 K. Christ, GGA. 245, 1993, 236.

269 Dies gilt insbesondere für Demandts intensiven Einsatz im Mommsen-Gedenkjahr 2003. Siehe oben S. 26, Anm. 64–67.

270 Vergleiche Anm. 256.

271 Alte Geschichte in Berlin 1810–1960, in: R. Hansen–W. Ribbe (Hrsg.), Geschichtswissenschaften in Berlin im 19. und 20. Jahrhundert. Berlin 1992, 149–209.

272 Wirtschaft und Politik in der Spätantike, in: K. Dietz u. a. (Hrsg.), Klassisches Altertum, Spätantike und frühes Christentum. Würzburg 1993, 263–277; Die Spätantike als Epoche, in: L. J. Engels–H. Hofmann (Hrsg.), Neues Handbuch der Literaturwissenschaft. IV., 1997, 1–28; Geschichte der Spätantike. München 1998 (ergänzte Neuauflage in Vorbereitung).

273 Endzeit? Die Zukunft der Geschichte. Berlin 1993; Abschied von der Geschichte, in: L. Heidbrink (Hrsg.), Entzauberte Zeit. München 1997, 144–160; Endzeit-Prophetien, in: H. M. Baumgartner (Hrsg.), Zeit – Zeitenwende – Ewigkeit. Regensburg 1999, 9–22.

274 Der Idealstaat. Die politischen Theorien der Antike. Köln 1993. 2000^3; Antike Staatsformen. Berlin 1995.

275 Die Kelten. München 1998. 2002^4.

276 Hände in Unschuld. Pontius Pilatus in der Geschichte. Köln 1999.

277 Das Privatleben der römischen Kaiser. München 1996.

278 Ranke unter den Weltweisen, in: M. Dürkop (Hrsg.), Vorträge anläßlich der 200. Wiederkehr des Geburtstages Leopold von Rankes. Berlin 1996.

279 Vandalismus. Gewalt gegen Kultur. Berlin 1997.

280 Stationen europäischer Geistesgeschichte, in: Ders. (Hrsg.), Stätten des Geistes. Köln 1999, 303–319.

281 Hitler und die Antike, in: B. Seidensticker–M. Vöhler (Hrsg.), Urgeschichte der Moderne. Die Antike im 20. Jahrhundert. Stuttgart 2001, 136–157; Klassik als Klischee. Hitler und die Antike, HZ. 274, 2002, 281–313.

282 Siehe Anm. 270.

283 Köln 1996.

284 Das Ende der Weltreiche. München 1997.

285 Die Philosophie der Arbeit, in: 6. Ausonius-Preis-Verleihung 2003. Trier 2004, 21–40.

286 H. Schlange-Schöningen, Theodor Mommsen in Neapel, in: Il Sogno Mediterraneo. Tedeschi a Napoli al Tempo di Goethe e di Leopardi. Neapel 1996, 136–148; Das Betriebskapital der Großwissenschaft: Elise Wenzel-Heckmann und die Kirchenväter-Edition der Preußischen Akademie der Wissenschaften, Jahrbuch der Berliner Wissenschaftlichen Gesellschaft 1996. Berlin 1997, 281–295; Konstantin der Große und der Kulturkampf. Bemerkungen zur Bewertung des ersten christlichen Kaisers in Theodor Mommsens Römischer Kaisergeschichte, Gymnasium 104, 1997, 385–397; Zur Korrespondenz Theodor Mommsen–Adolf von Harnack, Göttingische Gelehrte Anzeigen 251, 1999, 106–146; «Jenen Kaiser freilich schützt heutzutage kein Staatsanwalt». Theodor Mommsen über Ludwig Quiddes «Caligula», Historisches Jahrbuch 123, 2003, 297–335.

287 Mischverfassungstheorie und Verfassungsrealität in Antike und Früher Neuzeit. Stuttgart 1980; Aufruhr und «Polizei» in der Römischen Republik. Stuttgart 1988; Griechen, Barbaren und «Wilde». Alte Geschichte und Sozialanthropologie. Frankfurt/Main 1990.

288 Max Weber und Eduard Meyer, in: W. J. Mommsen–W. Schwenther (Hrsg.), Max Weber und seine Zeitgenossen. Göttingen 1988, 337–379; Methodenentwicklung und Zeitbezüge im althistorischen Werk Max Webers, Geschichte und Gesellschaft 16, 1990, 355–374; Vom Nutzen und Nachteil Max Webers für die Althistorie, Antike und Abendland 40, 1994, 169–180; Max Weber, «Nationalökonom und Politiker», Geschichte und Gesellschaft 20, 1994, 274–298; Max Weber zwischen Althistorie und Universalgeschichte. Synoikismos und Verbrüderung, in: Chr. Meier (Hrsg.), Die okzidentale Stadt nach Max Weber. München 1994, 35–57; (Hrsg.), Wirtschaft und Gesellschaft. Teilband 5: Die Stadt (Max Weber Gesamtausgabe 1, 22,5). Tübingen 1999; (Hrsg. mit H. Bruhns), Max Weber und die Stadt im Kulturvergleich. Göttingen 2000.

289 Prolegomena zu Eduard Meyers Anthropologie, in: W. M. Calder III–A. Demandt (Hrsg.), Eduard Meyer. Leiden 1990, 311–328; Max Weber, Eduard Meyer und die «Kulturgeschichte», in: M. Hettling u. a. (Hrsg.), Was ist Gesellschaftsgeschichte? München 1991, 323–330.

290 Siehe Anm. 299.

291 A. Momigliano, Ausgewählte Schriften zur Geschichte und Geschichtsschreibung. I. Die Alte Welt. Stuttgart 1998.

292 Der Historiker des Römischen Reiches: Edward Gibbon (1737–1794). Einführung in: Edward Gibbon, Verfall und Untergang des römischen Imperiums. VI. München 2003, 7–114.

293 Geschichte und System in Mommsens «Staatsrecht», in: H.-M. von Kaenel u. a. (Hrsg.), Geldgeschichte vs. Numismatik. Berlin 2003, 215–228.

294 «Hellenismus» – von Droysen bis Harnack – oder: Interdisziplinäre Mißverständnisse, in: K. Nowak u. a. (Hrsg.), Adolf von Harnack. Göttingen 2003, 15–28; Forschungen zur Alten Geschichte zwischen Humanismus und Aufklärung, in: L. Grenzmann u. a. (Hrsg.), Die Präsenz der Antike im Übergang vom Mittelalter zur frühen Neuzeit. Abh. AdW. Göttingen, Phil.-hist. Kl. III, 263. Göttingen 2004, 161–176.

295 M. I. Finley, Das politische Leben in der antiken Welt. München 1986; P. Cartledge (Hrsg.), Kulturgeschichte Griechenlands in der Antike. Stuttgart 2000.

296 Mit J.-M. David u. a. (Hrsg.), Die späte römische Republik. Rom 1997; M. Weber, Die Stadt. Tübingen 1999; Virtuosen der Macht. München 2000.

297 Siehe oben Anm. 227.

298 Vergleiche oben S. 156.

299 (Hrsgg.), Eduard Meyer–Victor Ehrenberg. Ein Briefwechsel 1914–1930. Konstanz 1990; (Hrsg.), Ulrich Wilcken: Briefe an Eduard Meyer 1889–1930. 1994; Gelehrtenalltag. Briefwechsel zwischen Eduard Meyer und Georg Wissowa 1890–1927. Hildesheim 2000.

300 Siehe oben S. 151.

301 So in den Heften der Wissenschaftlichen Zeitschrift der Humboldt-Universität 1987 zu August Boeckh, 1991 zu Eduard Meyer, als Herausgeber der Biographie von D. N. Jegorow, Heinrich Schliemann. 1998 sowie durch einen Beitrag Theodor Mommsen. Seine Römische Geschichte, in den Sb. der Leibniz-Sozietät 2003.

302 Alföldy wurde durch mehrere Ehrendoktorate, die Mitgliedschaft in der Heidelberger wie in verschiedenen ausländischen AdW. sowie durch hohe Preise und Auszeichnungen geehrt. – Die wichtigsten einschlägigen Arbeiten: Betrachtungen zur Lage der Althistorie in der Bundesrepublik, in: H. Flashar u. a. (Hrsg.), Geisteswissenschaft als Aufgabe. Berlin 1978, 194–203; Sir Ronald Syme, ‹Die römische Revolution› und die deutsche Althistorie. Sb. Heidelberger AdW., Phil.-hist. Kl. 1983, 1; (Hrsg.), Eugen Täubler, Ausgewählte Schriften zur Alten Geschichte. Stuttgart 1987; (Hrsg.), Vom frühen Griechentum bis zur römischen Kaiserzeit. Stuttgart 1989; Die Alte Geschichte in Heidelberg, in: J. Miethke (Hrsg.), Geschichte in Heidelberg – 100 Jahre Historisches Seminar. Heidelberg 1992, 219–241.

303 Das komplexe wissenschaftliche Werk des Frankfurter Althistorikers Manfred Clauss kann hier nicht näher aufgeführt werden. Es muß daher auf die bibliographischen Zusammenstellungen in: Kürschners Deutscher Gelehrten Kalender 2001. I., 454 und 2005. I., 501 verwiesen werden.

304 Siehe Kürschners Deutscher Gelehrten-Kalender 2005. I., 1266.

305 Trier und das Trevererland in römischer Zeit. Trier 1985; Frühchristliches Trier von den Anfängen bis zur Völkerwanderung. Trier 1996.

306 H. Bellen–H. Heinen (Hrsg.), Fünfzig Jahre Forschungen zur Antiken Sklaverei an der Mainzer Akademie 1950–2000. Stuttgart 2001; H. Bellen–H. Heinen (Hrsg.), Bibliographie zur antiken Sklaverei. 2 Bde. Stuttgart 2003.

307 (Hrsg.), Die Geschichte des Altertums im Spiegel der sowjetischen Forschung. Darmstadt 1980.

308 (Hrsg.), M. Rostowzew, Skythien und der Bosporus. II. Stuttgart 1993; Das hellenistische Ägypten im Werk M. I. Rostovtzeffs, in: Offenheit und Interesse. Amsterdam 1993, 237–269.

309 Die Wirtschaft der griechisch-römischen Welt. Darmstadt 1992.

310 Caligula – Ein Betriebsunfall im frühen Prinzipat, in: K. Holl u. a. (Hrsg.), Caligula – Wilhelm II. und der Caesarenwahnsinn. Bremen 2001, 89–116.

311 Dazu kommen eine ganze Reihe von kleineren Spezialstudien, deren Druck sich zum Teil noch in Vorbereitung befindet, Beiträge zu Max Weber ebenso wie zu E. Ch. Welskopf.

312 So zum Beispiel seine Betreuung der Dissertation von D. Kohlrausch, Griechische Tyrannis und deutsche Geschichtswissenschaft. Das Bild der Peisistratiden in der deutschen Geschichtsschreibung von den Göttinger Historikern bis Hermann Gottlob Plaß. Diss. Bremen 1992.

313 So insbesondere auch als Herausgeber der Münsterschen Beiträge zur Antiken Handelsgeschichte 1982 ff. und von Laverna. Beiträge zur antiken Wirtschafts- und Sozialgeschichte (gemeinsam mit J. Sünskes Thompson). 1990 ff., aber auch als Verfasser des umfangreichen Werkes Preise, Mieten/Frachten, Kosten und Löhne im römischen Ägypten. St. Katharinen 1991.

314 Deutschsprachige Dissertationen zur Alten Geschichte 1844–1978. Wiesbaden 1979.

315 Althistoriker in Gießen, Gießener Universitätsblätter 10, 1977, 2, 95–105; Richard Laqueur (1881–1959), Althistoriker, in: Gießener Gelehrte in der ersten Hälfte des 20. Jahrhunderts. Marburg 1982, 590–601.

316 Johannes Hasebroek und die Anfänge der Alten Geschichte in Köln, Geschichte in Köln 21, 1987, 5–42; Johannes Hasebroek, in: Briggs–Calder, 142–151; ‹Ein Orientalist, der auch am Tiber und am Ilissus heimisch ist›. Der Teilnachlaß des Althistorikers Eduard Meyer. 1996.

317 Zur Situation der Alten Geschichte im Jahre 1943, Freiburger Universitätsblätter 149, 2000, 107–127; Zur Situation der Alten Geschichte zwischen 1945 und 1948, Freiburger Universitätsblätter 154, 2001, 119–162.

318 Mit M. Steinhart: Aus der Heimat des Odysseus. Reisende, Grabungen und Funde auf Ithaka und Kephallenia bis zum ausgehenden 19. Jahrhundert. Mainz 2002.

319 Das antike Persien von 550 v. Chr. bis 651 n. Chr. Düsseldorf-Zürich 2002[3]; Das frühe Persien. München 2002[2]; Mit U. Weber, Das Reich der Achaimeniden. Eine Bibliographie. Berlin 1996.

320 Zusammen mit A. Kneppe und H.-J. Drexhage: Friedrich Münzer. Ein Althistoriker zwischen Kaiserreich und Nationalsozialismus. Bonn 1983.

321 Das Bild der Achaemeniden in der Zeit des Nationalsozialismus, in: Achaemenid History. Proceedings of the London 1985 Achaemenid Workshop. A. Kuhrt–H. Hancisi-Weerdenburg (Hrsg.), 3. Method and Theory. Leiden 1988, 1–14.

322 Zur Geschichte der Begriffe Arier und Arisch in der deutschen Sprachwissenschaft und Althistorie des 19. und in der ersten Hälfte des 20. Jahrhunderts, in: Achaemenid History. 5. The Roots of the European Tradition. Leiden 1990, 149–165.

323 Carsten Niebuhr (1733–1815) und seine Zeit. Stuttgart 2002. Siehe beide unten S. 283.

324 Nachruf auf Alfred Heuß, Gnomon 69, 1997, 276–287; (Hrsg.), Alfred Heuß, Ansichten seines Lebenswerkes. Stuttgart 1998. Darin: Alfred Heuß – ein Wissenschaftshistoriker?, 141–152.

325 Zwischen Altertumswissenschaft und Geschichte, in: E.-R. Schwinge (Hrsg.), Die Wissenschaften vom Altertum am Ende des 2. Jahrtausends n. Chr. Stuttgart 1995, 160–196.

326 Die griechische Staatenwelt im Blickwinkel einer historischen Landeskunde, in: J. Bleicken (Hrsg.), Symposion für Alfred Heuß. Kallmünz 1986, 41–50; Karl-Otfried Müller und das Land der Griechen, Athenische Mitteilungen 106, 1991, 9–35; Auf der Suche nach dem Land der Griechen. Heidelberg 2003 (Schriften der Philosophisch-historischen Klasse der Heidelberger AdW., 29).

327 Heinrich Schliemann nach 100 Jahren. Frankfurt/Main 1990.

328 Heinrich Schliemann. München 1997.

329 Siehe dessen Würdigung des wissenschaftlichen Werkes, in: Johannes-Gutenberg-Universität Mainz am Rhein (Hrsg.), Hans Ulrich Instinsky (1907–1973). Mainz 1974 und die verdienstvolle Studie: Die Leistung der Juden für die Alte Geschichte im deutschen Sprachraum, Jahrbuch des Instituts für Deutsche Geschichte (Tel Aviv). Beiheft 10. 1986, 113–145. – Zur Beurteilung seiner eigenen Leistung siehe den Nachruf von St. Rebenich, Heinrich Chantraine †, Gnomon 77, 2005, 283–287.

330 Hieronymus und sein Kreis. Prosopographische und sozialgeschichtliche Untersuchungen. Stuttgart 1992; Xenophon. Die Verfassung der Spartaner. Darmstadt 1998.

331 Zu Theodor Mommsen: Theodor Mommsen und Adolf Harnack. Wissenschaft und Politik im Berlin des ausgehenden 19. Jahrhunderts. Mit einem Anhang: Edition und Kommentierung des Briefwechsels. Berlin 1997, Ders.–Karl Zangemeister, Theodor Mommsen als Schriftsteller. Ein Verzeichnis seiner Schriften. Hildesheim 2000.

Zu Harnack: Die Altertumswissenschaften und die Kirchenväterkommission in der Akademie, in: J. Kocka u. a. (Hrsg.), Die Königlich Preußische Akademie der Wissenschaften zu Berlin im Kaiserreich. Berlin 1999, 199–233; (Hrsg.), Adolf von Harnacks Protokollbuch der Kirchenväterkommission 1897–1928. Berlin 2000.

332 Alte Geschichte in Demokratie und Diktatur: Der Fall Helmut Berve, Chiron 31, 2001, 457–496.

333 A. Heuß, Ansichten seines Lebenswerkes. Mit einem Anhang: Alfred Heuß im Dritten Reich, HZ. 271, 2000, 661–673.

334 From Thermopylae to Stalingrad: The Myth of Leonidas in German Historiography, in: A. Powell–St. Hodkinson (Hrsg.), Beyond the Mirage. 2003, 323–349.

335 Theodor Mommsen. München 2002.

336 Th. Mommsen, Reden und Aufsätze. Berlin 1912, 209.

337 G. Rodenwaldt, Archäologisches Institut des Deutschen Reiches 1829–1929. Berlin 1929; L. Wickert, Beiträge zur Geschichte des Deutschen Archäologischen Instituts 1879 bis 1929. Mainz 1979; A. Reiche, 150 Jahre Deutsches Archäologisches Institut, Rom/Mainz 1979; H.-G. Kolbe (Hrsg.), Wilhelm Henzen und das Institut auf dem Kapitol. Mainz 1984. – U. Jantzen, Einhundert Jahre Athener Institut 1874–1974. Mainz 1986.
– Aufschlußreich sind die beiden von der Berlin-Brandenburgischen AdW. herausgegebenen Hefte: Corpus Inscriptionum Latinarum. Berlin 2001 und Inscriptiones Graecae. Berlin 2002.

338 B. Sösemann, Annäherungen an Hellas. Philhellenismus und Deutsch-Griechische Gesellschaften in Berlin. 2 Bde. Berlin 1994.

339 J. Vogt, Sklaverei und Humanität. Studien zur antiken Sklaverei und ihrer Erforschung. Wiesbaden 1965, 97–111; 112–129.

340 S. Riccardi, Die Erforschung der antiken Sklaverei in Italien vom Risorgimento bis Ettore Ciccotti. Stuttgart 1997; J. Deissler, Antike Sklaverei und deutsche Aufklärung. Stuttgart 2000.

341 Exempli gratia: I. Weiler, Die Beendigung des Sklavenstatus im Altertum. Stuttgart 2003. – Im Zusammenhang mit den Mainzer Initiativen ist auch die von E. Herrmann-Otto geleitete, interdisziplinäre Trierer Initiative zu sehen. Vergleiche: E. Herrmann-Otto (Hrsg.), Unfreie Arbeits- und Lebensverhältnisse von der Antike bis in die Gegenwart. Eine Einführung., in: Dies. (Hrsg.), Sklaverei, Knechtschaft, Zwangsarbeit. I. Hildesheim 2005.

342 So zum Beispiel in der Einleitung von E. M. Staerman, Die Blütezeit der Sklavenwirtschaft in der Römischen Republik. Wiesbaden 1969, 1–35.

343 Siehe Christ, RGdGW., 269.

344 Fr. Vittinghoff, Hauptprobleme der Urbanisierung römischer Provinzen, in: Acta of the Fifth International Congress of Greek and Latin Epigraphy. Cambridge 1967. Oxford 1971, 410.

345 Zum Schicksal und zur Bilanz des Unternehmens «Fundmünzen der römischen Zeit in Deutschland» siehe AdW. Mainz, Jahrbuch 54/55, 2003/4. Stuttgart 2005, 9 ff.

346 Alte Geschichte, Klassische Archäologie und Altertumskunde, in: K. Acham (Hrsg.), Geschichte der österreichischen Humanwissenschaften. 4. Geschichte und fremde Kulturen. Wien 2002, 83–126, hier: 94. – Siehe zur Erforschung des österreichischen Limes und der Römerzeit in Österreich insbesondere auch M. A. Niegl, Die archäologische Erforschung der Römerzeit in Österreich. Eine

wissenschaftsgeschichtliche Untersuchung. Wien 1980 (Österreichische AdW., phil.-hist. Kl., Denkschriften, 141); K. Ganser, Der österreichische Donaulimes in der Römerzeit Wien 1986 (Der römische Limes in Österreich, 33); Ders., Der Donaulimes in Österreich. Stuttgart 1990 (Schriften des Limesmuseums Aalen, 44).

347 A. O., 95 nach Christ, RGdGW., 187, 331. – Speziell: E. Weber, 100 Jahre Institut für Alte Geschichte, Archäologie und Epigraphik der Universität Wien, Jahreshefte der Österreichischen Gesellschaft für Archäologie 4, 1976, 301–314; G. Dobesch, Alte Geschichte an der Universität Wien seit 1876, in: Institut für Alte Geschichte, Archäologie und Epigraphik (Hrsg.), Hundert Jahre Institut für Alte Geschichte ... 1876–1976. MS. Wien 1977, 14–23; M. Pesditschek, Die Professoren der Alten Geschichte an der Universität Wien. Geisteswissenschaftliche Diplomarbeit Wien 1996; H. Hunger, Entwicklung der philosophisch-historischen Klasse 1947–1997, in: O. Hittmair–H. Hunger (Hrsg.), Akademie der Wissenschaften. Entwicklung einer österreichischen Forschungsinstitution. Wien 1997 (Denkschriften der Gesamtakademie, 15), 63–83.

348 Vergleiche Weiler, a. O., 97 ff.

349 Siehe oben S. 67.

350 Christ, Hellas, 302 ff.

351 Die Aktivitäten erschließt Br. Eder, Staat, Herrschaft, Gesellschaft in frühgriechischer Zeit. Eine Bibliographie 1978–1991/92. Wien 1994 (Mykenische Studien, 14).

352 A. Schenk Graf von Stauffenberg, Macht und Recht in der Geschichte am Beispiel Alexanders des Großen, Philosophisches Jahrbuch der Görresgesellschaft 62, 1953, 46–59; B. Näf, Der Althistoriker Fritz Schachermeyr und seine Geschichtsauffassung im wissenschaftsgeschichtlichen Rückblick, Storia della Storiografia 26, 1994, 83–100.

353 G. Dobesch–H. Schachermeyr (Hrsg.), Fritz Schachermeyr, Ein Leben zwischen Wissenschaft und Kunst. Wien 1984; G. Dobesch, Fritz Schachermeyr. Nachruf, Almanach der Österreichischen AdW. 138, 1988, 421–436; Ders., Allgemeine Würdigung, American Journal of Ancient History 13, 1988 (erschien 1996/7), 11–55.

354 Siehe I. Lisový–K. Tomaschitz (Hrsg.), Prof. Dr. Gerhard Dobesch, Vita et bibliographia. České Budějovice/Wien 2004; H. Heftner–K. Tomaschitz (Hrsg.), Ad Fontes! Festschrift für Gerhard Dobesch zum fünfundsechzigsten Geburtstag am 15. September 2004. Wien 2004. – Folgende Titel markieren die Schwerpunkte von Dobeschs Interessengebieten: Caesars Apotheose zu Lebzeiten und sein Ringen um den Königstitel. Wien 1966; Der panhellenische Gedanke im 4. Jh. v. Chr. und der ‹Philippos› des Isokrates. Wien 1968; Die Kelten in Österreich nach den ältesten Berichten der Antike. Wien 1980. 1993²; Vom äußeren Proletariat zum Kulturträger. Ein Aspekt zur Rolle der Germanen in der Spätantike. Amsterdam 1994; Das europäische «Barbaricum» und die Zone der Mediterrankultur. Ihre historische Wechselwirkung und das Geschichtsbild des Poseidonios. Wien 1995; H. Heftner–K. Tomaschitz (Hrsg.), Gerhard Dobesch, Ausgewählte Schriften. 2 Bde. Köln 2001. – G. Dobesch–G. Rehrenböck

(Hrsg.), Hundert Jahre Kleinasiatische Kommission. Rückblick und Ausblick. Wien 1993 (Denkschriften der Österreichischen AdW., phil.-hist. Kl., 236).

355 Umfassend orientiert G. Bellas (Hrsg.), Dotz. Dr. Igor Lisový. Bibliographie. Athen 2004. – Erwähnt seien insbesondere die deutsche Zusammenfassung «Eine reiche Palette der Musen vom Helikon. Essay über die Erforschung von Geschichte und Kultur des antiken Griechenland in der CSSR (1945–1990) in der Monographie gleichen Titels in russischer Sprache. Athen 2000, 226–229 sowie die Editionen der Viten und Bibliographien von P. Oliva (1998; 2003), Jan Burian (1999), Franco Sartori (2003^2), Gerhard Dobesch (2004) und anderen.

356 Weiler, a. O., 195ff.; Ders., Der Werdegang des Instituts für Geschichte des Altertums und Altertumskunde an der Karl-Franzens-Universität in Graz (seit 100 Jahren altertumskundliche Vorlesungen), Zeitschrift des Historischen Vereins für Steiermark 58, 1967, 13–21.

357 Weiler, a. O., 120. – Alte Geschichte wird seit 1967 in Salzburg, seit 1983 auch in Klagenfurt gelehrt.

358 Vergleiche zur Einleitung Christ, RGdGW., 333ff.

359 Untersuchungen zum spätrepublikanischen Notstandsrecht. München 1970; Capua im Zweiten Punischen Krieg. München 1975.

360 Der Aufruf «An die Kulturwelt!». Das Manifest der 93 und die Anfänge der Kriegspropaganda im Ersten Weltkrieg. Stuttgart 1996; Theodor Mommsen und Frankreich, Francia 31/3, 2004, 1–28.

361 Mit G. Audring (Hrsg.), Eduard Meyer und Victor Ehrenberg. Ein Briefwechsel 1914–1930. Konstanz 1990.

362 D. Königs, Joseph Vogt: Ein Althistoriker in der Weimarer Republik und im Dritten Reich. Basel 1995.

363 K. Christ, Ernst Meyer (1898–1975), in: Ders., RGWG. III, 137–150.

364 (Hrsg.), Ausgrabungen in Altpaphos auf Cypern; Griechische Mauerbauinschriften. 2 Bde. Heidelberg 1959–1961.

365 Von Winckelmann zu Schliemann. Opladen 1992.

366 Senatorisches Standesbewußtsein in spätrömischer Zeit. Freiburg 1995; Traum und Traumdeutung im Altertum. Darmstadt 2004.

367 Siehe Anm. 352.

368 B. Näf, Zu den Forschungen über Antike und Altertumswissenschaften in der Zeit von Faschismus und Nationalsozialismus, in: Näf, 15–70; V. Losemann, Nationalsozialismus und Antike. Anmerkungen zur Forschungsgeschichte, a. O., 71–88.

369 A. La Penna, La rivista Roma e l'Istituto di Studi Romani. Sul culto della romanità nel periodo fascista, a. O., 89–110.

370 L. Polverini, L'impero romano – antico e moderno, a. O., 89–110.

371 W. M. Calder III, Racism in Anglo-American Classics, a. O., 165–179.

372 St. Rebenich, Zwischen Anpassung und Widerstand? Die Berliner AdW von 1933 bis 1945, a. O., 203–244.

373 I. Weiler, Zur Rezeption des griechischen Sports im Nationalsozialismus: Kontinuität oder Diskontinuität in der deutschen Ideengeschichte?, a. O., 267–284.

374 Chr. Ulf, Ideologie als Grundlage für Abgrenzung und Spezifik der Antike bei Ed. Meyer, H. Berve, E. Kornemann, W. Jaeger und V. Ehrenberg, a. O., 305–343.

375 R. Bichler, Alexander der Große und das NS-Geschichtsbild, a. O., 345–378.

376 H. Kloft, Politische Geschichte versus Wirtschaftsgeschichte, a. O., 379–394.

377 J. von Ungern-Sternberg, Imperium Romanum vs. Europa. Gedanken zu einigen Vorträgen deutscher Althistoriker in den Jahren 1939 bis 1942, a. O., 395–418.

378 U. Wolf, Rezensionen in der Historischen Zeitschrift, im Gnomon und in der American Historical Review von 1930 bis 1943/44, a. O., 419–438.

379 M. Wiegert, Ur- und Frügeschichtsforschung in der westlichen Rheinprovinz von 1933–1945, a. O., 487–502.

380 K. Junker, Zur Geschichte des Deutschen Archäologischen Instituts in den Jahren von 1933 bis 1945, a. O., 503–517.

381 St. Altekamp, Italienische Kolonialarchäologie in Libyen 1911–1943, a. O., 519–533.

382 W. Kinzig, Evangelische Patristiker und Christliche Archäologen im Dritten Reich», a. O., 535–629.

383 Eine wertvolle Ergänzung hierzu geben die wissenschaftsgeschichtlichen Beiträge in dem von P. Kneißl und V. Losemann herausgegebenen Band Imperium Romanum. Studien zu Geschichte und Rezeption. Stuttgart 1998.

X. Epilog

1 O. Spengler, Der Untergang des Abendlandes. München 1923. NDr. 1990, 40 f.

2 Daniel 12, 3.

3 Th. Mommsen–O. Jahn, Briefwechsel 1842–1868. Herausgegeben von L. Wickert. Frankfurt/Main 1962, 363.

4 de oratore 11, 15.

ZEITTAFEL

Vorbemerkung: Es ist das Ziel dieser Zeittafel, die Entfaltung der wissenschaftsgeschichtlichen Studien der deutschen Althistorie zu dokumentieren. Erfaßt wurden, ohne Anspruch auf Vollständigkeit, die wichtigsten deutschsprachigen Arbeiten sowie auch wesentliche Werke der internationalen Forschung, die für die Thematik einschlägig sind.

1945 H. E. Stier, Grundlagen und Sinn der Griechischen Geschichte. Stuttgart 1945.

1946 A. Momigliano, Friedrich Creuzer and Greek Historiography, Journal of the Warburg and Courtauld Institutes 9, 1946, 152–163.

1947 Th. Herrle, Nationalsozialismus und Altertumswissenschaft, Aufbau 3, 1947, H. 7, 29–32.

W. Kaegi, J. Burckhardt. Basel I. 1947 – VII. 1982.

H. E. Stier, Die geistigen Grundlagen der abendländischen Kultur. Gütersloh 1947.

1948

1949 E. Grumach, Goethe und die Antike. 2 Bde. Berlin 1949.

G. Highet, The Classical Tradition. Greek and Roman Influences on Western Literature. New York 1949.

H. E. Stier, Das heutige Bild der Alten Geschichte, in: A. Stophany (Hrsg.), Satura lanx philologica. Münster 1949, 14–23.

1950 A. Momigliano, Ancient History and the Antiquarian, Journal of the Warburg and Courtauld Institutes 13, 1950, 285–315.

Ders., Gli studi italiani di storia greca e romana dal 1895 al 1939, in: Cinquanta anni di vita intellettuale italiana, 1896–1946. I. Neapel 1950, 84–106.

S. Reiter (Hrsg.), Carl Otfried Müller. Briefe aus einem Gelehrtenleben. 2 Bde. Berlin 1950.

Saeculum. Jahrbuch für Universalgeschichte. I. Freiburg 1950 ff.

1951 E. Hohl, Um Arminius. Biographie oder Legende? Sb. DAdW. 1951, 1.

J. Vogt, Die antike Kultur in Toynbees Geschichtslehre, Saeculum 2, 1951, 557–574.

Fr. Wagner, Geschichtswissenschaft. Freiburg 1951.

M. Wegner, Altertumskunde. Freiburg 1951.

1952 A. Momigliano, George Grote and the Study of Greek History. Inaugural Lecture. London 1952.

Ders., G. C. Lewis, Niebuhr e la critica delle fonti, Rivista Storica Italiana 64, 1952, 208–221.

1953 M. Gelzer, Friedrich Münzer in memoriam, Historia 2, 1953, 379 f.

A. Momigliano, In memoria di Michele Rostovtzeff (1870–1952), Rivista Storica Italiana 45, 1953, 481–495.

Fr. Taeger, Die Lage der alten Geschichte, HZ. 175, 1953, 449–462.

1954 E. Kessel, Rankes Idee der Universalhistorie, HZ. 178, 1954, 269–308.

A. Momigliano, Gibbon's Contribution to Historical Method, Historia 2, 1954, 450–463.

Ders., Hundert Jahre nach Ranke, Zürich 1954, 52–58.

M. Platnauer, Fifty Years of Classical Scholarship. Oxford 1954.

1955 R. Günther, Der Beschluß des ZK der SED «Die Verbesserung der Forschung und Lehre in der Geschichtswissenschaft der DDR» und das Studium der alten Geschichte, ZfG. 3, 1955, 904–907.

Das Institut für griechisch-römische Altertumskunde. Protokoll der Eröffnungstagung vom 23. bis 26. Oktober 1955. Berlin 1957.

A. Momigliano, Contributi alla storia degli studi classici e del mondo antico. Rom I. 1955 – IX. 1992.

Ders., Introduzione alla Griechische Kulturgeschichte di Jacob Burckhardt, Florenz 1955, XXIII–XXXV.

J. Vogt, Gesetz und Handlungsfreiheit in der Geschichte. Stuttgart 1955.

1956 H. Bloch (Hrsg.), Felix Jacoby, Abhandlungen zur Griechischen Geschichtsschreibung. Leiden 1956.

A. Heuß, Theodor Mommsen und das 19. Jahrhundert. Kiel 1956.

Ders., Barthold Georg Niebuhr, 1776–1831, in: Die großen Deutschen 5. Berlin 1956, 208–219.

A. Wucher, Theodor Mommsen, Geschichtsschreibung und Politik. Göttingen 1956.

1957 A. Heuß, Theodor Mommsen über sich selbst. Zur Testamentsklausel von 1899, Antike und Abendland 6, 1957, 105–117.

J. Vogt, Geschichte des Altertums und Universalgeschichte. Wiesbaden 1957.

Ders., Die Geschichtsschreibung des Tacitus, ihr Platz im römischen Geschichtsdenken und ihr Verständnis in der modernen Forschung, in: Tacitus, Annalen. Stuttgart 1957, XV–XLII.

E. Ch. Welskopf, Die Produktionsverhältnisse im Alten Orient und in der griechisch-römischen Antike. Berlin 1957.

Dies., Probleme der Periodisierung der Alten Geschichte, ZfG. 5, 1957, 296–313.

1958 H. Bengtson, Universalhistorische Aspekte der Geschichte des Hellenismus (1958), in: Ders. Kleine Schriften zur Alten Geschichte. München 1974, 115–131.

W. Kaegi, Vom Nachleben Constantins, Schweizerische Zeitschrift für Geschichte 8, 1958, 289–326.

G. Schrot, Forschung und Lehre zur Alten Geschichte an der Universität Leipzig, Wissenschaftliche Zeitschrift der Karl-Marx-Universität Leipzig, Gesellschafts- und sprachwissenschaftliche Reihe 8, 1958/9, 323–337.

E. Schulin, Die weltgeschichtliche Erfassung des Orients bei Hegel und Ranke. Göttingen 1958.

Gedächtnisschrift O. Th. Schulz. Sonderheft der Wissenschaftlichen Zeitschrift Leipzig 1958.

1959 H. Berve, R. von Pöhlmann und W. Otto, in: Geist und Gestalt. Biographische Beiträge zur Geschichte der Bayerischen AdW. vornehmlich im zweiten Jahrhundert ihres Bestehens. I. Geisteswissenschaften. München 1959, 186–190.

H.-J. Herrmann, Zu Schillers Auffassung von der griechischen Geschichte, WZ. Greifswald 9, 1959/60, 4/5, 311–323.

A. Heuß, Verlust der Geschichte. Göttingen 1959.

G. Rodenwaldt, O. M. von Stackelberg. Der Entdecker der griechischen Landschaft 1786–1837. München 1959.

E. Ch. Welskopf, Zum Begriff des «antiken Abendlandes» heute, WZ. Berlin 1959/60, 1/2, 145–160.

L. Wickert, Theodor Mommsen. I.–IV. Frankfurt/Main 1959–1980.

1960 W. Bahrt–M. Kehrig-Korn, Die Philhellenenzeit. München 1960.

H. Bengtson, B. G. Niebuhr und die Idee der Universalgeschichte des Altertums. Würzburg 1960.

H. Schulz-Falkenthal, Römische und griechische Pädagogik in der Altertumswissenschaft und Geschichtsschreibung des 17. und 18. Jahrhunderts in Deutschland. 2 Bde. Diss. Ms. Halle 1960.

Fr. Taeger–K. Christ (Hrsg.), Joseph Vogt, Orbis. Freiburg 1960.

1961 H. Schaefer, Victor Ehrenbergs Beitrag zur Historischen Erforschung des Griechentums, Historia 10, 1961, 387–399.

H. Schulz-Falkenthal, Die Entwicklung des Faches Alte Geschichte an der Universität Halle, WZ. Halle 10, 1961, 915–926.

Ders., Der Fortschritt in der deutschen Geschichtswissenschaft im 17. und 18. Jahrhundert, WZ. Halle 10, 1961, 4, 933–940.

J. Vogt, Wege zum historischen Universum. Stuttgart 1961.

Ders., Geschichte und Gegenwartsverständnis, Zeitschrift für Württembergische Landesgeschichte 20, 1961, 1–16.

Ders., Josephus der römische Kaiser, Zeitschrift für Württembergische Landesgeschichte 20, 1961, 222–237.

1962 H. Schulz-Falkenthal, Zum Nachleben der Antike, WZ. Halle 11, 1962, 10, 1339–1355.

J. Vogt, Jacques Moreau, Heidelberger Jahrbücher 6, 1962, 9–18.

Ders., Die antike Sklaverei als Forschungsproblem von Humboldt bis heute, Gymnasium 69, 1962, 264–278.

Fr. Wagner, Rankes Geschichtsbild in der modernen Universalhistorie, Archiv für Kulturgeschichte 44, 1962, 1–26.

S. Winkler, Führende Althistoriker an westdeutschen Universitäten als Ideologen der klerikal-militaristischen Herrschaft in Westdeutschland (Fritz Taeger, Marburg), WZ. Leipzig 11, 1962, 1, 153–156.

1963 H. Bengtson, Zum Problem der Universalgeschichte des Altertums (1963), in: Ders., Kleine Schriften zur Alten Geschichte. München 1974, 45–60.

K. Christ, Gedenkblatt für Fritz Taeger. Stuttgart 1963.

Ders., Jacob Burckhardt und die römische Geschichte, Saeculum 14, 1963, 82–122.

W. Leifer, Hellas im deutschen Geistesleben. Herrenalb 1963.

G. Schrot, Tradition und Fortschritt in der Deutschen Altertumswissenschaft des 19. und 20. Jahrhunderts, WZ. Leipzig 12, 1963, 2, 541–557.

U. Weidemann–W. Schmitthenner (Hrsg.), H. Schaefer, Probleme der Alten Geschichte. Göttingen 1963.

E. Ch. Welskopf, Antike Tradition und das Bild der Antike in Geschichte und Geschichtsbild der deutschen Nation, ZfG. 11, 1963, 5, 902–914.

1964 G. P. Gooch, Geschichte und Geschichtsschreiber im 19. Jahrhundert. Frankfurt/Main 1964.

Theodor Mommsen. 1817–1903. Hrsg. vom Institut für Theorie, Geschichte und Organisation der Wissenschaften der AdW. der DDR, Kolloquien, 40. Berlin 1964.

H. Schachenmayer, Arthur Rosenberg als Vertreter des historischen Materialismus. Wiesbaden 1964.

W. Schmitthenner (Hrsg.), Jacques Moreau, Scripta Minora. Heidelberg 1964.

H. von Srbik, Geist und Geschichte vom deutschen Humanismus bis zur Gegenwart. 2 Bde. München 1964[3].

1965 R. Günther, Theodor Mommsen, in: J. Streisand (Hrsg.), Studien über die deutsche Geschichtswissenschaft. II. Berlin 1965, 9–24.

A. Heuß, Max Webers Bedeutung für die Geschichte des griechisch-römischen Altertums, HZ. 201, 1965, 529–556.

U. Hölscher, Die Chance des Unbehagens. Göttingen 1965.

W. J. Mommsen, Universalgeschichtliches und politisches Denken bei Max Weber, HZ. 201, 1965, 557–612.

J. Vogt, Sklaverei und Humanität. Studien zur antiken Sklaverei und ihrer Erforschung. Wiesbaden 1965 (1972[2]).

E. Ch. Welskopf, Die wissenschaftliche Aufgabe des Althistorikers. Sb. Deutsche AdW., Histor.-Philol. Kl. Berlin 1965, 2.

1966 W. E. Böhm, Forscher und Gelehrte. Stuttgart 1966.

A. B. Bresbart, Weltgeschichte als Thema der antiken Geschichtsschreibung, Acta Historica Neerlandica 1, 1966, 1–21.

W. M. Calder III, Die Geschichte der klassischen Philologie in den Vereinigten Staaten, Jahrbücher für Amerikakunde 11, 1966, 213–240.

G. Freitag, Leopold von Ranke und die Römische Geschichte. Diss. Marburg 1966.

H. Heibert, Walter Frank und sein Reichsinstitut für Geschichte des neuen Deutschlands. Stuttgart 1966.

J. Irmscher, Der Philhellenismus in Preußen als Forschungsanliegen. Sb. Deutsche AdW., Kl. für Sprachen, Literatur und Kunst. Berlin 1966[2].

Ders., Die Begründung der Limesforschung in Deutschland, in: Corolla memoriae Erich Swoboda dedicata. Graz 1966, 137–145.

A. Momigliano, Karl Julius Beloch, in: Dizionario Biografico degli Italiani 8, 1966, 32–45.

H. Schulz-Falkenthal, Die Antike in den Anfängen der neuzeitlichen Wissenschaft, WZ. Halle 15, 1966, 315–331.

J. Wenzel, Jacob Burckhardt und die Krise seiner Zeit. Leipzig 1966.

1967 Gl. Daniel, The Origins and Growth of Archaeology. New York 1967.

K. D. Erdmann, Wissenschaft im Dritten Reich. Kiel 1967.

J. Irmscher, Situation und Perspektiven der Altertumswissenschaft in der DDR, Bibliotheca Classica Orientalis 12, 1967, 129–137.

H. Kreißig–H. Fischer, Aufgaben und Probleme der Wirtschaftsgeschichte des Altertums in der DDR, Jahrbuch für Wirtschaftsgeschichte 1967, 270–284.

W. Seyfarth, Der Begriff «Epoche sozialer Revolutionen» und die Spätantike, Klio 49, 1967, 271–282.

J. Vogt, Wandlungen des Humanismus, Gymnasium 74, 1967, 393–404.

1968 K. Christ, Römische Geschichte und Universalgeschichte bei Barthold Georg Niebuhr, Saeculum 19, 1968, 172–196.

A. Heuß, Zur Theorie der Weltgeschichte. Berlin 1968.

Ders., Möglichkeiten einer Weltgeschichte heute, Saeculum 19, 1968, 3–16.

Ders., Niebuhr und Mommsen, Antike und Abendland 14, 1968, 1–18.

J. Irmscher, Johann Joachim Winckelmann und die Altertumswissenschaft heute. Halle 1968.

G. Katsch, Alexander Graf Schenk von Stauffenberg. Eine historisch-biogrkphische Untersuchung. 2 Bde. Diss. Leipzig 1968.

J. Mathwich, Karl Marx, Schriften zur epikureischen, stoischen und skeptischen Philosophie. Diss. Berlin 1968.

W. Schmitthenner, Hans Schaefer (1906–1961). Heidelberg 1968.

J. Straub, B. G. Niebuhr, in: 150 Jahre Rheinische Friedrich-Wilhelms-Universität zu Bonn 1818–1968. Bonner Gelehrte. Geschichtswissenschaften. Bonn 1968, 49–78.

1969 Th. Ammer, Universität zwischen Demokratie und Diktatur. Ein Beitrag zur Nachkriegsgeschichte der Universität Rostock. Köln 1969.

M. Fuhrmann, Die Antike und ihre Vermittler. Konstanz 1969.

P. Kretschmann, Universität Rostock. Köln 1969.

A. Momigliano, Jacob Bernays, Meded. K. Nederl. Akademie van Wetenschappen, Afd. Letterkunde,32,5. 1969,151–178.

J. Rüsen, Begriffene Geschichte. Genesis und Begründung der Geschichtstheorie J. G. Droysens. Paderborn 1969.

W. Schiering, Zur Geschichte der Archäologie, in: U. Hausmann (Hrsg.), Allgemeine Grundlagen der Archäologie. München 1969, 11–161.

1970 W. Berthold u. a. (Hrsg.), Kritik der bürgerlichen Geschichtsschreibung. Köln 1970.

R. Bollmus, Das Amt Rosenberg und seine Gegner. Stuttgart 1970.

W. M. Calder III, Three Unpublished Letters of Ulrich von Wilamowitz-Moellendorff, Greek Roman and Byzantine Studies 11, 1970, 139–166.

K. Christ, Joseph Vogt und die Geschichte des Altertums, Saeculum 21, 1970, 106–150.

Ders., Der Untergang des Römischen Reiches in antiker und moderner Sicht, in: Ders. (Hrsg.), Der Untergang des Römischen Reiches. Darmstadt 1970, 1–31.

R. Günther, Forschungen zur Geschichte des Altertums in der DDR, ZfG. Sonderheft 18, 1970, 281–292.

J. Irmscher, Die Kommission für griechisch-römische Altertumskunde der Berliner Akademie der Wissenschaften (1921–1955), Klio 52, 1970, 179–190.

H. Koch, Die Deutung des Untergangs des Römischen Reiches im historischen Materialismus, in: K. Christ (Hrsg.), siehe oben, 425–455.

A. Momigliano, J. G. Droysen between Greeks and Jews, History and Theory 9, 1970, 139–153.

H. Oppermann (Hrsg.), Humanismus. Darmstadt 1970.

K. von See, Deutsche Germanen-Ideologie vom Humanismus bis zur Gegenwart. Frankfurt/Main 1970.

A. J. Toynbee, Die «Alte Geschichte» und die Universalhistorie, Saeculum 21, 1970, 91–105.

1971 R. R. Bolgar (Hrsg.), Classical Influences on European Culture. 3 Bde. Cambridge 1971–1979.

W. M. Calder III, Ulrich von Wilamowitz-Moellendorff, An Unpublished Autobiography, Greek Roman and Byzantine Studies 12, 1971, 561–577.

K. Christ, Zur Entwicklung der Alten Geschichte in Deutschland, Geschichte in Wissenschaft und Unterricht 22, 1971, 577–593.

A. Heuß, Rezension L. Wickert, Theodor Mommsen. I.–III., Gnomon 43, 1971, 772–801.

1972 W. M. Calder III, Schliemann on Schliemann, Greek Roman and Byzantine Studies 13, 1972, 335–353.

K. Christ, Von Gibbon zu Rostovtzeff. Darmstadt 1972 (1989³).

A. Demandt, Geschichte als Argument. Konstanz 1972.

Ders., Politische Aspekte im Alexanderbild der Neuzeit, Archiv für Kulturgeschichte 64, 1972, 325–363.

A. Hentschke–U. Muhlack, Einführung in die Geschichte der klassischen Philologie. Darmstadt 1972.

A. Momigliano, Premesse per una discussione su Wilamowitz, Rivista Storica Italiana 84, 1972, 746–755.

1973

1974 H. Bengtson, Walter Otto, in: Ders., Kleine Schriften zur Alten Geschichte. München 1974, 599–618.

J. Busche, Der Begriff Hellenismus als Epochenname. Frankfurt/Main 1974.

Fr. Hampl–I. Weiler (Hrsg.), Kritische und vergleichende Studien zur Alten Geschichte und Universalgeschichte. Innsbruck 1974.

W. Hardtwig, Geschichtsschreibung zwischen Alteuropa und moderner Welt. Jacob Burckhardt in seiner Zeit. Göttingen 1974.

A. Heuß, Theodor Mommsen und die revolutionäre Struktur des römischen Kaisertums, in: H. Temporini (Hrsg.), Aufstieg und Niedergang der Römischen Welt. II,1. Berlin 1974, 77–90.

Johannes-Gutenberg-Universität Mainz am Rhein (Hrsg.), Hans Ulrich Instinsky 1907–1973. Mainz 1974.

K.-P. Johne, 100 Jahre Prosopographia Imperii Romani, Klio 56, 1974, 21–27.

1975 A. Heuß, «Ideologiekritik». Ihre theoretischen und praktischen Aspekte. Berlin 1975.

A. Momigliano, Premesse per una discussione su Karl Reinhardt, Rivista Storica Italiana 87, 1975, 311–318.

J. Vogt, Universalgeschichte und Kirchengeschichte in unserer Zeit, Theologische Quartalschrift Tübingen 155, 1975, 175–186.

I. Weiler (Hrsg.), Fr. Hampl, Geschichte als kritische Wissenschaft. 3 Bde. Darmstadt 1975–1979.

1976 U. Bauer, Die Lehre Montesquieus von den Ursachen der Größe und des Verfalls der Staaten. Diss. Mainz 1976.

K. Christ, Theodor Mommsen und die «Römische Geschichte», in: Th. Mommsen, Römische Geschichte. 8. München 1976, 7–66.

D. Flach, Der sogenannte römische Imperialismus. Sein Verständnis im Wandel der neuzeitlichen Erfahrungswelt, HZ. 222, 1976, 1–42.

A. Heuß, Über die Schwierigkeiten Weltgeschichte zu schreiben, Saeculum 27, 1976, 1–35.

E. Weber, 100 Jahre Institut für Alte Geschichte, Archäologie und Epigraphik der Universität Wien, Jahreshefte der Österreichischen Gesellschaft für Archäologie 4, 1976, 301–314.

1977 K. Christ, Zur Entwicklung der althistorischen Lehre und Forschung an der Philipps-Universität im Zeitraum 1870–1976, in: W. Heinemeyer u. a. (Hrsg.), Academia Marburgensis. Marburg 1977, 241–301.

Ders., Anton Ritter von Premerstein, in: I. Schnack (Hrsg.), Marburger Gelehrte in der ersten Hälfte des 20. Jahrhunderts. Marburg 1977, 390–402.

Ders., Fritz Taeger, a. O., 544–552.

H. G. Gundel, Althistoriker in Gießen, Gießener Universitätsblätter 10, 1977, 2, 95–105.

A. Heuß, Alexander der Große und das Problem der historischen Urteilsbildung, HZ. 225, 1977, 29–64.

R. Koselleck u. a. (Hrsg.), Objektivität und Parteilichkeit in der Geschichtswissenschaft. München 1977.

V. Losemann, Nationalsozialismus und Antike. Hamburg 1977.

G. Wirth, Die Entwicklung der Alten Geschichte an der Philipps-Universität Marburg. Marburg 1977.

1978 G. Alföldy, Beobachtungen zur Lage der Althistorie in der Bundesrepublik, in: H. Flashar u. a. (Hrsg.), Geisteswissenschaft als Aufgabe. Berlin 1978, 194–203.

A. Demandt, Metaphern für Geschichte. München 1978.

C. Gaedeke, Geschichte und Revolution bei Niebuhr, Droysen und Mommsen. Diss. TU Berlin,1978.

Fr. Hampl–I. Weiler (Hrsg.), Vergleichende Geschichtswissenschaft. Darmstadt 1978.

J. Kuczynski, Theodor Mommsen. Porträt eines Gesellschaftswissenschaftlers. Berlin 1978.

A. Momigliano, Premesse per una discussione su Eduard Schwartz, Rivista Storica Italiana 90, 1978, 617–626.

E. Tornow, Der Revolutionsbegriff und die späte römische Republik – eine Studie zur deutschen Geschichtsschreibung im 19. und 20. Jahrhundert. Frankfurt/Main 1978.

1979 W. Arenhövel–Chr. Schreiber (Hrsg.), Berlin und die Antike. Berlin 1979.

K. Bittel u. a. (Hrsg.), Beiträge zur Geschichte des Deutschen Archäologischen Instituts von 1929 bis 1979. Mainz 1979.

A. Borbein, Klassische Archäologie in Berlin vom 18. zum 20. Jahrhundert, in: W. Arenhövel–Chr. Schreiber (Hrsg.), a. O., 99–150.

St. Dow, A Century of Human Archaeology. New York 1979.

H.-J. Drexhage, Deutschsprachige Dissertationen zur Alten Geschichte 1844–1978. Wiesbaden 1979.

H. Flashar u. a. (Hrsg.), Philologie und Hermeneutik im 19. Jahrhundert. I. Göttingen 1979. – M. Bollak u. a. (Hrsg.), II. Göttingen 1983.

M. Fuhrmann, Die Querelle des Anciens et des Modernes, der Nationalismus und die deutsche Klassik, in: R. R. Bolgar (Hrsg.), Classical Influences on Western Thought A. D. 1650–1870. III. Cambridge 1979, 107–120.

V. Losemann, Darstellungsformen der Universitäts- und Wissenschaftsgeschichte, Hessisches Jahrbuch für Landesgeschichte 29, 1979, 162–208.

L. Wickert, Beiträge zur Geschichte des Deutschen Archäologischen Instituts 1879 bis 1928. Mainz 1979.

1980 K. Christ, Grundfragen der römischen Sozialstruktur, in: W. Eck u. a. (Hrsg.), Studien zur antiken Sozialgeschichte. Köln 1980, 197–228.

Ders., Barthold Georg Niebuhr, in: H.-U. Wehler (Hrsg.), Deutsche Historiker. 6. Göttingen 1980, 29–36.

Les Etudes Classiques aux XIXe et XXe siècles: leur place dans l'Histoire des Idées. Vandoeuvre/Genève 1980 (Entretiens Fondation Hardt, 26).

R. Günther–H. Klengel–H. Kreißig, Forschungen zur Alten Geschichte. ZfG. Sonderheft 28. 1980, 30–45.

P. Hassel, Der Untergang Westroms aus der Sicht neuerer marxistischer Forschungen im deutschen Sprachraum. Diss. Marburg 1980.

M. Heinemann (Hrsg.), Erziehung und Schulung im Dritten Reich. II. Hochschule, Erwachsenenbildung. Stuttgart 1980.

H. Heinen (Hrsg.), Die Geschichte des Altertums im Spiegel der sowjetischen Forschung. Darmstadt 1980.

A. Heuß, Nachruf auf Helmut Berve, HZ. 230, 1980, 779–787.

J. Irmscher, Die klassische Altertumswissenschaft in der faschistischen Wissenschaftspolitik, in: Altertumswissenschaft und ideologischer Klassenkampf. Wissenschaftliche Beiträge der Martin-Luther-Universität Halle-Wittenberg 1980, 75–97.

V. Losemann, Programme deutscher Althistoriker in der Machtergreifungsphase, Quaderni di storia 11, 1980, 35–105.

E. Mensching, Caesar und die Germanen im 20. Jahrhundert. Göttingen 1980.

A. Momigliano, Max Weber and Eduard Meyer apropos of City and Country in Antiquity, in: Ders., Sesto Contributo ... Rom 1980, 285–293.

1981 K. Christ, N. D. Fustel de Coulanges und die antike Gesellschaft, in: N. D. Fustel de Coulanges, Der antike Staat. Stuttgart 1981, 9–20.

Ders., Theodor Mommsen und sein Biograph, HZ. 233, 1981, 363–370.

H. Haffter, Et in Arcadia ego. Baden 1981.

A. Heuß, Barthold Georg Niebuhrs wissenschaftliche Anfänge. Göttingen 1981 (Abh. AdW. Göttingen, III, 114).

Ders., Näheres zu Niebuhr, Antike und Abendland 27, 1981, 1–33.

A. Momigliano, Premesse per una discussione su Eduard Meyer, Rivista Storica Italiana 93, 1981, 384–398.

E. Vischer (Hrsg.), B. G. Niebuhr, Briefe. Neue Folge 1816–1830. 4 Bde. Bern 1981–1984.

1982 St. Breuer, Max Weber und die evolutionäre Bedeutung der Antike, Saeculum 33, 1982, 174–192.

K. Christ, Römische Geschichte und Wissenschaftsgeschichte. 3 Bde. Darmstadt 1982–1983.

Ders., Römische Geschichte und deutsche Geschichtswissenschaft. München 1982.

Ders., Burckhardt-Fragmente, in: Festschrift für Eberhard Kessel. München 1982, 25–37.

Ders., Nachwort und Bibliographische Hinweise, in: J. Burckhardt, Die Zeit Constantins des Großen. München 1982, 355–401.

M. Fuhrmann, Brechungen. Wirkungsgeschichtliche Studien zur antik-europäischen Bildungstradition. Stuttgart 1982.

H. G. Gundel, Richard Laqueur (1881–1959), Althistoriker, in: Gießener Gelehrte in der ersten Hälfte des 20. Jahrhunderts. Marburg 1982, 590–601.

Chr. Meier, Das Begreifen des Notwendigen. Zu Theodor Mommsens römischer Geschichte, in: R. Koselleck u. a. (Hrsg.), Formen der Geschichtsschreibung. München 1982, 201–244.

A. Momigliano, Premesse per una discussione su Hermann Usener, Rivista Storica Italiana 94, 1982, 191–203.

R. Pfeiffer, Die klassische Philologie von Petrarca bis Mommsen. München 1982.

W. Schmitthenner–R. Zoepffel (Hrsg.), H. Strasburger, Studien zur Alten Geschichte. 3 Bde. Hildesheim 1982–1990.

1983 G. Alföldy, Sir Ronald Syme, ‹Die römische Revolution› und die deutsche Althistorie, Sb. Heidelberger AdW., Phil.-hist. Kl. 1983, 1.

R. Bichler, «Hellenismus». Geschichte und Problematik eines Epochenbegriffs. Darmstadt 1983.

P. H. von Blanckenhagen, Jacob Burckhardts Griechische Kulturgeschichte – hundert Jahre danach, Basler Zeitschrift für Geschichte und Altertumskunde 83, 1983, 5–26.

K. Christ, Geschichte des Altertums, Wissenschaftsgeschichte und Ideologiekritik, in: Ders., Römische Geschichte und Wissenschaftsgeschichte. III. Darmstadt 1983, 228–243.

Ders., Ernst Meyer (1898–1975), in: Ders., a. O., 127–150.

Ders., «... die schwere Ungerechtigkeit gegen Augustus». Augustus, Mommsen und Wilamowitz, in: E. Gabba (Hrsg.), Tria Corda. Scritti in onore di Arnaldo Momigliano. Como 1983, 89–100.

J. Dummer–M. Kunze (Hrsg.), Antikerezeption. Antikebegegnung in Vergangenheit und Gegenwart. 3 Bde. Stendal 1983–1988.

W. Hautum (Hrsg.), Die Wiederentdeckung des klassischen Griechenland. Köln 1983.

A. Kneppe–J. Wiesehöfer, Friedrich Münzer. Bonn 1983.

M. Simon, Abriß der Entwicklung der Altertumswissenschaften an der Friedrich-Schiller-Universität Jena von 1945 bis 1980, in: Alma mater Jenensis. Studien zur Hochschul- und Wissenschaftsgeschichte. I. 1983, 122–132.

J. Vogt, Sklaverei und Humanität. Ergänzungsheft. Wiesbaden 1983.

1984 W. Berthold, Zum Problem einer umfassenden Geschichte der Geschichtswissenschaft und der antiken Geschichtswissenschaft in ihrem Rahmen, Klio 66, 1984, 366–379.

W. M. Calder III, Studies in the Modern History of Classical Scholarship. Neapel 1984.

K. Christ, Einleitung zur Neuausgabe von R. von Pöhlmann, Geschichte der sozialen Frage und des Sozialismus in der antiken Welt. Darmstadt 1984, V–XVI.

A. Demandt, Der Fall Roms. Die Auflösung des Römischen Reiches im Urteil der Nachwelt. München 1984.

G. Dobesch–H. Schachermeyr (Hrsg.), Fr. Schachermeyr, Ein Leben zwischen Wissenschaft und Kunst. Wien 1984.

M. Fuhrmann, Die humanistische Bildungstradition im Dritten Reich, Humanistische Bildung 8, 1984, 139–161.

A. Heuß, Versagen und Verhängnis. Berlin 1984.

Ders., Schriften des Historischen Kollegs. Erste Verleihung des Preises des Historischen Kollegs. München 1984.

Ders., Vom Ursprung Niebuhrscher Geschichtsschreibung, in: G. Wirth (Hrsg.), Barthold Georg Niebuhr. Bonn 1984, 9–27.

H.-G. Kolbe, W. Henzen und das Institut auf dem Kapitol aus Henzens Briefen an Eduard Gerhard. Mainz 1984.

W. Ludwig, Amtsenthebung und Emigration klassischer Philologen, Berichte zur Wissenschaftsgeschichte 7, 1984, 161–178.

A. Momigliano, Premesse per una discussione su K. O. Müller, Annali della Scuola Normale Superiore di Pisa 3, XIV. 1984, 895–909.

R. Quack-Eusthadiades, Der deutsche Philhellenismus während des griechischen Freiheitskampfes 1821–1827. München 1984.

M. Reinhold, Classica Americana: The Greek and Roman Heritage in the United States. Detroit 1984.

V. Riedel, Antikerezeption in der Literatur der Deutschen Demokratischen Republik. Berlin 1984.

G. Wirth (Hrsg.), Barthold Georg Niebuhr. Historiker und Staatsmann. Bonn 1984.

1985 R. Bichler (Hrsg.), 100 Jahre Alte Geschichte in Innsbruck. Innsbruck 1985.

Ders., Franz Hampls Wirken und die jüngere Forschung am Innsbrucker Institut für Alte Geschichte, a. O., 78–89.

W. M. Calder III u. a. (Hrsg.), Wilamowitz nach 50 Jahren. Darmstadt 1985.

J. Deininger, Die politischen Strukturen des mittelmeerisch-vorderorientalischen Altertums bei Max Weber, in: W. Schluchter (Hrsg.), Max Webers Sicht des antiken Christentums. Frankfurt/Main 1985, 72–110.

E. Gabba–R. Smith (Hrsg.), E. J. Bickermann, Religion and Politics in the Hellenistic and Roman Periods. Como 1985.

A. Heuß, B. G. Niebuhr. Von der «Rezeption» zur Wissenschaft, in: W. Schuller (Hrsg.), Antike in der Moderne. Konstanz 1985, 105–126.

M. Reinhold, Bibliography of the Classical Tradition, Classical and Modern Literature 5, 1985–12, 1992.

K. Vierneisel u. a. (Hrsg.), Ein Griechischer Traum: Leo von Klenze der Archäologe. München 1985.

E. Vischer, Zur Geschichte der Geschichtsschreibung. Bern 1985.

I. Weiler, Franz Hampl, in: R. Bichler, a. O., 61–74.

1986 B. vom Brocke, «Von des attischen Reiches Herrlichkeit» oder die «Modernisierung» der Antike im Zeitalter des Nationalstaates. Mit einem Anhang über die Zerschlagung der Wilamowitz-Schule durch den Nationalsozialismus, HZ. 243, 1986, 101–136.

W. M. Calder III u. a. (Hrsg.), Friedrich Gottlieb Welcker. Werk und Wirkung. Wiesbaden 1986.

Ders.–R. L. Fowler (Hrsg.), The Preserved Letters of Ulrich von Wilamowitz-Moellendorff to Eduard Schwartz. Sb. Bayer. AdW., Phil.-hist. Kl. 1986, 1.

H. Chantraine, Die Leistung der Juden für die Alte Geschichte im deutschen Sprachraum, Jahrbuch des Instituts für Deutsche Geschichte (Tel Aviv), Beiheft 10, 1986, 113–145.

K. Christ, Spartaforschung und Spartabild, in: Ders., Sparta. Darmstadt 1986, 1–72.

J. Deininger (Hrsg.), M. Weber, Die römische Agrargeschichte in ihrer Bedeutung für das Staats- und Privatrecht. (1891). Tübingen 1986 (Max Weber Gesamtausgabe I, 2).

Th. W. Gaethgens (Hrsg.), Johann Joachim Winckelmann 1717–1768. Hamburg 1986.

H.-J. Gehrke, Die griechische Staatenwelt im Blickwinkel einer historischen Landeskunde, in: J. Bleicken (Hrsg.), Symposion für Alfred Heuß. Kallmünz 1986, 41–50.

U. Jantzen, Einhundert Jahre Athener Institut. 1874–1974. Mainz 1986.

W. J. Mommsen, Max Webers Begriff der Universalgeschichte, in: J. Kocka (Hrsg.), Max Weber, der Historiker. Göttingen 1986, 51–72.

B. Näf, Von Perikles zu Hitler? Die athenische Demokratie und die deutsche Althistorie bis 1945. Bern 1986.

1987 G. Alföldy (Hrsg.), Eugen Täubler. Ausgewählte Schriften zur Alten Geschichte. Stuttgart 1987.

P. Bondanella, The Eternal City. Roman Images in the Modern World. Chapel Hill 1987.

A. Buck, Humanismus. Seine europäische Entwicklung in Dokumenten und Darstellungen. Freiburg 1987.

J. Deininger, Die antike Welt in der Sicht Max Webers. München 1987.

K. D. Erdmann, Die Ökumene der Historiker. Geschichte der Internationalen Historikerkongresse und des Comité International des Sciences Historiques. Göttingen 1987 (Abh AdW. Göttingen. Phil.-hist. Kl. III, 158).

100 Jahre Humanistische Bildung an der Universität Freiburg i. Br. Freiburg 1987.

M. Kunze, «Wir haben eine ganze Kunstepoche gefunden!» Ein Jahrhundert Forschungen zum Pergamonaltar. Berlin 1987.

W. Ludwig, Römische Historie im deutschen Humanismus. Göttingen 1987 (Berichte der Joachim-Jungius-Gesellschaft 5,1).

E. Mensching, Über einen verfolgten deutschen Altphilologen, Paul Maas. Berlin 1987.

Ders., Nugae zur Philologiegeschichte. 9 Bde. Berlin 1987–1996.

E. Pack, Johannes Hasebroek und die Anfänge der Alten Geschichte in Köln, Geschichte in Köln 21, 1987, 5–42.

N. Röthlin, Burckhardts Stellung zur Kulturgeschichtsschreibung des 19. Jahrhunderts, Archiv für Kulturgeschichte 69, 1987, 389–406.

H. Stiller (Hrsg.), Altertumsforscher – Wissenschaftsorganisator – Humanist. Zum 100. Geburtstag von Johannes Stroux. Sb. AdW. der DDR, Gesellschaftswissenschaften 5/6. Berlin 1987.

W. Weber, Priester der Klio. Historisch-sozialwissenschaftliche Studien zur Herkunft und Karriere deutscher Historiker und zur Geschichte der Geschichtswissenschaft 1800–1970. Frankfurt/Main 1987².

Ders., Biographisches Lexikon zur Geschichtswissenschaft in Deutschland, Österreich und der Schweiz. Frankfurt 1987².

1988 P. Brown, Arnaldo Dante Momigliano, Proceedings of the British Academy 74, 1988, 405–442.

The University of Chicago (Hrsg.), Arnaldo Dante Momigliano 1908–1987. Chicago 1988.

K. Christ, Arnaldo Momigliano, Gnomon 60, 1988, 571–575.

Ders., Arnaldo Momigliano und das Judentum der Alten Welt, in: A. Momigliano, Die Juden in der Alten Welt. Berlin 1988, 7–17.

Ders.–A. Momigliano (Hrsg.), Die Antike im 19. Jahrhundert in Italien und Deutschland. Bologna 1988.

Ders., Alte Geschichte und Antike Numismatik, in: Studi per Laura Breglia. Supplemento al no. 4/1987 dell Bollettino di Numismatica (1988), 39–48.

J. Deininger, «Die sozialen Gründe des Untergangs der antiken Kultur». Bemerkungen zu Max Webers Vortrag von 1896, in: P. Kneißl–V. Losemann (Hrsg.), Alte Geschichte und Wissenschaftsgeschichte. Darmstadt 1988, 95–112.

G. Dobesch, Fritz Schachermeyr, Almanach der Österreichischen AdW. 138, 1988, 419–436.

N. Hammerstein (Hrsg.), Deutsche Geschichtswissenschaft um 1900. Stuttgart 1988.

Chr. Hoffmann, Juden und Judentum im Werk deutscher Althistoriker des 19. und 20. Jahrhunderts. Leiden 1988.

H.-M. von Kaenel (Hrsg.), Jacob Burckhardt und Rom. Einsiedeln 1988.

P. Kneißl–V. Losemann (Hrsg.), Alte Geschichte und Wissenschaftsgeschichte. Darmstadt 1988.

V. Losemann, Aspekte der nationalsozialistischen Germanenideologie, in: P. Kneißl–V. Losemann (Hrsg.), a. O., 256–284.

Chr. Meier, Max Weber und die Antike, in: Ch. Gneuss–J. Kocka (Hrsg.), Max Weber. Ein Symposion. München 1988, 11–24.

W. J. Mommsen (Hrsg.), Leopold von Ranke und die moderne Geschichtswissenschaft. Stuttgart 1988.

U. Muhlack, Leopold von Ranke, in: N. Hammerstein (Hrsg.), Deutsche Geschichtswissenschaft um 1900. Stuttgart 1988, 11–36.

K. Nickau, Karl Otfried Müller, Professor der Klassischen Philologie 1819–1840, in: C. J. Classen (Hrsg.), Die Klassische Altertumswissenschaft an der Georg-August-Universität Göttingen. Göttingen 1988, 27–50.

M. Oehme, Die römische Villenwirtschaft. Untersuchungen zu den Agrarschriften Catos und Columellas und ihrer Darstellung bei Niebuhr und Mommsen. Bonn 1988.

I. Siebert, Zum Problem der Kulturgeschichtsschreibung bei Jacob Burckhardt, in: K. Christ–A. Momigliano (Hrsg.), Die Antike im 19. Jahrhundert in Italien und Deutschland. Bologna 1988, 249–273.

I. Stahlmann, Imperator Caesar Augustus. Studien zur Geschichte des Principatsverständnisses in der deutschen Altertumswissenschaft bis 1945. Darmstadt 1988.

Fr. Tenbruck, Max Weber und Eduard Meyer, in: W. J. Mommsen (Hrsg.), Max Weber und seine Zeitgenossen. Göttingen 1988, 337–379.

L. Uhlig (Hrsg.), Griechenland als Ideal: Winckelmann und seine Rezeption in Deutschland. Tübingen 1988.

I. Weiler, Die Erforschung der Griechischen Geschichte seit der Renaissance, in: Ders., Griechische Geschichte. Darmstadt 1988[2], 11–25.

J. Wiesehöfer, Das Bild der Achaemeniden in der Zeit des Nationalsozialismus, in: Achaemenid History. Proceedings of the London 1985 Achaemenid Workshop. 3. Method and Theory. A. Kuhrt–H. Hancisi-Weerdenburg (Hrsg.). Leiden 1988, 1–14.

1989 R. Bichler, Neuorientierung in der Alten Geschichte?, in: E. Schulin (Hrsg.), Deutsche Geschichtswissenschaft nach dem Zweiten Weltkrieg (1945–1965). München 1989, 63–86.

L. Boia u. a. (Hrsg.), Great Historians. An International Dictionary. 2 Bde. New York 1989–1991.

A. H. Borbein, Ernst Curtius, in: M. Erbe (Hrsg.), Berlinische Lebensbilder. 4. Berlin 1989, 157–174.

W. M. Calder III–A. Košenina (Hrsg.), Berufungspolitik innerhalb der Altertumswissenschaft im Wilhelminischen Preußen. Die Briefe Ulrich von Wilamowitz-Moellendorffs an Friedrich Althoff (1883–1908). Frankfurt/Main 1989.

Ders., Werner Jaeger, in: M. Erbe (Hrsg.), Berlinische Lebensbilder. 4. Berlin 1989, 343–363.

K. Christ, Arnaldo Momigliano und die Geschichte der römischen Kaiserzeit, Storia della Storiografia 1989, 16, 45–53.

Ders.–E. Gabba (Hrsg.), Römische Geschichte und Zeitgeschichte in der deutschen und italienischen Altertumswissenschaft während des 19. und 20. Jahrhunderts. 2 Bde. Como 1989–1991.

J. Deininger, Die antike Stadt als Typus bei Max Weber, in: W. Dahlheim u. a. (Hrsg.), Festschrift für Robert Werner. Konstanz 1989, 269–289.

C. Dionisotti, Ricordo di Arnaldo Momigliano. Bologna 1989.

La filologia greca e latina nel secolo XX. Atti del Congresso Internazionale Roma 17–21 settembre 1984. 3 Bde. Pisa 1989.

M. Fuhrmann, Der Griechenglaube der Goethezeit und das Nationalbewußtsein der Deutschen, Humanistische Bildung 13, 1989, 87–100.

N. Hammerstein, Die Johann Wolfgang Goethe-Universität Frankfurt am Main. I. 1914–1950. Neuwied 1989.

A. Heuß, Institutionalisierung der Alten Geschichte, in: M. Fuhrmann (Hrsg.), Die Kaulbach-Villa als Haus des Historischen Kollegs. München 1989, 39–71.

Ders., Eugen Täubler Postumus, HZ. 248, 1989, 265–303.

W. Schmitthenner, Ein einschneidendes Ereignis in der Geschichte des Heidelberger Seminars für Alte Geschichte: Erinnerung an Hans Schaefer, Jacques Moreau und die anderen Toten des Unglücks von 1961, in: G. Alföldy (Hrsg.), Vom frühen Griechentum bis zur römischen Kaiserzeit. Stuttgart 1989, 7–22.

H. Schneider, August Boeckh, in: M. Erbe (Hrsg.), Berlinische Lebensbilder. 4. Berlin 1989, 37–54.

I. Stahlmann, Schule als moralische Anstalt. Die Antike in den Schuldebatten 1792/3 in Frankreich, in: H. Wiegand (Hrsg.), Die Französische Revolution und die Antike, Der altsprachliche Unterricht 32, 1989, 22–38.

H. Temporini, Universale Aspekte der Geschichte des Altertums, in: J. Heideking u. a. (Hrsg.), Wege in die Zeitgeschichte. Berlin 1989, 199–208.

A. Welkenhuysen, Verzeichnis der Gnomon-Nekrologe, Gnomon 61, 1989, 76–82.

1990 G. Audring u. a. (Hrsg.), Eduard Meyer – Victor Ehrenberg. Ein Briefwechsel 1914–1930. Berlin 1990.

W. W. Briggs–W. M. Calder III (Hrsg.), Classical Scholarship. A Biographical Encyclopedia. New York 1990.

W. M. Calder III–A. Demandt (Hrsg.), Eduard Meyer. Leben und Leistung eines Universalhistorikers. Leiden 1990.

W. M. Calder III–J. Cobet (Hrsg.), Heinrich Schliemann nach 100 Jahren. Frankfurt/Main 1990.

M. H. Chambers, Georg Busolt. His Career in his letters. Leiden 1990.

K. Christ, Neue Profile der Alten Geschichte. Darmstadt 1990.

Ders., Zur Entwicklung der Alten Geschichte in der DDR, in: A. Fischer–G. Heydemann (Hrsg.), Geschichtswissenschaft in der DDR. II. Berlin 1990, 59–80.

Ders., Zu Belochs Rezeption in Deutschland, in: L. Polverini (Hrsg.), Aspetti della Storiografia di Giulio Beloch. Neapel 1990, 177–195.

Ders., Arnaldo Momigliano, in: Briggs–Calder, 277–284.

W. Hardtwig, Geschichtskultur. München 1990.

Chr. Hoffmann, Die Selbsterziehung des Historikers. Zur intellektuellen Entwicklung des jungen Eduard Meyer (1855–1879), in: Calder–Demandt, a. O., 208–254.

J. Jantsch, Die Entstehung des Christentums bei Adolf von Harnack und Eduard Meyer. Bonn 1990.

E. Kluve u. a. (Hrsg.), Zur Geschichte der klassischen Altertumswissenschaften der Universitäten Jena, Budapest, Kraków. Jena 1990.

J. Matzerat, Albert Schwegler. Junghegelianer und Geistesaristokrat. Diss. Bonn 1990.

A. Momigliano, The Classical Foundations of Modern Historiography. Berkeley 1990.

W. Nippel, Methodenentwicklung und Zeitbezüge im althistorischen Werk Max Webers, Geschichte und Gesellschaft 16, 1990, 355–374.

E. Pack, Johannes Hasebroek, in: Briggs–Calder, 142–151.

L. Polverini (Hrsg.), Aspetti della storiografia di Giulio Beloch. Neapel 1990.

W. Schuller, Alte Geschichte in der DDR. Vorläufige Skizze, in A. Fischer–G. Heydemann (Hrsg.), a. O., 27–58.

R. Vierhaus–B. vom Brocke (Hrsg.), Forschung im Spannungsfeld von Politik und Gesellschaft. Geschichte und Struktur der Kaiser Wilhelm/Max-Planck-Gesellschaft aus Anlaß des 75jährigen Bestehens. Stuttgart 1990.

M. A. Wes, Michael Rostovtzeff, Historian in Exile. Stuttgart 1990.

J. Wiesehöfer, Zur Geschichte der Begriffe Arier und Arisch in der deutschen Sprachwissenschaft und Althistorie des 19. und in der ersten Hälfte des

20. Jahrhunderts, in: Achaemenid History. 5. The Roots of the European Tradition. Leiden 1990, 149–165.

J. Wohlleben, Die Sonne Homers. Zehn Kapitel deutscher Homer-Begeisterung von Winckelmann bis Schliemann. Göttingen 1990.

1991 R. Bichler, Über die Geschichte des Hellenismus-Begriffs in der deutschen Historiographie, in: S. Seid (Hrsg.), Hellenismus. Leiden 1991, 363–386.

H. W. Blanke, Historiographiegeschichte als Historik. Stuttgart 1991.

B. vom Brocke (Hrsg.), Wissenschaftsgeschichte und Wissenschaftspolitik im Industriezeitalter: Das «System Althoff» in historischer Perspektive. Hildesheim 1991.

K. Christ, Geschichte und Existenz. Berlin 1991.

Ders. (Hrsg.), A. Momigliano, Wege in die Alte Welt. Berlin 1991.

H. Flashar, Inszenierung der Antike. Das griechische Drama auf der Bühne der Neuzeit, 1585–1990. München 1991.

H.-J. Gehrke, Karl Otfried Müller und das Land der Griechen, Athenische Mitteilungen 106, 1991, 9–35.

H. Heibert, Universität unterm Hakenkreuz. 3 Bde. München 1991–1994.

G. Lohse, Klassische Philologie und Zeitgeschehen. Zur Geschichte eines Seminars an der Hamburger Universität, in: E. Krause (Hrsg.), Hochschulalltag im ‹Dritten Reich›. Die Hamburger Universität 1933–1945. Berlin 1991, 775–826.

R. Lullies–W. Schiering (Hrsg.), Archäologenbildnisse. Porträts und Kurzbiographien von Klassischen Archäologen deutscher Sprache. Mainz 1991².

Eduard Meyer (1855–1930), Zu Werk und Zeit. WZ. Humboldt-Universität Berlin, Geistes- und Sozialwissenschaften 9/1991.

U. Muhlack, Geschichtswissenschaft im Humanismus und in der Aufklärung. München 1991.

K. Schilling, Der neue Hannibal. Lucius Septimius Severus in der Sicht der deutschen Altertumswissenschaft. Diss. Marburg 1991.

W. Schmitthenner, Zur Geschichte des althistorischen Seminars der Universität Freiburg anläßlich seines hundertjährigen Bestehens, Freiburger Universitätsblätter 111, 1991, 83–95.

I. Siebert, Jacob Burckhardt. Studien zur Kunst- und Kulturgeschichtsschreibung. Basel 1991.

I. Stahlmann, Von der Ideengeschichte zur Ideologiekritik. Lothar Wickerts Beitrag zum Verständnis des Augusteischen Principats. Abh. AdW. Mainz, Geistes- und sozialwissenschaftliche Klasse 1991, 9.

Chr. Wagner, Die Entwicklung Johann Gustav Droysens als Althistoriker. Diss. Bonn 1991.

M. Willing, Althistorische Forschung in der DDR. Berlin 1991.

1992 G. Alföldy, Die Alte Geschichte in Heidelberg, in: J. Miethke (Hrsg.), Geschichte in Heidelberg – 100 Jahre Historisches Seminar. Heidelberg 1992, 219–241.

R. Braun, Die Geschichte der Reichs-Limes-Kommission und ihrer Forschungen, in: G. Süsskind–A. Wigg (Hrsg.), Der römische Limes in Deutschland. Stuttgart 1992, 9–32.

K. Brodersen (Hrsg.), Richard Laqueur, Diodors Geschichtswerk – Die Überlieferung von Buch I–V. Frankfurt 1992.

W. M. Calder III (Hrsg.), Werner Jaeger Reconsidered. Atlanta 1992.

Ders.–D. J. Kramer (Hrsg.), An Introductory Bibliography to the History of Classical Scholarship chiefly in the XIXth and XXth centuries. Hildesheim 1992.

J. Cobet–B. Patzek (Hrsg.), Archäologie und historische Erinnerung. Nach 100 Jahren Heinrich Schliemann. Essen 1992.

B. und A. Demandt (Hrsg.), Theodor Mommsen, Römische Kaisergeschichte. Nach den Vorlesungs-Mitschriften von Sebastian und Paul Hensel. 1882/86. München 1992.

J. Fest, Wege zur Geschichte. Über Theodor Mommsen, Jacob Burckhardt und Golo Mann. Zürich 1992.

W. Filla u. a. (Hrsg.), Aufklärer und Organisator. Der Wissenschaftler, Volksbildner und Politiker Ludo Moritz Hartmann. Wien 1992.

P. Hoffmann, Claus Schenk Graf von Stauffenberg und seine Brüder. Stuttgart 1992.

A. Horstmann, Antike Theorie und moderne Wissenschaft. A. Boeckhs Konzeption der Philologie. Frankfurt/Main 1992.

D. Kohlrausch, Griechische Tyrannis und deutsche Geschichtswissenschaft. Diss. Bremen 1992.

F. G. Maier, Von Winckelmann zu Schliemann. Opladen 1992.

K. Schönwälder, Historiker und Politik. Geschichtswissenschaft im Nationalsozialismus. Frankfurt/Main 1992.

I. Stahlmann, Qu' on ne me cite pas les examples des anciennes républiques! Antike Sklaverei und Französische Revolution, Klio 74, 1992, 447–455.

I. Stark, Zur Situation der Altertumswissenschaften in der DDR, in: R. Eckert u. a. (Hrsg.), Krise – Umbruch – Neubeginn. Stuttgart 1992, 419–434.

1993 B. Andreae, Kurze Geschichte des Deutschen Archäologischen Instituts in Rom, Römische Mitteilungen 100, 1993, 5–41.

Chr. Becker-Schaum, Arnold Herrmann Ludwig Heeren. Frankfurt/Main 1993.

J. Bleicken (Hrsg.), Colloquium aus Anlaß des 80. Geburtstages von Alfred Heuß. Kallmünz 1993.

K. Christ, Zum Caesarbild der faschistischen Epoche. Berlin 1993.

G. Diesener (Hrsg.), Karl Lamprecht weiterdenken. Universal- und Kulturgeschichte heute. Leipzig 1993.

G. Dobesch–G. Rehrenböck (Hrsg.), Hundert Jahre Kleinasiatische Kommission der Österreichischen AdW. Wien 1993.

E. Flaig, Im Schlepptau der Masse. Politische Obsession und historiographische Konstruktion bei Jacob Burckhardt und Theodor Mommsen, Rechtshistorisches Journal 12, 1993, 405–442.

G. Grimm–Th. Nikolaou (Hrsg.), Bayerns Philhellenismus. München 1993.

H. Heinen (Hrsg.), M. Rostowzew, Skythien und der Bosporus. II. Stuttgart 1993.

Ders., Das hellenistische Ägypten im Werk M. I. Rostovtzeffs, in: Offenheit und Interesse. Amsterdam 1993, 237–269.

A. Heuß, De se ipse, in: J. Bleicken (Hrsg.), a. O., 171–221.

E. Hohl, Die Aufgaben der Alten Geschichte, in: A. Huschner, Deutsche Historiker 1946. Aus dem Protokoll der ersten Historiker-Tagung in der deutschen Nachkriegsgeschichte, ZfG. 41, 1993, 884–928.

W. Küttler u. a. (Hrsg.), Geschichtsdiskurs. I. Grundlagen und Methoden der Historiographiegeschichte. Frankfurt/Main 1993.

W. Ludwig (Hrsg.), Die Antike in der europäischen Gegenwart. Göttingen 1993.

W. Nippel, Über das Studium der Alten Geschichte. München 1993.

Ders., Max Weber und die Althistorie seiner Zeit. Berlin 1993.

W. Z. Rubinsohn, Die großen Sklavenaufstände der Antike. 500 Jahre Forschung. Darmstadt 1993.

W. Schulze, Deutsche Geschichtswissenschaft nach 1945. München 1993.

G. Walther, Niebuhrs Forschung. Stuttgart 1993.

1994 H. J. Apel–St. Bittner, Humanistische Schulbildung 1890–1945. Köln 1994.

G. Audring (Hrsg.), Ulrich Wilcken, Briefe an Eduard Meyer. 1889–1930. Konstanz 1994.

Biographical Dictionary of North American Classicists. Westport 1994.

St.-G. Bruer, Die Wirkung Winckelmanns in der deutschen klassischen Archäologie des 19. Jahrhunderts. Abh. AdW. Mainz, Geistes- und sozialwissenschaftliche Klasse 1994, 3.

K. Christ, Caesar. Annäherungen an einen Diktator. München 1994.

A. Demandt–J. Farrenkopf (Hrsg.), Der Fall Spengler. Köln 1994.

P. R. Franke, Victor Ehrenberg. Ein deutsches Gelehrtenschicksal 1891–1976, in: R. Schneider (Hrsg.), Juden in Deutschland. St. Ingbert 1994, 309–331.

H. R. Guggisberg (Hrsg.), Umgang mit Jacob Burckhardt. Basel 1994.

W. Haase–M. Reinhold, Analytical Bibliography of the Classical Tradition, in: International Journal of the Classical Tradition 1994 ff.

M. Herfort-Koch u. a. (Hrsg.), Begegnungen. Frankfurt und die Antike. Frankfurt/Main 1994.

Fr. Jaeger, Bürgerliche Modernisierungskrise und historische Sinnbildung. Kulturgeschichte bei Droysen, Burckhardt und Max Weber. Göttingen 1994.

W. Kaegi, Historische Meditationen. Basel 1994.

Chr. Kunst, Römische Tradition und englische Politik. Studien zur Geschichte der Britannienrezeption zwischen William Camden und John Speed. Hildesheim 1994.

B. Kytzler u. a. (Hrsg.), Eduard Norden (1868–1941). Stuttgart 1994.

B. Näf, Fritz Schachermeyr und seine Geschichtsauffassung im wissenschaftsgeschichtlichen Rückblick, Storia della Storiografia 26, 1994, 83–100.

W. Nippel, Vom Nutzen und Nachteil Max Webers für die Althistorie, Antike und Abendland 40, 1994, 169–180.

Ders., Max Weber zwischen Althistorie und Universalgeschichte: Synoikismos und Verbrüderung, in: Chr. Meier (Hrsg.), Die Okzidentale Stadt nach Max Weber. München 1994, 35–57.

C. J. Richard, The Founders and the Classics. Cambridge 1994.

R. Schlesier, Kulte, Mythen und Gelehrte. Anthropologie der Antike seit 1800. Frankfurt/Main 1994.

K. Strobel (Hrsg.), Die deutsche Universität im 20. Jahrhundert. Vierow 1994.

M. Tschirner, Moses I. Finley. Studien zu Leben, Werk und Rezeption. Diss. Marburg 1994.

1995 L. Canfora, Politische Philologie. Altertumswissenschaften und moderne Staatsideologien. Stuttgart 1995.

A. Demandt, Theodor Mommsen, i Cesari e la decadenza di Roma. Rom 1995.

H. Flashar (Hrsg.), Altertumswissenschaft in den 20er Jahren. Stuttgart 1995.

H.-J. Gehrke, Zwischen Altertumswissenschaft und Geschichte. Zur Standortbestimmung der Alten Geschichte am Ende des 20. Jahrhunderts, in: E.-R. Schwinge (Hrsg.), Die Wissenschaften vom Altertum am Ende des 2. Jahrtausends n. Chr. Stuttgart 1995, 160–196.

A. Heuß, Gesammelte Schriften in 3 Bänden. Hrsg. von J. Bleicken. Stuttgart 1995.

K. H. Kinzl (Hrsg.), Demokratie. Darmstadt 1995 (Wege der Forschung, 657).

D. Königs, Joseph Vogt. Ein Althistoriker in der Weimarer Republik und im Dritten Reich. Basel 1995.

D. Krömer (Hrsg.), Wie die Blätter am Baum, so werden wechseln die Wörter. 100 Jahre Thesaurus linguae Latinae. Leipzig 1995.

E. Meyer-Zwiffelhoffer, Alte Geschichte in der Universalgeschichtsschreibung der Frühen Neuzeit, Saeculum 46, 1995, 249–273.

M. Moormann–W. Uitterhoeve, Lexikon der antiken Gestalten. Stuttgart 1995.

M. Sammer, Intuitive Geschichtsschreibung. München 1995.

R. Stupperich (Hrsg.), Lebendige Antike. Rezeptionen der Antike in Politik, Kunst und Wissenschaft der Neuzeit. Mannheim 1995 (Mannheimer Historische Forschungen, 6).

Chr. Ulf, Griechische Antike und deutsche Geschichtswissenschaft in biographischen und bibliographischen Daten. Von der Französischen Revolution 1789 bis zum 2. deutschen Kaiserreich 1871. Berlin 1995.

E. Wiegels–W. Woesler (Hrsg.), Arminius und die Varusschlacht. Geschichte, Mythos, Literatur. Paderborn 1995.

1996 J. Bleicken, Nachruf auf Alfred Heuß, HZ. 262, 1996, 337–356.

H. Cancik–H. Schneider (Hrsg.), Der Neue Pauly. Enzyklopädie der Antike. Stuttgart 1996–2004.

K. Christ, Arnaldo Momigliano und die deutsche Geschichts- und Altertumswissenschaft, in: Ders., Griechische Geschichte und Wissenschaftsgeschichte. Stuttgart 1996, 171–186.

Ders., Konzeptionen der römischen Kaiserzeit, in: Ders., Von Caesar zu Konstantin. München 1996, 103–114.

N. Th. de Grummond (Hrsg.), An Encyclopedia of the History of Classical Archaeology. 2 Bde. Westport 1996.

G. G. Iggers, Geschichtswissenschaft im 20. Jahrhundert. Göttingen 1996².

J. Jantsch, Der Briefwechsel zwischen Adolf von Harnack und Martin Rade. Theologie auf dem öffentlichen Markt. Berlin 1996.

K.-E. Jeismann, Das preußische Gymnasium in Staat und Gesellschaft. 2 Bde. Stuttgart 1996.

M. Landfester, Griechen und Deutsche. Der Mythos einer «Wahlverwandtschaft», in: H. Berding (Hrsg.), Mythos und Nation. Frankfurt/Main 1996, 198–219.

M. Merl–U. Walter (Hrsg.), Jochen Bleicken, Schriftenverzeichnis. Paderborn 1996.

O. G. Oexle–J. Rüsen (Hrsg.), Historismus in den Kulturwissenschaften. Köln 1996.

H. Sichtermann, Kulturgeschichte der klassischen Archäologie. München 1996.

Chr. Ulf (Hrsg.), Wege zur Genese griechischer Identität. Berlin 1996.

C. Wegeler, «... wir sagen ab der internationalen Gelehrtenrepublik». Wien 1996.

M. Willing, Das Ostberliner «Zentralinstitut für Alte Geschichte und Archäologie» im deutschen Vereinigungsprozeß (1989–1992), Geschichte in Wissenschaft und Unterricht 47, 1996, 466–482.

U. Wolf, Litteris et Patriae. Das Janusgesicht der Historie. Stuttgart 1996.

1997 M. Baumgarten, Professoren und Universitäten im 19. Jahrhundert. Göttingen 1997.

H. Bruhns–J.-M. David–W. Nippel (Hrsg.), La fin de la république Romaine. Die späte römische Republik. Un débat franco-allemand d'histoire et d'historiographie. Rom 1997.

W. M. Calder III–B. Huss (Hrsg.), Sed serviendum officio ... The Correspondence between Ulrich von Wilamowitz-Moellendorff and Eduard Norden (1892–1931). Hildesheim 1997.

W. M. Calder III, Wissenschaftlergeschichte als Wissenschaftsgeschichte, Das Altertum 42, 1997, 245–256.

Ders., Deutsche Philologen im amerikanischen Exil, Philologus 141, 1997, 275–296.

S. Cerasuolo (Hrsg.), Friedrich August Wolf e le Scienze dell'Antichità. Atti del Congresso Internazionale. Neapel 1997.

K. Christ, Griechische Geschichte zwischen Adolf Holm und Ettore Lepore, in: L. Breglia Pulci Doria (Hrsg.), L' Incidenza dell' Antico. II. Neapel 1997, 15–29.

J. Cobet, Heinrich Schliemann. München 1997.

A. Demandt, Die Altertumswissenschaften an der Berliner Friedrich-Wilhelms-Universität, in: Ders., Geschichte der Geschichte. Köln 1997, 267–283.

H.-J. Gehrke, Nachruf auf Alfred Heuß, Gnomon 69, 1997, 276–287.

J. Grosse, Typus und Geschichte. Eine Jacob-Burckhardt-Interpretation. Köln 1997.

O. Hittmair–H. Hunger (Hrsg.), Akademie der Wissenschaften. Entwicklung einer österreichischen Forschungsinstitution. Wien 1997. (Österr. AdW., Denkschriften der Gesamtakademie, 15).

G. G. Iggers, Deutsche Geschichtswissenschaft. Wien 1997.

K. Junker, Das Archäologische Institut des Deutschen Reiches zwischen Forschung und Politik. Die Jahre 1929–1945. Mainz 1997.

M. H. Kater, Das Ahnenerbe der SS 1933–1945. München 1997^2.

St. Rebenich, Theodor Mommsen und Adolf Harnack. Wissenschaft und Politik im Berlin des ausgehenden 19. Jahrhunderts. Mit einem Anhang: Edition und Kommentierung des Briefwechsels. Berlin 1997.

S. Riccardi, Die Erforschung der antiken Sklaverei in Italien vom Risorgimento bis Ettore Ciccotti. Stuttgart 1997.

E. Schallmeyer (Hrsg.), Hundert Jahre Saalburg. Vom römischen Grenzposten zum europäischen Museum. Mainz 1997.

P. Schöttler (Hrsg.), Geschichtsschreibung als Legitimationswissenschaft 1918–1945. Frankfurt/Main 1997.

R. Stepper, Leiden an der Geschichte. Bodenheim 1997.

W. Unte–H. Rohlfing, Quellen für eine Biographie Karl Otfried Müllers (1787–1840). Bibliographie und Nachlaß. Hildesheim 1997.

1998 P. Betthausen–M. Kunze (Hrsg.), Jacob Burckhardt und die Antike. Mainz 1998.

H. W. Blanke u. a. (Hrsg.), Dimensionen der Historik. Geschichtstheorie, Wissenschaftsgeschichte und Geschichtskultur heute. Köln 1998.

W. M. Calder III–R. Schlesier (Hrsg.), Zwischen Rationalismus und Romantik. Karl Otfried Müller und die antike Kultur. Hildesheim 1998.

K. Christ, Zur Geschichte der Historiographie, Historia 47, 1998, 234–252.

P. Funke, Das antike Griechenland: Eine gescheiterte Nation? Zur Rezeption und Deutung der antiken griechischen Geschichte in der deutschen Historiographie des 19. Jahrhunderts, Storia della Storiografia 33, 1998, 17–32.

H.-J. Gehrke (Hrsg.), Alfred Heuß. Ansichten seines Lebenswerkes. Stuttgart 1998.

G. Granata, Archivio Arnaldo Momigliano. Preprint. Pisa 1998.

Th. Hantos–G. A. Lehmann (Hrsg.), Kolloquium aus Anlaß des 70. Geburtstages von Jochen Bleicken. Stuttgart 1998.

J. P. Harris–R. Scott Smith (Hrsg.), W. M. Calder III, Men in Their Books. Hildesheim 1998

F.-R. Hausmann, Deutsche Geisteswissenschaft im Zweiten Weltkrieg. Die Aktion «Ritterbusch» (1940–1945). Dresden 1998.

A. Horstmann, Wozu Geisteswissenschaften? Die Antwort A. Boeckhs. Berlin 1998.

K. Jarausch u. a. (Hrsg.), Die DDR-Geschichtswissenschaft als Forschungsproblem. HZ. Beihefte, N. F. 27. München 1998.

P. Kneißl–V. Losemann (Hrsg.), Imperium Romanum. Studien zu Geschichte und Rezeption. Stuttgart 1998.

E. Konstantinou (Hrsg.), Die Rezeption der Antike und der deutsche Philhellenismus. Frankfurt/Main 1998.

W. Ludwig, Hellas in Deutschland. Darstellungen der Gräzistik im deutschsprachigen Raum aus dem 16. und 17. Jahrhundert. Göttingen 1998.

G. W. Most u. a. (Hrsg.), Arnaldo D. Momigliano, Ausgewählte Schriften zur Geschichte und Geschichtsschreibung. 3 Bde. Stuttgart 1998–2000.

Chr.-G. Schuppe, Der andere Droysen. Stuttgart 1998.

E. Vogt, Das Werk A. Böckhs als Herausforderung für unsere Zeit. Berlin 1998.

Chr. Zintzen, Von Pompeji nach Troja. Archäologie, Literatur und Öffentlichkeit im 19. Jahrhundert. Wien 1998.

1999 Fr. Behne, Heinrich Siber und das Römische Staatsrecht von Theodor Mommsen. Ein Beitrag zur Rezeptionsgeschichte Mommsens im 20. Jahrhundert. Hildesheim 1999.

K. Boyd (Hrsg.), Encyclopedia of Historians and Historical Writing. I. London 1999.

A. von Buttlar, Leo von Klenze. München 1999.

W. M. Calder III–J. Mansfeld (Hrsg.), Hermann Diels (1848–1922) et la science de l'antiquité. Genf 1999.

H. Cancik–H. Cancik-Lindemeier, Philolog und Kultfigur. Friedrich Nietzsche und seine Antike in Deutschland. Stuttgart 1999.

K. Christ, Hellas. München 1999.

C. Edwards (Hrsg.), Roman Presences of Rome in European Culture, 1789–1945. Cambridge 1999.

M. Fuhrmann, Der europäische Bildungskanon des bürgerlichen Zeitalters. Frankfurt/Main 1999.

V. Herholt, Ludo Moritz Hartmann. Alte Geschichte zwischen Darwin, Marx und Mommsen. Berlin 1999.

D. Ipsen, Das Land der Griechen mit der Seele suchend. Die Wahrnehmung der Antike in deutschsprachigen Reiseberichten über Griechenland um die Wende zum 20. Jahrhundert. Osnabrück 1999.

J. Malitz , Walter Schmitthenner, Gnomon 71, 1999, 174–180.

Österreichische Akademie der Wissenschaften (Hrsg.), Hundert Jahre österreichische Forschungen in Ephesos. Wien 1999.

St. Rebenich, Die Altertumswissenschaften und die Kirchenväterkommission an der Akademie, in: J. Kocka u. a. (Hrsg.), Die Königlich Preußische Akademie der Wissenschaften zu Berlin im Kaiserreich. Berlin 1999, 199–233.

H. Schlange-Schöningen, Zur Korrespondenz Theodor Mommsen–Adolf von Harnack, Göttingische Gelehrte Anzeigen 251, 1999, 106–146.

W. A. Schröder, Der Altertumswissenschaftler Eduard Norden (1868–1941). Hildesheim 1999.

W. Schulze–O. G. Oexle (Hrsg.), Deutsche Historiker im Nationalsozialismus. Frankfurt/Main 1999.

2000 St. E. Aschheim, Nietzsche und die Deutschen. Stuttgart 2000.

G. Audring (Hrsg.), Gelehrtenalltag. Der Briefwechsel zwischen Eduard Meyer und Georg Wissowa (1890–1927). Hildesheim 2000.

W. M. Calder III–R. Scott Smith, A Supplementary Bibliography to the History of Classical Scholarship. Chiefly in the XIXth and XXth centuries. Bari 2000.

Ders. u. a. (Hrsg.), Wilamowitz in Greifswald. Hildesheim 2000.

K. Christ, Jacob Burckhardts Weg zur «Griechischen Kulturgeschichte», Historia 49, 2000, 103–125.

J. Deissler, Antike Sklaverei und Deutsche Aufklärung im Spiegel von Johann Friedrich Reitemeiers «Geschichte und Zustand der Sklaverei und Leibeigenschaft in Griechenland» (1789). Stuttgart 2000.

K. Girardet, 50 Jahre «Alte Geschichte» an der Universität des Saarlandes. Saarbrücken 2000 (Universitätsreden, 47).

D. Hardt u. a., Geschichtswissenschaft/Geschichtsschreibung (zur Altertumswissenschaft), DNP. 14, 2000, 184–217.

Chr. Hatscher, Charisma und Res publica. Max Webers Herrschaftssoziologie und die römische Republik. Stuttgart 2000.

R. Hohls–K. Jarausch (Hrsg.), Versäumte Fragen. Deutsche Historiker im Schatten des Nationalsozialismus. Stuttgart 2000.

St. Rebenich–Karl Zangemeister (Hrsg.), Theodor Mommsen als Schriftsteller. Ein Verzeichnis seiner Schriften. Hildesheim 2000.

Ders., Alfred Heuß, Ansichten seines Lebenswerkes. Mit einem Anhang: Alfred Heuß im Dritten Reich, HZ. 271, 2000, 661–673.

V. Riedel, Antikerezeption in der deutschen Literatur vom Renaissancehumanismus bis zur Gegenwart. Stuttgart 2000.

H. Scharbaum, Zwischen zwei Welten. Wissenschaft und Lebenswelt am Beispiel des deutsch-jüdischen Historikers Eugen Täubler (1879–1959). Münster 2000.

A. Szabó, Vertreibung, Rückkehr, Wiedergutmachung. Göttinger Hochschullehrer im Schatten des Nationalsozialismus. Göttingen 2000.

R. Urban, Alte Geschichte in Erlangen von Robert (von) Pöhlmann bis Helmut Berve, in: W. Neuhaus (Hrsg.), Geschichtswissenschaft in Erlangen. Erlangen 2000, 45–70.

M. Willing, Die DDR-Althistorie im historischen Kontext, Quaderni di storia 52, 2000, 245–275.

E. Wirbelauer, Zur Situation der Alten Geschichte im Jahre 1943, Freiburger Universitätsblätter 149, 2000, 107–127.

2001 Chr. Bachhiesl, Ein «deutsches» Griechenland. Zum Bild der Griechen bei Ernst Curtius. Magister-Diplomarbeit Graz 2001.

St. Bauer, Polisbild und Demokratieverständnis in Jacob Burckhardts Griechischer Kulturgeschichte. Basel 2001.

H. Bellen–H. Heinen (Hrsg.), Fünfzig Jahre Forschungen zur antiken Sklaverei an der Mainzer Akademie 1950–2000. Stuttgart 2001.

Berlin-Brandenburgische AdW. (Hrsg.), Corpus Inscriptionum Latinarum. Berlin 2001.

R. Bichler, Franz Hampl †, Gnomon 73, 2001, 635–640.

Ders., Nachklassik und Hellenismus im Geschichtsbild der NS-Zeit, in: St. Altekamp u. a. (Hrsg.), Posthumanistische Klassische Archäologie. München 2001, 231–253.

M. Fuhrmann, Latein und Europa. Köln 2001.

K. M. Girardet, Die Alte Geschichte der Europäer und das Europa der Zukunft. Saarbrücken 2001.

P. W. Haider–R. Rollinger (Hrsg.), Althistorische Studien im Spannungsfeld zwischen Universal- und Wissenschaftsgeschichte. Festschrift für Franz Hampl gedacht zum 90. Geburtstag am 8. Dezember 2000. Stuttgart 2001.

V. Losemann, Nationalsozialismus I. NS-Ideologie und Altertumswissenschaften, DNP. 15, 2001, 713–745.

B. Näf–T. Kammasch (Hrsg.), Antike und Altertumswissenschaft in der Zeit von Faschismus und Nationalsozialismus. Mandelbachtal 2001.

W. Nippel, Edward Gibbon und die Anfänge der modernen Althistorie, in: G. W. Most (Hrsg.), Historicization – Historisierung. Göttingen 2001, 149–167.

St. Rebenich, Alte Geschichte in Demokratie und Diktatur: Der Fall Helmut Berve, Chiron 31, 2001, 457–496.

M. Sabrow, Die Diktatur des Konsenses. Geschichtswissenschaft in der DDR 1945–1969. München 2001.

B. Seidensticker–M. Vöhler (Hrsg.), Urgeschichten der Moderne. Die Antike im 20. Jahrhundert. Stuttgart 2001.

H. Steuer (Hrsg.), Eine hervorragend nationale Wissenschaft. Deutsche Prähistoriker zwischen 1900 und 1995. Berlin 2001.

Chr. Ulf, Die Vorstellung des Staates bei Helmut Berve und seinen Habilitanden in Leipzig: Hans Schaefer, Alfred Heuß, Wilhelm Hoffmann, Franz Hampl, Hans Rudolph, in: P. W. Haider–R. Rollinger (Hrsg.), a. O., 378–454.

Ders., Ideologie als Grundlage für Abgrenzung und Spezifik der Antike bei Ed. Meyer, H. Berve, E. Kornemann, W. Jaeger und V. Ehrenberg, in: Näf, 305–43.

E. Wirbelauer, Zur Situation der Alten Geschichte zwischen 1945 und 1948, Freiburger Universitätsblätter 154, 2001, 119–162.

2002 Berlin-Brandenburgische AdW. (Hrsg.), Inscriptiones Graecae. Berlin 2002.

U. von Freeden–S. von Schnurbein (Hrsg.), Spuren der Jahrtausende. Archäologie und Geschichte in Deutschland. Stuttgart 2002.

A. Leube (Hrsg.), Prähistorie und Nationalsozialismus. Heidelberg 2002.

V. Losemann, Aspekte der Standortbestimmung der Altertumswissenschaften in «Umbruchszeiten», in: R. vom Bruch–B. Kaderas (Hrsg.), Wissenschaften und Wissenschaftspolitik. Stuttgart 2002, 310–323.

B. Meißner, Der Universalhistoriker Eduard Meyer, in: W. Freitag (Hrsg.), Halle und die deutsche Geschichtswissenschaft um 1900. Halle 2002, 136–157.

Ders., Forschung, Lehre und Organisation des Lehrstuhls für Alte Geschichte der Universität Halle im 20. Jahrhundert, in: H.-J. Rupieper (Hrsg.), Beiträge zur Geschichte der Martin-Luther-Universität 1502-2002. Halle 2002, 223–242.

N. M. Moccia (Hrsg.), W. M. Calder III. The Seventieth Birthday Bibliography. (1955–2003). Urbana Champaign 2002.

St. Rebenich, Theodor Mommsen. München 2002.

J. Seibert (Hrsg.), 100 Jahre Alte Geschichte an der Ludwig-Maximilians-Universität München (1901–2001). Berlin 2002.

I. Weiler, Alte Geschichte, Klassische Archäologie und Altertumskunde, in: K. Acham (Hrsg.), Geschichte der österreichischen Humanwissenschaften. 4. Geschichte und fremde Kulturen. Wien 2002, 83–126.

J. Wiesehöfer–St. Conermann (Hrsg.), Carsten Niebuhr (1733–1815) und seine Zeit. Stuttgart 2002.

2003 H. Bellen–H. Heinen (Hrsg.), Bibliographie zur antiken Sklaverei. 2 Bde. Stuttgart 2003.

W. M. Calder III–R. Kirstein (Hrsg.), «Aus dem Freund ein Sohn». Theodor Mommsen und Ulrich von Wilamowitz-Moellendorff. Briefwechsel 1872–1903. 2 Bde. Hildesheim 2003.

L. Capogrossi Colognesi, Max Weber und die Wirtschaft der Antike. Übersetzt von Br. Szabó-Bechstein. Göttingen 2003 (Abh. AdW. Göttingen, Phil.-hist. Kl. III, 259).

H.-J. Gehrke, Auf der Suche nach dem Land der Griechen. Heidelberg 2003 (Schriften der Philosophisch-historischen Klasse der Heidelberger AdW. 29. 2003).

Ch. R. Hatscher, Alte Geschichte und Universalhistorie. Stuttgart 2003.

A. Jähne, Theodor Mommsen. Seine «Römische Geschichte». Sb. der Leibniz-Sozietät 59, 2003, 3, 89–108.

M. Kern u. a. (Hrsg.), Lexikon der antiken Gestalten in den deutschen Texten des Mittelalters. Berlin 2003.

H. Klenner, Il grande Teodoro, der Jurist, Sb. Leibniz-Sozietät 59, 3, 109–123.

K. Krieger (Hrsg.), Der «Berliner Antisemitismusstreit», 1879–1881. 2 Bde. München 2003.

V. Losemann, Sparta, DNP. 15/3, 2003, 153–172.

M. Mülke (Hrsg.), Wilamowitz und kein Ende. Wissenschaftliches Kolloquium Fondation Hardt, 9. bis 13. September 2002. Hildesheim 2003.

R. Müller, Mommsen und die altertumswissenschaftliche Forschung der Berliner Akademie, Sb. Leibniz-Sozietät 59, 3, 2003, 125–135.

W. Nippel, Der Historiker des römischen Reiches: Edward Gibbon (1737–1794), in: E. Gibbon, Verfall und Untergang des römischen Imperiums. 6. München 2003, 7–114.

Ders., «Hellenismus» – von Droysen bis Harnack – oder: Interdisziplinäre Mißverständnisse, in: K. Nowak u. a. (Hrsg.), Adolf von Harnack. Göttingen 2003, 15–28.

L. Raphael, Geschichtswissenschaft im Zeitalter der Extreme. Theorien, Methoden, Tendenzen von 1900 bis zur Gegenwart. München 2003.

St. Rebenich, From Thermopylae to Stalingrad: The Myth of Leonidas in German Historiography, in: A. Powell–St. Hodkinson (Hrsg.), Beyond the Mirage, London 2003, 323–349.

H. Schlange-Schöningen, «Jenen Kaiser freilich schützt heutzutage kein Staatsanwalt». Theodor Mommsen über Ludwig Quiddes «Caligula», Historisches Jahrbuch 123, 2003, 297–335.

I. Siebert, Jacob Burckhardts Konzeption einer historisch fundierten Kunstgeschichtsschreibung, Archiv für Kulturgeschichte 85, 2003, 593–607.

W. Unte, Heroen und Epigonen, Gelehrtenbiographien der klassischen Altertumswissenschaft im 19. und 20. Jahrhundert. St. Katharinen 2003.

2004 J. Busch, Das Germanenbild der deutschen Rechtsgeschichte. Frankfurt/Main 2004.

L. Cesana–L. Gossinan (Hrsg.), Begegnungen mit Jacob Burckhardt. Basel 2004 (Beiträge zu Jacob Burckhardt, 4).

D. Conte, Oswald Spengler. Eine Einführung. Leipzig 2004.

D. Foraboschi, Momenti della Storiografia sulla Produzione «Industriale» antica, in: Sviluppi Recenti nell' Antichistica. Quaderni di Acme 68, 2004, 127–138.

V. Gerhardt–R. Rescke (Hrsg.), Antike und Romantik bei Nietzsche. Berlin 2004.

K. Gorbahn u. a. (Hrsg.), Alte Geschichte und ihre Vermittlung. Münster 2004.

H.-M. von Kaenel u. a. (Hrsg.), Geldgeschichte vs. Numismatik. Theodor Mommsen und die antike Münze. Berlin 2004.

M. Keßler, Arthur Rosenberg. Köln 2004.

R. Kinsky (Hrsg.), Diorthoseis. Beiträge zur Geschichte des Hellenismus und zum Nachleben Alexanders des Großen. München 2004.

W. Nippel, Forschungen zur Alten Geschichte zwischen Humanismus und Aufklärung, in: L. Grenzmann u. a. (Hrsg.), Die Präsenz der Antike im Übergang vom Mittelalter zur Frühen Neuzeit. Abh. AdW. Göttingen, Phil.-hist. Kl. III, 263. 2004, 161–176.

St. Rebenich, Die Altertumswissenschaften im 19. und 20. Jahrhundert, in: E. Wirbelauer (Hrsg.), Antike. München 2004, 457–468.

U. Sinn, Das antike Olympia. München 2004.

D. Timpe, Der Mythos vom Mittelmeerraum. Über die Grenzen der alten Welt, Chiron 34, 2004, 3–23.

R. B. Todd (Hrsg.), The Dictionary of British Classicists 1500–1960. 3 Bde. Bristol 2004.

Chr. Ulf, Die Instrumentalisierung der griechischen Frühzeit. Interdependenzen zwischen Epochencharakteristik und politischer Überzeugung bei Ernst Curtius und Jacob Burckhardt, in: R. Rollinger–Chr. Ulf (Hrsg.), Griechische Archaik. Interne Entwicklungen – Externe Impulse. Berlin 2004, 51–103.

J. von Ungern-Sternberg, Theodor Mommsen und Frankreich, Francia 31/3, 2004, 1–28.

2005 A. Demandt–A. Goltz–H. Schlange-Schöningen (Hrsg.), Theodor Mommsen – Wissenschaft und Politik im 19. Jahrhundert. Berlin 2005.

W. Eck, Die Entwicklung der Alten Geschichte in Deutschland seit dem 19. Jahrhundert im kulturellen und politischen Kontext, in: T. Minamikawa–S. Koyama (Hrsg.), Continuity and Change of the Humanism in the Modern Europe, Kyoto 2005, 43–64.

H. Heinen, Das Mainzer Akademieprojekt «Forschungen zur antiken Sklaverei»: Geschichte und Bilanz, Perspektiven und Desiderate, in: E. Hermann-Otto (Hrsg.), Unfreie Arbeits- und Lebensverhältnisse von der Antike bis in die Gegenwart. Hildesheim 2005, 371–394.

Ders, Nachruf auf Heinrich Chantraine, Akademie der Wissenschaften und der Literatur Mainz, Jahrbuch 54/55, 2003/2004. Stuttgart 2005, 145–147.

I. Lisový (Hrsg.), Professor Dr. Dr. h. c. Karl Christ; Vita et bibliographia. České Budějovice 2005 (Institutum Historiae Universitatis Bohemiae Meridionalis; Seminarium historiae antiquae et philologiae classicae).

St. Rebenich, Die Mommsens, in: V. Reinhardt (Hrsg.), Deutsche Familien. München 2005, 147–179; 361–365.

Th. A. Slezák–K.-H. Stanzel (Hrsg.), Wolfgang Schadewaldt und die Gräzistik des 20. Jahrhunderts. Hildesheim 2005.

I. Stark (Hrsg.), Elisabeth Charlotte Welskopf und die Alte Geschichte in der DDR. Stuttgart 2005.

E. S. Sünderhauf, Griechensehnsucht und Kulturkritik. Die deutsche Rezeption von Winckelmanns Antikenideal 1840–1945. Berlin 2005.

F. Tessitore, Kritischer Historismus. Gesammelte Aufsätze. Köln 2005.

J. Wiesehöfer (Hrsg.), Theodor Mommsen. Gelehrter, Politiker und Literat. Kiel 2005.

M. Willing, Thesaurus orbis antiqui – 50 Jahre populärwissenschaftliche Zeitschrift «Das Altertum», Das Altertum 50, 2005, 81–148.

REGISTER DER ORTS- UND PERSONENNAMEN

Erstellt von Beate Sander